图书在版编目(CIP)数据

浙江黄埔人抗战记忆 / 浙江省黄埔军校同学会编著.
—杭州：浙江工商大学出版社，2015.8
ISBN 978-7-5178-1233-3

Ⅰ.①浙… Ⅱ.①浙… Ⅲ.①抗日战争—史料—中国
②黄埔军校—人物—生平事迹—浙江省 Ⅳ.①K265.06

中国版本图书馆 CIP 数据核字(2015)第 182360 号

浙江黄埔人抗战记忆
浙江省黄埔军校同学会 编著

责任编辑	任晓燕
责任校对	韩荣根
封面设计	刘依群
责任印制	包建辉
出版发行	浙江工商大学出版社 (杭州市教工路 198 号　邮政编码 310012) (E-mail:zjgsupress@163.com) (网址:http://www.zjgsupress.com) 电话:0571-88904980,88831806(传真)
排　　版	杭州朝曦图文设计有限公司
印　　刷	浙江云广印业股份有限公司
开　　本	710mm×1000mm　1/16
印　　张	25.25
字　　数	400 千
版 印 次	2015 年 8 月第 1 版　2015 年 8 月第 1 次印刷
书　　号	ISBN 978-7-5178-1233-3
定　　价	58.00 元

浙江工商大学出版社营销部邮购电话　0571-88904970

序

INTRODUCTION

今年是中国人民抗日战争暨世界反法西斯战争胜利70周年，浙江省黄埔军校同学会的同志们通过努力，编辑出版《浙江黄埔人抗战记忆》一书，以70位浙江黄埔同学口述实录的形式，回顾抗战历史和军校生活，展现黄埔同学浓浓的家国情怀和不屈的抗战精神，以及为中华民族独立和解放做出的杰出贡献，这对于阐述黄埔精神的核心价值和时代内涵，传承弘扬以爱国主义为核心的黄埔精神，进一步发挥黄埔军校同学会在推动两岸交流，促进祖国统一和民族复兴进程中的积极作用，有着重要的现实意义。

这70位浙江黄埔军人的口述抗战史，使一段渐行渐远的历史又重新清晰起来。70年前硝烟弥漫的中华大地，抗战烈火熊熊燃烧的岁月，那些气壮山河、可歌可泣的画面又一次呈现在今人的面前。我们更加缅怀当年浴血奋战的黄埔师生和广大抗战将士，他们的英勇事迹和伟大精神永远是中华民族最可宝贵的精神财富。

日本军国主义的侵华战争，是20世纪人类历史最残酷和血腥的战争，民族灾难深重到了极点，但中华民族的浴血反抗也沸腾到了极点。“七七”事变后的第二天，中共中央通电全国：“平津危急！华北危急！中华民族危急！只有全民族实行抗战，才是我们的出路！”号召“全中国同胞、政府与军队，团结起来，建筑民族统一战线的坚固长城，抵抗日寇的侵掠！国共两党亲密合作抵抗日寇的新进攻！驱逐日寇出中国！”。同年8月，中共中央政治局洛川会议，制定了《中国共产党抗日救国十大纲领》，正式确定了全面的全民族抗战路线和持久战的战略总方针。在中国共产党倡导下形成的抗日民族统一战线，最大限度地动员了全国的军队和老百姓，成为全民抗战最有效的组织形式。正是经过中国共产党的积极倡导和努力，以及各方面进步力量的推动，中国国民党接受了“停止内战，一致对外”的主张，国共两党化干戈为玉帛，第二次携手合作，因此才有全民抗战，才有抗日战争的胜利。

在中华民族面临生死存亡关头，当年的黄埔师生积极投入了全民抗战。在团结抗战、共赴国难的旗帜下，发扬东征、北伐时期英勇无畏的光荣传统，奋战在长城内外、大江南北，乃至印缅前线；无论以正规战为主的正面战场，还是以游击战为主的辽阔敌后，到处留下了黄埔健儿的足迹，洒下了他们的鲜血。他们同全国军民一道，为国家民族的正义事业，为赢得抗战的最终胜利，做出了积极贡献。

30年前，原黄埔军校教官、聂荣臻元帅为中国革命博物馆编写的《抗日战争时期国民党正面战场重要战役介绍》一书所作序言写道：“中国人民以自己的血和汗同日本侵略者英勇奋战了8年之久，这是一次在抗日民族统一战线旗帜下，国共两党同各民主党派、各阶级各阶层爱国人士联合进行的神圣的民族战争。至今，国民党正面战场和解放区战场相互配合、相互支援的场景，依然历历在目。许多为民族独立而英勇殉国的国民党爱国将士的精神，与在抗战期间为抗击日本侵略军而壮烈牺牲的无数共产党员、我军将士和人民群众一样，仍然令人崇敬不已。”这是老一辈无产阶级革命家对抗战历史实事求是、客观正确的评价。

追溯黄埔军校建校之始，伟大的革命先行者孙中山先生同以周恩来同志为代表的中国共产党人一道，在共产国际的帮助下，共同创建了这个革命军人的摇篮。一批批革命军人从这里成长，在东征、北伐和抗日战争中英勇奋战、流血牺牲，为中华民族的独立和解放建立了不朽的功勋，用鲜血和生命铸就了“爱国、革命”的黄埔精神。毛泽东同志在抗战时期曾对黄埔军校的历史功绩给予高度评价。他说：“昔日之黄埔，今日之抗大，是先后辉映，彼此竞美的。”

中国人民抗日战争胜利70年来，中国发生了翻天覆地的变化。现在，我们比以往历史上任何时期都更加接近中华民族伟大复兴的目标，比历史上任何时期都更有信心、有能力实现这个目标。实现中华民族伟大复兴的中国梦的征程上，我们必须坚定不移走中国特色社会主义道路，必须坚定不移走和平发展道路。我们要紧密团结在以习近平同志为总书记的党中央周围，从伟大的抗战精神和“爱国、革命”的黄埔精神中汲取团结奋进的内在动力，外化为促进两岸关系和平发展、携手建设两岸命运共同体的实际行动，铭记民族光荣，增强民族自信，凝聚民族力量，为实现祖国统一和中华民族伟大复兴的中国梦而努力奋斗。

谨以此为序。

浙江省政协副主席、中共浙江省委统战部部长　孙文友

2015 年 6 月 30 日

综述
REVIEW

一

20 世纪 20 年代初期，孙中山先生鉴于以往依靠旧式军队开展革命屡遭失败的现实，在中国共产党人的参与和帮助下，国民党第一次全国代表大会决定创办一所新式军官学校，培养具有革命意识的新式军事人才，于是在广州黄埔岛上便诞生了一所完全不同于以往办学理念的新军校——黄埔军校。

徐向前元帅曾经撰文指出，黄埔军校是第一次国共合作的产物。[①] 诚如斯言，在军校筹建过程中，周恩来、叶剑英、熊雄、恽代英、张秋人等一批中国共产党人或担任部主任，或担任教官，发挥了重要作用。有学者统计，在黄埔军校 1 期的教官和学员中，中共党员和共青团员占到了总人数的 1/10。

黄埔军校建立初期，快速培养了大批新式军事人才，这些被称为“黄埔人”的军校毕业生很快就驰骋于东征与北伐的战场，对推动国民革命发挥了重要作用。

但不幸的是，随着北伐战争的不断推进，国共统一战线内部的左右分野日趋明显，1927 年更是到了国共关系破裂的地步。此后便是国共两党武装力量长达近 10 年的军事对峙，在五次“围剿”与“反围剿”的国内战争中，同为黄埔军校的校友，由于分属不同阵营，血刃于内战的疆场。

兄弟的阋墙之争为一心谋求向大陆扩张的近邻日本提供了可乘之机。

① 徐向前：《黄埔军校：国共合作的产物》，《决策与信息》2011 年第 8 期。

1931 年日本发动“九一八”事变，在 3 个月内占领了中国东北全境，在此后的几年里，日本步步进逼，“一·二八”事变、华北事变相继发生，中华民族的生存遭遇了前所未有的危机，中日间的民族矛盾成为中国社会各种矛盾中最主要的矛盾。

正是基于上述背景，中国共产党提出建立抗日民族统一战线的倡议，国民党内的进步力量也积极推动，国共两党决定捐弃前嫌，进行第二次合作。黄埔人在正面战场或敌后战场，开始共同抗击日本侵略者。正是这场全民族战争的烙印大大地强化了黄埔人的身份认同。

黄埔人这个群体在近代中国军事史上具有十分重要的地位。有学者统计，从 1924 年到 1949 年，黄埔军校共办了 23 期，包括各分校的毕业生和培训生共计有 23 万余人。[①] 国民党最高军事机关的负责人基本上是由黄埔军校出身的将领担任，其中出任兵团司令以上的高级将官就有 100 多人，在红军、八路军和新四军，以及中国人民解放军中的军事将领中，担任正军职以上领导职务的黄埔师生也超过 40 人。[②]

如果从黄埔生生源的地域分布来分析，浙江属于主要的省份之一。在黄埔军校 1 期至 7 期的毕业生中，浙江有 610 人，在全国排名第四（前三位依次是湖南、广东和四川）[③]。也有学者统计了整个中华民国时期国民革命军陆军中上将的籍贯（这些将官多数是黄埔教官或毕业生），在收入的 641 人中，浙江有 42 人，在全国排名第五（前四位依次是湖南、四川、河北和广东）。[④] 还有一种说法是浙江籍黄埔师生任少将以上军职的有 70 多名（最终具有少将以上军职的有 300 多名）。[⑤] 总之，无论采用何种口径的计算结果，都可以看出在黄埔生生源的地域谱系中浙江省的分量。

二

1937 年 7 月，日本发动全面侵华战争。浙江籍的黄埔人迅速走上了全

---

① 《黄埔军校走出的中共名将》，《中国地名》2010 年第 3 期。

② 杨汉卿：《“黄埔军校与中国革命学术研讨会”综述》，《中共党史研究》2014 年第 9 期。

③ 王奇生：《中国近代人物的地理分布》，《近代史研究》1996 年 2 期。

④ 郭卿友：《“中华民国”时期军政职官志》，甘肃人民出版社，1990 年。

⑤ 浙江省黄埔军校同学会统计材料。

国各地的抗日战场，当然，也有很多其他省籍的黄埔人拼杀在浙江的抗日战场，他们共同谱写了黄埔人最光辉的篇章。

1937 年 12 月，日军入侵浙江，此后在浙江逐步形成了由国民政府军担任主力作战任务的正面战场和中共武装力量担任主力作战的敌后战场，无论是在哪个战场，都留下了黄埔人为中华民族独立而英勇奋斗的身影。

作为黄埔军校的首任政治部主任周恩来，心系浙江抗战的大局。1939 年 3 月，他以国民政府军事委员会政治部副部长的身份来浙江视察，同时向中共浙江组织传达了中共中央有关维护抗日民族统一战线的指示，对推动浙江抗战意义重大。

一些担任国民党军政要职的黄埔人，面对外敌的入侵也表现出了民族大义为重的自觉，为抗日大业做出了不同程度的贡献。在抗战初期，空军总司令周至柔，指挥着年轻的中国空军，在对日作战初期奋起抗击，挫败了日军数日消灭中国空军的迷梦；担任浙江省国民抗敌自卫团副总司令的宣铁吾，领导这支地方民众武装部队，不断袭击侵浙日军。到抗战中期，10 集团军总司令王敬久在浙赣战役中积极组织对日作战，32 集团军总司令李默庵于 1942 年后驻守浙江，继续组织开展对日游击作战。而众多毕业于黄埔军校的中下层军官更是冲杀在抗日前线，在枪林弹雨中彰显了黄埔人的军魂。

特别值得一提的是，不少黄埔军校出身的军官在对日作战中身先士卒，贡献出了自己的宝贵生命。毕业于黄埔军校 6 期的王天祥（浙江黄岩人）是空军 3 大队副大队长、代理 4 大队上尉大队长，他在 1937 年 8 月的淞沪空战中击落日机 1 架，击伤多架，后在护航轰炸机时被大批日机集中攻击，不幸机毁牺牲。广西人韦健森作为上校团长，在抗战爆发初期的 1937 年 11 月即在抵抗日军进攻湖州吴兴的作战中阵亡。毕业于黄埔军校 3 期的谢升标（浙江临海人）担任陆军苏浙皖游击司令，转战三省边境，屡次重创敌军，1938 年 4 月在配合 60 师夹击日军而陷入重围，突围战斗时中弹牺牲，后被追晋为陆军中将。毕业于黄埔军校 1 期的蒋志英（浙江诸暨人）作为浙东沿海守备指挥部中将指挥官，在 1941 年的宁绍战役中英勇牺牲。毕业于黄埔军校 6 期的吕公良（浙江开化人），历经晋中太谷战役、鲁南大会战、台儿庄战役、鄂北会战等重大战役，屡建功勋，1944 年 4 月任陆军 15 军新编 29 师师长兼许昌警备司令时，在许昌保卫战中，以数千之力抗击数万之敌，身中数弹为国捐躯，牺牲后被追晋为陆军上将。

还有一些黄埔人则是通过其他形式在浙江大地开展抗日救亡运动。杭州沦陷初期，曾担任过黄埔军校政治教官浙江临安人罗霞天在天目山一带组织抗战宣传。毕业于黄埔军校2期的台湾人李友邦在浙江组织了台湾义勇队，在当时也产生了广泛的影响。

以上所列，仅仅是一些常见诸史志的史事，而更多黄埔人奋勇抗敌的事迹仍有待做进一步的追寻和研究。2015年是中国人民抗日战争暨世界反法西斯战争胜利70周年，值此纪念时节，浙江省黄埔军校同学会本着对历史高度负责的态度，组织专家学者，通过大量口述访谈、史料整理等活动，对70名黄埔人的抗战经历进行了整理和编辑，形成《浙江黄埔人抗战记忆》，以示纪念。此处所讲的浙江黄埔人，主要指的是浙江籍的黄埔生，但也有少部分是后来定居浙江的非浙籍黄埔生，他们有的在浙江参加过抗战，有的则在其他地区参加过抗战。

编写《浙江黄埔人抗战记忆》也是传承黄埔人爱国精神的需要。黄埔人一向有着强烈的身份认同，早在1941年10月，在中共阵营的黄埔毕业生宣布成立延安黄埔同学分会，对当时维护全民族抗战的大局发挥了重要作用。新中国成立以后，特别是改革开放以后，在大陆的黄埔同学秉持爱国和促进祖国统一大业的精神，于1984年6月成立了由徐向前元帅为会长的黄埔军校同学会，为祖国的和平统一大业做出了新的贡献。①

浙江省黄埔军校同学会组织成立于1985年，今年恰好是30周年，我们将《浙江省黄埔军校同学会简史》和《浙江省黄埔军校同学会理事名录》附于后，这也算是我们为黄埔人奉献的一点绵薄之力。

袁成毅

2015年7月2日

---

① 陈伙成、王建强:《中国共产党与黄埔军校——纪念黄埔军校建校八十周年》,《中共党史研究》2004年第3期。

目录

CONTENTS

001　序
001　综述

001　方彩耀:一个热血青年的抗战回忆
005　王中领:让日军闻风丧胆的矮子连长
011　王道春:战潼关,火炮显神威
017　邓文伟:乡村少年从军记
022　邓振华:我在台湾参与审判日本战犯
027　包天一:少年通信尉官
031　厉家权:我在宁波看管日本战俘
037　叶妙松:我圆了辎重兵的梦
041　石　港:追忆"七七少年剧团"
047　刘　渊:海军,民族之魂
051　华金炉:我在辎重兵学校的教官生涯
057　朱恕人:中将之子忆抗战
060　邢承谟:亲历浙赣战役
066　何聘儒:"八一三"大场回忆
070　吴佑江:我曾打下一架日本飞机

073　吴尚志:红军游击队员出身的黄埔军人
079　吴岩芳:首战金华
083　吴相鸿:我的长沙保卫战
095　应凑发:我曾守卫黄河
099　张一鸣:我是“抗战钢城”一分子
103　张再香:我在辎重兵部队的抗战经历
106　张　明:远征越南,光荣受降
108　张静君:工兵尉官的抗战经历
111　李廷奎:指导员的故事
115　李树森:亲历重庆大轰炸
119　李祚达:远戍印缅亲历
126　杨益光:我在黄埔军校结识了一位共产党员
129　邱宗英:战斗在杭嘉湖的敌后游击队员
142　陈亦群:从教书先生到黄埔军人
146　陈志聪:一个富家子弟的报国心
152　陈瑞璋:衡阳保卫战的日日夜夜
155　周立钏:宪兵身份的远征军战士
162　周廷光:常桃会战片段
165　周志华:抗战女护士
169　周玉英:西南游干班女兵的激情柔忆
175　周肇珣:我在中国驻印军的岁月
179　孟丙南:回忆豫西战役
186　季世华:亲历芷江受降
191　林士瀛:远征军中的炮兵指挥官
198　林品濂:我所经历的石牌战役与湘西会战
205　郁长军:战时的陆军工兵学校

210 郑双龙:与共产党员筹建抗日自卫队
214 郑以淼:《义勇军进行曲》激励我上战场
220 郑 廉:我的戎马生涯
223 金乃忠:虎贲之师工兵排长之常德保卫战
228 金筠林:辗转抗战的回忆
233 严作华:我和洛阳保卫战
236 俞瑞鸿:漫长的军校报到征程
240 姚 烈:我参加了宁绍战役
243 洪 涛:虎口脱身记
251 胡亚力:碧血洒昆仑
256 胡景廉:坐过集中营的空军飞行员
262 胡景镛:浙赣战役中的应急后勤补给
266 夏竞人:忆“抗宣2队”
269 项延年:军校苦训记
275 项德颐:侍卫官的抗战记忆
286 徐式昌:我在忠义救国军的抗战经历
290 徐逸容:远征军中的通信班长
296 钱炳坤:辛亥烈士遗孤的抗战岁月
306 陶尊岳:从浙江大学到黄埔军校
311 曹天戈:将军御倭记
318 曹立德:军旗插上松山之巅
321 黄廷鑫:参加诺曼底登陆战役
325 黄宝琳:滇西远征军中的运输官
329 楼吉康:风雨黄埔路
333 鲍直才:松山战役的爆破手
340 蔡炽甫:南京突围记

345 蔡凌云:我在61师的抗战经历
351 滕裕中:一个抗战老兵的尘封记忆
354 潘允恭:见证侵华日军细菌战的少校女军官

360 附录一:浙江省黄埔军校同学会简史
369 附录二:浙江省黄埔军校同学会大事记
377 附录三:浙江省黄埔军校同学会理事名录
386 后 记

方彩耀：一个热血青年的抗战回忆

方彩耀，1921 年 2 月出生，浙江温州人。毕业于黄埔军校 7 分校 17 期及陆军大学参谋班 8 期。曾任国民党 109 师任职，并在温州城防部任督察参谋。1949 年 5 月 6 日参加叶芳① 200 师起义。1982 年任温州瓯海区黄埔军校同学会会长。本文原稿为作者自传。

我的老家在温州龙湾瑶溪镇苏川村。1937 年"七七"卢沟桥事变爆发后，大片国土沦陷于敌手。祖国危亡，许多热血青年满怀爱国激情，投笔从戎。我自瓯海中学毕业后已经考上师范学校，所以没去读。1939 年，黄埔军校 7 分校在温州招生，我投考被录取后编入 12 总队 12 队，当时的总队长是李树臻，队长是王克仁。因招生地区分散，须集中等待。在金华集训 2 个月后方踏上前往 7 分校所在地——陕西西安的征程。

1939 年 9 月，我们由金华乘火车至江西上饶（这段路未被日本人破坏，其他地区都被破坏）。下火车后，即开始步行，每日走 50—80 华里，步行 3 天休息 1 天。夜宿民房，每天早餐后即开始步行，到达宿营地才吃晚餐，1 天两餐。行军路线是这样的：浙江金华—江西上饶—湖北宜昌—宜山—湖南醴陵—湘潭—广西桂林—贵州贵阳—四川重庆。到重庆后，我们暂时得以休整，在当地住宿休息 7 天。天气寒冷，同学们终于穿上了棉衣。再由重庆的素江出发，沿着嘉陵江小道行走，每天都是崎岖山路，经过南充、阆中、广元、

① 叶芳（1911—1986），浙江省永嘉县人。黄埔军校 7 期毕业。曾任 27 军上校参谋处长、5 军上校团长、96 师少将副师长、挺进纵队司令、骑兵团团长、浙南绥靖区司令、浙江省 5 区行政督察专员公署专员兼保安司令、5 军 200 师师长。1949 年 5 月 6 日在温州率部起义。新中国成立后，任解放军浙南纵队副司令员，浙江省林业厅处长，浙江省政协第一、二、四届委员和第五届常委，民革浙江省委副主任委员，民革中央团结委员会委员。

留坝、庙台子①，走古栈道，翻越秦岭，出终南山到了关中平原。在宝鸡坐上火车到达西安王曲7分校本部。路上行军时间4个月，途经7省，行程万里，因南方（浙江）人体质较弱，长时间走路辛苦，沿途生病、住院、开小差的不少，当时行路带队官向校本部汇报情况，主任胡宗南听后，说给以休息，保养一个月，身心恢复健康后，再入伍。

经过入学分科考试（步、骑、炮、工、辎、通信），我分在12总队12队步科，同乡有黄绍棠、周伯苍。我们剃光了头，换了军装，发给棉被、衬衣及日用品。住的是当地庙宇，睡通铺。早晨起床后，每人将自己棉被叠成四方块，棱角方正，床上一只内务箱放衣服等日用品。起床后集合，由分队长带队，在公路上跑步。回来后洗脸、吃早餐。每日早上操场进行徒手或持枪的基本训练，立正、稍息，各种队形变换，劈刺。下午，政治、军事、步兵操典、阵中要务令。晚上是铁杠、木马训练和跳远、穿越障碍物。夜间不时有紧急集合。星期日也没得休息，要修筑马路，打扫环境。

经过考试，合格的再进行军官教育，原规定军官教育3年，由于抗战学制缩短为一年半。主要有术科和学科的学习。术科主要是操场训练（班、排、连）队形的变换，战斗指挥以及野外战斗训练（排、连），攻击、防御、实弹射击。学科有兵器学、地形学、法律学、交通学、军制学、绘图、测绘、射击教范、阵地要务等。军官教育期间，同学每人轮流充当值星官。每日要监督同学上课，下午进行野外教练。

学习期满，毕业时在王曲河西大操场举行毕业典礼，校长蒋介石来视察，检阅各科兵种演习。之后讲了一通话，内容主要是要求我们国家至上，民族至上，同学们要积极准备奔赴战场，加强战备观念。

1941—1942年，日本帝国主义又挑起了太平洋战争，国内外形势更趋紧张。我们总队正在这时毕业，我所在的12队同学有15人分配到109师，师长李树臻要我们每人写一篇自传，第二日开会时，师长李树臻宣告我和张时仁同学留师部参谋处，其余13人分配至师属3个团，当时109师正奉命驻防潼关。未到一月，日军正向这里进攻，当时天上飞机轰炸，地上大炮、机枪轰鸣，子弹横飞，战斗惨烈，我109师在潼关坚持10多天，打退日寇一次又一次

① 南充、阆中、广元在四川境内，留坝、庙台子在陕西境内。

进攻，当时我们英勇战斗，伤亡多人。

1944 年我升任上尉参谋，保送陆军大学参谋班 8 期学习。毕业后回师部参谋处，后升调 327 团 3 营少校营长。1945 年 8 月 15 日，日本无条件投降，我们师受命开赴北平处理日军投降事宜，接受日军的武器、弹药、仓库等。抗战终于胜利了。

不久内战开始了。我所在部队准备开赴东北与共产党部队作战，我内心并不希望中国人打中国人，加上出来当兵整 8 年没有回过家，就决定回温州。在亲友的介绍下，我在国民党 200 师叶芳部任少校，参与温州城防指挥部作战科工作。

1949 年 4 月，国民党“东南号”轮船载有一个师的美械装备的武器，奉命来温州接收一个团的新兵，然后开往广州集结。由于汽缸发生故障，“东南号”停泊在朔门码头待修，叶芳闻讯后，立即命令部下将全部美式武器截留下来。“东南号”执行押运任务的副师长发现情况有异，但无力抗拒，只好撤离温州。事后国民党军部从广州发来电令，要叶芳立即率领 200 师及武器装备，前往广州集结待命。叶芳审时度势，预感国民党败局已定，大势将去，决心弃暗投明。于是，他派遣吴兆瑛、王思本、卓力文等人与中共浙南特委进行秘密谈判，决定择时起义。

1949 年 5 月 6 日夜，位于温州城区西河头叶芳寓所附近的司令部驻地、三牌坊、永光堂一带通宵戒严，五步一哨，三步一岗，士兵荷枪实弹。看到叶芳寓所灯火通明，直觉告诉我：今夜将有重大情况！原来，在叶芳的寓所里正在召开一个紧急会议，出席的有永嘉县长陈文，独立团团长朱哲光、吴兆瑛、王思本、卓力文、黄绍棠、罗道南、叶迈、黄杰甫，以及 200 师营长以上军官。叶芳在会上做了紧急动员，简要分析当前局势。作为会议亲历者，我至今清晰地记得，叶芳当时的表情严肃，语调很低沉，他以在温州军政界享有威望的邱清泉为例，对与会人员说：“邱清泉与日寇浴血奋战 8 年而不死，却死于内战。他为国民党尽忠卖命，死后，国民党一不追悼，二不抚恤遗孤遗属，仁义何在?!”在座的邱部旧友袍泽听后深表同感。叶芳强调局势变化，号召大家：“识时务者为俊杰，现在，只有弃暗投明，走起义道路，才是我们的唯一出路。如果我们选择打仗，不仅自己当炮灰，还会使温州的父老乡亲遭受战火之苦，我们不能做罪人啊!”与会者听后纷纷表示拥护，听从叶芳的指挥。

会后，与会人员各自领命，奔赴岗位，准备起义行动。按规定：起义单位门口高悬红灯一盏，起义人员臂裹白布条，以示识别。这一夜，是酝酿温州改天换地的一夜，也是国民党起义部队决定弃暗投明的历史时刻。1949 年 5 月 7 日，温州城顺利实现和平解放。

（作者：方彩耀）

王中领：让日军闻风丧胆的矮子连长

王中领(1917—2015)，江苏睢宁人。黄埔军校3分校19期步兵科毕业。2015年3月27日，笔者赴富阳走访了该市黄埔军校同学会秘书长王江龙，拟访谈其父亲——将近百岁的黄埔老兵王中领老人。老人于1949年11月，随富阳场口镇洋沙村的妻子蒋赋轩入住富阳。王秘书长说，他父亲听力已很差，无法通过对话交流，但可以将自己早些年记录下来的父亲抗战口述记录给我看。以下内容即根据该记录整理。

我出生于1917年3月21日，是江苏省睢宁县双沟镇人。在我12岁那年，母亲不幸去世，遗留下我和10岁、8岁的两个妹妹。由于我父亲无法养活我们兄妹三人，便托人将我小妹送给人家当女儿。没过几天，那人来同我父亲说，已同本镇的一户周家讲好了，第二天来领人。这话让站在门外的我听到了，我就急忙找到了在外边玩的两个妹妹说了这事。想到小妹明天就要和我们分别了，三个人哭成一团……所幸的是，我小妹到了周家后，周家待她如同亲生，大家都很高兴。我和大妹更是高兴，因为在同一镇上，相距不远，兄妹三人不时还可以一起玩一会儿。

由于家里穷，经常吃不饱，所以我长得很矮小，但我的性格很倔强、刚烈。15岁时，镇上有个财主家的儿子看我个子矮小，就欺侮我，并动手打了我。说实话，凭个子、力气，我的确不是他的对手，但我忍不下这口恶气。于是就拣起一块石头向他扔了过去。结果正好打中了他的头部。那人一下应声倒地，两脚乱蹬。我当时被这情景吓坏了，知道自己闯了大祸，于是家也没敢回就逃离了双沟。从家乡逃出来后，我连夜逃到徐州，在李仙洲的部队当了传令兵。后到作战连队当兵。由于我的机灵，当了班长、排长。

1937年“七七”事变，抗战全面爆发。我所在部队从徐州开拔到上海参加了淞沪抗战。8 月 12 日部队到达上海罗店，13 日就投入了战斗，拉开了震惊世界的“八一三”淞沪抗战帷幕。上海“八一三”淞沪抗战打得最惨的就是罗店，我们称罗店之战是“血肉磨坊”。那种惨烈悲壮的战斗场面真是可歌可泣之极！有时我们一个整团的增援部队上去，还未到阵地，就被日军雨点般的炮火打光。电线上挂满了英雄们的肠子，墙根边堆满了勇士们的断手残脚和零碎的尸片。正当八月酷热，那种难闻的尸臭味、血腥味哪里还咽得下饭。打到后来完全就是凭着意志力在跟敌人拼命。

王中领

在罗店，我打死的第一个日军就有点传奇色彩。有一天，敌我双方没有大的战事，可被日军打死或打伤的士兵仍然被不断地抬下来，我很纳闷。于是我就到哨兵线去看个究竟。经过观察分析找到了原因，原来日军哨兵在我方哨兵一露头瞭望之时，就开始瞄准我方哨兵探望的地方，只要我方哨兵第二次在原地露头瞭望时，日军哨兵就扣响扳机，我方哨兵就非死即伤。找到了原因后，一方面，我就叫哨兵每一次抬头瞭望都必须换个地方。另一方面，我也要显示一下自己勤学苦练练就的好枪法，以牙还牙，给日军以教训。我把枪瞄准了日军哨兵，趁日军哨兵在全神贯注地瞄准等待我方哨兵第二次露头时，我扣响了扳机，“乓”的一枪，那鬼子哨兵应声倒下。顿时，日军战壕里传来了乌里哇啦的哭叫声。我估计那鬼子已必死无疑，我的部下都为我的好枪法而欢呼。

我在罗店前线同日寇拼杀了一个多月，后因身负重伤，被转到当时的后方医院——金华野战医院治疗。伤愈后，就在 3 战区 79 师 235 团任职，师长是段霖茂[①]。

---

① 段霖茂(1904—1975)，湖北英山县人。黄埔军校 3 期毕业，陆军中将。抗日战争全面爆发后，任陆军预备 3 师 11 团上校团长、52 师副官主任、少将参谋长、军政部第 22 新兵补训处少将副处长。1939 年春任 79 师少将副师长，1940 年 3 月升任师长。参加上海抗战、南昌会战、浙赣会战等。1949 年赴台湾。

1940 年 10 月初，日军发动了侵占富阳以来最大规模的扫荡。10 月 12 日，1000 多名日军侵占场口镇，并企图进窥浦江县的马剑镇。79 师师长段霖茂得到情报后，即刻命 235 团和 237 团星夜从诸暨奔向富阳阻击。部队一夜行军 120 多华里，于 14 日早上 5 点多赶到了今富阳的常安镇(时称景山乡)。237 团前卫与出场口沿壶源溪南侵的日军，在景山乡的六石坎遭遇，双方迅即展开了激烈的战斗。我所在的 235 团 3 营占领了干山坞、小天竺一带后阻击日军。这场战斗非常之激烈和残酷。日军为突破我阵地，派出 3 架飞机助战。79 师官兵在伤亡较重的情况下，面无惧色，有许多阵地展开了拼刺刀。那时我是 7 连 3 排的排长，日本人想打通富阳到浦江的路，我们就在半路截住他们。在那场战役中，我亲手刺死了 5 个日本兵，这也是我打过的最惊险的一仗，差点就牺牲在日本兵的刺刀下。

开战后，敌人在强烈炮火掩护下，轮番向沧州西北一线阵地猛攻，我军顽强阻击，连附近村民也赶来助阵。激战到中午，敌人也没能前进一步。但我军伤亡惨重，不少士兵和 3 营 7 连 1 排、2 排的排长都牺牲了。10 月 14 日午后，阵地争夺战又开始了。敌人见攻不下 7 连，就转向 3 连阵地。3 连战士早有防备，敌人屡攻不成，恼羞成怒，集中了炮火向我方全线猛轰。而后，日军在几架飞机低空盘旋扫射助战下，向我方阵地发起一次次的冲锋。我们不顾敌机扫射、敌炮轰袭，奋力还击，这样持续了几个小时。我所在的 3 排阵地也被日军突破，我沉着指挥战士与敌拼起了刺刀。在拼刺刀中，我连续刺死了 4 名日本兵，刺刀还在第四个敌兵身上来不及拔出，一个敌兵从我身后偷偷摸摸过来，举起刺刀就要向我扑过来。幸好当时 7 班的班长周兴隆就在我边上，他眼快手疾，猛地跃起，一把抓住了敌人的枪把，顺势把人也掩倒，从敌人刺刀下救了我。这时候我刺刀已经拔出来了，转身几下就把那个敌兵刺杀了。我们终于打退了日军的进攻，守住了阵地。剩下的敌人纷纷开始逃窜，又被我们杀伤了一大批。这次战斗日本兵惨败，向诸暨方向溃退。日军在撤退时，用重机枪作掩护，我的腿不幸中弹受伤，只能靠士兵用担架抬着走。至今留有碗口大的伤疤。

由于 79 师的坚守，迫使日军放弃进窥浦江县马剑镇的企图。当年开战的这座山叫“小天竺”，山的半山腰有座庙，到这场仗打完后，庙也没了，庙基都快成山顶了，就是说这山在日军的飞机大炮的狂轰滥炸下，被掀去了半座。

这山在当年的狂轰滥炸下改变了土质，由于过多的硫黄熏染，至今长不出一棵松树。

79师的抗日，得到了当地人民的支持。79师的英勇抗日，感动了当地人民。他们打扫战场，掩埋牺牲烈士。次年4月，他们在战斗发生地，以景山乡全体民众的名义，树立了“陆军79师抗敌阵亡将士纪念碑”，记述了战斗发生的经过，还刻有牺牲烈士的姓名。后来我因故回到富阳定居，看到了此纪念碑，看到了当年牺牲的战友姓名，我忍不住落泪。富阳人民没有忘记历史，没有忘记当年为国家、为民族而战而牺牲的英烈。如今，每年的清明节，当地的学校都会组织学生前去扫墓，进行爱国主义教育，社会有关组织也都前去祭拜烈士英灵。

后来我所在部队在武义县白姆镇一带驻扎，时间有1年多。[①] 由于打日军又狠又猛，当地老百姓都知道我这个矮子连长。后来在日军方面我也有了很大的名气，他们只要知道阵前的部队是6连、5连(我的战友任连长，打日军同样很勇敢)，他们就不打，日军很迷信，认定一打就吃亏。

一次，我同日军争夺一个小镇(具体时间和镇名已记不清了)，同日军进行了巷战。我带领了十几个士兵紧挨墙边，搜索前进。到墙角时，墙角的那一面露出了日军的刺刀头，我冷不丁冲了上去，并与日兵纠缠在一起。这时敌我双方的士兵被这突如其来的情况搞懵了，都待在那里，看着我俩在撕拼。我冲着我的士兵大喊一声：“他妈的，老子在拼命，你们却在看着。”这时我的士兵才如梦初醒，于是一齐开枪，日军十几个人就这样被我们报销了。

有一次，我在武义和日军交战，接连打退了日军的5次进攻，士兵也都很累了，除了哨兵都躺在战壕里休息。没多久，哨兵向我报告：“报告连长，鬼子又上来了。”接连报告了几次我都没理会，因这个士兵平时说话阴阳怪气的。我直到听烦了，就拿了一挺机枪跑过去，边跑边喊：“你叫什么!”哪知道跑到阵地前一看，眼前黑压压的一片都是鬼子，离阵地已不到50m了，我赶忙向部队大喊一声：“快打!”自己的机枪首先开火。紧接着全连的轻重机枪、步枪和手榴弹一起向敌人盖了过去。因敌人离得近，我们又居高临下，打得敌人没招架之力，在阵地前丢下200余具尸体败退下去。

---

① 1942年8月至1944年2月，79师司令部驻防武义县坦洪乡上坦村，师部驻所现为潘漠华纪念馆址。

还是在武义，地点和时间已记不清了。在一次追歼日军时，黎明时分我连到达一座村庄边。我从现状判断，鬼子应该还未撤走。于是就选定村边小河对面的一个小山头布置下阵地，用7挺机枪对准小河上的一座桥。因这座桥是日军撤出村子的必经之路。等了近20分钟，果不出我所料，日军出村朝小河边的小桥走来。走在最前面的是一个骑着大洋马的军官，其余分两路纵队跟进。在日军队伍前面的一个便衣突然发现了我阵地上有人影，于是赶紧跑回去报告，但鬼子头目太轻敌了，以为是一般的游击队，根本就没把我们放在眼里，仍然大摇大摆地朝小桥走来。见骑马的鬼子走到桥中心，我就下令所有武器向日军射击。7挺机枪连同步枪一齐朝桥中心的鬼子猛烈开火，只见那骑大洋马的日军官蹦了几下，连人带马一起摔到桥下当场毙命。后来才知，骑在马上的是日军的一个联队长。

师长段霖茂得知我不是黄埔军校出来的情况后，就马上打电话给235团的李乃赓团长，提出要好好培养我。因此我由师部保送到3战区3分校培训，参加了19期的深造。当时3分校设在江西瑞金。

当时尽管战事紧张，升迁仍要看文凭。我打仗虽勇敢，战果也辉煌，但因不是黄埔军校出来的，所以排长一当就是好几年，人家都叫我“大排长”，连长一当又是好几年，大家都叫我“老连长”。在我连的那位黄埔16期的实习排长没几年就是副团长了，成了我的上级，可我仍是个“老连长”。我在3分校的学习时间本来是3年，可因战事紧张，只学习了一年半就提前毕业了。我们这期3战区军校出来的19期毕业生，都是按原职任用。也就是说，进军校前是什么职务，军校毕业出来仍担任什么职务。

1945年，我在湖州、嘉兴一带同日军作战。8月15日，日本宣布无条件投降后，日军在嘉兴的一部由“忠义救国军”前去缴枪，日军根本不同意缴枪，没办法我方只有电告国防部，国防部又调79师前去受降。79师派我以我方受降代表的身份到了谈判的地点。开始那个日军头领口气很硬，口出狂言说要再打一仗，战败了再投降缴枪。他说到了在某某地方打过一仗，我说就是我这个连打的，后来对方一连说了好几个地方的仗，碰到的对手都是我们这个连。这时，这个日军头领就在我面前就地立正，双手托刀交给我，说他服了，愿意缴枪投降。既然人家服了，愿意投降，我就用双手接过他的指挥刀，也给人家一点起码的尊重。日方这个头领还送我一只狼狗，后来我将狼狗送给我们团长了。

在8年抗战中，我除了在军校深造一年半和受伤住院外，其余时间都是在一线战场作战，所以在抗战胜利后获得了抗战胜利勋章。得此奖并非易事，我们全团只有团长李乃赓和我获此殊荣。获此奖要求很高，在8年抗战中每年评比的成绩都必须在优良以上。

（访谈者：王江龙）

王道春：战潼关，火炮显神威

王道春(1918—2015)，浙江临安人。黄埔军校7分校19期通信兵科毕业。2013年11月24日，笔者前往临安清凉峰镇大鹄村拜访了王道春老人。时值冬日，加之腰椎病复发，老人只能卧床休息。虽年事已高，但记忆很好，很多细节叙述清晰，只是一些方言不能完全听懂，幸而村里的雷姓村干部友情担任翻译，使笔者能顺利完成访谈。以下内容根据其口述整理。

我于1918年阳历3月出生，家里有3个兄弟，我是老大，下面还有2个弟弟。父母是农民，供我读到6年完小毕业。我的学习成绩很好，尤其数学突出，所以毕业的时候成绩是全校第二名。抗战爆发后，国家的征兵政策规定五抽二，三抽一。我是老大，又读过小学有点文化，所以我去从军比较合适。1941年冬，我们周边乡邻有200多适龄青年被选上送到马啸①。在那里，200多号人的名字都被写在纸上，放在盒子里，然后再抽签，抽到的就去当兵。我的序号是24号。12月份第一批的名额没有轮到我，12月份第二次抽签时我被抽中。

同年冬，浙西行署②发行的一份报纸刊登了7分校的招生广告，该校入伍生4团来浙江招生并开始报名。我想反正要去当兵，不如考军校，同样可以

① 马啸是浙江省临安市辖乡，位于浙皖交界，清凉峰西部，地处临安市最西端。

② 抗日战争爆发后，日军侵犯浙江，杭嘉湖沦陷，浙江省政府南迁。为适应战区形势，浙江省政府主席黄绍竑于1939年1月在於潜西天目山禅源寺建立"浙江省政府主席兼国民抗敌自卫团总司令行署"，代行浙江省政府职权，下设秘书、政务、军事三处。1939年冬该行署改称浙江省政府浙西行署。浙西行署管辖当时的杭县、富阳、新登、桐庐、分水、於潜、临安、昌化、孝丰、余杭、武康、长兴、吴兴、安吉、德清、海宁、海盐、平湖、桐乡、崇德、嘉善、嘉兴22个县及杭州市。浙西行署设主任一人，由贺扬灵担任。下设秘书、政务、警保三处和会计、视察二室，各处另分科股办事。行署的办公地址原在於潜西天目山禅源寺，1943年迁至昌化荡家湾，改名为龙岗。抗战胜利后，浙西行署被裁撤。

为国家抗战出力。我赶到於潜的一家旅馆参加了初试。我很幸运，本来以我的小学学历是考不上的。一起准备考试的人中有初中、高中毕业的，甚至有大学生。当晚，这些人拿出了各科书本开始复习，他们自己列了很多复习题，我也乘机记住了这些内容，结果第二天考试时70%的题目都与复习内容相同。我记得考了国文、物理、化学、生物、数学、地理、历史、党义（“三民主义”），也考了英语。英语我不行的，但其他课程还能对付，最后我考上了。当时一起参加考试的有10多个人，最后录取了7个。

1942年正月十五，我们奔赴金华报到。之后，我们赶到松阳，那里有部队的营房，进行为期6个月的训练。18期入伍生4团共有4个大队，12个连队，我分在4大队10连队3排。我们的团长是沈策[①]，大队长姓王，连长是杨中兴，陕西人，我的排长是陈绍武。7月份，金华、衢州相继沦陷，浙江省政府也迁到龙泉。我们在团长沈策的带领下，离开浙江，准备行军到福建。行军时日机经常来轰炸和扫射，因此长官决定这样对付日机：白天让我们躲在种了农作物的田野睡觉、休息，大约下午4点以后赶路。半个月之后，人数有1500多的入伍生团有500多人生病了。主要是北方来的学生不习惯福建地区的气候。有这么多病号，队伍就不能再行走了。团里临时决定在南平休息，顺便买药，让病员进行疗养，当时的条件很艰苦，500多个病员只有300多个床位。

福建北方山地蚊子猖獗，个很大，很毒。我也被蚊子咬了，马上就烂腿。到9月底的时候，好多学生发现腿上有红点，但不痛不痒，没多久就开始溃烂，而且越来越大，一下子就死了十几个学生。接着，更多人病倒，陆续死人。年纪大点的还好不怎么害怕，有些才十八九岁的孩子，非常害怕。团里只能让大家在邵武修整，一直到10月份才出发，差不多耽搁了3个月。临出发前，由团长沈策主持为病死的学生开了公祭大会，团长在念祭文时伤心恸哭，说对不起有为的青年，对不起家乡父老，大家也都跟

---

① 沈策（1907—2005），浙江仙居人，黄埔军校6期步科毕业，陆军中将。历任军政部直属通信兵团无线电任分队长、队长，军政部长（何应钦）办公厅中校部副，军事委员会总参谋长（何应钦）办公厅上校参谋，陆军1军78师少将参谋长。抗日时期，曾任中央军校7分校西安18期入伍生4团少将团长，从西安去3战区招考东南沦陷区流亡青年学生入伍，跋涉万余里，历时1年多，途经9省7战区，穿过抗日前线，越过长江、秦岭，历尽险阻艰苦，安全返回西安。

着痛哭。

从福建出发后继续行走，经过江西临川，走到樟树时，已经是 11 月。可是我们身上仍然穿着夏装，上身是背心加单层的长袖外套，下身是两条短裤，就是内裤加没过膝盖的短裤，脚上是草鞋。布鞋是有的，但一遇下雨天，一天就穿烂，因此还是草鞋实用。为了御寒，我们把上衣的袖子剪下来，缝在短裤上面勉强盖住膝盖以求保暖。但根本不能解决问题，再冷下来怎么办？团长没办法，到时任赣南专员的蒋经国处哭诉。幸得蒋经国出手援助，我们终于穿上了过冬的棉衣。团里还从赣州补充了一批新生。

入伍生团学生中有 1/3 是小学毕业生，有 1/3 是中学生，还有 1/3 是大学生，文化程度差距太大。校本部打电话要求团长考虑实际情况对现有的人员重新编队，将不同文化程度的学生进行混编，让大学生当老师，教学历较低的学生学习。大家边行军边读书，6 个月为期限，对学习效果进行测试。我就是在这个时候补习了初中知识。1943 年 1 月，我们到达湖南湘潭，休整几个月后原拟穿过洞庭湖经鄂豫入陕，不料，日军发动了鄂西战役，我们被迫改道走桂黔入川，经衡阳到广西桂林和柳州。在柳州，我们有机会坐上火车，大家都很高兴，终于不用走路了。没想到遇到下大雨，铁轨坍塌导致火车头相碰，车身也被损毁，但没有翻掉，只是车厢都浸泡在水里。大家全身都淋湿了，有人受了轻伤，但无大碍。之后，继续行军到达贵州。当地穷，我们的粮食供应跟不上，每人 1 天 1 斤米都吃不到，只能饿着肚子赶路。到达独山后，听说鄂西大捷，所以重新折回湘西。7 月份，我们折返湘潭后乘船横穿洞庭湖，因为洞庭湖东部已被日军占领，所以我们靠着湘西潜行，到津市后再走路到鄂西山区。其间高山峻岭，道路崎岖，狭窄处只容一人通过，险象环生。9 月份，我们到达三斗坪，在茅草棚里住了一晚，没想到日军飞机飞来丢下 3 颗炸弹，幸好都掉入长江，没有造成伤亡。第二天，向当地百姓借了几十条船，准备渡江。长江此处的水流很急，有漩涡，连当地的百姓都怕过江。结果，渡江时我们翻了一艘船，上面乘坐的是病号，有 20 多个人被水冲走，最后 7 人罹难。有位军需官的弟弟也被江水冲走，他难过得在岸边号啕大哭。失去战友，大家的情绪都有些压抑。

过了长江后，10 月到达湖北老河口。接着穿过河南南部的平原，经郏县、南阳，行军一个多月后到达洛阳。1战区司令长官蒋鼎文[①]看到家乡学生子弟兵万里行军至此，慷慨予以犒劳，大家连日来的疲惫和饥饿得到大大缓解。在洛阳又有机会坐火车，为躲避日机轰炸，火车都是在夜间才敢走的。11月底，我们终于到达西安王曲7分校。12月，重新进行了入学考试。在大操场，大家每人拿一个图板，一个小凳子，每人前后左右间隔5步。还是考文化课，考中学的知识点。考之前，大家拼命复习，谁也不想被淘汰，如果考试合格就成为军校学生。结果第一轮淘汰了100多人。团长很着急，这些不及格的学生一路上吃尽苦头，不能就这样把他们淘汰了。后来让这些不及格的学生分到各个连队做文书。淳安昌化当时去了6个人，其中一个姓姚的被淘汰了，他知道自己被淘汰后还哭了，后来被安排去云南当远征军通信兵，两年后就再也没有他的消息了。我则正式成为军校通信科学生。学生按成绩分为炮科、工科、通信科、骑科、辎重科和步科。骑科中有来自土耳其和新疆的学生，外貌上很好认。我们这一届有12个中队，后来增加的13中队就是骑兵队。

军校训练很严格，我总共受训了一年半。一年是专科学习，半年为综合学习，样样都要学会。军校的内勤查得很严，每个周末都要检查。胡宗南也经常亲自检查，他矮个子，胖胖的，相貌长得不怎么样，不过很朴实，没有官架子，出门从不带卫兵，穿的裤子也是在膝盖上打过补丁的，我在寝室碰到过他好几次。毕业时，蒋介石、白崇禧、陈诚都来了。白崇禧那时是军训部长，陈诚是军政部长。他们白天检阅了我们，观看我们的列队表演。晚上我们就在操场会餐。蒋介石他们在主台上吃，我们在下面吃，6个人一桌，两盘菜，一人一个小凳子围坐。当时有很多外国记者也出席了。饭吃好后，蒋介石开始讲话。他讲的是仁义廉耻、四维八德。还举了很多例子，说你在路上遇见乞丐怎么想？或者你在路上遇见残疾人、无助的老人怎么想？你碰见有人抢劫、偷盗、打人怎么办？他说你们不能麻木，不能没有想法，应该有自己的思想。说实话，蒋介石讲的这些孔孟之道拿来作战斗动员是没有用的。

我在军校毕业后分到1军1师2团通信排，驻地在陕西渭南县赤水镇。

---

① 蒋鼎文(1895—1974)，浙江省诸暨人。早年毕业于浙江陆军讲武学堂。抗日战争期间，历任4集团军总司令、西安行营主任和10、11战区司令长官。1944年，带领的部队在豫中会战中轻易被日军击败，引咎辞职。1949年去台湾。

军长罗列[①]，师长杲春涌[②]，团长王亚武。通信排直接归属团部，我任见习排长。部队还把我送到师部通信连见习了3个月。那时战事比较多，我的一个同学于建波刚被分到部队第一次作战时就牺牲了。我第一次参加对日作战是保卫潼关。如果潼关守不住，西安也就危险了。日军武器比我们先进很多，上面飞机，下面坦克，中间大炮，我们步兵一点办法也没有，只能用血肉之躯去抵挡。这时，从加拿大空运了一批火箭筒到西安，这种火箭筒专打战车，是之前从未有过的新式武器，它的射程只有50m，但威力很大。上面让我们报名参加培训，学了一个星期后，大家都能熟练掌握操作了。之后，进行了一次实弹射击，只舍得练习一发炮弹。我们在50m处摆上一块两三厘米厚的钢板作为发射目标，发射后火箭弹击中了钢板，几秒钟后被击中的钢板慢慢地熔化了。

占领了河南洛阳的日军想攻打潼关，我们在距潼关10km处的枣林埋伏下来，每个组发了1个火箭筒，4个人1组，2个炮手，1个扛炮，1个瞄准。火箭筒的发射声音很轻，声音跟放烟花一样响。我们把8个火箭筒埋在土坑里，等鬼子的坦克到了30m的距离才发射，最后打掉了4辆坦克，本来可以打掉更多，可惜射程太短，实在是来不及发射。日军见识了火箭筒的厉害后，只好后退，一直后逃了40多公里，自此以后再也没有攻打过潼关。日本的报纸说中国战场没见过这么厉害的武器，应该是原子武器。我头顶上至今还有个伤疤，那是一颗炮弹落下，在我头上弹跳后再爆炸，弹片把我打伤的。当时没有感觉，还是战友发现我受伤了，用手一摸全是血，后来简单包扎一下，继续扛着火箭筒打埋伏。

潼关攻不下来，日军就想避开潼关，从豫川公路攻西安。1945年三四月，我们部队调防到了河南西南部——西峡口。这是一个军事要塞，是豫、

---

① 罗列（1907—1976），福建连城人。1928年10月毕业于黄埔军校6期，留校任少尉排长。北伐中，曾充任东征军党代表。1932年入陆军大学学习。1937年调任1军少将参谋长。1939年调任34集团军参谋长，旋调任48师少将师长。1945年2月晋升陆军少将。1945年1月升任胡宗南的1军军长。1946年4月任整编1师中将师长。1948年9月22日晋升陆军中将。1951年赴台湾。

② 杲春涌（1907—1980），江苏邳州人。1926年入黄埔军官学校5期学习，初分配在胡宗南1师任排长，参加北伐战争之龙潭战役、中原大战等大小战役20余次，因功升任连长、营长、副团长、团长。参加淞沪会战后调到陕西凤翔黄埔军校7分校任2总队大队长、少将总队长。1941年任46师少将副师长，不久晋升为1军1师师长。晚年在台湾度过。

鄂、陕三省交会地带，边上是淅河。一直到抗战胜利时，我们都隔着这条河与日军对峙，这几天他们打过来，那几天我们打过去。不过此时的日军没以前那么嚣张，好像老实了不少，直到日本鬼子投降，他们也没能再往前一步。说起来我命大，一次日军的飞机把我们驻地的营房给炸了，我们当时睡在楼上，房子炸中后，上面的瓦片往下掉，楼梯也断了，我机智一滚，躲在楼梯和断墙的空隙处，没有压死。红十字会的医务人员只在废墟中挖出了我和另外一位幸存者，其他的人都死了。

我们1军是王牌军，外宾来时都是我们表演列队的，待遇、装备都很好，有点特殊化，每季都有两套服装发，薪水也高一点，因此士兵比较稳定，没有什么逃兵。其他部队会出现吃空饷的情况，明明只有50人故意报100人，关键时刻找百姓顶替一下敷衍上面的检查。我们部队纪律严明，不会出现这样的事情。而且胡宗南对下级相对信任，他们报多少人数就核拨多少军饷，所以下面也不会造假。

抗战胜利的时候，我在西安。西安全城举行了大游行欢庆胜利。还发生了一件乐极生悲的事情，一个美国佬在卡车上放炮仗，结果把一根高压线打断了，高压线掉下来把美国人电死了。

（访谈者：朱　丹）

邓文伟：乡村少年从军记

邓文伟，1922年出生，浙江武义人。黄埔军校19期步兵科毕业。2013年8月3日，笔者访问了邓文伟老人。老人现居武义县新宅镇金岩村。驾车从县城出发，一路青山绿水好景致，欣赏这满眼山乡绿意的同时，心想当年诸多豪情少年本可以偏安于乡间，但在民族危亡之际，他们决然走出山乡，投身抗日洪流。约50分钟后，我们抵达目的地。金岩村是一个美丽静谧的小山村，间或夹杂三两声鸡鸣犬吠。村子依山而建，白墙黑瓦，错落有致，清澈的溪水将小村隔为两半，仿佛一切入画。虽事先没有预约，但我们很快就找到了老人。说明来意后，老人非常乐于与我们交流。以下内容根据其口述整理。

我于1922年农历二月初十出生在金岩村，家里有十几亩地，新中国成立后的成分是富裕中农。我6岁开始念私塾，因为人长得活泼可爱，所以大家都喜欢我。10岁时，我到宣平中心小学念高级小学。高小毕业后本来想考因抗战迁到松阳的湘湖师范，结果没考上，就留在松阳念了初中，毕业后考上在丽水的浙江省立联合中学继续念高中。

联中很重视军事教育。政治课老师经常给我们讲抗日救国的道理，印象深刻。在联中，我们一入学就军训了3个月，军训科的教官给我们上军训课，学习立正、跑步、敬礼等动作，另配有一把三八式步枪，这种步枪发出的枪声是“嘎嘣”。我们每人可以实弹训练5发子弹，每12人组成一个班训练，我在射击演习时5发3中，得了全班第一名。

高中毕业后，回家路过宣平县城，看到城内贴着“陆军军官学校”的招生广告。我无论是学历还是身高都符合报考条件。年轻人总是想学点本事的，想为抗战做点事情，也想升官有出息，那时我的志向是很高的。回家与父母商量后，他们也同意我考军校，我约了同村的楼进兴一起去丽水考。我记得刚过了年就去考的，丽水的考点设在“刘氏堂背”，考官是一对夫妻，男的是上校军官，缺了一只耳，所以印象深刻。不少青年从台州和金华那边赶过来报考。考了两天，考政治、国文、算学、地理、历史、英文等课程。楼进兴初中没有毕业，因此一些题目不会做，比如一道题目要求写出水的分子式，他问我怎么写，我说是 H_2O，他听成了乌龟同兔，哈哈，最后我把他的试卷也做了，因此我们两人都通过了测试。丽水考点有 30 多人通过测试。

1942 年春，我们一行 30 多人从丽水出发到金华集中，途径当时的永康县。当时宣平县的县长叶家龙正在永康开会，听到有宣平人准备奔赴成都的黄埔军校，非常高兴，特地发了一笔钱资助我和楼进兴，并鼓励我们好好学习。到金华汇集了 100 多名新生后，坐火车到江西上饶。在上饶一边等车子，一边等从其他地方赶过来的考生会合。上饶又汇聚了 100 多名新生。那时听说日本人已经在渡江了，要从对岸过来了，所以我们要找较安全的时机出发。在上饶，我们学了一些基本的军事常识，生活待遇也还可以，能吃饱饭，是红米饭。等各地来的 300 多人会齐上饶后，又进行了一次测试。这次考的内容比初试要难，我又帮楼进兴考了试，所以我们两人都通过了复试。淘汰的考生则发给路费回家。前前后后差不多在上饶耽搁了 3 个月。

离开上饶后，我们先坐火车到达鹰潭，然后坐汽车走了一段路，为了安全，我们绕开战场走相对安全的道路。经步行过萍乡到达湖南长沙。当时日本人的飞机经常来长沙投弹，我们逃到一个叫鹅羊山的地方躲避空袭。那里山石奇特，躲进去很隐蔽。两三天后，我们离开长沙走路到湖北宜昌的三斗坪等上船，途中能听到中日交战的枪声。船到万县再休息 3—7 天。等船过三峡到重庆后又休息了 7 天。再步行到内江，最后终于抵达四川成都。

1942 年五六月间，我们到达成都东门外。第二天按规定到入伍训练的地方报到，当时 18 期学生尚未毕业，我们浙江的新生都在西门外，即杜甫草堂报到，军校又再次对我们进行了复试。这次是在大操场考试的，考官很多，来来去去巡回，监考很严，我没有办法帮楼进兴了，只能做好自己的试卷。最后，我考上了，他落榜了。当时对沦陷区来的考生比较照顾，所以由政府出资在成都念高中。楼进兴高中毕业后考上了炮兵学校。到 9 月 21 日，我复试成绩合格编入 1 总队，地址在西教场。到了 12 月，又进行了甄别考试，根据考试成绩和本人的意愿实施分科教育。我本来想学通信，但被分至步科 1 总队 2 大队 7 分队学习。我们这一届是 19 期，教育长是万耀煌[①]，后来他调任其他职位，做过湖北省主席，军校教育长职位由关麟征[②]接任。1 总队的总队长是李立中少将，2 大队的大队长是李迪光上校，7 分队的队长是宋克勤少校。

6 个月的入伍生学习期间，我们住在“草堂寺”。入伍生阶段的学习规定很严，很艰苦，连吃饭也要在规定时间内完成。每天训练完后衣服都很脏，好在队里雇有洗衣服的帮佣，衣服上面有一个竹片吊牌，上面有学生的名字，因此不会搞错。入伍生阶段享受上等兵待遇，学生都住在集体宿舍。由于训练太紧张，精神上也受到了影响，曾经发生过“营哄”。有一天晚上，熟睡的我们莫名其妙起床了，拿起枪，并发出怪声。我是睡在上铺的，也起床了。后来教官知道后赶到营房高喊：立正！大家被叫醒了，教官要求把枪放下，幸好没出什么事。事后我们也奇怪怎么会这样。

入伍生阶段完成后，我们成为军校正式的学生，享受上士待遇，住宿条件也改善了，两个人一间。外表也有区别，衣领两边有军校学生的领章，身上挂马刺，走起路来非常神气。

在军校学习期间，我印象最深的是背《步兵操典》，那是很厚的一本书，天天要背诵，背得头都昏了。有次我背不出来，教官罚我在太阳底下立正，不知怎么的，钢盔里面藏了个臭虫，咬我的头皮，又痛又痒，但不敢动，不然教官的鞭子就抽过来了。还有跳木马、练双杠，开始我都不会，经过每天的刻苦训练，终于学会并腿、分腿跳木马，双杠也学会了腾空上杠。我在步科的同学中个子算矮的，步科学生身高要求 1.60m 以上，我的个子是 1.61m。因此每次列队，都是他们先排好队，我站进去就可以了。由于个子小又机灵，所以在军

---

① 万耀煌（1891—1977），湖北黄冈人，国民党陆军二级上将。17 岁肄业两湖师范附小，投笔从戎，先后考入湖北陆军小学堂、陆军第三中学、陆军兵官学堂、陆军大学，接受完整的新式军事教育。参加过辛亥革命、北伐、抗日战争，由副师长、师长、军长、军团长积功至上将。1977 年逝于台北。

② 关麟征（1905—1980），陕西户县人，国民党陆军中将、国民政府陆军总司令。抗战名将，率部参加过台儿庄会战。1946 年，任中央军校教育长。1947 年 10 月，任黄埔军校校长。1980 年逝于香港。

校里大家叫我“四川娃娃”。

军校重视外语教学，我们学过英语、日语、俄语，日语比较容易，俄语难学。无论是学科还是术科，学的内容比较多，比如学指挥，从连级的列队指挥到师一级的列队指挥都要学习。军校比较重视抗战思想的宣传，集体聚会的时候，几乎每次都要唱岳飞的《满江红》：“怒发冲冠，凭栏处、潇潇雨歇，……”还有《大刀向鬼子们的头上砍去》等歌曲。军校经常有大人物光临，记得来过一个英国的独臂将军给我们讲过话。汤恩伯[①]来过，还送了一只东北虎给军校。白崇禧[②]则经常来，因为他是军训部部长。蒋介石也到过军校，来之前三天成都就开始戒严。蒋介石就住在我们宿舍边上的小洋房。他是个光头，训话时一口的浙江土话，讲了半个来小时，要求我们好好学习，为抗战出力。我在快毕业的时候报考过蒋介石的警卫连，结果个头太小，没考上。他们要求身高 1.65m 以上，个头要魁梧。蒋介石的警卫连里都是浙江人。本来毕业时，蒋介石自己要来给我们发毕业证书的，结果恰逢美国总统罗斯福去世，[③]所以就没有来参加我们的毕业典礼。从头至尾，我们在军校学了 3 年时间。

毕业后，我分至 79 军 98 师 294 团 3 营 4 连任少尉排长，是小钢炮排排长。79 军军长是方靖[④]，98 师师长是向敏思[⑤]，294 团团长是王卓如，4 连连

---

① 汤恩伯(1898—1954)，浙江武义县人，黄埔系骨干将领，国民党军陆军一级上将。1937 年“七七”卢沟桥抗战爆发后，指挥所部在南口地区抗击日军进攻，予敌重创。10 月任 20 军团军团长。翌年 3 月率部参加台儿庄会战。6 月任 31 集团军总司令，先后参加武汉保卫战、随枣会战。1942 年任 1 战区副司令长官兼鲁苏皖豫边区总司令。1944 年 4 月在豫中会战中所部溃败，受撤职留任处分。逝于台北。

② 白崇禧(1893—1966)，广西临桂县人，属国民党桂系中心人物，地位仅次于李宗仁，与李宗仁合称“李白”。国民党陆军一级上将，有“小诸葛”之称。1911 年参加武昌起义，历经北伐战争、抗日战争，指挥过诸多著名战役。1966 年在台湾去世。

③ 1945 年 4 月 12 日。罗斯福总统去世。4 月 14 日，黄埔军校 19 期学生举行了毕业典礼。

④ 方靖(1900—1990)，江苏江都人，黄埔军校潮州分校 2 期、陆军大学将官班甲级 3 期毕业，国民党陆军中将。参加过北伐，抗战爆发后参加淞沪会战、武汉会战、常德会战。1949 年 2 月 4 日在荆门战役中兵败被俘。1966 年 4 月 16 日获特赦。后任全国政协文史专员、全国政协委员。1990 在北京病逝。

⑤ 向敏思(1907—1974)，湖南永顺人，黄埔军校 4 期毕业，国民党陆军中将。抗战爆发后任 9 集团军 98 师 294 旅 588 团团长，参加淞沪会战，战后任 79 军 76 师 226 旅副旅长兼 451 团团长。1938 年 8 月任 18 军 14 师 42 旅少将旅长，同年冬任南岳游击干部训练班中队长。1939 年春任 9 战区游击挺进 1 纵队司令，6 月任潭株警备司令部参谋长。1940 年秋任 79 军 98 师副师长兼政治部主任。1942 年任 79 军 98 师师长。1949 年 12 月 24 日在四川郫县率部起义。

长是刘克雄，部队驻扎在四川揭阳。我又到四川的江津学了半年的通信。每天“嘀嘀嗒嗒”地练习，最后一分钟能打70多个字。也是在江津学习期间，有天晚上在广播里听到日本人投降的消息。大家都很高兴，兴奋得睡不着觉，上街买来鞭炮庆贺。后来军部还给我们军官发了一个1克左右的金戒指，上面刻了代表胜利的英文字母“V”。

（访谈者：朱　丹）

邓振华：我在台湾参与审判日本战犯

邓振华，1924年出生，浙江安吉人。黄埔军校凤山分校15期军官班毕业。2015年3月31日上午，笔者访谈了邓振华老人。老人现居安吉孝丰镇，与女儿一家生活在一起。老先生曾在台湾的高级法院工作，参与了审判日方高级战犯，并在黄埔军校凤山分校学习过一段时间，1949年初返回大陆。访谈过程中，老人思维敏锐，讲话风趣，嗓音洪亮，是位非常开朗健谈的老先生。以下内容根据其口述整理。

我出生于1924年11月25日，祖上原籍是安徽，因为淮河发大水，自我爷爷开始迁居到了孝丰。我的父亲是位木匠，母亲靠给别人浣洗衣物补贴点家用。他们生育了5个孩子，4女1男，我是唯一的男丁。虽然家境不好，父母还是省吃俭用送我上学。我小学是在孝丰小学念的。12岁时，父亲就去世了。“七七”事变后，杭嘉湖相继沦陷，孝丰也不安宁。浙西行署主任贺扬灵[①]为组织抗日力量，办有少年营、青年营、妇女营，其中少年营就办在孝丰。我约了一位叫朱达三的同学一起去报考，主要看看形体动作，立正、稍息等动作是否端正。结果，我考上了，同学没能考上。

少年营男男女女20多人，女营员有5个。其中一个名叫孙秀英的还记得，因为她经常帮我们洗臭袜子。我们的营长是王慎中，比我们这些营员大

① 贺扬灵(1901—1947)，江西省永新县人。1934年，黄绍竑主政浙江省政府，贺扬灵任民政厅主任秘书。1935年4月任当时绍兴县县长，8月兼任浙江省3区行政督察专员，后又兼保安司令。1937年，抗日战争开始前，黄绍竑调任湖北省政府主席，贺扬灵跟随同去湖北，同年7月任当时湖北宜昌区行政督察专员兼宜昌县长。1937年冬，贺扬灵又奉命调回浙江省委，自愿兼任绍兴区专员，兼保安司令，并兼嘉兴区行政。1939年秋(10月)，奉调任浙西行署主任。1945年，抗日战争胜利，贺扬灵兼浙江省政府行辕主任，随军抵杭州。1946年春(4月)随黄绍竑去职。同年10月，任国民党中央组织部5处处长；先后被选为“国民大会”代表及“宪政促进会”委员。1947年去世。

四五岁，他是绍兴人，曾经在青年营担任过排长。副营长是赵志华，诸暨人，军衔是上士。少年营每人发有一支枪，枪支大约 165cm 长，与我的个子差不多，有的营员比枪支矮。我们的军事技能，如打靶就由营长、副营长负责教授。少年营的生活条件比较艰苦，男女营员都睡在一个房间，是通铺，就睡在地上，底下垫些稻草。伙食是免费的，由一个姓王的伙夫帮我们烧吃的，吃的是糙米。这位王姓伙夫后来成为新四军，皖南事变时不幸战死。

少年营的我们虽然年龄小，但抗战热情很高，经常进行抗日宣传。到一个地方，搭一个台子，凳子上一站，就对乡亲们开展抗日爱国教育，讲日本侵略者烧杀掠抢的罪行，要求大家有钱出钱，无钱出力去当兵。我差不多在少年营待了一年，之后加入 3 战区经济游击 2 大队。① 大队长是郎玉麟②，他是共产党。副大队长是李谟作，他是湖南浏阳人。前些年，李谟作从美国西雅图回国探亲时，特地到湖州看望郎玉麟，郎玉麟也打电话约了我，我们还合了影。也怪，他们差不多前后脚去世。贺扬灵对郎玉麟很不放心，因为郎玉麟是游击大队长，手里有枪，所以贺扬灵找个理由把郎玉麟的老婆和孩子软禁起来。后来又将郎玉麟调到行署所在地昌化汤加湾，缴械后让他到敌占区调研。天目山的青年营曾关押过一个女共产党，是安吉梅溪一带人，我也亲眼见过这个人，看见她洗衣服、梳头。听王慎中说，后来贺扬灵杀了该妇女。抗战胜利前夕，我曾在安吉水口遇到郎玉麟，只见他匆匆带着家属赶路，我让他歇个脚也顾不上，听说后来过长江了。郎玉麟在世时，曾任湖州新四军研究会会长。

经济游击 2 大队后来改编为浙江省保安司令部保安 2 团。团部在上方，地处安吉与无锡的交界处，归吴兴管辖。我同时在吴兴中学念初中，校址在莫干山上。我每周会回团部拿读书的费用，每周 4 法币。所以我既是游击队员，也是中学生。平时都穿学生服，寒暑假则跟着打游击，团部就是我的家。

在吴兴中学读了 2 年，没有毕业，我又到浙西三中念高中。浙西三中校

---

① 抗日战争进入相持阶段后，国民党组建了敌后经济游击队，力图粉碎日军“以战养战”“以华制华”的阴谋，在经济战线上，打破日伪军的经济封锁，以配合正面战场的作战。3 战区还制定了《经济游击队组织及实施办法》《第三战区经济游击队组织及实施办法实施细则》《第三战区经济游击队暂行编制表》。经济游击队主要活动于 1940 年 3 月—1941 年 11 月期间，后或被撤裁或被改编。参见孙宝根：《抗战时期国民政府经济游击队述论》，《民国档案》2004 年第 2 期。

② 郎玉麟（1911—2006），浙江湖州弁南乡人，中共党员。自 1938 年起，郎玉麟一直在浙西一带抗战。

长是沈咸震，校址在临安的昌化河桥。这时李谟作已是保安2团的团长，他帮我写了封信给校长，经李谟作推荐，我顺利入学高中。日本鬼子投降时，我高中已经毕业。随后我在上海、杭州两地流浪，因为穿着一身“老虎皮”，所以坐火车不要钱。但我的前景堪忧，曾考上复旦大学，却因为交不起学费无法升学。

这时，报纸上刊登了关于台湾战后重建的消息，我们几个人决定到那边寻找机会。1946年2月的一天，我们在上海登上“台北号”客轮，经两天一夜抵达基隆港。与我一道走的有孙其昌和钱越先。孙其昌是长兴人，后来老死在台湾地区。钱越先曾经在李谟作部队当过连指导员，他的哥哥钱济民在上海兆丰小学当校长，我们三人的舱船费是他资助的。抵达基隆后，我们又直奔台北找了个旅店住了一夜，第二天就参加考试。我考上了“台湾高等法院”，也考上了一家纸业公司。当然，我选择了法院工作。钱越先有个堂哥叫钱国成，他在“台湾高等法院”任民庭庭长，后来是“台湾高等法院”院长，再后来成为台湾地区很有名的大律师。我在刑庭当书记官，上班第二天就身穿道袍出庭。当时，日本人的家属还没有撤走，你可以在大街上看到身穿和服、脚踏木屐的日本女人。

我的文笔不错，所以空闲时会写文章投稿给台北的报刊《新生报》和《自立晚报》，主要是针砭时弊类的文章。我们在法院上班，上下班要到书记官孙德耕处签字。年轻人说话喜欢吵吵嚷嚷，孙德耕就骂了我们，我们吵了起来。为了这个，我被调到花莲地方法院待了3个月，每天看太平洋潮涨潮落。

不久，钱国成写信给我，告知他已兼任“台湾警备总司令部”审判战犯军事法庭庭长，要审判108个师团长以上的日军高级战犯，缺人手，让我去他那工作。于是我回到了台北，担任军事法庭上尉书记官，参与审判工作一年多。其后，我又被调到检察部门工作，任检察官，授予我少校军衔。军事法庭地址在台北的青岛东路。在拘押的日本战犯中，大将官位最高，是台湾总督安藤利吉。①

---

① 台湾总督是指台湾受日本统治时，由日本天皇所指派的总督。在1895年到1945年之间的半个世纪当中，日本政府共派任了19个总督。安藤利吉为末代台湾总督。安藤（1884—1946）为日本宫城县仙台市人，陆军士校，陆军大学毕业。1931年任陆军省兵务课长，之后历任驻大不列颠及北爱尔兰联合王国大使馆武官、旅团长、教育总监部本部长、5师团长、21军司令官、南“支那”方面军司令官。1941年以预备役受征召任台湾军司令官，1944年晋升陆军大将，12月30日被任命为19任台湾总督，当台湾军扩张为10方面军时，兼任10方面军司令官。日本战败，安藤利吉代表10方面军司令官和驻军向盟军投降。之后被列为战犯，1946年4月19日于受审在押上海监狱期间服氰化钾自尽。

我参与审判了一次，不久安藤利吉就被南京军事法庭派人押解走了，据说在上海自杀了。

我参与审判的师团级以上高级战犯有田坂八十八、中村幸茂、木村高之、平冈久忠等。审判的战犯中，有的是宪兵头头，因为是特种部队，所以也列入战犯。审判时，上面坐着审判官、检察官、书记官，三人一排，下面有两个通译。都是合议庭，公正。日本鬼子武士道精神是有的，60 多岁的人了，站一两个小时一动也不动，毕恭毕敬。后来内战爆发，军事法庭寄出的很多取证公函没有回音，没有证据就无法给战犯定罪，后日本战犯大约不到 10 个人被送至上海的提篮桥监狱①，大多数被遣返回国。

曾经有一次我到关押日本战犯的拘留所提犯人，发现这些战犯自由得很，下围棋、打球，还穿着军装，也不带镣铐。当然，我们对拘留所的管理还是很重视的，所长是少将。

我还审过一个叫陈水云的台湾人。日本人统治时期，他入了日籍，还取了个日本名字。国民党接收台湾后，他又改成台湾籍。日本人统治时期，他在台湾总督府负责刑事工作，对中国人一点都不客气，残酷打击迫害。有个叫严锄非的，是浙江建德人，他的腿被陈水云打断，打成残疾，身上伤痕累累。他多次出庭作证指证陈水云。后来陈被判处死刑，我负责监斩。

军事法庭的工作结束后，我又回到台湾高等法院。这时我在游击队的上司李谟作已经当上了师长，他来信希望我到他那里工作。如果要在部队干，一定要有军校学习的经历。我有几个旧相识在黄埔军校凤山分校工作。当年保安团 2 团 2 营的营长是王慎中，他的下面有两个人，一个是陶琼澡，是绍兴人，在营里是管伙食的。还有一位是柳明声，也曾在 2 营当差。后来陶琼澡是凤山分校的人事处长，柳明声是补给处处长。在他们两个的帮助下，我成为 15 期军官班学员，我以少校的军衔入军校学习，仅学了 3 个月，班主任是孙立人②。我自认为差不多是混出来的。

---

① 提篮桥监狱位于上海市虹口区提篮桥，是一座著名监狱，因其规模宏大，历史悠久，号称“远东第一监狱”。1945—1948 年间，这里是关押、审判和处决日本战犯的场所，曾有上百名日本战犯关押于此，至少有 13 名日本战犯处决于狱内。

② 孙立人（1900—1990），安徽庐江人。先后毕业于清华大学、美国弗吉尼亚军事学院。陆军二级上将军衔。抗日名将。抗战时期，参加“八一三”淞沪会战。在缅北，其率领所部立下赫赫战功。

在台湾，我用无线电偷听陕北电台，了解了毛泽东的《论人民民主专政》，也听到郭沫若写的文章《我为什么要到解放区来》。我对国民党腐败也很不满，所以也想到共产党这边看看。1949年1月31日，我辞职返回上海。1个月后，赴兰州。李谟作时任264师师长，我在师司令部任参谋主任，中校军衔，时年25岁。时局变化很快，9月13日，我在甘肃酒泉随李谟作部队一起起义，最后解甲归田回到老家孝丰。

（访谈者：朱　丹）

包天一：少年通信尉官

包天一，1923年出生，浙江兰溪人。黄埔军校17期通信兵科毕业。2012年8月22日上午，笔者访谈了包天一老人。老人现居兰溪市黄店镇上包村。虽然老人身子佝偻比较厉害，但身体尚不错，经常下地干点农活。以下内容根据其口述整理。

我出生于1923年的农历二月七日。我的父亲包松涛毕业于金华七中，当过小学校长。我中学就读于严州中学，校长是严济宽①，他是江西人，曾做过临海的县长，我们不少同学曾跟着他干。后来，他在南昌的大学里当英文教授。

1937年淞沪战役爆发时，我刚初中毕业。父亲教导我说，形势需要，不当亡国奴。他鼓励我报考军校，以报效国家。我有三个兄弟，我是最大的一个。

1938年，通信兵学校在金华四牌楼招生。这个学校的教育长童元亮②是兰溪人，兰溪人口口相传去报考军校 。我们有7个兰溪人去考，全考上了，那年我只有15岁，其他的6个人最大的比我大9岁，最小的也比我大5岁。

---

① 严济宽（1900—1993），江西波阳人。1936年至1944年任严州中学校长长达7年半。毕业于上海复旦大学，获英文和教育两个文学学士学位，毕业后留校任教英文。1936年受聘任严中校长，在他任内，严州中学声名鹊起。1944年辞去严中校长之职。先后任临海县县长、国立3战区中学教育长，国立英士大学行政专修科副教授，南昌国立中正大学教育系教授。新中国成立后，先后任中学、大学教员，1982年退休。

② 童元亮（1893—1960），陆军中将，浙江兰溪人。保定陆军军官学校6期步科、陆军大学10期毕业。1926年10月任浙江省政府军事厅科长兼浙江陆军2师参谋处处长。1928年7月改任国民革命军5师参谋处上校处长。1931年4月调任浙江省干部训练所所长。1932年4月考入陆大学习。1935年4月陆大毕业后任中央军校步兵科上校科长。1936年2月调升京沪警备司令部少将参谋长，参加淞沪会战。1937年8月调任淞沪警备司令部少将参谋长，12月调任中央军校7分校教育处少将处长。1938年兼任战干团4总队高级教官。1939年3月调任通信兵3团少将团长，9月调升陆军通信兵学校中将教育长兼通信兵3团团长。

当时考官是义乌人楼广文[①]，考的主要内容是语文、普通常识等中学学的东西。整个金华地区考上了160多人。

通信兵学校位于贵州的麻江。[②] 那时浙赣铁路只能坐到江西鹰潭，因为南昌已沦陷。我们先坐火车到鹰潭，从鹰潭出发后就靠走路，每天要走七八十里，行李是雇民夫挑的，可以加快点行军速度，然后经湖南衡阳到达广西柳州，在那里稍作休息，再走路到贵州麻江。整个路程耗时一个多月。因为我年纪小，长官照顾我，有时让我坐车。整个行程是楼广文带队的。

到达麻江后，进行复试，还是考语文、数学、常识等课程。复试合格才算是“入伍生”。军校按成绩进行分科，我被分至通信兵科，隶属28总队1大队2中队。28总队的总队长是任世江，大队长是楼广文，下面设有6个中队，每个队约100人。

我们学校设在麻江县城郊外的山坳里。那时的贵州条件差，有“天无三日晴，地无三尺平，人无三分银”的说法。军校的教室、寝室都是我们砍毛竹、

---

① 楼广文(1907—?)，浙江义乌人。1926年6月考入国民革命军26军初级军官教育团。1928年1月考入南京军事交通技术学校有线电专业，后该校并编为中央陆军军官学校，且于1929年4月毕业。1928年，秘密加入中国共产党。1929年5月因叛徒出卖而被捕，直至1931年4月才因查无实据而无罪释放，从此与中国共产党失去联系。后一直在中央军校教育处工交兵科当教官，至1943年1月，任陆军通信兵学校学员大队少将大队长。

② 1938年7月，陆军通信兵学校由广西兴安迁驻贵州麻江，有官兵2845人(1944年统计)，校址设在县城北武庙。蒋介石兼任校长，俞飞鹏兼任副校长，中将童元亮任教育长(前任罗章)。通校的编制分教育、研究、总务3个处，另设政治部、特别党部组织。教学训练，分为学员大队、学生总队、练习大队(含学兵队)和特种通讯队。学员大队部设在县城南门外(现变电站处)，楼广文上校任大队长，下设3个中队，1中队驻观音阁，队长陈耀生，官佐6人，学员130余人;2中队驻黑神庙，队长陈寿人，官佐6人，学员130余人;3中队驻大队部，队长甘某，官佐6人，学员120余人。学员是从国民政府军各部队中抽调营、团级军官来训练，结业后仍分回部队任职。在麻江期间总计训练1000人以上。学生总队部设在武庙，任世江少将任总队长，下设6个分队，每队100余人。学生来源面向全国招生，对象是高中毕业生，学制规定3年，学习内容主要是有线电话、无线电通讯，辅以学旗语通信、闪光通信，毕业后按少尉待遇分配部队供职。在麻江办学3期，培训1000多人。练习大队(含学兵大队)，驻高枧。由3个队扩充为2个大队、6个中队，1941年改为练习团。新兵大多是文盲，在麻江征集69人(有的分在特种通讯队)。在校学习没有结业期，学员、学生队在野外实习时，充当实战部队用。学业成绩好的，被分配到通讯部队当军士。1938年初，从武汉、桂林等地招收一批初中毕业生，编成一个学兵大队，学习课程与学生队相同，1941年毕业，分配到部队里任准尉级军官。特种通讯队，全队官兵100余人，下设军鸽、军犬所，后增设马队。军鸽所驻下司，黄瀛任所长，高乐文任副所长，下设3个分队，分别训练昼夜通信鸽数百只。军士营后改为军犬所，驻下司玉皇阁，营长韩云超，后由李丹秋任所长，开始只有8只种犬，后从外国引进一批种犬，军犬繁殖到四五十只。马队驻两板凳，饲养军马100余匹。通校前身是南京的通信人员训练所，抗日战争开始扩大为通校。在麻江官兵最多时达6000余人。

树木一手建起来的。住的是木板房，很简陋。桌子也是用木板搭起来的，没有抽屉，三个人一排。平时吃的菜都是蔬菜，但每周的三、五会有一顿肉吃。

通信兵属于特种兵，我们总共读了一年半，半年是军事教育，一年是学术教育。学的课程比较多，有无线电、有线电、汽车驾驶、马术、步兵操典、射击、辅助通信、英语等等。为什么要学汽车驾驶呢？比如你坐在吉普车上送情报，如果驾驶员被打死了，你自己就可以顶上去驾驶。马也是战场上经常使用的交通工具。我们每星期有一到两次的实弹训练。睡觉时，发给你的79步枪也是必须放在身边的，对军人来说，枪是他的第二生命。当然睡觉时，枪里面是没有装子弹的。另外，教官会给我们示范如何使用辅助通信。比如鸽子，在其脚上挂个小筒，情报藏在里面，怎么指挥它执行任务。通信犬是在脖子上挂一个环藏匿情报等等。我们也经常进行夜间教育，集合号一吹，十分钟之内必须集合完毕。如果迷失方向，教官教我们用北斗星来判断方位。

队长对我们学生还是很关心的，挺民主。周末时，我们可以离开军校到县城玩玩。学习期间，大约1939年的时候，军训部部长白崇禧来训过话。当时同学们还是很紧张的，特务连士兵早就把守各岗位，小汽车组成的护卫队一长串。我们在操场集合后整队稍息后聆听白崇禧的教诲。

1940年，我们毕业了，毕业生分往全国各地，每个战区分派9个同学。我分到4战区（司令长官张发奎①），4战区司令部设在广西柳州。我到柳州长官部报到后，被派至31军188师②，师部设在龙州的中山公园。龙州靠近越南，188师的主要任务是防守镇南关，即现在的友谊关，防止越南那边的日军进犯。我被任命为通信连无线电排少尉班附，相当于报务员吧。那时少尉每月有32元薪水。188师的师长是海竞强③，他是白崇禧的外甥。他对军校

① 张发奎（1896—1980），广东始兴人。1925年冬任国民革命军4军12师师长，次年参加北伐战争，在攻占汀泗桥、武昌城等作战中，因有战功升任被誉为铁军的4军军长。抗日战争期间，先后任集团军总司令、兵团总司令、战区司令长官、方面军司令官等职，率部参加过淞沪、武汉、昆仑关等战役，被授予陆军二级上将。

② 该军前身是桂系李宗仁所属一部。1937年8月，全国抗日战争爆发后，国民政府以173师、174师与135师在南宁合编为19军，不久后，改称31军，刘士毅任军长，覃连芳任副军长。下辖135师、173师、174师。1939年，国民党军调整部队建制，该军隶属16集团军，原辖173、174师归84军建制，另将84军131、188师改隶归31军建制。

③ 海竞强（1906—1982），广西临桂人，其母是白崇禧的胞姐。陆军少将，死于台北。

毕业生很客气，对我很好。

我到那边时，日军退守越南，暂时无战事，电台工作不怎么忙，我抽空撰写文章。有一篇《军用辅助通信之研究》，发在《扫荡报》上，这是一份内部的军报。这篇稿子主要探讨飞机与地面的联系方式，比如在地面上铺木板，木板的造型相当于起到旗语的作用，为此我得到了 100 元的稿费。我也在《广西时报》发一些散文，有《南国吹来的东北风》，此东北风指的是故乡的风，抒发了对故乡的思念。所以，我的文笔在师部颇有名气。回浙江后，还写过《桂粤边区素描》等文章，主要描写民俗民情，发在《天目山通讯社》上。

不久后，我被任命为师政工训练班中尉中队长。本来要提我当师部的上尉参谋，提拔之前要送到柳州的参谋训练营受训，结果体检时，说我的肺不好就没去成。大约 1943 年，因为身体原因，我请长假回兰溪老家休养。等身体好转，我应招到衢县 5 区保安司令部，①司令是姜卿云②，他是兰溪游埠人。我还是做电台工作，任报务员，一直到抗战胜利。

（访谈者：朱　丹）

---

① 1935 年 8 月开始，浙江省在全省设置 9 个行政督察区专员公署的同时设置地区保安司令部，司令由专员兼任。1 区驻吴兴，2 区驻嘉兴，3 区驻绍兴，4 区驻兰溪，5 区驻衢县，6 区驻鄞县，7 区驻临海，8 区驻永嘉，9 区驻丽水。参见《浙江省军事志》。

② 姜卿云，1904 年出生于浙江兰溪。早年就读于广济医校，20 世纪 20 年代毕业。1931 年 5 月当选为国民会议代表，后于 1943 年 11 月任浙江省 5 区行政专员兼保安司令，1946 年当选为制宪国民大会代表，1948 年后任国民政府立法委员，是浙江为数不多的几个立委之一。1950 年，姜卿云受黄绍竑、邵力子等民主人士劝说鼓励，从台湾辗转回到大陆，赴北京，在中国人民革命军政学校学习后，分配到上海政法学院任教，后又调任北京制药厂高级工程师。

厉家权：我在宁波看管日本战俘

厉家权，1923年出生，浙江义乌人。黄埔军校18期通信兵科毕业。2012年12月8日，笔者赴义乌访问了厉家权老人。老人现居义乌青岩刘小区，待人真诚、热情，耳不聋，眼不花，访谈过程甚为顺利。以下内容根据其口述整理。

1923年1月8日，我出生在义乌的青岩刘村，就是我现在住的这个地方，家里是种田的。我的大伯厉良田在江苏镇江的通信团做中校军需主任，我父亲也因此在通信团做司务长。大伯后来在成都做过国民党军粮集运科的上校科长。他是个好好先生，新中国成立后虽然曾被管制过一阵，但没有受到大的影响。

我从小跟着父亲在外面走，小学是在江苏镇江念的。江苏沦陷后，我跟着父亲到了湖南常德，在那边念的初中。我就读的常德中学在湖南很有名气，与长沙一中、衡阳二中齐名。后来中学迁到泸溪，在那里完成初中教育。有个历史老师叫李继桢[①]，他对我影响很大。在讲到近代史的时候，他说日本是一个岛国，总想着到别人那里拿东西，他们是具有侵略意识的民族。李继桢老师非常痛恨日本人，教育我们要报效祖国，把日本人赶走。受他的影响，1939年底或1940年初，陆军通信兵学校在湖南芷江招生，我即跑去报考，并且考上了。

通信兵一般要求高中毕业，我是初中学历，因此我到军校后先补了高中

---

① 李继桢（1897—1956），又名记今，湖南绥宁县人，为毛泽东在湖南省第一师范学校的同学，关系亲密。1937年，抗日战争爆发后，李继桢怀着一腔爱国情怀，带领常德中学学生救国会成员深入新化、汉寿等地开展抗日救国宣传活动，还积极搜罗古今中外爱国史料，撰写了《无机斋读书记》两卷，鼓励国人深明大义，共赴国难，对当时青年学生爱国救亡思想的形成起到了重要的作用。他还曾介绍进步青年赴延安学习。

的课程。通信兵的淘汰率很高，我们那批500多人进去，最后只有54人毕业。我们叔伯兄弟3个人一起考的军校，最后只有我1个人毕业。

那时通信兵学校已搬到贵州麻江。我在麻江学了2年，大约是1940年春进的军校，隶属21总队2队，队长是李士临。刚去的时候条件很艰苦。住的是茅草房，吃的是玉米和黑豆，后来才有米饭吃。早晨4点半起床，晚上9点半熄灯。自修时点的是洋油灯，两个鼻孔都熏得黑黑的。晚上要背着汉阳造79式步枪2人一起站岗，因为那边有狼，麻江属于苗区，苗民不让打狼。也奇怪，我们从来没有受过狼的袭击。苗民分生苗和熟苗，生苗与汉人基本不说话。苗民卖鸡蛋时，用绳索将鸡蛋5个1串地串起来卖，价格是2个钱币换1串鸡蛋，如果我们说4个钱币换2串鸡蛋他们就不同意，一定要一串一串地买。不是说他们数学不行，而是说他们没什么商品经济意识。

我在麻江学习时，蒋介石来视察过学校，当时我们并不知道是蒋介石，只知道有中央大员要来。师生们列队迎接，并从学生中选了几个能干的人去帮忙接待。我们只见卡车、小车一辆一辆地过来，车上下来一批人，听见教育处长报告时，才知道来的是蒋介石。陪同他一起来的还有他的二公子、上尉军衔的蒋纬国。随行的便衣也四处观察、走走。蒋介石给我们训话，就是讲些要我们好好读书报效国家之类的意思。

1942年，我从军校毕业，分到位于福建浦城的西南游击干部训练班突击总队通信营，胡琪三[①]兼任突击总队队长。通信营营长是刘正邦，他是我在麻江通信兵学校的同学，是1队的。在读军校之前，他在部队已经是营长了。不久，我们从福建浦城移师浙江丽水的碧湖，并协助兄弟部队打了一仗。我们从丽水出发，经松阳到达遂昌，参加了浙赣战役中的龙衢战役[②]。那时龙游已沦陷，日军从龙游城里流窜过来，我们在灵山、石角[③]两地阻击。当时我

---

① 胡琪三（1901—1963），湖南桃江人，黄埔1期生，陆军少将。

② 浙赣会战主要由金华、兰溪地区战斗，衢州地区战斗，上饶、广丰地区战斗，浙赣路西段战斗，临川地区战斗，丽水、温州、松阳战斗，日军撤退时的追击战斗等组成。此会战后，日军基本达到了“没收与破坏铁路设施和器材以及抢掠其他培养战力的各种军事、政治、经济设施和资材物资”，并掳劫青壮年等“以战养战”的目的。

③ 灵山、石角在浙江省龙游县境内。

在32集团军前进总指挥部工作，住在遂昌靠近龙游境内的北界。我们的指挥官是朱则鸣[①]，他是32集团军总司令李默庵的高级参谋。通信方面的指挥官是刘正邦，但具体事情由我负责。通信线路归我管，前进总指挥到哪里，电话线就搭到哪里。我在每个电话局派一个兵负责，同时要求每个电话局派3个线工归兵管，而线路的安全由地方自卫队负责。

日军沿浙赣铁路推进

阻击战主要由79师负责，我们配合他们作战。日军武器比我们好，他们的大炮速度很快，还有飞机支援。中国军队付出了很大的代价，虽然我们打死了200多个日本人，但也战死了四五百人。在灵山、石角那个地方，有个79师的连长因为没有守住阵地，让日军突围了，结果被枪毙。我们32集团军的武器比79师好些，但要求保存实力，因此我们没怎么上去打。当年过了端午后，我们准备撤回丽水。撤退时，有人想把兵站里的军粮烧掉，说是怕日本人过来抢走。我不同意，不让他们烧，后来就没烧成，我算是保护了一个粮库。我们平时吃的菜都是土豆之类的蔬菜，只有端午节那天吃到了肉。龙衢战役期间，因为龙游已经沦陷，因此军粮都是向遂昌征用的。

在天台我跟随部队打了一战。其实我是不需要去的，但年轻人么，总是想亲自开枪打一打日本人。此战的指挥官是上尉连长范国仁，平时我叫他范小子。范连长带了200多人，相当于两个加强连，并配了一挺重机枪，去攻打100多个日本人。日本人正在吃饭，如果指挥策略得当，先正面进攻，随后在

① 朱则鸣（1906—？），陆军少将，湖南湘乡人。黄埔军校4期经理科、陆军大学特别班5期毕业。曾任98军158师少将师长，1949年12月27日在成都起义。

后面拦住日本人的退路，这样是可以全歼他们的。但是范连长指挥水平并不怎么样，胆子太小，发枪太早，战果是打死了3个日本兵，抓获了2个俘虏，另外拿了些物资回来。这仗算是打胜了，范连长也因此受到嘉奖，升了一级军衔，成为少校。

抓获的2个日军俘虏，一个是老兵，一个是新兵。这两个人的身体很强壮，与营养不良的中国士兵形成反差。这两个日本人是带伤被俘的。新兵怕死，向我们作揖求饶。老兵很顽固，一开始不肯吃饭，说枪毙也不怕，18年后又是一条好汉，但他怕杀头，说如果头被砍断，身首分离后会无法超生。这个老兵讲迷信，身上带有保平安的“千人针”①。后来这两个俘虏被送到江西上饶的3战区司令部所在地。

1945年8月，日本人投降了，32集团军副司令陈沛②奉命到宁波执行接收任务，我也随部队来到宁波。我们先行部队的兵力不够，只有一个突击营，600多人。我们赶到宁波时，日军方面不肯缴械。日本浙东方面司令官是草野昌芷少将③，他说虽然天皇宣布投降了，但他们要接到冈村宁次④的命令才会缴械。我们只能先留在城外，因为打是打不过他们的。当时宁波城里的老百姓已经知道我们在城外了，在城内放了三天三夜的鞭炮庆祝胜利。

---

① 千人针是日本人的一种迷信品，长约1m，上面由1000个女人每人缝制一针。千人针是日本女性在家中士兵临行时献上的礼品，用来保佑士兵武运长久，在战场上能够获得幸运的垂青。这种习俗在“二战”期间的日本国内达到顶峰。千人针可以被看作一条腰带，主体大多为白色（不过黄色、绿色、蓝色等也可），其上的针线为红色。

② 陈沛（1898—1987），广东茂名人，陆军中将。黄埔军校1期步科及中央训练团将官班毕业。1943年起任3战区32和43集团军副总司令，浙东前敌总指挥官。1987年于台北逝世。

③ 日军浙东指挥官少将联队长是宇野节，为日军独立混成91旅团长。草野昌芷身份是“浙东联络部”部长。据《鄞县通志》和《宁波市志》等记载，1945年9月17日，32集团军前进指挥部总指挥陈沛、副总指挥王云沛，70军军长陈孔达率107师进宁波城区。侵占宁波的日军投降代表、“浙东联络部”部长草野昌芷，在江东白鹘桥，向陈沛、王云沛签降。9月27日日军91独立混战团8530人，在旅团长宇野少将率领下缴械投降。

④ 冈村宁次（1884—1966），日本帝国时代陆军大将，缔造昭和军阀的“巴登巴登同盟”三羽乌的第二位。被日本人吹捧为无论在统率或是作战方面都是罕见的名将。兼备明智、卓见、果断、意志坚强等品质。曾任侵华日军总司令。

70 军奉命从福建赶过来支援我们，[①]他们穿着草鞋，面黄肌瘦。后来进城后，宁波市民看到都摇头。抗战时期的中国士兵往往营养不良。几天后，东南亚盟军最高统帅部、美国海军陆战队都赶到了宁波，英国代表团也从广东上来了。9 月 9 日，中国战区日军投降签字仪式在南京举行，冈村宁次代表其"中国派遣军"在投降书上签字，日军被迫缴械。我们先缴了汪精卫的"和平军"，即伪军的械，再缴日军的械。

我们还是善待日军俘虏的，每天按一人一斤大米的量供应他们。日军的武器集中放在统一的地方，还是让他们住在兵营里。有时他们一两个人从兵营出来，就会被老百姓杀掉，所以他们就不敢单独行动了，一般都是七八个人列队出来。看到中国兵，他们会敬礼。中国人给他们吃喝，他们会恭敬地接过，并磕头感谢，但是美国人给他们吃喝就拒绝，也许是美国人在日本投了原子弹的缘故吧。

我们在宁波待了很长一段时间，后来与日本人关系熟了，有日本人跟我们说真话了，说不想回去，中国好，什么都有。还有日本人告诉我们一些他们的作战经验，说日本人战线拉得太长，兵力不足，所以只打占大便宜的战。他们修碉堡刺探军情，在碉堡上用机枪进行"嗒嗒、嗒嗒、嗒嗒"的"威力搜索"，如果中国军队回应"嗒嗒嗒嗒嗒嗒"的连续枪声，他们就判断这支部队沉不住气，只是瞎打一气给自己壮威，那么他们就会选择这种部队打。如果中国军队回应"嗒嗒、嗒嗒、嗒嗒"这样有节奏的枪声，他们判断这支部队是训练有素的，就避免与之作战。日本人还说同样 100 发子弹，他们是训练打 60 发，作战打 40 发，因为训练充分，所以枪法很准。中国士兵子弹缺乏，要节省，训练就打 20 发，作战打 80 发，训练不充分，所以枪法不准，命中率远不如日本人。当然也有的日本兵很坏，缴械时把大炮的炮闩拿掉，扔到江里，所以我们接收过来的是没用的武器。

---

① 1926 年 6 月，唐生智所属的湘军 4 师被改编为国民革命军 70 军。抗战期间，参加过浙江镇海抗击日军登陆作战、淞沪会战、武汉会战的外围作战、南昌会战、长沙会战、上高战役。1942 年 5 月，该军参加浙赣路会战后，调至福州南平、浦城等地担任防守任务。1945 年春，国民党军调整编制时，将该军独立 33 旅改隶 3 战区突击 2 纵队（游击部队）。此时，该军下辖 80 师、107 师和预备 9 师。抗战胜利后，赴宁波参加接受任务的为 107 师。同年 10 月，70 军赴台。1946 年底，70 军内调开往徐州，参加淮海战役。经过内战，70 军建制不复存在。

美国人到宁波感觉中国的东西很稀奇，甚至有美国大兵把小脚鞋买来，挂在脖子上，还学着把酒杯放到小脚鞋里喝酒。英国代表团要洗澡，我们专门做了大木桶给他们用。陈沛副总司令对他们很尊重，给他们吃得很好，天天鱼肉伺候，远超过给我们中国人自己吃的。

（访谈者：朱　丹）

叶妙松：我圆了辎重兵的梦

叶妙松，1922年出生，浙江温岭人。黄埔军校7分校辎重兵科毕业。2014年1月19日，笔者访谈了现居浙江省仙居县三桥船山村船山南路的叶妙松老人。老人虽已高龄，但耳聪目明，反应灵敏，让你由衷赞叹。老人善待我这个算是远方来的客人，我们俩坐在屋檐下，每人一杯清茶，对着山野，披着阳光，不知不觉聊了近3个小时。以下内容根据叶妙松老人口述整理。

我于1922年6月7日出生，原来是温岭松门镇人。父母手上有20来亩地，新中国成立后家庭成分是小土地，这种成分比中农高，比富农低。我小学毕业后，父亲生病了，家庭经济出现困难，只能选择就读台州中学简易师范科，因为那是公费的。读了3年多，本来应该读4年的。师范科还有高师部，还要读2年，我不愿意，因为年龄大了。

1940年，《东南日报》刊登了黄埔军校招生的消息，招生处设在金华。抗战爆发后，我就读的学校几次搬迁，我认为不打败日本，我们无法安静读书和过日子。于是，我们几个要好的同学决计报考军校。我们先到县国民兵团报名，并参加了设在台州中学的初试。因为战乱，当时台州中学已从椒江搬到仙居广度。初试考的是数学、物理、化学、国文。当时有30多人报名，合格的有20多人。国民兵团带我们到金华参加复试，是9月20几号考试的，也有体检，但比较简单，测测视力，用听诊器听听心脏。去考的20多人中仅录取了9人，7个步科，2个特种兵科。7分校分两个科目，步科条件是初中或高中肄业，特种兵科原则上高中毕业或同等学力。特种兵科是指辎重、通信、炮、工、骑等兵种。被特种兵科录取的除了我，还有一位是台州中学的校友郭钦友，他录取时本是步科，后到军校考试再次复试时被调整过去的。1943年，他在河南当连长时战死。

从金华出发时，是 1940 年的双十节。4 个多月后，1941 年 2 月 27 日我们到达西安校本部王曲。行程路线是这样的：从金华乘火车到鹰潭，然后步行到湖南株洲，接着乘火车到衡阳，再从衡阳乘火车到广西桂林，接着步行至贵阳，继续步行至重庆，再步行至陕西宝鸡，最后乘火车抵达西安。

从金华出发时，我们这些学生被编成 3 个大队。一个大队相当于 1 个营，3 个大队相当于 1 个团。每个大队下设 4 个步兵队，1 个特种兵队，因此 3 个大队共有 12 个步兵队，3 个特种兵队，合 15 个队。我编在 2 大队的 6 队，6 队是特种兵队，下设 9 个班，1 个班 14 个人，共 126 人。我的个子是 1.63m，班里列队时排在倒数第二位。

行程中我们伙食是 6 毛一天。途中碰到有军粮的地方还可以吃饱，但是战时物价飞涨，到湖南时每天两顿粥都不一定能保证，而每天要步行 60 至 90 里不等，一般是 70 到 80 里，所以经常饿着肚子行军。到贵州时，已经是 12 月 6 号时，身上仍然是单衣的军服，下面只有短裤，膝盖露在外面。幸好，我从家里带了一件毛线背心勉强御寒。7 号，到达贵阳，终于给我们发了棉衣。我赶紧把那件毛衣卖了，得了 20 元钱，用来买几毛钱一个的麻团吃。

一路吃了很多苦。刚出发时，队里曾经发过草鞋，但穿草鞋走路很容易将脚上的血泡磨破，很痛，还是穿布鞋舒服。我自己带了一双布鞋，一双胶底的运动鞋。冬天很冷的时候，随身只有一条棉毯，没有被子。晚上睡在地上，向当地老百姓借点稻草铺在地上，三人一组，上面盖两床棉毯挤在一起睡觉，这样暖和点。班上有个同学生病发高烧，但每天还是坚持跟着走，走不动路，让同学扶着走。六七天后，死在贵州境内。他是温州人，名叫陈琳，好惨的。在四川境内行军非常困难。蜀道难，难于上青天啊！徒步都很艰难，还要爬山。很陡的地方只能攀着藤上去，窄的地方则扶着麻绳过去，不然就掉下去。另外，还要躲避日军的飞机轰炸，1 个号兵被炸死，1 个区队长被炸伤。

历经千辛万苦，终于到达目的地。到王曲后，我们先修了半个月的马路。之后进行复试，步科与特种兵科是一样的试卷。考完后重新编队，我们是黄埔 17 期，我编在 12 总队 9 队，9 队有 100 多人。总队长是徐达，队长是章永亨，他是台州人。他的弟弟叫章永正，是我台州中学时的同学。1941 年 3 月，我们开始正式训练。入伍半年后，经再次考试编入辎重兵科学习。步兵要学的辎重兵都要学。此外，人力运输、兽力运输、汽车运输、火车运输、水运、空运都要学。有的有教材，有的没有教材。像水运、空运、火车运输就没有教材，只靠教官讲授。兽力运输就是利用动物进行运输，如骡马运输、骆驼运输等，要了解动物的习性以及运输方法。汽车运输是重点教的，学习汽车驾驶及维修，军需品的调运等常识。我在军校没有学过外语，但学校给外语程度好的同学另外开班。有个同学叫吴美椒，是东阳人，他是英语班的，军校读书时就曾经给到学校参观的外宾当翻译。因为英语好，毕业后留校工作，主要接待外宾。改革开放后，我们偶尔通通信，现在已经不在了。

我们是1943年3月毕业的。毕业后，我奉命到16军预备1师报到。师部驻地陕西朝邑，师长冯龙①，我在师参谋处任职。参谋处处长是粟裕，和大名鼎鼎的粟裕大将同名。参谋处人事科科长是我在军校读书时的教官，看到我的名字，就把我留在参谋处了。我以见习官名义代理参谋，后来升至上尉参谋。

我师任务是守备黄河，后来我调到军部辎重兵团1营2连，以中尉身份代理上尉连长。军部在陕西合阳。辎重兵团负责运输军需品，包括粮食、被服、武器装备等等。1944年调到109师，后到预备3师。其间，到陆军大学参谋训练班学习了几个月。豫中会战②后，灵宝战役③打响，16军领命参战。灵宝战役打得很激烈，日军不仅以优势空军及炮兵掩护，更重要的是阵地前出现大批战车冲向我军阵地，我军普通装备步兵师以血肉之躯死拼日军坦克师团。由于日本人的战车很占优势，友军的若干师损失惨重。我们先前投入战斗的16军109师也损失极大，于是预备3师受命火速驰援，阻止由南向北突击西进之敌。师长陈鞠旅④率部在夫妇峪迎头痛击来犯日军，所属8团全歼

---

① 冯龙（1909　1987），湖北黄陂人，曾任黄埔军校7分校军官总队长，57军中将军长兼汉中警备司令。

② 1944年4月至6月，日华北方面军司令官冈村宁次指挥14.8万日军、坦克装甲车691辆（内坦克225辆），击溃了中国1战区蒋鼎文、汤恩伯部8个集团军约30万军队，占领了河南大部。这是中国军队在日本投降前一年与日本军交锋中的一次惨败。日本对河南发起了进攻，最终控制了到汉口的铁路。

③ 灵宝市位于豫秦晋三省交界处的河南省西部，南依小秦岭、崤山，同陕西省洛南县，河南省卢氏县、洛宁县接壤；北临黄河与山西省芮城县、平陆县隔河相望；东与河南省陕县毗连；西与陕西省潼关县为邻。灵宝战役是豫中会战后，日本第1军独立实施的一场战役，目的在不影响主力作战的情况下占领潼关，为以后西安作战进行试探性攻击。结果在中国军队的抗击下，未达到目的而撤退。

④ 陈鞠旅（1899—1964），广东梅县人，陆军中将。黄埔军校5期步科毕业、陆军大学高级班毕业。1930年起任排、连长，教官，59师少校参谋、中校团附、1师2旅3团中校团附。1936年任黄埔军校7分校军官教导队大队长。1937年4月任1军1师2旅3团团长，抗战爆发后参加淞沪会战、南京保卫战等，1938年5月任1军1师副师长兼1旅旅长，1939年1月任16军预备3师少将师长，1944年3月任16军副军长，兼预备3师师长。1948年12月26日在四川邛崃参加起义。

日军1个中队，为稳定战局起到重要作用。此役，盟军飞机也来助战。6月15日，我军收复灵宝。陈鞠旅师长在战后被授予武功状。那时，我们辎重兵部队的装备还是很落后的，有骡马就不错了，更多靠手车队、扁担队运送弹药。虽然我们是运输物资，相对步兵安全得多，可那次打仗也死了我们不少兄弟，我算死里逃生。

灵宝战役后，我请长假到了成都。请假不容易，我是通过一个营长帮忙请成的。他是浙江桐乡人，算是老乡，他与军部的关系很熟。我请假的原因是想离开兽力部队，辎重兵科毕业的，总想去开汽车，想到汽车部队显身手。16军22师辎重营1连连长余鸿成，是我军校同学，其父亲是川康绥靖公署主任邓锡侯①的秘书。余家是大地主，家门口有卫兵站岗。我就在他家住了一个多月。余父说汽车部队难进，建议我到西南警备师当连长，我没有接受。我的理由是他们都是四川人，我不好待。他又把我介绍到位于成都的防空司令部，任少校参谋，在那里待了3个月。

1945年8月，抗战胜利前夕，我终于进入了陆军辎重兵汽车3队，在那里任上尉副连长，军衔降了一级，驻地在四川内江。我们直属后方勤务司令部运输处管辖。我们队有60辆车，分4个排，1个排15辆车。汽车部队军官的级别较高，连长是少校军衔，排长是上尉军衔，有副排长。步兵是没有副排长的。兵很少，原则上所有的汽车驾驶兵都是专门的教育队出来的。汽车有的是从苏联进口的，但更多的是从美国进口的，还有少量的德国制造的柴油车。美国造的汽车好开。车的型号有1吨、2吨或者2.5吨。汽车队是比较有油水的单位，那时汽油很紧俏，一桶汽油在市场上可以卖一两半黄金。因此，我们队会有人倒卖汽油。

抗战胜利后，我回到了老家温岭。

（访谈者：朱　丹）

---

① 邓锡侯(1889—1964)，四川营山县人。陆军二级上将、军事家。1906年弃文习武。历任护国军营长，川军连长、营长、团长、师长、军长、集团军总司令。曾任国民政府四川省主席。1937年率领22集团军出川抗日。1938年至1948年担任川康绥靖公署主任，统领四川省和西康省的军权。1949年12月率部起义。邓锡侯是民国四川保定系实际第一首领。1955年9月23日荣获一级解放勋章。

石港：追忆“七七少年剧团”

石港，原名章国钧，1923年出生，湖北黄陂人。1944年毕业于黄埔军校政工人员特训班1期。1949年5月参加革命，系浙江话剧团离休干部，民革成员，浙江省黄埔军校同学会理事，毕生从事话剧、影视工作。主要饰演的角色有话剧《雷雨》中之周冲，《家》中之觉慧，《日出》中之方达生，《棠棣之花》中之聂政，《清宫外史》中之光绪（一、二、三部），《李闯王》中之李岩，电视剧《华罗庚》中之校长，《鲁迅》中之钱太爷，《济公》中之师父，台湾永真公司30集电视剧《半生缘》中女主角之父李树林。本文主要根据石港老人回忆录《苦尽甘来》内容编辑整理。

1937年7月，卢沟桥的炮声震动了神州大地，抗战的烽火燃遍大江南北。随着上海、南京的沦陷，我的家乡——武汉，这座辛亥革命、大革命时期的名城，成了全中国抗战的中心，以周恩来为首的中国共产党代表团和中共中央长江局、八路军驻汉办事处都驻在武汉，以郭沫若为中心的军事委员会政治部第三厅汇集了各站区的文艺抗战救亡团体和知名人士。大街小巷，充满着激动人心的抗战歌声、街头活报剧……整个城市在沸腾着。

身处这一剧烈的大动荡的时代，年仅14岁的我也是平静不下来，“民族存亡的生死关头啊！”身为小学生的我们，也深知这句话所包含的沉重与苦难。很快，我们培英小学与培心小学的学生们，自由组成一支文艺宣传队伍，唱进步歌曲、演小型戏剧，并逐步从校内走向社会。我们的头一出戏，就是参加了由上海撤退来汉的上海影剧人协会在新市场演出的防空题材的戏——《1938年的武汉》。

1938年元月，上海孩子剧团[①]一行20余人，机智勇敢地分批来到武汉，住在我们培心小学内。他们组织过抗日募捐活动，举行过被称为“武汉之空前创举”的500名儿童大合唱，还招待过日本反战作家鹿地亘[②]，美、英反法西斯战士，以及朝鲜民族战线联盟的抗日战友。我们天天和他们结伴在一起，在这些同龄人及青年救国团的直接影响和帮助下，我们扩大了队伍，一跃而成为百余人的大型歌咏队——洪益巷[③]歌咏队。我们完全像成年人那样，不知疲倦地在街头宣传演出，为流亡来到汉口的难胞服务，我们在接近难胞中受到了教育，懂得了爱与恨，更懂得了友谊、亲情与团结，我们这些小孩子，仿佛一下子变成了大人，成熟了。

1938年4月，我们也和叔叔阿姨一起，卷入了声势浩大的武汉各界第二期抗战宣传周[④]的活动。不久，从我们的歌咏队、难民服务队中，通过自愿报名和挑选，正式组成“七七少年剧团”。我被选取为剧团的成员，从这一刻起，我踏上了为之奋斗终生的戏剧演艺生涯。

七七少年剧团是报经军事委员会政治部第三厅[⑤]备案成立并发给队旗

---

① 孩子剧团是中国少年儿童艺术团体。1937年8月13日，日本帝国主义侵犯上海，以沪东临青学校为主的一部分中小学生，自发地在难民收容所进行抗日宣传活动。中国共产党国难教育社党组织派共产党员吴新稼(吴莆生)前往，并于9月3日正式成立孩子剧团，吴新稼为干事长(后改为团长)，隶属上海文化界救亡协会。1937年11月，上海沦陷，吴新稼率领剧团22人(约8—16岁)离开上海，经南通、徐州、郑州，于1938年1月抵达武汉。

② 鹿地亘(1903—1982)，日本进步作家，本名濑口贡，东京帝国大学毕业，与中国作家冯乃超同期。他积极参加日本无产阶级文艺运动，是日本无产阶级艺术联盟的骨干人物。1933年被选为无产阶级作家联盟成员，后来成为日本无产阶级作家联盟负责人之一。“九一八”事变后，他发表了许多反战言论，因而受到日本军国主义的迫害，1935年流亡到中国上海，从事反对日本侵华的活动，与宋庆龄、鲁迅等都有往来。

③ 洪益巷是石港老人读书的小学所在地。

④ 武汉各界第二期抗战宣传周由国民政府军事委员会政治部第三厅组织，从1938年4月7日持续到4月13日，以每天一个宣传重点的方式，通过文字宣传、口头宣传、歌咏宣传、美术宣传、戏剧宣传、电影宣传、游行宣传等形式开展抗战宣传。第三厅要求各处宣传方法得当，形式灵活易懂，内容真实可信，宣传员以身作则，为民模范，将抗战宣传活动延伸至乡间、家庭，扩大到敌人盘踞之处。在这次宣传周中，充分发挥了这支“不拿枪”的文化大军的作用。

⑤ 国民政府军委会政治部于1938年初第二次国共合作时期在武汉成立。该部成立之初，除国民党各派系人物外，还有周恩来以及在共产党领导下的进步人士参加，故一时呈现出团结合作抗战的生气勃勃的景象。当时该部在部长、副部长、秘书长之下设一、二、三厅，总务厅，秘书处和设计委员会等部门。第三厅则是由共产党领导下的进步人士组成。厅长是郭沫若。最初设五、六两处，以后又增设第七处，组织机构较一、二两厅为大。五处处长胡愈之，六处处长田汉(寿昌)，七处处长范寿康。三个处分管动员工作、艺术宣传、对敌宣传等业务。厅长办公室主任秘书阳翰笙，科长有洪深、杜国庠(守素)、郑用之、冯乃超等人。

与必需经费开支的少年剧团。剧团表演活动得到当时已经闻名全国的第三厅第六处处长田汉[①]和著名戏剧家、导演史东山[②]、辛汉文[③]等的直接指导。

当时，活跃在汉口街头的还有两个少儿抗日文艺团体——新安旅行团[④]和孩子剧团，我们后期的七七少年剧团团结在他们周围，在许多文艺界老前辈的指导之下，进步很快，也很活跃。我们曾和大哥大姐们团结一起，在冼星海[⑤]、张曙[⑥]指挥下举行千人合唱歌咏大会，大会主席是郭老（即郭沫若）。我们在武汉阅马场、黄鹤楼、禹碑亭前高唱《中国不会亡》《牺牲已到最后关头》《儿童先锋歌》，还表演过《放下你的鞭子》《捉汉奸》等节目。当时团员中最大的不过15岁，小的不及9岁。在“救国、革命、创造”的精神鼓舞下，我们高唱着“我们是少年的演剧队员，我们要用戏剧从事宣传。舞台是我们的堡垒，街头是我们的营盘。台上台下打成一片，演员观众一致抗战。打败日本强盗！

---

① 田汉（1898—1968），湖南省长沙县人。剧作家、戏曲作家、电影编剧、小说家、词作家、诗人、文艺批评家、文艺活动家，中国现代戏剧三大奠基人之一。他创作歌词的歌曲《万里长城》的第一段后来成为中华人民共和国国歌《义勇军进行曲》的歌词。

② 史东山（1902—1955），导演、编剧，原籍浙江海宁，出生于杭州。早年曾从事美术和戏剧活动，代表作有《杨花恨》《儿孙福》《同居之爱》《王氏四侠》《共赴国难》《保卫我们的土地》《好丈夫》《胜利进行曲》《还我故乡》《八千里路云和月》等。

③ 辛汉文（1906—1969），中国戏剧、电影化妆师，上海杨树浦人。曾为舞台剧《赛金花》《复活》《屈原》等及电影《夜半歌声》《万家灯火》《三毛流浪记》《丽人行》等负责化妆造型工作。他在化妆造型上，讲究根据剧本要求及人物的特点进行性格塑造。在技术上不因循守旧，敢于创新，为戏剧、电影化妆技术的发展做出了贡献。

④ 新安旅行团，中国共产党领导下的少年儿童文艺团体。1935年成立于江苏淮安。该团在周恩来的亲切关怀下和宋庆龄、陶行知、郭沫若、田汉等的支持和帮助下，运用多种艺术形式，在全国各地宣传中国共产党的抗日救国主张，足迹遍及上海、南京、北平、兰州、西安、武汉、桂林等大中城市和内蒙古、西北、西南等少数民族的农牧地区（共约18个省份），行程45000多里，被誉为“中国少年儿童的一面旗帜”。

⑤ 冼星海（1905—1945），曾用名黄训、孔宇，祖籍广东番禺（现广州市南沙区榄核镇），出生于澳门，中国近代著名作曲家、钢琴家，有“人民音乐家”之称。代表作有《生产运动大合唱》《黄河大合唱》《九一八大合唱》等。

⑥ 张曙（1908—1938），原名张恩袭，安徽歙县人。曾与聂耳、任光等组织了左翼音乐团体“苏联之友社”音乐小组，研究探讨中国歌曲创作的发展道路，并积极投入社会上的革命音乐活动。抗日战争爆发后，1937年末与冼星海等人组织了“全国歌咏协会”，翌年与冼星海等共同参加了以郭沫若为领导的中国国民党军事委员会政治部第三厅，在武汉积极开展抗日救亡歌咏活动。1938年12月在日本飞机轰炸中牺牲，时年仅30岁。代表作有《保卫国土》《丈夫去当兵》《壮丁前线》《日落西山》《赶豺狼》《洪波曲》等。

收复大好河山！”在武汉三镇街头开展抗日救亡宣传，为“保卫大武汉”尽力呐喊和助战，赢得社会上广泛好评。

“保卫大武汉”战局失利后，“七七少年剧团”奉命后撤，我们离开父母，在老师带领下向重庆流亡（原来打算集体奔赴延安陕北公学①学习，因交通被日寇切断未果）。1938年10月下旬，我们离开武汉，剧团成员步行、乘船，经沙市、宜昌等地，冒着日机的轰炸艰难地跋涉。

在宜昌，大家饱受饥饿和风餐露宿的煎熬，既要躲轰炸又要寻路逃亡，后幸得民生公司②免费让其搭“民风”轮去重庆，其间还得到民生公司职工募捐，解了燃眉之急。剧团经几个月艰辛，终于在12月下旬到达了重庆。途中，许多难友、伙伴遇难，大家心怀悲痛继续前行，虽一路艰苦，但剧团仍不忘坚持抗日宣传和做安定民心的工作。

在重庆的日子里，剧团上下居无定所，衣食无着，偶有三厅或个别贤达人士设法支付点滴给养，主要还是靠自己微薄的演出收入和打零工勉强维持生计。生活虽艰苦，但大家斗志不减，积极参与战斗，排演了《扬子江暴风雨》《荣誉大队》等剧目，到多处为伤残军人义务演出和做些生活服务，还到伤兵医院去协助工作。大家也没忘记民生公司的关照和救助，专程去民生修船厂为职工演出，以示感激。剧团的这些表现民众看在眼里，记在心中，赢得一片赞誉。

可是，由于剧团的进步曲调触动了当权者的神经，引起反动势力不满，受到了他们的刁难，一系列的排斥、限制、歧视和迫害，剧团的生存遭到严重威胁。又逢1939年5月3日至4日日军对重庆实施大轰炸③，剧团可谓灾难重重，岌岌可危。迫不得已之下，5月5日，剧团一行20多人在陶行知④先生引

---

① 陕北公学，简称“陕公”，是抗日战争时期中国共产党创办的一所具有统一战线性质的干部学校，是中国人民大学和西北政法大学等高等院校的前身。

② 民生公司1925年由卢作孚创建于重庆，次年开始营业。1949年以前为长江航线最大的私营轮船公司，独占川江航运，被美国航运业称为“奇迹”，被日本同行业视为“对手”。

③ 重庆大轰炸指中国抗日战争期间，由1938年2月18日起至1943年8月23日，日本对战时中国陪都重庆进行了长达5年半的战略轰炸。据不完全统计，在5年间日本对重庆进行轰炸218次，出动9000多架次的飞机，投弹11500枚以上。重庆大轰炸的死者达10000人以上，超过17600幢房屋被毁，市区大部分繁华地区被破坏。这是继德国在1937年4月西班牙内战中对格尔尼卡（Guernica）平民实施轰炸之后，历史上最先实行的战略轰炸。文中的轰炸属于其中一部分。

④ 陶行知（1891—1946），安徽歙县人，祖籍绍兴。中国人民教育家、思想家，伟大的民主主义战士，爱国者，中国人民救国会和中国民主同盟的主要领导人之一。

荐下撤离重庆，徒步奔向当时被誉为民主和希望之地——北碚。

在北碚，“七七少年剧团”受到了热情的接待，我们住在公园的清凉亭和民众教育馆内。历经战乱中的几个月颠沛流离之后，我们终于有了一个落脚地，大家感激涕零，感觉找到了家。北碚《嘉陵江日报》还为剧团的到来发表了欢迎词，而后又对剧团活动做过多次报道。北碚三峡实验区区长卢子英[①]对“七七少年剧团”的工作和生活均给予积极支持和帮助。在这份同胞情谊的温暖和信任中，大家决心更加发奋为抗日出力。我们积极地排演街头活报剧进行抗日宣传，又协助陶行知的“晓庄研究所”做些抄写、送信等工作，曾冒着轰炸危险参加为难民服务、抢救难童等工作。大家还专门配合北碚当局抗日志愿兵运动做街头宣传。首批志愿兵出征时，卢子英陪陶行知一起率领剧团到草街子古圣寺做慰问演出，极大地鼓舞了志愿兵的士气。在北碚，我们还听了“七君子”之一的李公朴[②]有关抗战的演讲，大家的战斗勇气和信心受到极大的鼓舞。

然而，反动势力仍不断骚扰剧团，特务还向卢子英打招呼说：“这群孩子有共产党嫌疑，不能让其活动！”卢子英回答：“我不知道什么共产党不共产党，只知道他们是抗日的，怎能禁止他们活动？”卢子英区长将情况告诉陶行知先生，嘱咐大家要提高警惕。反动派多次来逼胁，大家团结一致，设法抵御，总使其不能达到目的。

就在剧团积极排练节目，联系各单位、团体主办抗战两周年纪念扩大宣传活动的前夕，重庆卫戍司令刘峙[③]突然出面，以查“七七少年剧团”是未经政府登记的非法团体为名，勒令即日起停止活动。

---

① 卢子英（1905—2009），四川合川人，1925 年秋考入黄埔军校 4 期，同年加入了社会主义青年团。1926 年 5 月，在北碚扎根。1949 年，把一个土匪啸聚的地脊民贫地带，建设成了举世闻名的模范区。历任峡防局常练大队队附、学生队队长、峡防局督练长、嘉陵江三峡乡村建设实验区区长、北碚管理局局长。

② 李公朴（1900—1946），原籍江苏武进湖塘桥，在淮安出生。伟大的爱国主义者，坚定的民主战士，中国民主同盟早期领导人，杰出的社会教育家。1946 年 7 月 11 日在昆明市遭国民党特务开枪暗杀牺牲。

③ 刘峙（1892—1971），字经扶，江西吉安人。毕业于保定陆军军官学校，陆军二级上将，历任黄埔军校教官，河南省政府主席，参与北伐、中原大战等多场战事，甚为蒋介石赏识。抗战时曾任 1 战区 2 集团军司令、5 战区司令。1948 年被任命为徐州剿共总司令，被解放军全线击败。1954 年到台湾，至 1971 年病逝。是民国江西五上将之一，素有北伐中的“福将”、中原大战中的“常胜将军”、抗日战争中的“长腿将军”和国共内战中的“败将”之称。

诞生于抗日救亡洪流中的“七七少年剧团”，终究在国民党的防共政策下不幸夭折。7月初，“七七少年剧团”被迫解散，大家只得各奔东西：个别年幼的去投亲靠友上中小学，其他有的奔赴延安，有的到育才学校等处学习或工作。我则和苏堤、姚祥云三人一起考取了国立戏剧专科学校①继续求学。

（改写者：金国锋）

① 国立戏剧专科学校原名“国立戏剧学校”，又称“南京国立戏剧专科学校”，是我国有史以来的第一所戏剧专科学校。1935年秋创建于南京，直属国民党中央宣传部，是中国当时的戏剧最高学府。

刘渊：海军，民族之魂

刘渊，1920年出生于天津，原籍安徽桐城人。马尾海军军官学校毕业。现任浙江省黄埔军校同学会会长。2015年1月15日，笔者访谈了刘渊老人。老人虽已95岁高龄，但精神矍铄，颇有绅士风度。回忆起久远的往事，思路仍很清晰。以下内容根据其口述整理。

我是安徽桐城人，1920年5月生于天津。我的父亲是清末官费留日学生。1934年，那年正好14岁，我考取了福建马尾海军军官学校[①]。当年的马尾海军军官学校，处于闽江下游，依江傍海，每期仅招收40名学生，学制长达8年半之久，可见，当年学校招生之严格，以及学习内容之精良。

可惜的是，我们只学了3年多时间。1937年，日本对华发动了全面的侵略战争，东南沿海地区相继沦陷，处于福建沿海的马尾海军军官学校较先沦陷。大家清楚地意识到，马尾海校所培养的人才，正是当时保卫国家急切需要的海军军官。日本侵略者正是凭借坚船利甲的炮舰，才敢在我国的领海上横行霸道，"以小欺大"，对我国发动侵略战争。他们不仅企图消灭我国的战舰，更想要歼灭我国海军的后备力量——马尾海校的师生。在日本军队的大举进攻面前，为了保存海军的后备力量，学校只好撤退到湖南的湘潭，然后再迁往贵州省的桐梓。

要知道，无论是湘潭还是桐梓，都是一些远离大海的内陆地区，对于我们这些海军学校的学生来说，在远离大海的地方学习海洋军事技术，那是一件

---

① 马尾海军军官学校前身是清朝沈葆祯创办的福建船政学堂。民国以后，改为马尾海军学校，隶属民国政府的海军部，是一所培养海军军官的专门学校。抗日战争时期先后迁往湖南湘潭、贵州桐梓、四川重庆等地。战后于1946年与上海的新制海军官校合并而停办。1913年至1946年间，马尾海校共计有24届458名毕业生，分为航海、轮机、造舰、军用化学等专业。

多么悲伤的事情！也许，当时我们处的情形，在如此艰难的环境中学习航海技术，就是在世界航海史上，也不能不说是一个奇迹。

在整个抗日战争中，中国海军是最为悲壮的一个兵种。1937年，日本海军已经拥有舰艇190万吨，而中国海军只有5.9余万吨，日本飞机达到2700余架，而中国仅300多架，日军已经有了航母6艘，舰艇308艘，战列舰9艘，一等巡洋舰12艘，二等巡洋舰25艘，水上飞机母舰7艘，而中国海军的力量与他们相比，几乎望尘莫及。

正是由于当时中国海军船舰的实力远逊于日军，双方实力悬殊。在抗战前期，中国几乎拼光了自己的全部舰艇，尤其是“八一三”淞沪战役打响时，中国海军主力调往江阴布防，在长江海口上，只有一艘“永健号”炮舰。而“永健号”在1937年8月15日也被日军击沉了。

可以说，当时我国的海防门户洞开，长江口的海军力量几乎已经成为空白。日本军舰在我国的领海上横冲直撞，不可一世，令人愤慨。在国家到了生死存亡之时，全国人民热血沸腾，特别是我们海军官校的师生，个个义愤填膺，纷纷请缨，要求上前线去杀敌卫国。由此，我们也参与了抗击日军的战斗。在那些日子，我担任长江海军江防炮台少尉台员，参与并目睹了那些空前惨烈的战役。

虽然中国空军奋勇出击，连续轰炸日军旗舰“出云号”[①]，无奈“出云号”加装了大量防空火炮，装甲坚固，是一艘排水量万吨的巨舰。尽管中国空军多次命中“出云号”，但是，仍不能将其击沉。日军以“出云号”巡洋舰为首的“遣支舰队”，有大小舰艇百余艘，轻易地控制了长江口，在中国的水域上耀武扬威，不断以其装备的重炮轰击中国守军，支援日军其他军种的进攻。

在现代战争中，取得制空权、制海权，成为战争决胜的关键因素之一。

---

① “出云号”是一艘排水量近万吨的装甲巡洋舰，属于出云级装甲巡洋舰中的首型舰，英国阿姆斯特朗船厂建造，参加过第一次世界大战和日俄战争，并担任过天皇的座舰。“出云号”巡洋舰在1921—1931年间，连续6次担任远洋航海训练舰，1932年“一·二八”事变爆发，“出云号”奉命停泊在上海江面，成为第一外遣舰队旗舰，多次遭受水雷、飞机和鱼雷艇的猛烈攻击而不沉，并因此闻名。1943年底从中国返回日本国内，此后作为海军院校的练习舰使用。1945年春，该舰在吴海军工厂加装大量防空武器，截短前后桅作为训练舰，航速下降到16节。1945年7月24日在美军的吴港被3枚炸弹击中，翻覆沉没。

近年来，日本右翼分子将新下水的一艘军艘，再次命名为“出云号”，[①]勾起了中国人的那段惨痛记忆。在那些血淋淋的历史教训面前，让人不由想到，一个国家，只有拥有强大的海军力量，才不会被人欺负，才能自立于强国之林。

1944 年，我从贵州的桐梓海军学校（海校 8 期航海科）毕业后，考取了英国皇家海军学院[②]，攻读“武器自动控制”专业。在英国留学期间，中国驻英使馆武官处选中一部介绍“雷达”技术的教学影片，准备带到国内给军事院校的师生观摩，内容全部都是英语讲解，有许多外语技术的专用名词，当年能够将它全部译成中文的人不多，况且，片中的许多关键词汇，对于大多数人来说，仍然是陌生的新名词。人们不知道英文的“Radio Detecting And Ranging”是什么意思，如果直译的话，其意应当是“无线电距离方向测定器、距离方向测量器或测距器”，英国人将这个词汇缩写为“RADAR”。

由于我的中英文功底比较好，由此，使馆的武官处就让我做这部教学片的翻译，我根据其发音和实物的含义，经反复推敲，决定将两者结合起来，译成“雷达”译音。“雷达”教学片译制完成后，送回国内军校放映。自此以后，一些翻译家在译文中不断沿用“雷达”的译法，“雷达”一词也就这样流传开来，其实，追溯根源，“雷达”这个词汇的创译者，应该就是我了。

1948 年初，我从英国皇家海军学院毕业以后，英国将一艘军舰赠送给我国，这艘命名为“重庆号”的巡洋舰，由英国朴次茅斯港启程驶回我国，这是一艘当时我国最大、最现代化的船舰。我被任命为“重庆号”枪炮大副，随同军舰驶回上海。

当我们回到了魂牵梦绕的祖国的时候，看到的却是另一番景象，国民党政府的腐败和民不聊生。在全国的战场上，人民解放军节节胜利，国民党军队全面败退，于是，我与军舰上的官兵一起，与共产党在上海的地下组织秘密取得联系。1949 年 2 月 25 日凌晨二时，“重庆号”在上海吴淞口宣告起义，加

① 2013 年 8 月 6 日，日本海上自卫队 22DDH 型直升机护卫舰在横滨下水。该舰满载排水量 2.7 万吨，预计 2015 年正式服役。22DDH 命名为“出云号”，舷号 183，该舰名“出云”，曾为日本侵华战争时期日本海军旗舰所使用。

② 英国皇家海军学院，是英国培养海军初级军官的主要院校，被誉为英国海军军官的“摇篮”。学院创建于 1863 年，设在达特茅斯，故又称“达特茅斯皇家海军学院”。

入人民解放军的行列，随即，“重庆号”经烟台解放区驶抵东北的葫芦岛。

根据军委命令，我们在东北创立了人民海军的第一所海军学校——安东海军学校。我担任了安东海校的第一任航海主任。1950年，人民海军快艇学校成立，我到青岛担任海军快艇学校的业务主任。1955年，大连海军学院成立，我被任命为主任教员，授予少校军衔。

1958年转业到杭州，我与同事们一起创建浙江交通学校（现浙江交通职业技术学院），我先担任教务主任，后来成为校领导。在筹建浙江省航务学校期间，环境十分艰苦，我动员在杭州的妻子调去一起创业。当然，“文革”期间我也受到了一些冲击。

“文革”结束后，我两次当选为全国人大代表，并且担任着浙江省交通学校名誉校长、浙江省欧美同学会西欧分会会长、国际文化交流协会副理事长兼秘书长、浙江省参事室参事（副厅级）等社会职务。

时至今日，我仍有许多同学、同事或学生定居在海外或台湾地区，台湾地区的同学中有些人曾经身居高位。在与他们联络和交往中，我深深地感受到这些人的爱国之心、思乡之情，我由衷地希望祖国早日实现统一，两岸同胞早日团聚。

今日，我被大家推举为浙江省黄埔军校同学会会长，深感肩负责任的重大，为了完成祖国的统一大业，为了两岸人民的福祉，我挑起了这副担子，希望在有生之年继续为祖国的统一大业尽点微薄之力。

（访谈者：龚玉和）

华金炉：我在辎重兵学校的教官生涯

华金炉，1919年出生，浙江东阳人。黄埔军校16期辎重兵科毕业。2013年5月的一天，笔者来到东阳江北街道华店村，访问了华金炉老人。老人的老伴已去世，日常生活由晚辈们照顾，身体状况总的还不错。与笔者交流时，如果认为自己说不清楚的，老人会认真地一字一句写下来。以下内容根据老人口述并参考他本人的回忆资料整理。

我出生于1919年农历九月十四日，在华店长大。4岁时丧父，没有兄弟姐妹，母亲年仅20多岁就守寡。家里租种六分薄田，母亲靠白天织布晚上纺纱把我养大。我8岁开始上学，靠公常养贤租资助得以维持学业，①一直读到高中毕业，那是抗战全面爆发的第二年。

读书期间，有两件事情对我刺激很大，激发了我投笔从戎的决心。第一件是集体失声事件。杭州沦陷以前，全省的高中生都要到杭州进行为期一个月的军训，军训地点是在梅东高桥②。1936年，我们也按规定赴杭州军训。上午在高桥用芦席搭建的营房里上课，下午要到留下一带的丘陵地带集训，学习军事知识。沿途要经过西湖六公园，而日本领事馆就位居于六公园边。

---

① 公常财产的构成除宗祠外，便是田地、山林、房屋及族人的捐赠。用于祭祀及宗祠修葺的称为“祀产”，用于养贤的称为“贤产”，管理贤产的公常称为“贤常”。宗族的繁盛，使得公常拥有田地房产，有了租谷赁金收入，具备养贤的物质基础。所谓养贤，就是培养读书人。养贤的目的，在于增强宗族的实力，提升宗族的地位。因为一个人的读书成就，不仅仅属于个人和家庭，还被认为是整个家族和宗族的荣耀。

② 梅东高桥又称梅登高桥，位于杭州高级中学西侧，旧名通济桥，俗称梅家桥，明代始称梅东高桥。杭州高级中学是古代的贡院。参加科举考试的考生有考中荣升、考不中和考死三种命运。科举考试完毕放榜，高中的身戴大红花、坐着轿子，前面有锣鼓“当当”敲着，从贡院出来，经文龙巷、文星巷、长庆街、青云街，游街扬名，意味从此过上了青云直上的日子。考死的从河水路运回家。至于考不中的，拎着装着笔墨纸砚和生活用品的考篮，从梅东高桥灰溜溜地回家。所以，杭州人将此桥叫成“没登(上科举)高桥”，以讹传讹成为梅登高桥，以至于忘了“梅东高桥”的本名。

我们为了助兴起头唱《大刀向鬼子们的头上砍去》，刚唱“大刀向……”就被队长喝止了。原来，上头都有吩咐，为了所谓的顾全大局，要求集训的学生经过日本领事馆的东西500m范围内不准高声唱抗日歌曲。国家的大片土地被日本人侵占，而我们连在自己国土上唱歌的自由都没有！一路上，大家缄默无言，但心情悲愤之极，久久难以平静。这是令人难以容忍的耻辱！这次集体失声事件对我刺激很大。

还有一件事就是无辜的百姓和同学被日机轰炸致死。1937年9月，我就读的省立金华中学，就是现在的金华一中举行了新学期的开学典礼。当时校长是方豪[①]，马寅初[②]是他在北京大学读书期间的老师，所以方校长请了马先生在开学典礼上讲话。马先生主要给我们讲了抗战的目的及意义。那是一个星期六的上午，马先生讲话结束后不一会，听到了飞机的轰鸣声，因为没有空袭的预警，同学们还以为是自己的飞机，所以都跑到操场去看。飞机飞得很低很低，我们看到了机翼上的太阳旗，甚至看见了飞行员的头盔，是敌机来了！片刻，从西面传来了轰隆隆的巨大的爆炸声，那是金华火车站的位置。轰炸过后的金华简直是人间地狱，事后我们跑出兰溪门去看时，只见离金华火车站大约两三百米处的几棵需要若干人才能合围的大榆树已经被炸倒，树枝上挂着死者的内脏和肢体，头发已被烧光的半个头颅卡在树枝上。兰溪门的城墙上也溅满了一块块红白相间的脑浆，惨不忍睹。[③] 我们看见树上挂着一截黄色卡其布的裤脚，那是金华中学校服的颜色，结果学校清点人数时，发现少了高二年级的赵一奇同学。赵一奇是东阳人，他的父亲就是东阳很有名气的律师赵完璧。原来在马寅初先生讲话完毕后，赵一奇同学就到火车站送一个客人，没想到遭此大难。第二天，校方为赵一奇同学开了追悼会。金华各界人士出席了追悼会，方豪校长做主持，马寅初先生讲了话。马先生希望我们化悲痛为力量，好好学习，为抗战出力。他还为赵一奇同学撰写了挽联：

---

① 方豪(1894—1955)，浙江金华人。北京大学学生，北京学生联合会及其后的全国学生联合会的首任主席，是“五四运动”时期的学生领袖之一。1927年3月起到1948年止方豪在浙江省立第七中学(后改为金华中学，今为金华一中)当了20余年的校长。

② 马寅初(1882—1982)，浙江省嵊州人，中国当代经济学家、教育学家、人口学家。

③ 1937年9月26日上午10时，日机首次空袭金华火车站，投弹6枚，炸死20多人。参见钱关键：《告诉你抗战时真实的“血泪金华”》，2010年9月3日的《浙中新报》。

“国难方殷，亟待英俊联袂起；春意正浓，眼看桃李一枝残。”追悼会上，大家都沉浸在巨大的悲痛中，啜泣声此起彼伏。最后，方校长讲话，他说：“国难当头，生不能报效祖国，所生何为？”大家都沉默不语，肃静了几分钟后，一个同学带头高喊：“打倒日本帝国主义！”同学们悲壮地一起高喊：“打倒日本帝国主义！”“打倒日本强盗！”“血债血还！”愤怒的口号回荡在上空，久久不息。一场悲壮的追悼会转变成了抗战宣传动员会，也激发了我们这些热血青年誓死保家卫国的决心。

方豪曾经是“五四”学生运动的领袖，因此提倡学生关注时局，为国效力。金华中学的校训中就有“读书不忘救国”的内容，鼓励学生走向社会宣传抗日。在金华中学学习期间，我是宣传股长，专门成立了宣传队。高二寒假期间，我专程赴金华与义乌交界处的傅村、吴店一带做抗日宣传，甚至过年也没有回家。开学后，方豪校长特别在全校大会上表扬了我。

由于日机经常来骚扰，1937 年 10 月，金华中学从城区搬到澧浦方山、蒲塘、长庚一带办学。在抗日战争国难当头的艰难岁月，方豪校长矢志不渝坚持“以教为本，教育兴国”的主张，在颠沛流离中办学。我也在动荡的局势中完成了高中学业。

1939 年 9 月，辎重兵学校在金华招生，给黄埔军校代培辎重兵科人才。除金华外，辎重兵学校还在上饶、长沙、衡阳、重庆、成都同时招生，共招收 120 名学员。那时全国仅有一个汽车兵团，美国已计划对中国进行援助，因此亟须培养一批通晓辎重知识的人才。

辎重兵学校的教育长是东阳桐院人斯立中将[①]，我的母亲也是桐院人。来金华招生的是江西人邓振铎，他是黄埔军校 6 期毕业的。辎重兵科对考生的要求是比较高的，必须是高中毕业，视力良好。所以虽然报考的人较多，但能被录取的不多。刷下来的只能改考通信兵学校或军医学校。当时金华中

① 斯立(1891—1983)，浙江东阳人。保定陆军军官学校 6 期步科、陆军大学 7 期毕业。1929 年任国民革命军总司令部交通兵团副团长兼交通处科长，1930 年任军政部交通兵 2 团少将团长，1932 年赴日本考察军事交通设施，1934 年又赴德国、意大利考察军事交通和机械化部队，1935 年 5 月任陆军交辎学校副教育长兼交通兵团团长，1937 年冬兼任辎重兵汽车 1 团团长，1938 年初兼任后方勤务部汽车管理处中将处长，1939 年初任川桂、川滇公路线区司令，不久兼任陆军辎重兵学校教育长，1942 年冬兼任军事委员会驻滇参谋团中将高参，1944 年初任军政部江南汽车整训处处长。

学有不少人报考辎重兵学校，同时被录取的还有李秋芳、王振汉等四五位同学，王振汉后来到了台湾。其他同学如杜启葵、王其源都改考军医学校。杜启葵曾任金华第一医院院长，王其源曾任重庆人民医院院长。

在金华考上辎重兵学校的有40多人，我们在邓振铎的带领下，从金华出发先到达3战区司令部所在地——江西上饶，计划绕道广西河池到达贵州目的地。如果徒步，要走好长时间。经过数次恳求，3战区的交通处处长周永年终于同意派两辆军车护送我们。周永年是东阳人，原来是斯立的部下。当时日机一见军车就扫射，为了安全起见，我们不走大路改走小路，越过大庾岭、梅岭到达广东的韶关，再从韶关经柳州到达广西河池。因为要躲避日机，所以走走停停差不多半个月才到。

到河池后，我们暂时休整了几天。河池中学的大礼堂是空的，所以想借用过来作为我们的休息地，但是河池百姓居然不同意。邓队长找了河池的县长交涉，并拿出了签有校长蒋介石和教育长斯立名字的文件，县长竟然说："我们只知道有白司令(白崇禧)、李主席(李宗仁)。"广西真是桂系军阀的天下。后来好说歹说，看在我们抗战的份上终于同意让我们借用5天。

终于到了目的地，贵州贵定县的沿山镇①。我们在离镇约3里路的蒲头村的一座庙里扎营下来，把庙里的佛像搬走，把里面的塑像也都搬走，3间厅做宿舍，又另外搭建两排房子，一排做办公室，一排做教室。我们被编入辎重兵科16期2总队受训。入伍生教育非常严格，每天天不亮就出操，经常进行野外训练。由于地处山区，晚上值班站门岗，还能听到凄厉的狼嗥声。我们就在这偏僻的小山乡，在简陋的环境下刻苦学习。正式教育开始后，学习的课程很多，除基本的4大教程(战术、地形、筑城、兵器)之外，我们主要学习汽车驾驶、保养、修理等技术，以及指挥部队如何进行后勤物资的运输等课程。学习的教材使用上海交通大学的版本，如《内燃机原理》《汽车保养构造》等等，给我们上课的也是大学里的教授。另外，还要学习兽力运输课程，如马匹的饲养及调教方法等。由于抗战急需人才，需要补充干部，因此我们上课课程进度很快，原来3年的学习时间，我们仅学了一年半就提前毕业了。我因

① 沿山镇位于贵州省贵定县西南部，平均海拔1100m，集镇中心距省府贵阳市76km，距贵定县城28km。

为品学均优，留校任17期学生队的区队长。16期辎重科共有毕业生115人，留校的有6人。

在沿山镇学习期间，我看到当地百姓生活贫困，对外界的事情不太知情，对日寇侵华行径了解很少，甚至不少人抽鸦片。我认为有责任唤醒他们的觉悟。我主动向队长要求办黑板报向当地民众宣传抗日，目的有三个：一是告诉百姓为什么要抗日，二是告诉他们抗日的局势进展，三是让百姓了解我们在此学习的目的。当时的沿山镇的百姓每五天有一次赶场活动，相当于集市，我利用这一时机向百姓做宣传。我把庙里的一块匾作为黑板报的底板，在上面贴上自己撰写的宣传板报，在匾的另一面，我画了一张中国地图，上面把被日寇侵占的领土都用红墨水标注出来。为鼓舞民众，我也在图上标注出我们打的每一次胜仗。

当地百姓能识字的很少，为了沟通方便，我特地找来贵州贵定籍的同学陈家楷帮忙。每当我的板报出来后，陈家楷同学就站在板报面前，用当地的土话将板报的内容念给大家听。一段时间后，听板报成为赶场百姓的重要活动。办报完全是利用休息时间完成的，直到一年后才停止，因为我们迁到龙里本校集训学习了。所以，做事主动、有心也是我留校任教的原因之一吧。

抗战时期汽油供应紧张，辎重兵学校汽油非常缺乏。在教授学生学习驾驶技术的时候，我将他们分成10人一组，采取9人推拉汽车，1人操纵方向盘的方法进行培训。直到学生们基本掌握驾驶技术后，才每人发一点汽油独立驾驶。

17期学生毕业后，我奉命到金华、上饶两地招考辎重科18期的学生，完成任务后继续回到沿山镇任18期学生队区队长。这批学生尚未毕业，我又被调到位于贵州毕节的汽车驾驶兵教育2团2营4连任上尉排长。在那里，我还是用老办法训练学员，节省汽油。汽油的供应一直到史迪威公路[①]打通后才有好转。

到毕节的第二年，团里出现了传染病，当时没有什么药可以治，但是与卫

① 史迪威公路是1944年中国军队在滇西和缅北大反攻胜利后修通的，始自印度东北部雷多终至中国云南昆明的公路，在枪林弹雨中为中国抗日战场运送了5万多吨急需物资，被称为“抗日生命线”。它从印度东北部边境小镇雷多出发至缅甸密支那后分成南北两线，南线经缅甸八莫、南坎至中国畹町；北线经过缅甸甘拜地，通过中国猴桥口岸，经腾冲至龙陵，两线最终都与滇缅公路相接。

生状况有关，只有彻底消灭虱子才能制止传染。我想到毕节生产煤矿，就用车子拉了煤回来，烧了几大锅开水，把学生的衣物统统扔进去煮烫消毒。后来传染病终于遏制住了，但120位新兵中还是死了20余位，差不多减员了20%，他们都是入伍不久的新兵啊，真的令人痛惜。

抗战期间，我没有机会上前线与日军打仗，都是在后方训练汽车驾驶兵和辎重兵的下级干部。抗战胜利时，我在安顺，我们从美国人手中接收了千余辆汽车。

（访谈者：朱　丹）

朱恕人[1]：中将之子忆抗战

朱恕人(1919—2012)，安徽合肥人。黄埔军校15期炮兵科毕业。2012年7月30日下午，天气非常炎热，笔者走访了住在杭州三墩某小区的朱恕人老人。老人的父亲是中将朱传经，内兄是大名鼎鼎的爱国军人李默庵将军。朱老先生气质非凡，清雅俊朗，看着就像大户人家的公子。他虽然听力已大大下降(我们之间交流靠笔谈)，走路需扶着拐杖，但身板依然笔挺，显示出早些年养成的军人风范。以下内容根据其口述整理。

我是1919年农历七月二十三出生的，与诸葛亮的生日是同一天。成都有个武侯祠，所以在军校上学时，感觉很好。我的父亲叫朱传经[2]，他曾经在黄绍竑下面任中将参谋。当年，他没有到台湾，留在了大陆。

我的小学是在北京念的，中学也在北京念过一段时间，后来在武汉读过一段时间，又搬到庐山读过半年。1936年中学毕业后，我父亲要我去考军校。我的哥哥朱野樵是黄埔12期的，原来在孙立人部队当过副团长，孙立人下台后，他也就赋闲了。他是在台湾过世的，丧礼非常隆重，身穿礼服，用铜棺材。我们去世的家人中就数他的丧礼最隆重。他终身未婚，与我们刚刚联系上就去世了，才70多岁。据他的朋友说，他在台湾非常想念家乡，想念亲人，一人闷在屋子里想，差不多是幽闭死的。

我是黄埔15期的，而父亲是黄埔7期的，所以人家说我们是黄埔一家

---

① 朱恕人老人已于2012年11月去世。

② 朱传经(1889—1951)，安徽合肥人，保定军校3期步科、陆军大学7期毕业，北伐时在程潜部任团长。1930年在武汉任陆海空总司令部武汉行营中任参谋长。1933年4月任驻鄂特派绥靖公署军事参议。1936年1月30日授少将衔。1937年9月29日授中将军衔。抗日战争中任10集团军参谋长。后调任温洲师管区中将司令兼丽水团管区司令、浙江省军管区参谋长等职。抗日战争胜利后在杭州退役。

子。我是在庐山考的军校，1938 年 1 月在武昌入伍，进入黄埔 15 期炮科学习，[①]当时武汉还没有沦陷。随着日军的进攻，我们一路退到宜昌、重庆、成都，基本都是走路的。

在军校的军事训练相当严格。炮科的学科和术科都要求较高，步科的学员相对轻松一点。每个星期都有纪念周，经常有名人来做报告，蒋介石也多次来做报告。我们只有周末可以有半天时间出来，生活的纪律要求也很严格。所以，我到现在还保留了一些当时养成的习惯，比如守时，守纪律，不管在哪里，都不会犯错误，这个习惯保留了一辈子。

1940 年，我从军校毕业后分至贵州都匀炮校[②]，在连队里带士兵，任少尉、中尉，但只待了一年多。离开贵州后，我投奔到浙江李默庵的部队任上尉参谋，在总部工作。[③] 我们驻扎在丽水南边一个叫大港头[④]的地方。当地的地形很复杂，日本人当时在云和一带活动，有时也会到丽水骚扰，但日本人兵力不足，所以双方处于相互交持状态，如果日本人流窜下来就打。我后来陆续任少校、中校参谋。中校参谋大约是 1945 年了。

我母亲是在 1945 年 8 月去世的，我在福建浦城接到母亲去世的电话后马上连夜赶往龙泉。当天晚上接到电话，知道日本人投降了，可惜我母亲没有听到抗战胜利的消息就病逝了。她一生生育了 8 个孩子，7 个儿子，1 个女儿。

处理完母亲的丧事后，我奉命赶到绍兴，因为我们 32 集团军负责杭州、绍兴一带日本人投降事宜。在绍兴，李默庵将军代表民国政府接受了浙江境内日军的投降。随后我赶到杭州，有件事印象很深，我看到缴了武器的日本人集体关押在临时监狱，就是现在杭州解放路百货商店的位置。他们很安

---

① 黄埔 15 期招考于武昌，于 1938 年 1 月 1 日入伍，1940 年 7 月 21 日毕业，计有 1559 名，并代训空军学员 272 人，本期毕业生共计 1831 名。

② 都匀炮校全名为国民党陆军南京炮兵学校，因为驻扎在南京汤山，又称汤山炮校。抗战爆发后学校从南京迁往湖南零陵，在 1940 年前后迁到都匀，都匀人称之为"都匀炮校"，共有学生和练习团 2000 多人。炮校由蒋介石亲自兼任校长，学校的日常事务由史文桂中将教育长管理。

③ 1942 年 8 月，李默庵任 32 集团军总司令，后指挥刘雨卿的 29 军、25 军和余念慈的 67 军及相当于一个军编制的突击总队游击武装，负责浙东一带防务。1944 年初，该集团军总部移至闽北蒲城。1945 年夏，该集团军的突击总队下辖的 3 个突击队缩编为预 3 师和预 4 师，后这两个师组成段霖茂为军长的 98 军。

④ 大港头是连接丽水、松阳、云和、龙泉、庆元和福建浦城等县市的交通要道。

静，没有人逃窜，不得不承认他们非常守纪律。我在杭州过了几天后回到了绍兴，32 军总部也搬到了绍兴。我从参谋调任特务营当连长。后来随李默庵到湖南。李默庵虽然是第一警备司令官，在长沙与程潜共事时是副司令，李默庵辖下只有两个营和省军区的警卫团，后来便被改编为湖南保安团。我在那里当了团附，团长是李默庵的三弟李宗青。后来经他做媒，我与李家的妹妹结婚。李宗青是黄埔 14 期的，新中国成立后担任过武汉硚口区统战部副部长。

有一次，团部开会的时候，我建议李默庵起义，这样我们可以在长沙西部即河西向陕北进军，但我的内兄不同意，说要听从国民党统一的命令。后来部队就向南转移了，我也不得不南移了。后来，部队最终还是起义了。我想既然已经起义，就不必再听候上面的命令了，但由于与内兄的意见不合，我便脱离了部队。随后，我的三兄弟也起义了。可即使这样，在湖南我仍然没有地方可去，就回到了上海家父那里。

家父住在长生路 4 号。新中国成立后，家父移至上海的姐姐姐夫家中居住，1951 年在医院因中风过世。

（访谈者：朱　丹）

邢承谟：亲历浙赣战役

邢承谟，1918年出生，浙江金华人。黄埔军校2分校17期步兵科毕业。2013年农历的正月初五，笔者访谈了现居于金华曹宅镇的邢承谟老人。老人抗战期间参加过好几次战役，屡次负伤。改革开放后，邢老先生创办了金华黄埔振兴职业学校，成为一位远近闻名的教育工作者。笔者拜访的时候，老先生正在曹宅镇举办书画展，作者主要为黄埔军校同学会会员。邢老先生着装讲究，戴了顶宽檐礼帽，身披风衣，风度翩翩，精力充沛，身形矫健，丝毫看不出已是95岁高龄。看得出，他是热爱生活的人，历经沧桑仍旧从容。以下内容根据其口述整理。

1918年农历十月二十我出生在金华曹宅。我家在曹宅是大户人家，家里有一些地，父母还在杭州做生意，在南星桥开了一家"广通运输行"，家境不错。我在老家长大，小学是在离曹宅不远的杜宅国小念的，初中是在金华的教会学校"作新中学"念的。抗战全面爆发后，大半个浙江沦陷，省教育厅迁到丽水，杭嘉湖几所学校在丽水碧湖组成了"浙江省临时联合中学"，简称"联中"，由"嘉兴中学""湖州中学"和杭州的"洪道女中""杭州师范"等7所中学组成，校长由教育厅厅长许绍棣担任，并于1938年秋季开学。我就在"联中"继续我的学业。记得教时事课的是张相伯先生，教语文课的是姜乃焕先生，教音乐课的是曹昆先生，教社会运动课的是一位姓谭的广东籍先生。这些先生水平很好，教学质量很高。我们在患难中求学，都用心刻苦学习。

在"联中"念到高二后，我参加了"抗日自卫团干部训练班"，这个班是时任浙江省主席黄绍竑[①]办的，办在武义县城郊，离白洋渡很近，靠近河边。那里还有一个临时建的飞机场，曾看到停过一架飞机，不过就看到过那一架。训练班号称1个大队，分成4个中队，3个男生队，1个女生队，每个中队又分3个分队，总人数大约400人。[②] 我们在孔庙里上课，记得边上有很多的板栗树。训练班实行准军事化管理，穿的是草黄色的军装，只是没有军衔。夏天5点多起床，白天要上一些文化课，如数学、语文、英语，还有军事课，是一位黄埔7期毕业的中队长给我们上的。我们还配备了丽水大港头兵工厂造的中正式步枪，因此要到野外练习打靶。晚上点着油灯晚自修。住的是草房，一个分队住一栋，里面搭了毛竹做的上下铺。每月有一些津贴，吃的还可以。进步刊物《浙江潮》[③]在训练班很受大家欢迎，该刊物思想较激进，写稿的既有学生也有教官，学员中两个缙云籍的投稿非常踊跃。课余时我们高唱抗日歌曲，比如《义勇军进行曲》，斗志高昂。那时的我们思想很单纯，没有升官发财的念头。热血青年就是想着保家卫国，把日本鬼子赶走。

1939年的春天，我曾在金华罗店见过周恩来。当然，我只是挤在人群中欢迎的一个。[④] 同年，黄埔军校在金华招生。我们训练班共有4个人考上，包括区队长吴京、余宣，我也考上了。4个人后来都在武冈2分校学习。我记得考试的题目只有两个，一是将“总理遗教”的内容翻译成英文[⑤]，二是写一

---

① 黄绍竑(1895—1966)，陆军上将，位于新桂系“三巨头”的第二，以政治谋略见长。历任7军党代表，15军军长，湖北省、浙江省主席，内政部长等要职。中华人民共和国建立后，历任政务院政务委员、全国人大常委会委员等职。

② 据曾经也在该训练班受训的天台籍抗战老兵陈彩钜老人回忆，除原有的4个中队外，后增加了部队调入的2个中队，共6个中队。

③ 1938年，黄绍竑创办了《浙江潮》杂志，请严北溟任主编。具有坚定抗日立场的《浙江潮》一出版立即受到读者好评，引起各界关注，为扩大浙江的抗日统一战线、动员民众抗战做出了贡献。

④ 1939年3月17日至4月6日，周恩来到金华指挥抗战工作期间，曾以国民政府军事委员会政治部副部长的公开身份与时任浙江省主席的黄绍竑见面，见面的地址即为黄绍竑在金华罗店的住处——“黄公馆”(当地老百姓的叫法)会晤，共商团结抗战大计。其间，周恩来在黄绍竑的陪同下，曾到金华侍王府议事厅做题为“建军的重要性与社会军事化的实施”报告，宣传抗日救国思想。“黄公馆”现为市级重点文物保护单位。

⑤ 孙中山的政治遗言如下：“余致力国民革命凡四十年，其目的在求中国之自由平等。积四十年之经验，深知欲达到此目的，必须唤起民众及联合世界上以平等待我之民族，共同奋斗。现在革命尚未成功，凡我同志，务须依照余所著《建国方略》《建国大纲》《三民主义》及《第一次全国代表大会宣言》，继续努力，以求贯彻。最近主张开国民会议及废除不平等条约，尤须于最短期间促其实现。是所至嘱！”

篇命题作文——“不成功，就成仁”。笔试完成后，又进行了体检。体检还是比较严格的，到军校后又体检了一次。金华当时共有100多人录取。

从金华出发到武冈路上大约花了1个月的时间。从金华坐火车先到鹰潭，然后坐船到衡阳，接着基本靠走路，运气好的时候，有时搭乘烧木炭的货车，坐在车背上。路面坡度只要大点，烧木炭的货车就爬不上去了，只能推上去。行军沿途山路多，我们基本靠走。离开金华的时候是夏天，到武冈时是秋天了。

在军校，我隶属6总队3大队12中队步科，总队长是王健豪，中队长董现龙。武冈军校的条件不算差，睡觉的铺盖是发的，睡的是60cm宽的钢丝床。当然，一年四季洗冷水脸，无论晴雨风雪，天天穿草鞋。经常在恶劣天气的时候野战训练，回营总是一身泥，菜基本上是萝卜、白菜、辣椒、豆腐，我们总队有人因受不了苦，不告而别。

配给学生的武器有苏式的，军事教官也有苏联教官，给我们讲军事课程。军校还有测量课，我原来就喜欢画画，因此我很喜欢上测量课。后来20世纪50年代在黑龙江劳改时，我的测量技术派上了用场，成了测绘技术骨干。

1941年6月，我们这些学生从军校毕业，差不多学了两年。我被分到预10师，师部在福建漳州，师长是蒋超雄[①]，他是黄埔1期毕业的。我的身体不适应福建的气候，所以后来调到79师235团3营8连当防毒排少尉排长。79师师长是段霖茂。235团团长是魏逢林，3营营长是王帮达，他是黄埔11期毕业的，8连连长是李启瑞，他是黄埔14期毕业的。

1942年5月，我们师参加了浙赣战役。根据作战部署，团部为左翼部队，团长魏逢林率全部驻守义乌门游宅街窖厂，3营进驻东吴、下余一线，我连为预备队。在部队布防之际，3架敌机窜入我领空低飞盘旋，我记得那是意大利造的飞机，可以在空中悬停。飞机投下重磅炸弹10余枚，引起熊熊大火，有个新娘的一条腿被炸断挂到树上，悬挂的断肢被烧焦后，发出阵阵臭

---

① 蒋超雄(1905—1991)，江苏武进人，黄埔军校1期毕业。毕业后历任国民革命军排、连、营长，参加第一、二次东征和北伐战争。抗日战争爆发后，任长江上游江防总司令部5纵队司令，水上游击挺进4支队司令，3战区预备10师师长，3战区暂编8军中将副军长。1949年初任浙江省军管区副司令兼浙东师管区司令，同年5月向人民解放军投诚。中华人民共和国成立后，定居常州市，曾任民革常州市主任委员，1991年在常州逝世。

味，惨不忍睹。在敌机频繁的狂轰滥炸中，金华市民每日被迫于拂晓前带足一天的干粮逃出城外，白天除守军外，金华几乎是个空城。

25日拂晓，日军70师团及22师团、河野旅团一部在20余架飞机掩护下，向我们79师外围阵地进攻，并以一部向竹马馆方向迂回，进攻79师右侧背。26日，数十架日机在阵地上空轮番轰炸，并在金华东关附近投掷喷嚏性毒气弹多枚，掩护其步兵冲击。到快天黑时，79师防守外围阵地的235团和挺进1纵队被迫向金华西北阵地转移。27日至28日，日机在城垣上空轮番轰炸，守军核心阵地工事全被摧毁。为扭转战局，79师曾从王牌、项牌右侧向日军实施反击，但没有效果。日军于28日晨突入城内，与守军展开巷战。

我当时是2排代排长，属于预备排，但也冲上去打了。我率领士兵守卫在一个山头，这个山头本来超过100米高，有一条沟，日本人就从这沟里攻上来。我们待敌人进入火力网后再开打，打后马上就撤，因为日本人的小钢炮马上就会密集地轰炸。后来整座山差不多都被炸平。这一战打得很凶，连里的3个机枪手都被日本人的小钢炮炸死，我们一个连最后只剩下19人。我们一直退到盘前村[①]，79师官兵与日军激战达4小时之久，终因阵地大部落入日军之手、伤亡过重，只得于黄昏向北山、大盘山突围，退时太阳快下山了，待退毕已是天黑。金华还是被日军攻占了。

浙江前线戴防毒面具的中国士兵

晚上7点左右，我率40余人到达目的地。经收容整顿，全营官兵尚存

---

① 浙江省金华市婺城区罗店镇盘前村位于金华北山之巅，历史悠久，南临市区，北连兰溪，东与金东区接壤，盘前村坐落在双龙风景区——大盘天景区，平均海拔高度在1000m之上，距中心景区双龙洞9km。

300来人。经重新部署，于午夜12时，乘敌立足未稳之际，夜袭金华城，展开激烈巷战直到第二天天亮，敌我双方都伤亡较大。79师在完成任务后，奉命撤出金华到丽水集结。由于浙赣线被切断，我们只能越过北山绕道到丽水。我记得撤退途中经过兰溪、浦江、诸暨，最后才到丽水。

也是在那段时间，我们曾经与日军在龙游叫“草鞋岭”的地方发生过肉搏战。当时金华百姓正在过端午，我们准备北上。夜间行军，为避免误会，我们营长王帮达特地用自己名字的谐音作口号，即“王八蛋”，说是好记。我们正走在田垦间狭窄的路上时，对面也传来脚步声。我们当即吆喝：口令！对方没有反应。我们知道遇到日本人了，是他们部队的一个前哨小队，这时已来不及开枪，只能短兵相接，双方开展了肉搏战。日军吃得好，营养好，力气大，但缺点是他们穿着牛皮鞋，鞋子笨重，下面有钉子，很容易陷进泥地，拔出来要费大力气。我们是穿草鞋的，在泥地里进退灵活。我在小时候学过武术，军校里又学过军拳，我把一个日本人使劲地压在下面，手卡住他的脖子，终于把他掐死。最后日本人没占到便宜，只能撤退。这一战，我们打死了五六个日本人，我们伤亡了一两个。

我们部队在丽水整编到32集团军，我在突击2队3营特务连当上尉参谋，突击队相当于一个师编制，有英国的代表团。突击队队长是少将魏人鉴，部队驻扎浙西临安的青云桥。有一次在富阳与桐庐一带的乍溪，日本人把我们包围了，营部决定突围。当时我是连长，营长站的位置就在我前面，我们在前方查看地形。这时日本人的一条橡皮船过来了，营长用望远镜看到了，对方也看到了营长望远镜镜片折射的反光，结果营长被日本的狙击手打死。我们营长才新婚不久。这次突围战，我们经过拼死作战，终于突出重围。在此战中，我左肩被日本人迫击炮炸伤。我的勤务兵沈国罩是东北人，他把我背下战场，我在野战医院住了几个月。我一辈子不会忘记那个救了我一命的勤务兵。

还有一次，我们与日本人隔江而守，他们经常出来扫荡。附近有个村庄，边上有条小溪。有一回，日本人一个小队出来了，大约10个人，一个班的样子。因为天气炎热，所以他们下溪洗澡，枪也都放下了。我们侦查到后，我带了四五个便衣，拿了把快慢枪，这枪一次能装20发子弹。我们速战速决，基本上把他们打死了，然后迅速撤退，并通知了村里的百姓撤离。果然，日本人很快出动了一个大队的兵力报复，因为老百姓和我们都跑了，所以日本人就放火把整个村庄的房子都烧毁了。后来感觉这件事对不起老百姓，让他们无家可归。

1945年，日本人宣布投降。在浙西天目山，我们部队去搜山，发现两个日本兵，我在军校时学过几句日语，他们也愿意投降，肯交出武器和手表，但就一个小包不肯交出来，我检查后发现小包里是他们老婆的头发，还有“武运长久”的白布条，我们把他们送到了师部。

（访谈者：朱　丹）

何聘儒："八一三"大场[①]回忆

何聘儒(1909—2002)，四川彭州人。成都师范大学文预科毕业，四川大学政治系肄业，黄埔军校10期毕业。历任国民党军队排、连、营、团长，代师长，军务处长等职。新中国成立后在香港工作5年。1957年12月任浙江省人民政府参事，1984年起任浙江省人民政府参事室副主任、四至七届浙江省政协委员、对台工作委员会副主任，中共党员，民革中央团结委员，民革浙江省委会常委、顾问、祖统联谊委员会主任，浙江省黄埔军校同学会顾问。本文内容主要根据何老生前刊登在《黄埔军校浙江校友通讯》(1995年9月，总第39期)上的《八一三大场回忆》整理。

1931年"九一八"事变，1932年上海"一·二八"抗战后，日本帝国主义侵华狼子野心昭然若揭。我当时在位于成都的四川大学政治系就读，深感国难日深，于1933年毅然出川，一腔热血来到南京，投考黄埔军校，成为10期工兵科学生，与名噪一时的将门子弟张学思[②](张学良之弟)、何异(何键[③]之

① 大场位于上海市区北郊、宝山西南部，地理坐标为东经121°35′，北纬31°18′。1932年的"一·二八"淞沪战争，19路军在这里浴血奋战，抗击日寇，伤亡惨重。战后当地居民集资建大场纪念坊。1937年的"八一三"淞沪抗战中，中国军队又在这里与日本侵略者展开了生死拼杀，阻击日寇达半个月之久，在此次战争中，日军曾出动150余架次飞机，密集投弹160多吨于镇区，整个大场成为焦土。

② 张学思(1916—1970)，张作霖之第四子，张学良之弟。中国人民解放军少将、原海军参谋长。

③ 何键(1887—1956)，湖南醴陵人。二级陆军上将，国民党中央委员会执行委员，湖南省政府主席。后去台湾。

子)、朱戎瀚(朱培德[①]之侄)、唐鹏(唐生智[②]之弟)等同队。1936 年毕业后派驻贵州,隶属郭汝栋[③]部 43 军 26 师。

1937 年 8 月 13 日淞沪抗日战争爆发后,日本帝国主义集中海陆空优势装备,妄图在很短时期内(扬言三个月)消灭中国。先占领了上海市区,继而不断增派部队扩大到外围的宝山、罗店、蕴藻浜、大场等地。每天派出数十架飞机,在我上空轮番轰炸。又利用海上和陆上的数百门大炮向我阵地猛轰,并对我阵地重要地段使用坦克进击,使我部队遭受很大损失。战事之激烈,空前未有。西南地区的贵州杨森部队奉军事委员会命令开赴上海增援。我当时在贵州都匀 43 军 26 师军士教导队工作。于是军士队解散,所有人员各回原部。28 岁的我分拨在师属 76 旅 152 团 2 营 5 连任中尉连附。参战前,我给老家父母写了"遗书",寄去"遗像",决心以死报国!

部队在军长郭汝栋、师长刘雨卿[④]率领下,于 8 月底开赴上海,归属 3 战区张治中[⑤]将军指挥。26 师奉命星驰前线。我部从贵州都匀出发,行军到湖南长沙,经武汉乘船至南京。为避免空袭,夜间乘火车至昆山。从贵州开赴上海作战的 43 军 26 师经过了 46 天的长途跋涉后于 10 月 16 日拂晓到达昆山。到昆山时,正是 10 月 16 日,天尚未亮,部队隐蔽在距车站五六百米的民房附近。一会儿,数架敌机飞到昆山上空,轮番轰炸。幸而损失不大。

因大场告急,我们当天晚上就乘汽车到达大场附近的绿杨桥待命,奉命

---

① 朱培德(1888—1937),云南盐兴人。国民革命军南京中央军校校务委员,国民政府军训总监部总监,陆军一级上将。朱培德在云南讲武堂时期就和朱德并称"模范二朱",历经护国战争,护法战争始终追随孙中山先生,后作为 3 军军长参加北伐战争、战功卓著,官至江西省主席,参谋总长,代理总司令、军委办公厅主任。

② 唐生智(1889—1970),湖南省永州市东安县人,陆军一级上将。保定陆军军官学校毕业。1937 年指挥南京保卫战,于 12 月 11 日三次接到蒋介石的撤退令后,仍坚守至 12 日下午 5 时因战局不利,才对下属发布撤退令,自己坐小船逃离南京,但终因其指挥不当,下属军队不恪守命令等原因而造成军队惨痛伤亡。在解放战争末参加湖南和平起义。

③ 郭汝栋(1889—1952),四川铜梁县永嘉乡(今属重庆铜梁永嘉镇)人。陆军上将。早年曾参加同盟会。辛亥革命时加入敢死队,参与重庆辛亥起义。1912 年入四川陆军军官学校工兵科学习。毕业后,于 1914 年在川军 2 师刘存厚部屡立战功。1926 年响应北伐,奉派为国民革命军 20 军 9 师师长。1931 年升任陆军 43 军军长,1936 年,驻防黔南,抗战爆发,由贵州都匀、独山一带赴上海参加抗战。1938 年后他因患病辞职,回四川休养。1949 年 12 月在成都迎接解放。

④ 刘雨卿(1892—1970),四川三台人。曾参加护国战争、护法战争。1936 年授少将军衔。淞沪抗战爆发后,率部参加作战,因所部属英勇抗敌受到嘉奖并授中将军衔。后去台湾。

⑤ 张治中(1890—1969),安徽省巢县人。二级陆军上将,著名爱国将领,黄埔系骨干将领。

为36师宋希濂[①]部的预备队。绿杨桥距大场前线较近，所有房屋悉被炸毁，已成一片火海，前线的枪炮声接连不断，火光耀天如同白昼。这里接防的、领弹药给养的、运送伤病员的，人涌如潮，你推我挤。村庄已被炸毁焚烧，门窗梁柱还有烟火缭绕。26师的官兵只好找竹林和棉花地露营。第二天，我们就开赴第一线接防，为36师的预备队。敌机狂轰滥炸，枪炮整日不停，还没有正面交锋，一天下来26师伤亡即达百余人。

因宋希濂部伤亡甚重，返回后方整补，我师接替税警总团防务。18日，我师在地形、敌情尚未摸清的情况下，即命152团、155团进入阵地，凭简单工事与敌作战。我连正面防地约100m，距敌约200m，敌人先用飞机轰炸，继而集中炮火向我阵地猛轰，炸弹密集如雨点，掀起的黄土如浓烟大雾。炮火稍停后，敌人步兵向我阵地冲锋。我军官兵意识到，对日寇作战是关系到国家民族存亡绝续的问题，是为百姓争生存自由的问题。26师装备可怜，一个连仅有士兵八九十人，只有3挺轻机枪和五六十支汉阳造步枪。有的枪使用过久，来复线都没有了，还有少数步枪机柄用麻绳系着以防失落。每人随身携带三四枚手榴弹。但我们的士气很旺，誓与阵地共存亡，抱着有敌无我的决心，奋勇作战，前仆后继，视死如归。

152团的阵地距离敌人只有200m。日军猖狂进攻，升起气球指挥，80多架次飞机猛炸，陆上、海上几百门大炮狂轰，坦克出动之后是步兵全面冲锋，打得太阳也为之变色。炮弹掀起的泥土像浓烟大雾，密集的炸弹轰塌了工事。我们连队的正面防地有100m宽，枪炮炸得抬不起头，阵地上到处是残臂断肢，战壕中满地堆积血水。敌人炮击后再次冲锋，幸存的战士宁死不退，等日军临近时，一跃而起冲出战壕，用刺刀和日军白刃格斗，厮打滚杀，刺刀刺弯了就改用拳头、枪托，甚至牙齿。我亲见一位下士满身绑了手榴弹，拉着引线，以血肉之躯冲向迎面开来的日军战车，一起爆炸。哪里战斗激烈，主动增援到哪里。连长牺牲了，另一人站起来指挥，第二个连长牺牲了，第三个人又站起来指挥，一天换几个连长，升几个排长。战士从战友的尸体下爬出来，

① 宋希濂（1907—1993），湖南省湘乡市人。黄埔军校1期步兵科、日本千叶陆军步兵学校中国将校班、陆军大学将官讲习班1期、陆军大学将官班甲级1期毕业。参加过北伐、抗战。1949年被人民解放军俘虏。1959年12月特赦。1980年宋赴美探亲，后定居美国。

继续战斗。竹林、树林、田边、湖畔，到处都是断肢残体，鲜血遍地。但我官兵毫无惧色，始终抱着与阵地共存亡的决心。当时情景可歌可泣，士气之旺令人感动。我被炸弹爆炸时掀起的土深深掩埋，慢慢地又从土堆下爬了出来，立即继续指挥战士多次打退敌人的冲锋。后来，我左臂负伤，手臂肿得像大腿，呈紫黑色，失去战斗力，才转送安徽贵地后方医院。

这次战役苦战七天七夜。第一天，我团团长解固基阵亡；第二天，1营营长何汉臣阵亡；第三天，我2营营长段品三、3营营长黄永兴负伤。连长、排长、班长、士兵的伤亡更大。人员越来越少，连后勤、文职人员也补充上去了。我们5连原有90人，打下来只剩4人。连长战死4个，排长战死9个，伙夫也上前线了。这仗打得非常惨烈，我军官兵高呼"为了国家，捍卫每一寸国土！"有些重伤员在临近停止呼吸时还不断地喊："为国牺牲，死也瞑目！"浩然正气令人难忘。我26师坚守阵地7个昼夜，这7天7夜，打退了敌人无数次的进攻，炸毁敌人坦克2辆……

我们师离防后进行了战役统计，全师4位团长阵亡2人，14位营长阵亡13人，连、排长伤亡250余人。每连幸存的士兵，多的也就四五人。全师由原来的5000人锐减到500人。我们黄埔10期分到26师的13个同学都上了前线，在指挥作战时，勇猛沉着，7个负伤，我是其中一个。

在后来的抗战中，我转战浙赣战场，参加过反攻南昌（1938、1939年，此役陈安宝①军长牺牲）、上高会战（1941年，南昌外围）、奇袭绍兴（1941年）、浙赣会战（1942年）等战役。负伤3次，创疤犹在。

（改写者：朱　丹）

① 陈安宝（1891—1939），浙江黄岩县人。保定陆军军官学校3期毕业，陆军中将。参加了北伐的大小40余战皆捷。1937年抗战爆发后，率部参加淞沪会战，痛击松井石根指挥的日本华中方面军，立有战功，1938年夏晋升为29军军长兼79师师长，移驻江西永修，12月专任29军军长。1939年5月6日，在南昌会战中激战日军，中弹牺牲，终年49岁。

吴佑江：我曾打下一架日本飞机

吴佑江，1924年出生，浙江海宁人。西南游干班毕业。2015年3月31日下午，笔者访问了吴佑江老人。老人现居湖州市吴兴区环渚乡瑶台村。该村与湖州市区较近，是个较大的村落。老先生50多岁方结婚，夫人比他小20余岁，因此他的两个孩子才三十几岁。幸有较他年轻得多的老伴照料，老人得以安度晚年。老人一生经历颇富传奇。在我临告别前，为了显示自己"硬朗"的身子骨，老人特地将手撑在门前的水泥护栏上做了几个不那么标准的俯卧撑。以下内容根据老人口述整理，部分内容参考了老人自撰的个人经历回顾手稿。

我出生于1924年12月25日，老家在海宁庆云乡永安村。父亲叫吴云寿，是乡间的伤科郎中，家境小康，生活安定。6岁开始，我在海宁张店镇小学接受启蒙教育。10岁那年，即1937年，日本鬼子侵入杭嘉湖地区，家乡沦陷，百姓遭殃。

我的父亲是个有骨气的人，毅然参加了抗日游击队。一天，父亲将我和我15岁的大哥吴佐江叫到他房间，严肃地说："今晚国军62师的陈士伯[①]营长要率领他的部队穿过沪杭铁路到桐庐一带去打游击，到时你们带路，走我们家后门的小路比较安全。"日军在铁路两边修有碉堡，所以必须避开他们的火力点。半夜，部队抵达我们村，我与哥哥便领命带路。我很机智，过铁路时先趴在铁轨上，听听有没有火车过来，没有才让部队快速穿过去。部队安全

---

① 陈士伯(1906—1938)，土家族，湖南桑植县人。1926年，考入国民革命军总指挥部军官教导队，后分配到62师368团2营当列兵。不几年升为排长、连长，1937年为营长。1938年初，陈士伯奉调浙江抗日，组成浙江游击纵队，陈士伯为2营营长，驻防海宁硖石地区马桥等乡，8月21日于马桥激战中陈士伯身先士卒，以身殉国。

地过了铁路，陈营长将我背在身上跑，部队行军至重里村才休息，陈营长让我们回家，就此作别。等我们走近铁路时，天已亮。日本人已将我们村包围，还有一股敌人在烧我家的房子。我们已不可能回家，只能隐藏在村旁边的油菜地里，饿了就吃菜花充饥。等到深夜，我们家的娘舅张云庆用小船将我们接出，并将我们送到海盐马桥镇的大姐家里暂住。

我父亲得知是西村的伪保长、汉奸陆庆元出卖了我们，日本人还要追杀我们全家。不得已，全家被迫疏散。我母亲到上海做保姆，我大哥也参加了游击队。我年龄小，父亲让我到后方去求生。我与同村的朱昌庭、朱郎生一起逃难，渡过钱塘江，到达绍兴东湖。经原绍兴国民政府工作人员顾伯伯的帮助，我进入位于丽水碧湖的浙江省儿童保育院①。在保育院，我得以继续念书。一天，余志华老师拿了一份《东南日报》过来，上面登载了我父亲在嘉兴南湖一带与日军交锋时英勇作战，不幸牺牲的消息。我悲痛万分，保育院李院长也发动全院师生哀悼我父亲。从此，我决心参军报国，杀敌为父报仇。

在保育院学习一段时间后，我又到丽水碧湖的省立联合中学上学。本来我有机会上大学，此时32集团军总司令李默庵办的西南游干班②也正在招生，我就前去投考。因为我是烈士子女，所以也没有考试就被录取了。我在

① 1937年卢沟桥事变以后，仅仅半年时间，中国的11个省市沦陷于铁蹄之下，造成了成千上万的难童，他们失去亲人，流离失所，挣扎在死亡线上。1938年3月10日，战时儿童保育会在武汉成立。李德全担任大会主席。大会之后，举行首次理事会，推选宋美龄为理事长，李德全为副理事长，邓颖超为常务理事。聘请了军政要人、各界名流共286位为名誉理事。会议布置了各地建立战时儿童保育院等工作。1938年夏，浙江省第一儿童保育院在碧湖镇创建，全称“战时儿童保育会浙江分会第一儿童保育院”。战时儿童保育总会会长是宋美龄，浙江分会会长是当时的浙江省政府主席黄绍竑的夫人，第一儿童保育院院长是当时省府秘书长李立民的长女李家应。参见《抗战时期的碧湖保育院 》，http://xt.inlishui.com/html/2012/sj_0913/695.html。

② 西南游干班是抗日战争时期国共第二次合作的产物。开始设在南岳，叫南岳游击干部训练班，由蒋介石兼主任，陈诚、白崇禧为副主任，汤恩伯为教育长，李默庵、叶剑英为副教育长，陈天庆为总队长。到1939年8月，游干班只办了两期，因敌机不断轰炸，游干班由南岳迁至零陵城郊“六八”医院。又因连遭敌机轰炸，再迁祁阳山川塘（今祁阳下马渡镇樟树村），继续开办3期学生队和4期学员队，并更名为西南游击干部训练班，李默庵任教育长。这两期人数多，来源有从3，4，9战区所属军、师选送来的现役军官，有从湘、粤、桂、赣、浙、闽、黔、滇8省党部与省府保送的党政官员，有从衡阳、曲江、桂林、吉安等地招来的高中毕业学生。部队和党政机关调来的编为学员队，学习3个月；招收的高中毕业生编为学生队，学习6个月。1940年初夏，游干班3期学生队和4期学员队在祁阳毕业。因李默庵调兼湘鄂赣边区挺进军总指挥，为便于领导，将游干班迁至江西修水漫江镇，继续开办5期。1941年，6期又迁回祁阳。1942年，游干班迁至浙江丽水县碧湖镇，办了7期，游干班宣告结束。

游干班学习非常努力，成绩优秀。并经谢正佩、陈永顺两位老师介绍，加入了国民党。有一次，李默庵来学校看看，正好看到我们在训练，他一下就看中我，连说这个小鬼很机灵。游干班结业后，我被选拔到32集团军总部特务营机枪连任少尉排长。此时我才16岁，我故意将自己的年龄加了两岁，说成18岁，怕太小了，镇不住别人。结果他们还是不服气我，我就拿出本领给他们看，我能盲眼拆卸马克沁重机枪并快速装回去一丝不差，射击也很厉害，这下他们没话说了。

日本的飞机经常来丽水骚扰轰炸。我率领一个排，带了6挺重机枪在碧湖南山修筑阵地进行防空。南山属于括苍山山脉，我布置好火力，准备迎敌。等到第二天，来了3架日本飞机。等敌机进入我们的火力区后，我们果断瞄准开枪，火力齐射，并将一架敌机打伤。这架敌机在江西上饶上空掉了下来，飞行员被我们俘虏，日本佬自己说是在浙江括苍山被打伤的。为此，32集团军总部嘉奖了我，将少尉提升为中尉，我们排原来3个班扩编成5个班，并配以英式装备。后来，英国军事代表团来考察，我排又奉命跟随代表团赴福建浦城①担任安保工作。我与英国军事顾问哈普斯相处非常愉快。

1945年8月，日本投降。我排回32集团军总部编为特务排，并随总部接收投降的日军，一路从温州、宁波、杭州、上海，直至南京下关。侵略者一改不可一世的样子，终于向胜利的我们低下了头。

（访谈者：朱　丹）

① 闽北重镇浦城，位于福建省最北端，踞八闽上游，界闽浙赣三省。抗日战争期间，成为东南军政之重心，32集团军总部及西南突击总队司令部、西南军事政治干部训练班、英国军事代表团均在浦城驻扎。

吴尚志：红军游击队员出身的黄埔军人

吴尚志，1916 年出生。浙江平阳人。黄埔军校 3 分校 16 期毕业。早年曾参加红军浙南游击队。在抗日战争中，他率领敢死队重伤了一个日军少将指挥官。本文由平阳县政协文史资料委员会委员张奋根据其口述整理，笔者根据相关资料又新增了部分内容。

1916 年 11 月，我出生在平阳县芦浦村（今属苍南县），父亲经营着一个小豆腐作坊。小时候家境尚可，6 岁时就开始读书。校长见我聪慧好学，特地与我家定了娃娃亲。我的中学是在温州联立中学念的，初中毕业后，高中仅读了一年，家里再无力供我上学，只能辍学在家。我当时经常回到祖籍缪家桥玩，大概是 1932 年前后我认识了平阳练川的叶廷鹏[①]，后来又通过叶廷鹏认识了曾任平阳县农民协会会长的张培农[②]。张培农和叶廷鹏很喜欢我，经常对我讲革命道理，并拿宣传马列主义的进步书刊给我看。叶廷鹏还对我讲述了原中共平阳县委书记吴信直被捕后牺牲的故事，我听后非常难过，发誓等我长大后报仇。在他们的教育影响下，1933 年 2 月，我参加了浙南红军游击队，任联络员，由叶廷鹏领导，进行地下活动。游击队有 100 多人，大多

---

① 叶廷鹏（1889—1941），浙江省平阳县人，革命烈士，是中国共产党浙南委员会创始人，浙南农民运动领袖，浙南地区早期革命领导人。曾担任中国共产党浙南委员会书记、浙南革命临时委员会书记、浙南红军游击队队长等职。

② 张培农（1902—1939），浙江省平阳县马站（今属苍南县）人。浙江省立第十师范学校肄业，1925 年 6 月加入中国共产党。1926 年春赴广州，参加毛泽东主持的农民运动讲习所 6 期学习。10 月，以国民党中央农运特派员身份回乡领导农民运动，积极组织农民协会。1927 年 1 月，平阳县农民协会成立，被选为会长。土地革命战争时期，继续开展革命，曾被捕入狱，后被释放。抗日战争时期，到山西太原及晋东南一带组织抗日武装。因抗日民军缺乏骨干，于 1938 年 7 月去西安，与国民革命军 18 集团军（八路军）驻西安办事处联系；后又千里跋涉回到平阳，组织一批青年奔赴抗日前线。当时在民军中的公开身份是抗日民军晋冀豫边区办事处军需主任，主要负责对外联络工作。由于长期戎马生涯，积劳成疾，张培农于 1939 年 1 月 11 日病故于山西省陵川县平城镇，时年 37 岁。

数队员住在自己家里，平日里晒盐、务农，只有少部分人住在山上，我跟着游击队领导叶廷鹏住在山上。1935 年春，为了给党的武装培养军事人才，叶廷鹏和平阳地下党组织决定派我去南京报考中央军校军训班，学制一年。军校武术教官郑曼青[①]了解到我从小学南拳，有次周末特地叫我到他家坐坐。他是浙江永嘉人。在他家，我巧遇了陈立夫、陈果夫两兄弟[②]。他们是来向郑曼青讨教健身问题的。

从军校毕业后，我听从叶廷鹏的安排，到津浦铁路[③]护路队谋差，意图配合地下党搞些枪支弹药，后来负责人调走，我就辗转在杭州、上海等地谋生。1938 年，听闻国民政府战时工作委员会在温州招生，我便前去报考。面试地点在温州的护国寺，顺利通过考试后，我成为战干 3 团 2 期学生。后来战干 3 团并入黄埔军校 3 分校，我被编入 16 期 6 总队 2 大队 18 中队步科。3 分校办在江西雩都，条件很艰苦。上大课都是在露天的，搬个小板凳，带个小黑板做记录。穿的是草鞋，连布鞋都没有。但军事训练严格，除了每天早上二三十里的晨跑，还有各种训练。我的南拳基础使得短枪训练成绩突出，因为握拳有力，手臂也不会抖，"咔"一枪过去正正地打在中央。

因为前线很需要军官，所以我们在 1939 年提前毕业。教育长唐冠英[④]在毕业典礼上足足讲了两个小时，讲怎么做人做事，像父母吩咐远行孩子一样仔细。因为我的成绩突出，为人稳重老练，我被推举为赴 3 战区报到的毕业生代表。从雩都步行 7 天后，我们抵达了位于上饶的 3 战区长官司令部。我被分配到 3 战区司令部军训团，驻地在上饶的清水桥，任务是教授学员步兵操

---

① 郑曼青(1902—1975)，浙江永嘉人，精于太极拳，为郑氏太极拳的创始人。早岁以身体虚弱从名师学太极拳。曾任黄埔军校教官。

② 陈立夫(1900—2001)，浙江省吴兴人。兄果夫。陈立夫是 20 世纪初中国的重要人物之一，中国国民党政治家，大半生纵横政海，曾历任蒋介石机要秘书、国民党秘书长、教育部长等各项要职。陈立夫成立了中统，曾与兄弟陈果夫一同主理国民党的特务机构，人称"CC 系"(取两兄弟英文姓名头一个字母的缩写)。1949 年去台湾。

③ 津浦铁路始建于 1908 年，1912 年全线通车。北起天津总站(今天津北站)，南至南京浦口的浦口火车站，全长 1009.480 公里，后因故延至天津东站，正线全长为 1013.830 公里。

④ 唐冠英(1894—1970)，江苏阜宁人，保定陆军军官学校 9 期步兵科毕业。1938 年 9 月调任 3 战区战干 3 团教育长。1939 年 7 月调升中央军校 3 分校中将副主任兼教育长。1942 年 3 月 26 日调任 25 军中将副军长。1943 年 4 月 25 日代理 100 军副军长。1945 年 1 月调任 73 军中将副军长兼驻渝各军联络训练班主任。1970 年 7 月病逝台湾。

典、射击教范、阵中要务令。军训团学员都是各部队的班长，以及非军校毕业的行伍出身的排长。我在3个月的见习期满后，先后任少尉区队长(同排长)、中尉区队长，又破格任上尉督练员。从少尉、中尉到上尉，只用了1年多的时间。

1940年，驻扎在浙江金华的3战区直属陆军91军教导团上校团长唐渊来上饶观摩军训团教学。唐渊是湖南醴陵人，足智多谋，勇敢善战，曾参加过台儿庄、徐州会战等对日战役，作战经验十分丰富。不久，我被唐渊调去91军教导团任独立教导营少校营长。独立教导营的士兵都是从各部队抽调来的，大部分都是班长、副班长，素质远比一般士兵要高，这些士兵在教导营集训过一段时间后再分配到各部队

1941年初，我请假探亲回到家乡，目的有两个，一是与从小就订婚的未婚妻结婚，二是看望叶廷鹏。我在平阳县龙江乡新美洲村(今属苍南县)傅承针家见到了叶廷鹏，他们正在开农运工作会议。了解到农运工作迫切需要一艘交通船，我马上表示愿意把自己在部队积攒下来的200多元钱拿出来购买船只。叶廷鹏认为我思想进步，经他和林岩钏二人介绍，我正式加入中国共产党，成为中共缪家桥中心支部地下党员。

1941年3月，华中日军为了确保其南昌占领区的安全，打击中国9战区防守赣北的19集团军，集中6万余人，发动了“鄱阳扫荡战”计划，由南昌、安义等地兵分三路合击江西上高。中国军队以19集团军为主力，与日军在上高，包括奉新、高安、丰城、清江、新建、南昌、新余等10多个县，进行了一次大规模的会战，史称“上高会战”。上高位于江西锦江上游，俯瞰赣东平原。日军占领上高，既可相机拊长沙之背，又可得到进攻赣南的基地。日军采取分进合击战术，兵分三路，企图合围国军主力于高安、上高地区。

3月15日，日军33师团为北路兵团，在飞机和重炮的配合下，于15日攻陷奉新，17日推进到高安，但在中国72军的逐次抵抗下，伤亡惨重，不得不放弃合击上高的计划，于19日向安义北撤。日军独立混成20旅为南路兵团，在16日强渡锦河后，遭到中国49军的痛击，被迫向曲江方向退却。日军南北两路进攻均被击退，而作为中路孤军深入的日军34师团，是日军进攻上高的主力。18日，日军攻陷高安，但在上高一线却遭到中国74军的顽强阻击。3月22日，日军集中万余兵力在百余架飞机掩护下猛攻上云头山、白茅山阵地，74军奋勇抗击，与日军反复拼杀，一日间敌我伤亡在4000人以上。

至24日,74军先后7次与日军白刃肉搏,守军主阵地失而复得3次,为友军赢得了集结的宝贵时间。

74军是王耀武的部队,在激战方酣的时候,军长王耀武向3战区司令部告急求援,要求派出一支作战能力强的队伍协同作战。3战区司令长官顾祝同亲自下令,抽调91军教导团独立教导营这支军事素质高的部队集中上饶,增加了人员,加强了精锐武器装备,建立了人数达800人的3战区司令部直属独立教导加强营,原教导团上校团长唐渊改任独立营上校营长,我由原独立教导营少校营长改任独立营少校指导员。顾祝同亲自下令,要独立营火速赶往上高增援。接到命令后,独立营当晚就从江西上饶徒步出发,日夜兼程,驰援前线。当时沿途日本飞机轰炸得非常厉害,有时被迫要白天隐蔽,连夜行军。独立营的战士每人配备的是自动步枪,同时部队还配备有轻机关枪、重机关枪等。步枪、子弹、手榴弹等武器装备加上被褥,每名战士负重都在30斤以上,但战士们个个精神饱满,斗志昂扬。为了不延误战机,沿途也都没休息,只用了7天左右的急行军就赶到了高安县,并奉命在高安上塘一带布防阻击来犯之敌。当时独立营阵地左侧有74军一个营驻守,右侧也有友军的部队驻守。

进入阵地后,战士们不顾疲劳,立即连夜构筑战壕掩体等工事,并砍来绿色的树枝盖住战壕。天亮后不久,7点左右,日军就攻上来了。这一天,日军在飞机、重炮的狂轰滥炸下先后向独立营的阵地发动了多达7次的进攻,都被战士们击退。在反复拉锯式战斗最激烈的时候,独立营的官兵们和日本鬼子展开了肉搏战。我在黄埔军校受过严格的训练,双手都能使驳壳枪,且枪法很准,当日军鬼子逼近阵地时,战士们和鬼子拼上了刺刀,我双手左右开火,先后打死了端着步枪气势汹汹逼上来的多名鬼子,其中距离我最近的还不到2m远。独立营死守在阵地上,连续六七天时间打退日军的疯狂进攻,阵地在日军的猛烈的炮火下岿然不动。但独立营伤亡也很大,其中离我不远处的一位姓吴的安徽籍连长和他的文书在战斗中被炮火击中,当场壮烈牺牲。为了给侵略者以沉重打击,独立营决定组织敢死队乘着夜幕掩护偷袭日军指挥部。敢死队由大家自愿参加,由我自己带队,担任队长。在誓师动员会上,我当场割破中指,在纸上写下了“誓死保卫神圣领土”的血书。我对战士们说:“弟兄们!效忠祖国,保卫国土,这是爱国军人的天职和神圣的使命。人生自古谁无死,留取丹心照汗青。人都会死的,为了国家而死,值得!”并作诗一首："立下军令状，割指字血书。敢死赴前线，保卫神圣土。"在场的战士们纷纷踊跃报名，组织了一支有40多人的敢死队，每个人配备了两支驳壳枪，腰上别着两颗手榴弹，大家下定决心，拼死效忠祖国，保卫领土。

到了深夜，我带着敢死队悄悄地靠近了敌人的营地，先头的敢死队员用刀干掉了敌人的两名哨兵。独立教导营里面人才济济，随行的两名工兵出身的敢死队员干净利落地剪掉了带电的铁丝网后，大家迅速钻进去，在夜色的掩护下，摸到了日军的指挥部。因为日军指挥部外围有两个中队（相当于连）的部队担任警卫，所以指挥部里的人员觉得高枕无忧，鼾声四起的日本鬼子根本想不到中国军人竟然会来偷袭。敢死队队员杀掉了日军的两名哨兵后，一脚踹开了日军指挥部的大门，用手里的驳壳枪猛烈开火，敌人在睡梦中惊醒，除了有个别人还能拿出武器做短暂的胡乱反击外，绝大部分都是还没弄清楚是怎么回事就糊里糊涂上了西天。由于出其不意，此次偷袭取得了辉煌的战绩，日军指挥部里50人全部都被敢死队干掉，敢死队队员中只有一人牺牲，两人受了轻伤。偷袭成功后，我们立即撤出了战斗。日军34师团的少将指挥官岩永在这次偷袭中受重伤。

日军的指挥所被中国军队偷袭，这对日军来说真是当头一棒。第二天刚刚拂晓，日军马上采取了疯狂的报复。日军先后调集了大量的部队向独立营阵地大肆进攻，日本的炮弹像雨点一样向独立营的阵地倾斜下来。在日军猛烈的炮击中，我被日军榴弹炮的开花炮弹弹片击中了左小腿。当时战事正紧，轻伤不下火线，我只做了简单包扎，仍然坚守在阵地上。日军的弹片是有毒的，不久伤口就发炎肿了起来，并一直肿到大腿根部。

由于敌众我寡，在此情况下，又做几天顽强抵抗后，独立营被迫撤退。在坚守阵地的前后十来天战斗中，原先有800人的独立教导营只剩下100余人，伤亡十分惨重。

在此次上高会战中，由于74军等部队的顽强阻击，为实施两翼对日军包围争取了时间。3月24日，中国军队70军、72军和49军适时赶到主战场，由南北两面包围日军，形成了南北5km、东西15km的包围圈。日军34师团长大贺茂中将见势不妙，一面向汉口日军11军司令部急电求援，一面命令所部突围撤退。11军司令部急令33师团驰援解围，并同20混成旅团掩护34师团撤退。25日，退至奉新之北路日军33师团1部向官桥街、棠浦急进，被围34师团亦向东突围，两路日军得以会合。26日夜，74军攻克泗溪，并协同72军等部将日军压迫于官桥街、南茶罗一带。27日，日军向奉新、南昌方面突围、狼狈溃逃。中国军队49军、70军分两路对日军实施侧后追击，予以重创。28日，中国军队主力进攻官桥街，与日军激战至下午，将日守军600余人全部歼灭，收复官桥街。31日克复高安，截断了日军东逃归路。4月1日，日军以15架飞机掩护突围，向斜桥方面逃窜。中国军队乘胜追击，收复了沿途城镇。2日，中国军队克复子西山、万寿宫、奉新等地，8日和9日又克安义外围的长埠、宋埠、平洲、弓尖各要点。日军受到重大伤亡后撤回原驻地。双方恢复战前态势，会战结束。

上高会战，中国10万将士浴血奋战20多天，击溃日军2个装备精良的师团、1个混成旅团，日军34师团及独立20混成旅团伤亡更是高达70%以上，共毙伤日军1.5万余人，缴获大批军用品，彻底挫败了日本侵略者的“鄱阳扫荡战”计划，被何应钦誉为“开战以来最精彩之作战”。

我从阵地上撤退后，腿上伤势严重，就到了后方医院医治，当时整个大腿已经肿大得非常可怕，身体也发起了高烧。医生检查了我的伤处后，摇摇头说：“日本鬼子的弹片里有毒，如果不马上采取措施，毒气攻心将无药可医。”医生对我说，要保住性命，就得马上截肢，并拿着手术单要我签字。我断然拒绝了医生的建议：“作为一名时刻准备拼杀疆场的军人，如果要截去一腿，我还不如去死。”医生说不过我，将我转送到同盟军医院抢救治疗，注射新发明的抗生素药品盘尼西林。医生在做了手术取出弹片后，就给我不断地注射盘尼西林，终于控制住了炎症，退了烧。但可能是伤口中还有非常微小的弹片没能取出的原因，这只伤腿从此困扰了我60多年，至今，每逢变天，伤口就隐隐作痛，而且时不时还会发生溃烂，成为我当年痛击日本鬼子的一个特殊的战斗“纪念”。

我在医院里一直待了3个月后才康复，出院后仍回原部队，在直属陆军91军任中校参谋，1943年初至1944年12月，改任军政部军官队17队上校队长。1945年1月，我调到江苏无锡任京沪杭卫戍总司令部上校参谋主任。

1945年8月15日，日本宣布无条件投降。消息传来，举国上下欣喜若狂。经过了8年抗战的我感慨万千，心中无限喜悦。

（访谈者：张　奋，改写者：朱　丹）

吴岩芳：首战金华

吴岩芳(1917—1997)，浙江永康人。黄埔军校17期毕业。浙赣战役时担任79师236团2营4连2排排长。本文为吴岩芳对其亲历战役的回忆，原刊登于《黄埔军校浙江校友通讯·纪念中国人民抗日战争胜利五十周年(专辑)》(1995年9月，总第39期)。

1942年初，我从黄埔军校17期毕业后分发至陆军79师，千里迢迢从四川铜梁赶到浙江金华报到，先在师参谋处工作。5月8日傍晚，又分配我到236团2营4连。当时4连已进入阵地，命我为2排排长，配属重机枪一挺，担负主阵地实心堡的固守任务。

当时日军以13军团为主力，并从11军团及华北方面军抽调部分兵力，作战部队共约14万人，由敌司令官泽田茂①中将指挥下，即将发动大规模的浙赣会战。金华是浙赣线上浙中战略重镇，敌我双方势在必争，我军迅速完成作战部署。师长段霖茂要求“保卫国土，誓与金华共存亡!”在民族大义感召下，全师官兵，同仇敌忾，士气高昂，日夜构筑，加固工事，严阵以待。

5月21日，日寇以其飞机大炮的武器优势开始向我军阵地狂轰滥炸，掩护敌步兵进攻。我初次和日军作战，眼看日寇的班排进攻，竟和我在军校的野外演习基本相似。我满怀信心，扬长避短，沉着应战，当敌机火炮向我阵地轰炸时，除留少数警戒外，全部官兵撤入掩蔽部。我一面了解熟悉士兵，交融感情，一面交流如何打法，一旦发现敌军进攻，立刻进入阵地，各就各位，不到最有效射程，不准擅自开枪。每逢敌军攻击顿挫，不失时机组织反攻。同时通知左翼阵地3排长马文学，及时配合侧击。如此血战6昼夜，打退敌军10

① 泽田茂(1887—1980)，日本陆军中将，德意日签订三国同盟时任参谋次长，浙赣会战时是日军13军司令。

多次的疯狂进攻，敌我各有伤亡。

5月27日，日寇恼羞成怒，发起总攻，以飞机30余架，重炮数十门，轮番轰炸，我军阵地几被全毁，硝烟弥漫，血肉横飞，死伤枕藉。我排伤亡过半，目睹朝夕相处、生龙活虎般的弟兄们壮烈为国捐躯，死状凄惨，我愤而大呼："弟兄们！占领弹坑！继续战斗！为死难的弟兄们报仇！"我抓起一挺轻机枪率先跃入被敌机重磅炸弹炸开的弹坑中，向进攻之敌猛烈扫射。忽听得："排长！看我的！"只见右侧弹坑内，神枪手、4班长手握机枪，嗒嗒！一个点射，撂倒了一个鬼子兵，我不禁欢呼："瞄准打！一枪打一个！"随着"嗒嗒嗒"的步、机枪射击声，"轰轰"的手榴弹爆炸声，打退一批又一批的敌人轮番进攻，激战到午后，阵地仍在我军固守中。

下午2时左右，敌机2架飞临阵地上空盘旋后，竟丧心病狂地投下了毒气弹；我军部分官兵受毒气窒息而丧失战斗力，其余官兵则纷纷以血水浸湿或以小便尿湿毛巾衣物，捂实口鼻，继续奋战。至晚，敌终未得逞。是夜，我排奉命换防，撤入城内休整。

日军在沿浙赣铁路向金华进攻的同时，浙西北之敌已攻占金华以西的桐庐、兰溪进袭杭州，从浙东南沿海抽调之敌，也已侵占金华以东的永康、武义进袭龙游；金华早已陷入日军的重围之中，故敌机投毒后即退处外线，围而不攻，以图困死我金华守军。

5月28日，我师奉命突围。当日，我师在各阵地要点，入城要道，以及部分住宅内做好埋设地雷等弃城后的杀敌措施（日军15师团长酒井直次郎中将，进城后触雷炸伤，不久毙命）。利用夜幕掩护，向敌后金华北山方向突围。按照突围序列，我连为留置部队。我排奉命环守金华城东、南方向，不时以步、机枪向城外射击，以间续的稀疏枪声，迷惑敌人，掩护主力部队顺利突围。

是夜，天公作美，阴雨连绵，天色漆黑。子夜1时左右，北山上空升起三红三绿的信号弹，这是师司令部指示我留置部队已完成掩护任务迅速突围的预定讯号，我率排向城外鸣放最后几声告别枪后，立即快步奔赴我连预定的集合地点金华北门。发现地上有一些被遗弃的弹药箱，里面全是子弹，我命令全排战士填满子弹带及军装口袋，但仍未装完，当时我觉得子弹比粮食更为重要，命令士兵把米袋的大米倒掉，用以装盛子弹，直把被发现的子弹全部带出。仅此几分钟之差，却与连部失去联络。正犹豫间，北山上空又升起三红三绿的信号弹，我立即率排向该方向快速突进，行不多远，忽然发现东方、东北方、东南方、四面八方都先后升起了三红三绿的信号弹，漆黑的夜空，一瞬间繁星闪闪。狡敌的故意干扰，顿使我排迷失了正确的突围方向！当时，我排没有向导，全连仅有一位向导已跟连部突围而去。（事后，得知连长曾多次派人找我，终未得联络）我情急生智，利用夜间方位识别法定方向后，迅速向北突进。行约数里，正前方约百米外，突然闪射出二长一短的红色电光，我当即判断这是敌哨兵用红布包裹手电筒口闪射出来的像口令的信号，我排遭遇敌军了。但我排既无手电，也不知如何对答。我立即命令就地卧倒，准备战斗，命5班副班长率步兵组迅速绕向敌哨两侧，出其不意，勇猛冲杀，敌哨竟吓得拔腿就跑。我率排继续突进。来到一座树木较茂盛的小土岗前，见四周阴森森的，我命令队伍停止前进，正在侦察，右前方树丛中又突然闪射出二长一短的红色电光。一短刚过，嘎嘎——嘭嘭！敌机枪立即向我盲目射击，我迅速做好战斗部署：4班、5班机枪组对准敌机枪射击点，步兵组分别绕向敌哨两侧，一阵手榴弹，打得敌寇立即撤逃。我当时判断：首先，这是敌人的军士哨，附近村庄可能驻有强敌但尚未觉察我军意图；其次，我排突围路线，不是师主力突围路线，北山似乎应在偏西方面，于是，立即放弃现行路行，甩开敌军。选择有利地形，逢山过山，逢水过水，摸爬滚跌，继续向偏西方向突进。也不知究竟突进了多少路程。正沿着一条小水沟右边沿摸索前进，突然正前方、右侧方又先后闪射出红色电光，随即各以步机枪盲目射击。接着，右后方的敌机枪也吐出了火舌，曳光弹的流光，依稀可以照见人影。在此同时，左后方的机枪声也大震。呀！我排已误入敌军纵深腹地，陷入重围之中！在此处境危急、生死存亡的关键时刻，全排官兵临危不惧，抱定有我无敌的决心，坚持宁死不生的信念，表示杀一个够本，杀两个赚一个，利用有利地形，甩掉敌人，继续向西（左）快步突进，能够在天亮前突出重围就是胜利！

猛然间，心血来潮：左后方的枪声莫非是我军所发？莫非我排已突过了头？经细辨枪声我立即肯定。因为日军的三八式枪声是"嘎——嘭！嘎嘎嘎——嘭嘭嘭！"而我军的枪声是"嗒！嗒嗒嗒！"十分清晰易辨。我率领全排掉头向我军方向快速前进。走不多远，前面是一片水田开阔地带，而此时，驻敌已闻声而出，步机枪、枪榴弹火力极猛，虽有我军的强火力掩护，要通过确属十分困难。我排以一部卧伏水田以田岸作依托射击敌人，掩护另一部各个跃进占领新据点后，交替前进。战斗半个多小时，终于拂晓前到达北山。只见我军先头突围的部队，有的还在对敌射击，有的在加固工事，可谓壁垒森严，步步设防。见我排到来，纷纷热情地指点去我团的方位，催促快走。复深入，曙光初露，战友们先后前来慰问："听说你没有出来，真急死我了，怎么样？""乖乖！你是怎么搞的，害得老子一夜干着急……""嗬！单排闯敌营！好样的……"弟兄们见此，禁不住彻夜战斗的疲劳和滴水未沾的饥渴，在就地稍憩时，竟全都卧地睡着了。

回归建制后，团长李乃赓命我立刻到团部。我报告了米袋装弹，延误时机的突围经过，全排仅轻伤 2 人。团长点头赞许。脱下军装，命我换下透湿的棉衣，留我早饭。就餐中，见我狼吞虎咽般没几口就扒完一大碗糙米饭时，团长停住了吃，一看饭桶已空，忙把吃剩的半碗饭往我碗里倒，又把桌上的残肴剩汤全倒给我，语重深情地说："吃吧！不脏的……"团长解衣推食，胜如兄长，使我终生不忘。

是夜，阴雨连绵，我营奉命为前卫，我排为尖兵，离开北山，向敌占后方浦江、诸暨方向挺进，继续参加新的抗日战斗。

（作者：吴岩芳）

吴相鸿：我的长沙保卫战

吴相鸿，1918年出生，浙江仙居人。黄埔军校2分校16期步兵科毕业。2014年1月19日，笔者冒着严寒访问了现居浙江仙居白塔镇厚仁村某工厂的吴相鸿老人。老人身形高大，大约有1.78m的个子，眼不花，耳不聋，思路清晰，与笔者交流时毫无障碍。临别之际，老人特地赠送了笔者一本他本人撰写的自传《银丝飘飘话沧桑》（非正式出版物）。以下内容根据老人口述整理，部分内容参考了老人的自传。

我是1918年阳历9月19日出生的，仙居县厚仁村人。父母亲是种田的，略有土地山林，但家境不富裕。小学阶段教育主要在私塾完成，后在新式学堂插班到五年级完成小学阶段教育，14岁才知道算术、常识等课程。1934年，17岁时考到位于金华的浙江省立实验农业学校学习，3年后毕业，相当于初中毕业。1937年，考入位于杭州留下荆山省立民众教育实验学校（相当于高中），这个学校师资力量很强，不少老师原来是北方大中专院校的老师，因日寇入侵而南下。淞沪战事期间，日机时不时来骚扰轰炸，我们无法安心学习。当年11月，日军进犯杭州。为了安全起见，11月底，学校搬迁至兰溪女埠镇。不久，学校放寒假，我回到了家乡。其后，民众教育实验学校被并至位于丽水的浙江战时联合师范。我本来可以到联合师范继续学业，但父亲要求我参加仙居县"抗日总动员青年教导团"，认为在家乡一样可以干事业。

"抗青团"由县长刘风任团长，有团员180余人。我们脚穿草鞋，身穿军装，腰间扎皮带，每人配备一支步枪。实行军事化管理，训练与思想教育并重。要学习军事基本动作，也进行野外训练。思想教育主要是时事政治、蒋介石抗战言论、历代英雄人物事迹，同时也教唱抗战歌曲。

"抗青团"训练为期3个月，1938年1月至4月。结业后，按上面要求改编为“仙居县战时政治工作队”,仍然由县长直接领导。政工队的任务主要是全县人口调查、组织抗日宣传队、成立流动剧团及妇女战地救护队。其时我在政工队任干事长。每逢集市,我便设临时宣讲台进行抗战思想宣传,激发民众的爱国热情。同时也参加剧目演出及人口调查工作。当时政工队员每月发 10 元国难薪,另有伙食费 3 元,生活费基本不需要家里负担。

我在政工队还有一项很重要的工作就是负责出版发行《动机》旬刊,进行抗战宣传。创刊号于 1938 年 5 月 1 日发行。铅字排版,16 开本,40 页,每期印数 300 本。送稿、排版、校对、运输、包装、投递均由我承担,我的工作得到了大家的肯定。这时,刘风县长又让我担任他的县长室秘书一职,主要是为县长做回信工作。县长为了提高我的文化水平,特地要求我向他学习古文。他的夫人张慎女士也跟着一道学习。每周安排两次学习。虽然身兼数职,但我不怕辛苦,干劲十足。

在政工队,一首常唱的抗日救亡歌激励着我投笔从戎。歌词中的“凭着笔尖怎能斩下敌人头,凭着剑尖才不辜负少年首”。全民抗战,人人有责。热血青年,理当报国。当我把想法告诉父母后,父母也支持我从军,但要求先与订婚多年的未婚妻结婚。1938 年农历十一月的一个吉日,父母亲为我举行了一个隆重的婚礼。

1938 年 12 月,《东南日报》刊登了中央陆军军官学校武冈分校在战时浙江省金华招考 16 期学生的消息。我约了“抗青团”的几位同学一起赴金华报考。笔试有国文、数学、物理、地理、历史,以及“三民主义”,“三民主义”主要考建国方略和建国大纲。没考英文。随后经过口试、体检,金华考点共录取了 480 人,仙居籍考生有 8 人被录取。我们戏称自己为“仙居抗日青年八仙”。

1938 年腊月底,我们从仙居出发到金华集美女中集中,集美女中师生为我们举行了欢送仪式。随后我们从金华上火车出发。火车到湖南株洲时碰到日机空袭,火车头开进机车防空洞,车身只能留在铁轨上,大家下车散到铁轨两边的松林。日机投下了 3 颗炸弹,幸而没有伤亡。警报解除后,火车继续行进到了白牙市①。之后走路 3 天后到达目的地武冈。当时正好是年关,

① 白牙市位于湖南永州东安县中部。

家家户户准备过年了。

到军校后，宣布我们是中央陆军军官学校16期8总队的学生。下辖2个大队8个中队，我隶属2大队5中队，是步科。接下来是剃头、换衣服、搞个人卫生。每个中队有144人，驻扎在不同的地方。我们5中队住在杨氏宗祠，前后有两栋房子。我们住进去时尚未造好，军校租用后，继续建设代为完工。技术人员负责造房子，我们学生则填操场、造厕所等。不久，临时性营房就完成了。我们正式开始为期3个月的入伍生阶段训练。

入伍生阶段主要训练军事基本动作。有徒手教练和枪支教练。徒手教练分着装法、军人敬礼、站队法等。每人发有一支79口径汉阳造步枪，毕业时交还。教官教我们怎么携带枪支，怎么保养、拆卸，以及瞄准、射击的动作要求。教官要求我们像爱护自己的生命一样爱护枪支，要保持一尘不染。队长会戴着白手套检查枪支的任何一个部位。如果保管不善造成枪支损坏，就要被关禁闭。

枪法要准的话臂力非常重要。臂力大了，瞄准时手臂才不会发抖。军校很重视体操课，如跳木马、吊环、单杠和双杠训练，这些活动都与练臂力有关。我们训练时非常刻苦，经常放弃休息时间训练，因为大家都想做神枪手。

入伍生教育期满后，经升学考试，合格的升入下一阶段学习。实际上很少有被淘汰的，毕竟战时需要人。升学后，我们身份从入伍生转为军校正式学生，待遇由上等兵改为中士待遇。周末有半天时间可以出去玩。每天两人一组去市场负责买菜。伙食四元一个月，每天两干一稀，菜也够吃。生活待遇不算差。

升学后的军事训练以野外战斗训练为主。学习怎么观察地形，学习战场上的前进方法，怎样派哨兵、选哨位，结合沙盘教育制订作战计划，等等。《典范令》（即步兵操典、射击教范、阵中勤务令）必须背得滚瓜烂熟。战术、兵器、筑城、地形是四大学科教程。中途又增加了“劈刺”一科，以增强作战能力。我们的武器装备与日军差距甚大，尤其是空中力量、战车、炮弹无法与之匹敌。根据前线的经验反馈，夜袭与近战是我们取胜的机会。夜里发动进攻，迅速接近敌人，使敌人的空中打击力量、炮弹无法发挥作用，所以必须掌握熟练的拼刺刀技术。此外，防空、防毒、通信、马术、战地救护这些知识也都需要学习。

军校以培养低级军官为主，要学习不同兵器的使用。步枪、机关枪、八二迫击炮、枪榴弹、手榴弹都要学会使用。步枪有四种型号，即汉阳造七九式步枪、捷克式步枪、中正式步枪，还有从日军手上缴获的三八步枪。轻机枪都是捷克式的，用空气冷却，有预备枪管可以换，每个弹夹可装 20 发子弹。重机枪型号有两种，汉阳造的“三十节”式重机枪和进口的马克沁重机枪，均用水冷却。八二迫击炮结构简单，装卸方便，是消灭死角的曲射炮，炮弹在空中飞行的速度较慢，能躲避。

临近毕业时，我们又学会使用两种新式武器。一种是麦迪逊轻重两用机枪，也可以用来对空射击；另一种是枪榴弹，将榴弹装在步枪枪口上，利用步枪发射子弹时的力量将榴弹发送出去。这种武器杀伤力强，是步兵的好武器。

1939 年秋末，长沙第一次会战结束后，陈诚和白崇禧曾到军校来训话。白崇禧说多难兴邦，敌人想速战速决，我们要用持久战对付他们，时间一长，敌人必将灭亡，我方必将取得最后的胜利。

1939 年冬，日军发现我们军校的驻地，时不时派飞机来侦察。为了安全，各队被分散到郊区训练学习。我们 5 队和 8 队到一个叫石羊桥①的村庄继续受训。该村地处两座山之间，中间有一道溪流经过，上有一座修建于南宋时期的石羊桥。我们队驻扎在山腰的一座叫步云宫的四合院里。我们宿舍的床铺与床铺之间，仅容一人侧身能走。教室的座椅之间挤得前胸贴后背。驻地周边少有平地，我们的训练学习效果大打折扣。

由于前方战事激烈，基层军官伤亡很大，各战区纷纷向军校要人。1940 年春末，我们提前毕业。毕业考结束后，又对我们进行了一次为期一周的特殊教育。主要是灌输忠于党国、不怕牺牲、完成战斗任务的思想，在部队中要注意的事项，以及为人处世的一些道理。

9 战区 30 集团军司令兼 72 军军长王陵基②向军校要 200 名毕业生，但

---

① 石羊桥现位于湖南武冈市头堂乡。

② 王陵基（1883—1967），四川省乐山人。陆军上将，是川军中资格最老的将领之一。1938 年 4 月任 30 集团军总司令兼 72 军军长，出川参加抗战。1939 年 10 月因功兼任 9 战区副司令长官，11 月 13 日晋升为陆军中将军衔，驻防江西省，兼任江西省政府主席。1945 年 5 月当选为国民党中央执行委员。1950 年四川解放时被俘，1964 年获释。

要人单位太多，最后只给了100名毕业生，我也是其中的一位。30集团军72军下辖13，14，15，16师，每个师分到25人。我被分到新编14师，师长陈良基①。江西修水县②是30集团军司令部所在地，武宁县船滩镇③是新编14师师部所在地，该师由川军刘湘④部改编。

师长陈良基行伍出身，个子高大，性情刚直，留着八字胡，外号“叉胡子”。我们到达师部后，被集中在一个小学的教室里聆听师长训话。陈良基一进教室就坐在讲台上，手肘靠着桌子，说话声音很低，像个久病初愈的人。他说我们是王老总（王陵基）请来的，表示热烈欢迎，并希望我们安心工作，下到连部，趁现在部队整训的时候，将我们所学的知识传授给连队。接下来他又说了一段很有意思的话，说新编14师从外表上看起来烂脏脏的，但打起仗来很有韧劲。烂么，他这个师长第一个烂，衣服不常洗，有时几天不洗脸。别人身上的虱子可数，他在太阳底下取暖时，虱子从领口呈两路纵队爬出来。他还坦承自己有烟（鸦片）瘾，所以面黄肌瘦。但这些现象会努力改变。

我被分在42团3营机枪连，任少尉见习官。团长张耀忠，连长刘天华。全连有4挺重机枪，有3个排，2个机枪排，1个步兵排。共有官兵110人。

就在我报到后的第三天，团部令我们增援前线，目的地是位于九宫山⑤的前沿阵地。途中，伤兵担架不时下来，山路狭窄，我们不得不靠边给伤员让路。就在离前方火线不远的时候，上面来令命我们原地待命。拂晓前我们接

---

① 陈良基（1890—1952），四川简阳人，陆军中将。1938年出川抗战，12月任72军新编14师师长。

② 修水县，现为江西省九江市下辖县，古号分宁，国史有上望之称，位于江西省西北部，修水上游。

③ 武宁县，现为江西省九江市辖县。位于江西省西北部、湘鄂赣边界区域，修河中游。船滩镇驻地船滩村，处于两条小巷的狭长地段，喻为船形，有200余年建镇历史，位于武宁西部。

④ 刘湘（1888—1938），四川省大邑县安仁镇人，是中华民国时期割据四川的地方军阀之一。卢沟桥事变后，刘湘出川抗战，1938年因病在汉口去世。死后追授陆军一级上将军衔。

⑤ 九宫山位于湖北省咸宁市通城，在县城南约五华里处桃源洞之北。1645年7月，李自成在九宫山遇难。1926年，郭沫若随北伐大军途经通城时，曾上九宫山凭吊李自成，其后在《甲申三百年祭》中亦指出李自成死于通城九宫山。1928年，驻扎通城的国民革命军14军49师师长岳森至九宫山凭吊，以高6尺、宽2尺、厚4寸，上镌楷书“李自成之墓”石碑更换原“李自成坟”石碑和封建文人立在两旁的“罗公丹灶，闯贼荒茔”石柱。1955年，通城县人民政府根据政务院和省政府的指示，在离县城二华里的九宫山北原李自成墓址上重修了李自成之墓。关于李自成蒙难处参考了《李自成死于通城九宫山考》一文，原文载《北京大学学报》1985年第3期。通城县位于湖北省东南部，湘鄂赣三省交界处，是咸宁、岳阳、九江金三角中心交汇点。李自成究竟殉难于何处是有争议的问题，现在宏伟气派的闯王墓修建在通山县。通山县位于湖北省东南部，隶属咸宁市，县境南邻江西省武宁、修水县，东接阳新县，北连咸宁市，西部与崇阳县接壤。但在抗战时期，李自成墓是在通城县的九宫山，而非通山县的九宫山。

到通知,敌人已被我军击退,我连步兵排奉令前往打扫战场。从战场上敌军撤退时凌乱的脚步看,他们撤退得很仓促。

九宫山的南坡路边竖立着一块小石碑,高约40cm,宽约30cm,上书"李自成之墓"。我特地询问了当地百姓,他们告知这正是明末农民起义军领袖李自成的墓地。闯王兵败后退守武汉,再逃至九宫山。据说,清军烧山火攻,李被人用锄头击死并就地埋葬。后有人立碑纪念。

武宁是南昌外围县。为遏制据守在南昌的日军扩大占领区的企图,我军主动反攻武宁,以牵制南昌的敌军。我们师从武宁船滩镇出发,在绕过两座高山后,部队集结在武宁县城的东北角待命。这是一片开阔地,通过开阔地就是绵延的山峰,山上有城区的制高点,日军在上面修筑了坚固的防御工事。我师的任务就是占领该制高点。

拂晓前战斗开始。我军炮火将敌人阵地外围的铁丝网撕破了几个口子,但每次我军冲锋都被敌人密集的子弹打压回来。军部严令晚上之前必须把山头拿下,否则师长提脑袋到军部。师部亦用此令下达至团、营、连,并强调要不惜一切代价拿下阵地,无故下火线者,一律作临阵逃脱处理,就地正法。

攻击部队用梯次序列排定,我们3营9连为突击连,攻击过程中伤亡极大,但营部要求哪怕全连覆没也要攻上去。经过数个梯队的攻击,高地终被拿下,敌人仓皇丢下阵地逃走。我军官兵伤亡惨重,尤以9连为甚。连长王铸九身负重伤,两名排长阵亡,一名排长负重伤,士兵所剩无几。此役我们还俘获了一个日军的机枪手。

这次战斗后,我与另外两位同学被调至师部,任贮备参谋。师长为了保持师部的建制不被改编撤并,下决心要整顿部队。部队确实存在不少问题。按规定1个连3个排,1个排有3个班,每班14到16人,实际上各班缺额严重。因此每个连的实际人数多在90—100之间,缺1/3。战时物资紧缺,物价飞涨,货币贬值,上级允许各连挂4个空名,主副食收入补贴连队开销。实际上,病故、开小差的士兵均留册不除名,主副食收入归私,甚至营部也要在所属各连挂若干空名。为应付上面检查,所缺空额则雇用民工顶替,临时穿上军服、持枪混入队列。这种做法已成为半公开的秘密。部队的伙食很差,每人吃的分量也少,差不多半个月或20多天才有机会吃一次肉。有一次因暴发山洪,粮食没能及时运到,我们吃了好几天的笋,而且没有任何调料,没有盐。这种苦只有经历过的人才能体会到。士兵普遍营养不良，病人很多。士兵年龄上四五十岁的不少，当然年轻的二十几岁的更多。士兵中还存在抽鸦片、赌博等恶习。此外，卫生习惯也很差，更增加了生病的可能性。这些原因导致士兵作战能力受影响，行军时掉队的很多。不过四川兵中逃兵不多，离家太远也是一个主要原因。部队对我们这些军校毕业的军官不重视，排长中有伤病亡的缺额时，从班长里提拔，而不提我们。当然军官排斥我们的这件事被王陵基司令知道后，责令各部队一星期之内补齐。因此，我从见习排长到排长是3个月的时间，算正常的。

针对存在的这些问题，师长陈良基要求我们几个军校生积极献计献策，把自己的才干、知识贡献出来。我也提出了不少建议。陈良基下决心整治部队，为此召开了全师军官会议，会上提出8点要求：一是禁烟（鸦片），时间半个月，从师长自己带头做起。谁在规定时间内没有完成，格杀勿论；二是团、营、连里的空名，除了上级规定的补助办公费的名额外，一律不得增加，否则以贪污罪论处；三是补充兵员，并派人到四川招收部分新兵；四是改善伙食，上级拨给的主副食钱粮要确保到位，经办人员不得渔利；五是注意驻地环境及个人卫生，减少疾病；六是以团为单位集体组织晨练，师长轮流到各团参加；七是创办军士教导队，抽调各连的班长、上等兵进行训练；八是开展严格的军事训练，包括操场与野外的训练。

紧接着又召开了全师官兵整训动员大会，把军官会议的8点精神贯彻到士兵中。特别强调戒毒戒赌，没有在规定时间内戒毒的杀头，没有戒赌的关禁闭、降职。

随后，各团积极开展晨训。师长率师部直属部队轮流参加各团训练。每天天亮前各团列好队列，由值星官统一指挥，齐步走、慢跑、快跑，并高喊“抗战必胜”“复兴民族”等口号。最后在大家筋疲力尽时，打破常规奋力追赶在前头骑马的师长。师长为了鼓动士兵，特地拿出事先准备好的一元钞票撒出来，谁能抢到就归谁。

经过近一个月的晨跑和训练，官兵的精神风貌大为改变，讲话声音洪亮了，脸上也有些血色。成立的军士教导队则通过对班长、上等兵的训练，增强了基层骨干的作战能力。此外，为加强基层政治工作，在军士教导队机构的基础上创办了政工服务员训练班。训练对象也是班长和列兵，为期3个月。

教育重点是爱国主义，强调抗战必胜、侵略者必败的思想。

1941 年 9 月，我们师参加了第二次长沙会战①。当时我们在江西武宁源整训，奉命前往攻打武汉外围的通山县城，牵制据守武汉的日本军队，减轻我长沙守军压力。正在行军途中，又接到返回驻地待命的指令。回驻地后，未及卸甲又命令我部开往湖南东部的平江。如此昼夜兼程急行军好几天，官兵筋疲力尽，休息时坐下就能睡倒。走着走着，病号和掉队的士兵都多了起来。

我师进入位于湖南东部的平江时，我第一次负伤。情况是这样的：我们在经过一片丘陵地带时，师部的一匹母马因嘶叫奔跑暴露了目标，引来日机疯狂扫射、投弹，我的右小腿被弹片击中。幸好，当时反应算快，就势滚入弹坑中躲避炸弹。因为接着的炸弹绝不会在原弹坑投放。果不其然，第二颗炸弹就在离我 4m 远的地方爆炸，飞起的尘土差不多将我掩埋。我用随身携带的裹伤包自己包扎了一下，吃了片止痛药，轻伤不下火线。事后想想还算命大，这也是得益于军校所学的知识。但在这次空袭中，除了一些士兵伤亡外，44 团的团长张雅云也中了敌机的集束弹药②，血肉模糊一片，光荣牺牲。

离战场还有 20 余里时，军部急电命我们跑步前进，在阵地防守的 34 师伤亡惨重，已经挡不住了，急需增援，如我师不能按时抵达，则以贻误战机论处。师长当即命令 42 团抽调 200 名官兵组成先遣队，轻装上阵以快速抵达阵地。我也被选中。由于连日行军，大家都很疲劳，走都走不动路了，根本跑不动。加之前线不停有抬伤员的担架下来，我们不得不靠边让路，所以先遣队的速度并不能用“快”字来形容。第一批冲上阵地的只有 18 人。等其余的赶到阵地时，太阳即将落山。34 师已基本打光，整座山都是尸体。机枪掩体在日军炮火的打击下，也都摧毁了。34 师的一位长官向我们介绍了敌情和需注意的事项。我阵地与敌阵地隔着一条河，今晚敌人有可能

---

① 第二次长沙会战，指 1941 年 9 月至 10 月，以中国 9 战区为主的部队在湖南省长沙地区对日本军队进行的防御战役；本次会战从 1941 年 9 月 7 日至 10 月 9 日结束，历时一个月。中国 4 个精锐军被击溃。

② 集束弹药是一种从空中或通过大炮发射出的弹药群，一个集束弹药内可以藏 80—600 枚子弹。这些子弹分散可覆盖超过 3 万 m^2 的地域，以便实施广泛的大规模打击。

会强行过河。

不久，师部官兵都赶上来了。师长命令40团在左，41团在右，42团为预备队，各团迅速进入阵地，修复掩体，一律露天宿营。大家只是把背包卸下，背靠背休息，随时做好战斗准备。

深夜12点，敌人阵地上升起了3颗信号弹，接着向我方阵地发射了一阵炮弹。我们猜测敌人准备过河，一场激战即将打响。可是，日方迟迟不见行动，正在纳闷之际，军部来电称敌军被我友军反包围，已全线退却了。要求我师修桥过河马上追击退却的敌军。天亮后，我们跨过师部工兵营搭建的浮桥过河追击。

敌军在退却时有飞机掩护，敌机经常俯冲下来扫射，加之他们的掩护部队善于作战，我们追击任务一度受挫，打得很惨。我们的武器装备是：普通士兵配中正式仿捷克步枪，能装5发子弹，但只能一扣一发。还有捷克式轻机枪，马克沁重机枪。另有6cm口径的山炮，80—81cm口径的野炮。我是排级军官，配有驳壳枪，能装10发子弹，但只能一扣发射一发子弹。后来我军炮火向敌掩护部队发起了猛烈轰击，在炮火掩护之下，我们英勇向前，奋力追击，终于迫使敌军仓皇退却。日军的阵地上落下了整锅整锅烧好的没来得及吃的大米饭，还有食品罐头、香烟、毛巾等用品，甚至还有日本国民签名的慰问巾。可见他们逃遁之仓促。

追击路上，因为战斗惨烈，经常看见日军的尸体和我军士兵的尸体交叉叠在一起。日本兵的尸体肌肉比中国兵的发达，这点可以明显地看出来。我们也收罗了不少被冲散的友军的士兵，这些散兵后来也成为我们补充战斗中损失的兵力来源。

长沙会战时，日军经常用飞机发传单，开展心理攻势。一则传单说长沙已被他们占领，日军4路纵队已进入长沙城。另一则传单则是国军撤离长沙城时焚烧民房的惨状。还有煽动士兵厌战的传单。一则传单上画的是一个小兵开小差回家，在门口呼唤老婆开门。另一则传单上则是士兵与老婆在床上说肉麻下流话的图片。这些造谣滋事的传单我们尽量捡起来集中焚烧，捡到的也要求不要看。双方阵地对峙时，他们也对我方喊话，知道我们是四川兵，就用四川话喊。什么你们当兵很辛苦，吃的是青菜烂米，他们那边吃上等的白面，大米大肉，好酒，让士兵向他们投诚。

虽然我师在第二次长沙会战时参战时间较短，但由于作战勇敢而得到了9战区司令部和30集团军总部的传令嘉奖。师的番号也改为34师，并补充了部分新兵，增发新式武器。1941年10月10日，我师在平江召开了庆功大会。师长陈良基非常高兴，在庆功大会上特地强调了荣誉的获得是官兵共同努力的结果。我的职位也变动了，成为42团团部的副官。

长沙会战结束后，我们师返回江西武宁船滩镇整训。刚回驻地，留守处便给我送来了好几封挂号信和电报，前面是告知父病重望回家探望，后面是告知父已病故。我父亲是个识大体的人，当年坚决支持我上军校报效国家。可怜他一生奔波劳碌，年仅47岁就辞世。他为培养我付出了很多心血，我作为长子也被寄予厚望。虽然战时一般不予请假，但我还是想去试一试。先到团长处请假，团长说我是从师部下来的，所以他不敢准假，让我直接向师长请假。我斗胆硬着头皮碰运气，面见师长后表示了坚决返回部队，抗战到底的决心，师长法外开恩，批了“速去速还”四个字。我拿着师长的批条到师部副官处开了回家的“军人差假证明书”，不日搭乘师部去金华购药的货车返乡。

回家后，我这不孝子处理了丧事。母亲、妻子、亲友都劝我不要再走，但我还是准备返回部队。1942年元宵过后，我再次离开家乡。到江西鹰潭时，听一同学说去年冬天一场恶战，我们34师损失惨重，编制已不复存在。听到消息，我焦急万分，去电报、去信向师部询问，但了无回音，看来消息确切。暂时又找不到其他落脚之处，就在那位同学家住了一两个月。不久，处于浙赣交通线上的鹰潭形势危急，只能回家。

回到仙居十多天后，仙居县政府任命我为仙居县地方行政干部训练所军训队长。训练所所长由县长袁右任兼任，训练对象为基层干部、小学教师。训练内容分两大类，一是形势与理论课程，分析国内外局势，宣传抗战的意义；二是政策法令课程，把战时县政府各部门的政策进行宣讲并落实。训练班实行军事化管理，每期受训人员在百人左右。我任内期间共训练了三期，第一期是保长，第二期是乡镇事务员和户籍干部，第三期是小学教师。1943年，我调任县府兵役科科员，时年26岁，体会了战时征兵的不易。1944年，浙江省主席黄绍竑决定在丽水创办浙保干训班，主要负责训练浙江保安团的军官和军士，提高保安团的素质。不久，日军入侵温州，丽水告急，干训班遂搬至仙居，并登报招考教官、助教、队长。中央军校毕业生是报考资格之一。无论年龄、学历、经历我都符合报考条件。考试除了笔试外，还有实兵指挥。我以优异的成绩被录取，成为干训班军官队的助教。干训班还成立了军士教导队，主要招收沦陷区青年学生及仙居周边县市的青年学生学习军事知识，并作为保安团扩编时所需的下级干部。共招收了180余学生，分3个区队，我任1区队的区队长。

1945年8月，日本投降。接到上级通知，我们军士教导队全体成员前往杭州待命。26日，在上校教官冯巨的带领下，我们翻过苍山抵达兰溪，之后乘船沿江抵达富阳。又接到通知说日军尚未缴械，还不能进入杭州。两天之后，我们终于进城。看到日军已经缴械，但暂时还维持着秩序，拿着棍子在六和塔附近守城门。当时杭州的治安较差，偷盗现象多，我们军士教导队负责维持从六公园到苏小小墓这段区域的巡查保护工作。

我们曾驻扎在西湖汪庄，负责保护净慈寺日本俘虏的安全。也有一些朝鲜籍俘虏，他们与日本俘虏分开管理。他们还允许看朝鲜文报纸，并且提前回国。但是杭州百姓说，朝鲜兵作恶一点不比日本兵少，甚至更厉害。总的来说日本俘虏比较听话，遵守秩序。有一次，我在净慈寺附近马路上对自己教导队学生讲话时，俘虏营里的日本俘虏晨跑经过我们旁边，看见我们，马上停下来，由带队者喊“立正”口号，并向我敬礼。我回礼后挥手示意让他们过去。还有一次，我到兵站提粮食。我们中国兵力气小，150—200斤的米袋要两个人抬。日本联络员带来的兵，弯着腰，扎着马步，把米袋背在身上，挪到汽车边时，身子一抖，米袋正好掉进车内。

当然，受过日本人奴役的中国百姓对日本人还是怀有敌视情绪的。有一次，在岳坟附近我曾目睹这样一件事情：一个日本联络官想坐黄包车去某处，车夫一看是个日本人，不但拒载，还自己坐上去让对方拉车，嘴里嚷嚷说，你们作威作福的日子已经过去了！我们再也不是你们的牛马了！双方僵持之时，正碰上警备司令部的巡查队经过，巡查队的说话较聪明，对车夫说，我们是君子，他们（日本人）是小人，君子不和小人斗，我们要以大国民的风度对待他们。

因工作关系，我与几个日本联络官慢慢熟悉起来。一次便餐中间，我趁机问了其中一位，我说：“你们日本号称世界一等陆军强国，为什么这次败得这样惨，无条件投降？”他回答说：“我是长崎人，原子弹爆炸后，至今无电信，家人生死不明。日本侵华战争是不应该的。”他又说：“这次的和平，如果说日本人败于你们中国人之手，不但我们军人不会承认，就是日本国内老百姓也不会承认。”你看，他们说和平不称投降。

遣返日本战俘的那一天，战俘列队离开，有的战俘胸前挂着白布包裹的骨灰盒。还有一个失去四肢的伤员，由四人抬着一个毛毯，他端坐在中间。每个战俘神情严肃，都手持一支香，表示对战死异乡的死者哀悼。净慈寺的日本俘虏遣返后，我们也完成了监管战俘的任务。

（访谈者：朱　丹）

应凑发：我曾守卫黄河

应凑发，1920年出生，浙江临安人。黄埔军校7分校17期步兵科毕业。2013年11月24日下午，笔者走访了现居临安市西天目山镇西游村的应凑发老人。老人身形清峻，耳聪目明，对往事的记忆很好，且能用笔者听得懂的带方言的普通话交流。以下内容根据其口述整理。

我出生在1920年，原来是钟家村人，后来才移居到西游村。父母是手工业者，靠加工面条维持生计。在本地念完小学后，1937年，我考上了杭州的安定中学，但镇上有一位姓方的生意人说不要出去读书了，日本人已经在打上海了。于是我就近到位于西天目山的浙西临时中学念了初中，从1938年一直念到1940年。浙西临时中学的校长是方秉性。[①] 1939年3月，周恩来以国民政府军事委员会政治部副部长身份，在浙江省政府主席黄绍竑等人的陪同下，来到西天目山参加了学校的开学典礼，方秉性校长主持了典礼仪式。仪式开始前，我们齐声高唱《救国军歌》，歌词是这样的：枪口对外，齐步前进／不伤老百姓，不打自己人／我们是民族的队伍／我们是铁的心／维护中华民族／永做自由人。在浙西中学读书的时候，我们经常受到抗日救亡思想的教育。那时，抗战形势不容乐观，日本人占领了中国很多地方，社会各界抗日气氛高涨，年轻学子们铭记老师的教诲"国家有难，匹夫有责"，希望有机会投

① 1937年12月24日杭州沦陷，至此，浙西杭嘉湖地区大部分沦陷，大批民众沦为难民，无数青年学子流亡后方。为"抢救沦陷区青年"，国民政府教育部在朱家骅主持下，先后筹建专为接收战区流亡学生的临时中学共数十所。其中浙西临时中学是这些学校中成立最早的一所。1938年9月15日，学校成立并正式开学，招收初中一年级新生2个班，二、三年级插班生2个班共208名学生。浙江省第一区行政督察专员公署专员汪浩兼任校长，原湖州中学师范部主任方秉性为校务主任。1939年2月根据浙江省政府决议，以浙西第一区联合战时初中补习学校为基础，收留各地逃难而来的中学师生，改办为浙江省立浙西临时中学，方秉性任校长。浙西临中学生绝大多数来自浙西22个县，也有部分来自江苏、安徽。参见孙琦：《浙西临时中学始末》，http://www.hzhs.net/ReadNews.asp? NewsID=4563。

笔从戎，为国出力。

1939年，黄埔军校7分校来浙江招生，打算招一个总队，含15个大队，约1700人，最后实际招了12个大队。浙西临时中学有多人报名参加考试，时年19岁的我不顾父母的反对也报名了。考试地点就设在西天目山。在西天目山考点录取的学员，加上於潜[①]那边录取的，一共20多人赴金华集结。随后，从各地方汇总来的学员进行了编队，一共编为12个大队，我分在2大队。

1939年9月，我们这些学生兵从金华出发，那时已经是秋季，但没有发给棉衣御冬。一路上的艰辛一言难尽，有些同学还没来得及报效国家就病死了，也有的体质差的同学冻死了。行程的路线是从金华乘火车沿着浙赣线先抵达江西鹰潭，之后开始步行，一直走到湖南的衡阳。每天6点开走，傍晚4点休息，一天一般走30km—40km。刚开始脚起泡，走路脚底痛，后面就不起泡了，练出来了。当然，有人吃不了这种苦就返乡了。我们这边门口村一个姓聂的，就是从衡阳跑回来的。幸运的是，从衡阳到广西柳州、桂林是坐火车的。接着，步行到贵州独山。这段路很难走，多是崎岖山路。独山那边有一个炮兵学校，与我同队的一位吴姓同学有一位在炮兵学校当队长的堂兄弟请吃饭，我也跟着去了，打打牙祭。大约好久未见荤腥了，吃得太好了，饭后我们返回驻地时都觉得口很渴，但水壶里没有热水。广西的水很冷，之前已告诫我们不能喝生水，但我们熬不住，还是喝了几口生水。不一会，就开始翻江倒海地肚子痛。第二天勉强跟着队伍行军，跟了三四天后，实在吃不消了，走不动路。最后，大队派车把我们这些病号用汽车运到贵阳汽车站，再乘汽车送到重庆。在重庆，我被送到第五后方医院治疗。

1940年的春节是在医院度过的。宋美龄亲自来医院慰问，军官给10元法币慰问金，士兵给5元法币慰问金，我们享受军官待遇。医院早餐是吃豆浆和面包。一天，我在用完早餐后，有位同学用慰问金买了很多橘子，一定要我尝一个。盛情难却之下，我吃了一个。20分钟后，开始肚痛难忍，身上冒大颗的汗珠，棉衣尽湿。最后，挂了一个多小时氧气抢救。这次生病很严重，头发都全部掉光。原来豆浆和橘子是冲的，病人是不能吃的。这场病让我在医院躺了一个多月。在医院，我碰到一个东阳籍的浙江老乡应德庆，他是蒋

① 浙江临安另一处地名。

介石卫队的外勤队队长，他叫我不要去西安了，跟着他干。我思考后没有答应，还是要去西安读军校。每个大队从浙江出发的时间不一样，这时3大队正好抵达重庆，我就跟着他们走。

从重庆出发，我们出川后沿着陇海路走。到陕西宝鸡后，终于坐了一段火车直接抵达西安。那时已经是1940年2月。之前路上一直吃糙米，也算是米饭。到西安后改吃面食。我们这些江南人不适应，特别是我吃不惯。不吃肚子饿，吃了肚子痛，大便像脓一样。最后想起从家乡出发前母亲给我准备了半斤茶叶，半斤白术，都是炒过的，泡水喝了以后竟然好了。3月15日，我们开始入伍生教育，我是步科，被编入7队。入伍生相当于士兵身份，每天训练从早上开始一直持续到晚上，只有中间吃饭的时候可以休息两个小时。天天要进行四操训练，即“早、中、晚、夜”四操，也有课堂学习。6个月后，学校对学习情况进行了测试。结果有几个队成绩不合格，所以入伍生生活又延长了个把月。之后，才开始军官阶段的训练。操场上的训练较之前一个阶段减少了，课堂上课比较多。有英语课，一星期上一次。普通文化课一星期两次，其余为学科和术科的各类课程，比如社会、测量、制图等等。军校纪律较严，表现不好要关禁闭。1942年冬，国防部曾到学校组织我们17期的学生考试，既考军事技能，也考文化课，不合格的被退到18期学习，成绩最差的退到预备班学习。1943年3月12日，我们得以毕业。3年的军校学习让我学了很多本领，终于可以为国家出力了。

我被分配在36军①59师3团2营，军长罗历戎②，师长盛文③，团长吴何

① 1940年5月，国民政府为加强陕西、山西和河南三省边界北地区的对日作战力量，将新组建的新编34师、暂编15师等部在河南灵宝地区编成36军。隶属国民政府军34集团军。1942年，该军由河南调防陕西，隶属国民政府军37集团军。1943年，罗历戎任该军军长。

② 罗历戎(1901—1991)，四川渠县人。黄埔军校2期毕业，陆军中将。1928年7月任国民革命军1师2旅参谋主任，1930年11月任1师2旅5团团长，1931年一度调任1师参谋处长，1935年初任1师2旅副旅长，1936年10月任1军78师少将副师长，抗战爆发后参加淞沪会战，1938年5月任8军40师师长，参加兰封战役，1939年4月任1军副军长兼中央军校7分校15期学生2总队总队长，1940年任中央军校7分校办公厅主任，1941年任陇南师管区司令，1942年10月任36军军长，1945年1月任3军中将军长，抗战胜利后参加内战，1947年10月21日在河北清风店战役中被俘。1960年11月28日获特赦。后任全国政协文史资料委员会委员，全国政协委员。1991年在北京病逝。

③ 盛文(1906—1971)，湖南省长沙人，胡宗南系统高级将领。毕业于黄埔6期及陆大10期，历任34集团军参谋长，西安警备司令。抗战胜利后当选国民大会代表，1946年任郑州绥靖公署参谋长。后赴台湾。

畏，他是安徽人，营长崔旭洲。我任少尉排长，随部队驻防在陕西朝邑[①]，我的主要任务就是训练新兵。朝邑在潼关[②]上游，对面就是中条山。中条山位于黄河东岸，自东北而西南绵延数百里，西端尽于黄河，西向正与朝邑相对。我们师的主要任务就是守黄河—潼关—朝邑一线，尤其是潼关这个要点，日军经常来挑衅，大仗很少，但小仗不断。那时生活很苦，每人每天只有 26 两的面粉（16 两制），相当于今天一斤半多点，只能马马虎虎填饱肚子。士兵有逃离的，原因是太苦。那时局势不稳，士兵逃了就逃了，也不会派人去抓回来，也不上报。当然，部队里起码的纪律是有的。我是 3 月份到 59 师的，两个多月后，即 6 月份，马步芳[③]下面的一支骑兵部队沦为匪患，部队因此开赴甘肃剿匪。我们在甘肃的庆阳[④]驻守。

1943 年，日本人打到了洛阳，我们部队被派增援洛阳，走到半路知道洛阳已被日本人攻下了，我们又撤回去了。1944 年，我们又从庆阳换防至西安对面，那里聚集了好几个师，准备攻打洛阳。我那时在师部参谋处 3 科任中尉参谋，3 科是后勤科，管通讯、运输器材之类的东西。1945 年，日本人投降了，那时我在陕西绥化。

（访谈者：朱　丹）

---

① 朝邑现为中国陕西省渭南市大荔县下辖的一个乡镇级行政单位。

② 潼关位于陕西省渭南市潼关县北，北临黄河，南踞山腰。《水经注》载："河在关内南流潼激关山，因谓之潼关。"始建于东汉建安元年（196）。潼关是关中的东大门，历来为兵家必争之地。

③ 马步芳（1903—1975），甘肃河州（今临夏市）人，陆军中将加上将衔，民国时期国民政府西北军政长官公署长官。

④ 庆阳市位于甘肃省东部，陕甘宁三省区的交会处，系黄河中下游黄土高原沟壑区。

张一鸣：我是“抗战钢城”一分子

张一鸣，1920年出生，浙江海宁人。黄埔军校7分校17期毕业。2014年1月14日，笔者访谈了现居海宁硖石镇某小区的张一鸣老人。老先生身体健康，每天坚持出去打门球。访谈时，老人听力没有任何障碍，对往事的记忆也很好。以下内容根据其口述整理。

我是海宁斜桥镇路仲人，路仲是一个水乡古镇，有1700多年的历史，张姓是古镇四大姓之一。我出生在1920年11月8日，父母是农民，家境贫寒，新中国成立后成分是贫农。父母勉强供我读了几年小学，就在路仲小学上的学，但差一年没毕业。1934年，家人送我到上海吴淞口杨行镇志祥当铺当学徒。3年后，即1937年8月，日本人在吴淞口登陆。当铺离港口很近，当时飞机轰炸得很厉害，我们随时有生命危险，在当铺做事的工人带着我们几个学徒逃到乡下他家躲了一晚。之后我与另一位同乡结伴往浙江方向逃，经嘉善到昆山，花了3元钱租了辆黄包车到苏州。在那里住了一晚，然后沿苏（州）嘉（兴）铁路步行回到家。

家里什么都没有，无事可做。日本人也打到浙江来了，看到他们凶残行径，有骨气的中国人都想为抗战做点事。我先是做了一段时间的送报工作，送的是《啸报》，该报后改为《浙西导报》[①]。不久参加了王伯钦领导的游击

---

① 1938年夏，27岁的海宁硖石人吴梅受命党组织，来到已被日军占领的家乡开展敌后工作，于1938年9月18日创办《啸报》，进行敌后抗日宣传。1938年冬，在“国共合作”的氛围下，《啸报》同意接受国民党方面的管制，改名《浙西导报》，迁往德清、崇德一带，以犀利的评论鼓舞着敌后群众的抗日信念。1940年8月，中共《浙西导报》社特别支部成立，《浙西导报》成为我党直接领导下的抗日进步报纸和宣传抗日的舆论阵地，直至年底因为国民党政府所忌，遭到查封。参见余方觉：《“浙西导报”，长夜中的一点希望之光》，2011年4月13日《宁波日报》第A5版。

队,王是79师4连的连长,他下面有3个排长,1排长郭俊庆、2排长陶冠群,3排长叫什么忘了。其中2排长比较能干。连扩充成团,称大队,排扩充成营,称支队。我在2支队,即营部当传令兵。没有军装,只是在衣服上写上部队番号及身份。开始是一等兵,后来是上等兵。一等兵每月有3元津贴,上等兵则再加3元钱。

乌镇是日本人的一个据点,有一次游击队半夜出发,准备袭击乌镇。由1支队打斗阵,其他支队跟在后面,说好在乌镇汇合。我当时跟在我们2支队队长陶冠群后面。部队刚靠近栅门时,日本人的机枪就扫射过来了,我们的武器差,根本抵挡不住。一看形势不容久拖,就撤了回来。撤回路上,碰到了前来查看情况的王伯钦司令,正好天也亮了。

游击队有时作战很勇敢。一次,埋伏在岸边的一个排看到一艘汽艇开过来,就发射子弹打了过去。结果日本人登岸搜寻扫荡,最后把我们一个排二十几个人全部打死。过后,我们去现场时,看到我们的士兵全死在稻田里,真的让人伤心。

在游击队待了不到一年,我回到镇里。经镇长介绍,到位于绍兴的浙江省3专区青年营学习。这是3专区专员贺扬灵办的,学的内容有文化课、政治课及军事知识。我被分在机枪组,学会了使用捷克式轻机枪。浙江省抗日自卫团办了一个干部训练班,训练班下设6个中队,办在金华武义的飞机场,位置在白洋渡那边,需要招收一批人示范给训练班的学员看。为此,专门成立了流动教育团,我被招至该团,团长是裘时杰①,同时兼任干部训练班的班主任。在流动教育团,我被分在重机枪班,培训了半年时间,学会了使用马克沁重机枪。之后被分到抗敌自卫团的5支队②,支队司令郑光器。因为支队要成立一个工兵连,缺乏干部,所以把我们分到工兵连当中士班长。我们的驻地在宁波奉化。当时黄埔军校7分校在宁波市区招生,经部队介绍,我们前往报考。考上后,赶赴金华集中。在金华进行了编队,我隶属3大队,大队

---

① 裘时杰,少将军衔。抗日战争时期参加过忻口、娘子关等重大战役,担任过国民党政府与中共联系的代表。

② “浙江省国民抗敌自卫团”于1938年6月29日在金华成立。省主席黄绍竑任总司令,省保安厅长宣铁吾任副司令。各区专员兼区总队长,保安队长兼副总队长,县长兼大队长,副大队长由各县的社训副总队长或县抗日自卫委员会军事组主任兼任。总司令部下辖8个支队。

长陈元凯。我们先从金华乘火车到江西鹰潭，然后走路到江西宁都洛口，接着坐火车到湖南衡阳，之后在湖南境内都是走路。再经过广西、贵州、四川，最后到达陕西。一路很辛苦，经常饿肚子，身上长满了虱子、疥疮。有些意志消沉的人就退出了队伍，身体不好的就死掉了，有的是冬天冻死的，有的是生病死的。队长和我们说，行军是万里长征，你们坚持到西安后，学业就完成一半了。教官为了鼓舞大家士气，编了歌曲教给我们。记得有一首《黄埔同学》是这样的：“黄埔的同学，前进，前进！大家一条心，踏着先烈血肉筑成的路，我们是中国的钢城。同学们，努力奋斗，向前进！挺着胸怀，努力迈进，直把敌人杀净！努力迈进，努力迈进，努力发扬吾校精神！”

军校生活相当苦，第一吃不饱，第二衣服、鞋子不能及时发放，得光脚训练，还要自己上山打柴。我曾经得过“回归热”①，流鼻血，呕吐，人又黄又瘦，送到医院后才治好。入伍生阶段结束后，又进行了甄别考试，既考文化课，又考军事、政治课，淘汰下来的降一级。我们这期学生素质差异较大，从小学文化一直到大学生。从上海等地来的大学生组成了10中队，也是特科中队。特科即辎、骑、炮、通、工。

我们经常见到胡宗南，他会来给我们讲课，要求我们服从命令，听从指挥。有时还到我们宿舍进行生活检查。蒋介石也来过军校，住在常宁宫。我们12总队都是浙江籍的学员，特别担任了站岗警卫工作。

1943年春，我们17期学生毕业。我们这一期共有10位同学分到战车防御炮教导总队，总队长是张权②，中将，他后来是革命烈士。该总队驻地在四川璧山。这是一个反装甲部队，因为我们吃了日本装甲部队不少亏。我们在那里学了一年的炮兵知识，毕业后分到30军的战车防御炮营，驻地在湖南宜

---

① 据老人症状描述应为虱传型回归热。

② 张权（1899—1949），河北武强县人，保定军校8期毕业，曾留学日本士官学校炮兵科。1923年毕业回国赴广州。1926年参加北伐战争。抗日战争爆发后，由南京步校教育处长调任河南省保安副司令。不久受命到湖南创建中国最早的机械化炮兵团，任陆军战车防御炮教导总队中将总队长，是国民党机械化部队创始人之一。解放战争时期，任国民党军后勤总部中将视察员，以此为掩护，搜集作战情报。1949年初将国民党长江防线布防情况绘图送交中国人民解放军，为解放军实施渡江战役做出了重要贡献。1949年上海解放前夕，策动起义，被中共上海党组织任命为上海市中心区城北起义军指挥官。同年5月13日，被国民党军某参谋出卖被捕。5月21日在上海被国民党杀害。上海解放后，上海市人民政府批准其为革命烈士。

昌三斗坪黄陵庙。营长是王素恒。我在3连任连附，与排长同一级别，但比排长地位高。说是炮兵营，实际上炮没有到位。所以我们只是把新兵集中起来训练，先教基本动作，立正、稍息之类。一年后，我被调到在四川长寿县成立的重炮2团。该团直接属中央领导。有了团制，需要兵啊，所以从其他地方调了几个营过来。这样，人有了，但还是没有炮。我们连曾被派至西北，到陕西关中西陲的迁阳县领马，因为炮需要马驮。共领回了300多匹马。那时穷，西北很冷，没有棉衣穿，最后连长想办法给每人弄了件皮袄。在返回四川的途中，到绵阳时，听到了日本投降的消息。大家都很兴奋，每人用枪向空中发射子弹以示庆贺。

接着，我被调到位于苏州的炮兵16团，接受投降的日本战车防御炮。我在5连2排任排长。内战发生时，我们排配给新6军22师的1个团，我在团里当副官。不久，团长被任命为95师副师长。新来的团长自己有人，所以我的职位就没有了。经3营营长介绍，我到青年军207师当连长，驻地在抚顺。这个营吃空饷很严重，我实在看不惯，就自己回家了。从此，再也没有离开家乡。

（访谈者：朱　丹）

张再香：我在辎重兵部队的抗战经历

张再香，1922年出生，浙江绍兴人。黄埔军校3分校16期步科毕业。2015年4月10日，笔者拜访了张再香老人。老人现居绍兴王坛镇王城村，从绍兴市区出发，需一个多小时车程。村庄就在国道边，与村庄隔着国道的是郁郁葱葱的高山。时令正是春笋收获季节，当地村民将煮过的春笋与绍兴霉干菜混在一起晾晒，由此发出的香味非常独特，也让人感受到浓郁的乡村田园气息。老人的家需要经过高高低低的小路，村民的房子间隔很近，几无车马打扰的环境使宁静成为可能。许是这样的缘故，老人虽偏居于乡间，但气质儒雅。临告别，老人新潮地拿出iPad与我们合影。以下内容根据老人口述整理。

我出生于1922年10月21日，老家就在王城村。我的父亲是个中学老师，担任过原嵊县中学的教导主任。我的童年是不幸的，4岁没有了母亲，9岁没有了父亲，是祖母把我抚养大。我先后在王城小学、春晖中学附小、绍兴中学（现称稽山中学）读书，高中肄业。1937年抗战全面爆发后，绍兴县城的抗日宣传也风起云涌。不当亡国奴，立志报国成为我们这些青年人的愿望。1938年夏，我在绍兴县城报考战干3团[①]，同班同学也有好几个去报考的，那时我是高二。战干3团在绍兴招收了1个中队，100多人。

从浙江到江西，行程也不平安。有一次，我们刚到达樟树，日本飞机来了，飞得很低，丢下的一颗炸弹离我只有十几米远。一路险情不断，有的人中

① “战干团”是国民政府军事委员会战时工作干部训练团的简称，共设4个团，均由蒋介石自任团长，当时的军事委员会政治部部长陈诚任副团长，实际由教育长负责。1团创办于武昌，后迁四川綦江，教育长是桂永清；2团设在山西，实际未成立，而由阎锡山另办了一个集训团；3团先设在江西吉安后迁往雩都，教育长是唐冠英；4团设在西安，教育长先后为胡宗南、蒋坚忍。

途就开溜了，当了逃兵。我们到达战干3团所在地江西吉安后，受训了半年。战干3团将我们分成3组，即政工组、军事组、军训组。我在军事组。有一次训练时，上午10点左右拉响了警报。不一会，四五架飞机来了，除了往我们的屋顶上扫射，还扔炸弹。结果还在营房的一个值星官、一个卫兵、几个战干团的学生被炸死。其中的一个是天台人陈志远，他与我是同队的。本来那个时间点我应该在营房的，因为另外有事没在那里，我因此死里逃生。战干团训练结束，我们被并入3分校16期步科，地点在瑞金。所以，战干3团我们是1期，3分校招生我们也是1期。我隶属17总队1大队，大队长是王飞，他是顾祝同[①]的连襟，后来担任过临（海）黄（岩）师管区团长、3战区警卫团团长。另外还有2大队，每个大队下面有3个中队，我的中队长是张芳林。那时子弹供应紧张，所以我们实弹演习较少，每次只发3颗子弹。我记得一次训练时，前两发我打到12环，可第三发竟然脱靶了。

我们总共训练了一年半，于1940年1月毕业。我分到杭嘉师管区，[②]位于新昌拔茅镇[③]，司令部设在新昌的大佛寺[④]。因为杭州、嘉兴已沦陷，所以不久改为鄞（县）奉（化）师管区。鄞县沦陷后，又改为临（海）黄（岩）师管区。我曾经有两次送新征兵源的经历，一次是送大约两个连的新兵到新安江，这批壮丁是从黄岩、天台等地征来的。路途中壮丁每天吃两顿，每人的口粮为一斤半，是糙米，吃不饱的。一次是1944年，在“十万青年十万军”的口号下，师管区征到了一批知识青年，一个营的兵源，四五百人。从黄岩出发一直要送到贵阳，途经浙江的温州、龙泉，福建的浦城，江西的宜黄、万载、吉安、莲花，湖南的衡阳。到衡阳后，新兵们可以乘火车到贵阳。我没有跟着走，留在了衡阳。我的姐夫杜朝寅也在衡阳，他在辎重兵汽车2兵团7连当连长，他是嘉兴人，他父亲与我父亲一样是教书的，两人认识，所以结了亲。我在汽车兵团附属的修理工厂当中尉副官。

---

① 顾祝同（1893—1987），江苏省涟水县人，保定陆军军官学校6期步科毕业。陆军一级上将。抗战期间，任3战区司令长官，兼江苏省主席。

② 师管区为国民政府1937年后建立的掌管兵役和国民军训的机构。

③ 拔茅镇距新昌县城7km，濒临新昌江，是新昌县通往宁波、台州、温州及县境东部必经之地。

④ 新昌大佛寺位于浙江省新昌县城西南，在南明山与石城山之间的山谷之中，寺内有大弥勒佛石像。寺始建于东晋永和年间（345—350），已有1600多年的历史。

1944 年的时候，全国仅有 4 个汽车兵团，每个兵团 500 辆车，有一些美国产的道奇车，但大量的是破烂车。战时汽油供应很紧张，有一点汽油当宝贝，只有车发动时才舍得用一点，其余都是因地制宜。在四川，就烧木炭。在江西，因为有一个唐江酒精厂，汽车就弄点酒精当动力。

衡阳会战[①]前夕，白天是美国的飞机飞临，晚上是日本的飞机来袭。我们汽车兵团为保存实力，只能后撤，乘坐出衡阳城的最后一趟火车离开。先到广东韶关，后撤到赣州。赣州当时由蒋经国治理，我们驻扎在农村，因为蒋经国不允许部队扰民。后来我们又撤到福建的光泽，处于与江西交界的地方。

抗战胜利时，我们就在光泽，从无线电听到日本投降的消息时还不敢相信，特地跑到城里验证消息。之后，我们从光泽开赴杭州，接收日本战俘，又到上海接收了日本卡车，这些车都很破。

（访谈者：朱　丹）

① 衡阳保卫战发生在 1944 年 6 月到 7 月，是中国抗战史上敌我双方伤亡最多、中国军队正面交战时间最长的城市攻防战。国民革命军陆军 10 军在湖南衡阳以孤立无援的疲惫之师抗击近 6 倍于己的日军，血战了整整 47 天，沉重地打击了日本侵略者的嚣张气焰，大大延缓了日军“打通大陆交通线”战役的步伐进程，加剧了日本内阁的危机，并最终导致了东条内阁的垮台。

张明：远征越南，光荣受降

张明(1923—1997)，云南弥勒人，黄埔军校18期步兵科毕业。原文刊登于《黄埔军校浙江校友通讯·纪念中国人民抗日战争胜利五十周年(专辑)》(1995年9月，总第39期)。

1945年日军无条件投降。60军[①]奉命远征越南光荣受降。当时，由云南省省会昆明市至越南首都河内市之间的滇越铁路，已被日军飞机炸坏，不能通车。60军官兵们都是跋山涉水、步行前往越南的。我当时所在的陆军步兵暂21师(后编为184师)属60军管辖，也奉命由云南省个旧市乍甸[②]出发，沿途经过曼耗[③]、河口[④]等地进入越南的老街、富流、保河、郎盖，历时18天时间艰苦地到达安沛[⑤]，再由安沛乘火车直达越南的首都河内市。之后，

---

① 60军原属滇军，其中80%的官兵均为云南人，其中绝大多数都是少数民族。抗战全面爆发后，国民政府在南京召开最高军事会议，要求各地有钱出钱、有力出力，保卫南京，共挽危局。云南省政府主席龙云率先表示云南愿出“雄兵20万”，得到了政府的赞扬和各地的效仿。云南地方报刊发出紧急通告要求度假和公务在外的军人马上赶回部队，并公布对阵亡和残废军人家属的优待政策，同时号召青年当兵。云南仅有的部队3万余人，迅速集中到昆明和曲靖整编为60军先期奔赴前线。1937年10月12日，60军将士由军长卢汉将军率领在昆明巫家坝军营举行了盛大隆重的出征誓师大会，云南各界要员和群众数万人参加。会上民众献旗高呼口号“誓灭倭寇，保卫祖国!”会后，在昆明人民的夹道欢送下，60军徒步40余日，从昆明到湖南长沙、常德一带集结待命。1938年4月，60军赶往鲁南参加徐州大会战的台儿庄战役。他们在赶往大运河布防的行军途中遭遇到日军板垣、矶谷师团的猛烈攻击。在随后的27天里，60军在运河一线和日军进行了空前惨烈的战斗，较好地完成了任务。但是60军也伤亡过半。参战滇军后来除了因日军占领法属印度支那而回滇南布防的60军外，其余的一直在外地作战，直到抗战胜利。

② 个旧是以生产锡为主的“锡都”，开采锡矿的历史有约2000年，是中国最大的产锡基地，同时也是世界上最早的产锡基地，地处云贵高原的南端。乍甸位于个旧市北郊，距市区12km。

③ 曼耗位于云南省个旧市境内。

④ 河口隔红河与越南老街市、谷柳市相望，滇越铁路、昆河公路、红河航道在此形成枢纽与越南对接，是云南省乃至西南地区通向东南亚、南太平洋最便捷的陆路通道。

⑤ 安沛省(越南语 Yên Bái)为越南的省份，区属东北，首府安沛市，为越南北部交通枢纽，有滇越铁路可通中越边境及首都河内。

又先后到达南定、宁平、广治、顺化、清化、海阳等省(市)执行受降任务。

由被誉为“锡都”的个旧市到越南期间，时逢雨季，雨水特多，一场暴雨，把山川、原野冲洗得一尘不染，沿途的深山老林里瘴气很浓。因此，部队里患疟疾的较多，有的士兵病死于途中。亚热带气候的夏天，烈日似火，热浪袭人，特别难受。但带着胜利者姿态的60军官兵们以出国为荣，以艰苦为乐。冒着酷暑，饱经艰辛，到达了北纬16.1度亚热带的越南土伦①。我们在土伦宽阔的广场上举行受降仪式，列队受降，英姿勃勃，格外威武！对面，是已经宣布无条件投降的日本侵略军38混成旅的队列。队列虽是整齐的，但再也没有以往那股不可一世的“武士道精神”了，这些家伙像一群毫无知觉的木偶一般。嘴唇上留着两撇高傲的八字须，个子矮胖的日军旅团白水大佐，正步走到60军中将军长曾泽生②面前立定，恭恭敬敬地行军礼，礼毕后报告日军投降部队的番号、自己的职级和姓名。然后，垂首弯腰，将一把曾沾满中国人民鲜血的指挥刀，毕恭毕敬地用双手捧呈给曾泽生将军。曾军长怀着胜利者的表情和鄙视敌人的目光，骄傲地接过白水大佐呈上的指挥刀。参加受降的全体官兵们，胜利完成了受降的光荣使命，无不陶醉在胜利的喜悦之中。

（作者：张　明）

---

① 岘港旧称“土伦”，越南中部港口城市。

② 曾泽生(1902—1973)，云南省永善县人。中国人民解放军中将。1922年12月考入云南唐继尧开办建国机关枪军事队，毕业后入云南陆军讲武堂学习。1925年入黄埔军校任3期区队长，1927年1月入黄埔军校高级班学习。1929年1月应国民党云南省主席龙云之邀回滇，在昆明开办军官候补生队，任副队长。后任滇军98师军士队队长，3旅6团营长、5团副团长。抗日战争全面爆发后，任国民革命军60军184师1085团团长，随军开赴抗日前线，1938年率部参加了台儿庄会战。1939年起任184师副师长、师长，60军军长。1945年日本投降后曾率部到越南受降。1948年10月率60军于长春起义，所部被改编为中国人民解放军50军，任军长。后率部参加解放鄂西、进军西南作战。后参加抗美援朝。1955年9月被授予中国人民解放军中将军衔。荣获一级解放勋章。

张静君：工兵尉官的抗战经历

张静君(1921—2013)，浙江诸暨人。黄埔军校16期工兵科毕业。2013年1月31日，笔者拜访了张静君老人。老人居住在诸暨城内暨阳路一带，与小他几岁的老伴生活在一起，除了耳朵有些背，身体状况良好。访谈时，老人儿子在边上做一些方言翻译。以下内容根据张老先生的口述整理。

我于1921年7月13日出生在诸暨。父亲原来是装裱工，后来到法院当录事，也到监狱里当过管理员，做过科长。我的小学是在诸暨城内的乐安小学念的。因为父亲在衢州法院做事，所以我是在省立衢州中学念的初中。后来又随着父亲工作的变动到金华继续念初中，并于1937年毕业。正好这年抗战全面爆发，随着战事的吃紧，日本人开始往诸暨县城扔炸弹。为了安全，家人让我到诸暨青山乡下外婆家躲避了一段时间。1938年8月，我准备回到金华继续念书。到金华城内后，看到有黄埔军校的招生广告贴在街上，知道黄埔军校16期在招考学生，条件是中学毕业。我当时正好18(虚)岁，年轻人么总要对国家做点贡献的，我也符合报考条件，所以约了几个同学一起去报考。我记得考的内容是中学学的普通科目，文化课考完后又进行了体检，最后被黄埔军校本校16期工兵科录取。

因为黄埔军校本校的器械不够学生训练使用，所以我们这批在金华考上的200多人被拨到位于湖南零陵的工兵学校学习受训。那时火车还是通的，从金华到零陵只用了一个多星期。

我们是在1938年8月入学的，军校同一届学生有两个大队，一个大队有400多人。一个大队又有4个队，每队100多人。军校的教育长是林柏森，他是保定军校毕业的，留学过日本。我隶属2大队5连。大队长是李乐中[①]，他是黄埔4期毕业的。连长是李淮，他是黄埔7期毕业的。军校的条件还好，虽然光脚穿草鞋，但可以吃饱肚子。我们每天天未亮就起床，冬天5点起床，夏天4点半起床。起床后跑步，然后吃早饭。早饭后上课，主要有筑城、交通、渡河、爆破4门课。还有射击课（有实弹演习）、政治课（主要讲"三民主义"）等其他课程，但是没有外语课。于1939年11月毕业。

毕业后，我奉命到位于四川重庆的军政部12补充兵训练处报到。处长是成刚[②]，他是黄埔2期毕业的。我当时在3团1营1连任少尉排长。连长的名字还记得，是鲁益斋。训练处的主要任务是训练士兵。那时经常会有日机来骚扰，几乎天天来，所以我们也担任放哨和警戒的任务。如果看到警报来了，就负责通知城防。

1940年8月，军令部调我到西安陆军大学参谋班学习了一年，主要学习如何作战、如何收集情报等，都是在教室里上课。参谋班主任是金典戎少将[③]，毕业时我的成绩较好。1941年8月，我回到部队，并晋升了一级军衔，成为师部的中尉参谋。

太平洋战争爆发后，补充兵训练处变成野战军，1941年10月编入远征军66军，下辖新编28、新编38、新编39师。该军编成后即编入入缅远征军参加作战，新编38师长就是著名的孙立人。我在新编39师。66军军长是张轸[④]，39师师长是成刚。我们从重庆出发经贵阳到达昆明，师部设在云南顺宁。我当时在117团1营1连。部队基本都是在云南驻防，记得的地名有顺宁、宝山、下关等。1941年12月之前，我们主要在滇西防守。1942年，曾在一个叫滚弄的地方和日本人打过，那时我是连长，我们防守，日本人的步兵进攻，结果他们也没攻上来。从前线退下来后，我们在怒江东岸防守，隔江打日

---

① 李乐中（子正），山东高唐人，黄埔4期工科毕业，国民党少将，曾任中国驻印军工兵10团团长。1979年底在湖北武昌病逝。

② 成刚（1905—1964），湖南宁乡人，黄埔军校2期步科毕业。陆军大学特别班2期毕业。历任国民革命军2师排长、连指导员，87师235旅营长、团附，新编5军荣誉2师团长、副旅长，军令部4处处长。1942年任中国远征军暂编66军副军长兼参谋长。1945年3月授陆军少将。同年10月任中央训练团办公厅少将主任，参谋本部国防要塞处武汉要塞筹备主任。1948年9月授陆军中将，任102军军长。1949年到台湾。

③ 金典戎（1904—1968），山东掖县人，东北陆军讲武堂4期步兵科、陆军大学7期毕业。1939年6月任陆军大学西北参谋班少将副主任，1940年4月升任少将主任。

④ 张轸（1894—1981），河南罗山县人。保定军校、日本士官学校毕业，陆军中将。1949年起义。

军，不大有伤亡。因为惠通桥被炸掉后，日军在对岸过不来了。后来66军番号被撤掉，39师隶属11集团军，总司令为宋希濂。守怒江时，我们有捷克式轻机枪、82式迫击炮，但是没有山炮和野炮。那时我们还没有美式武器，日军武器比我们强，有山炮和榴弹炮。11集团军司令部设在大理，师部设在征康。

1943年8月，我接到通知，说我们这批陆大参谋班特1期的培训时间太短，要继续培训，于是我又被招回湖南零陵的工兵学校补训。等到1944年8月毕业后，听说云南的原部队找不到了，应该是打光了吧，回不去了。当时正在进行第四次长沙会战，日本人沿着铁路线打过来，衡阳失守，零陵也失守了。零陵有5军的师管区，改编为5军突击2总队，我当时就加入到这个突击总队，总队司令是彭壁生。他分别毕业于黄埔4期、陆军大学7期。因为湖南已经沦陷，我们只得在湖南、广东、广西等边境交界处的高山里打游击。打游击很辛苦，因为给养会供应不上，有什么吃什么。吃大麦糊比较多，有时能吃上米饭。回想起来，湖南民众对我们军人最好。

我们在湖南道县、广东八步、广西贺县等地都与日本人打过遭遇战，我们有伤亡，但比起前线不算多。在道县，因日军守军较少，所以我们攻克了曾被占领的县城。日本人投降时，我们就在道县。随后被编入94军5师。94军军长是牟廷芳，5师师长是李则芬，当时5师驻扎在广西柳州。我担任5师师部的少校参谋。

1945年9月，我们5师被空运到上海，再由上海赶赴苏州接受日军13军团部分日军投降。那时日本人碰到我们都是鞠躬的，有中国军人打他们，他们也不敢还手。其实这些投降日军并没有被关押起来，只是集中在一个地方，他们纪律还好的，自己管自己管得很好。

（访谈者：朱　丹）

李廷奎：指导员的故事

李廷奎，1923年出生，安徽休宁人。黄埔军校3分校16期毕业。2014年1月27日，笔者访问了李廷奎老人。老人现居温州乐清市乐成镇呈祥路76号，可能老人平时比较寂寞，对于笔者的到访甚是高兴，整个访谈过程一直笑眯眯的。老先生记忆不错，但他本人说去年中过一次风，记忆大不如从前，如果在他中风前去访谈则能回忆出更多的往事。以下内容根据其口述整理。

我不是本地人，老家在安徽休宁。我父亲的成分算地主加资本家吧。他在杭州官巷口与人合伙开了一个名叫“聚源”的当铺店，这个当铺店有好几个股东，我父亲是股东之一。我出生于1923年4月1日，小学教育是在杭州完成的。抗战全面爆发后，我们回到了安徽。1938年，我在白岳中学读书，那是一所流浪学校，办在白岳山，每人自备一块木板、一个凳子在树林里读书。这样也只读了两年初中。

我家有3兄弟，当时募兵制规定三抽一。我哥哥已经结婚，有了儿子，我是老二，老三还小，所以自然我去参军合适。我加入了位于江西雩都的国军105师[①]，当时年龄虚报了一两岁，但有1.70m的个子。一年多后，战干3团也就是战时干部训练团在招人，我就去报名了。要体检，体检的都是女护士，让我脱光衣服检查，我不肯。其实是看看有没有痔疮。后来来了一个名叫胡养蒙的考官，他帮我检查了身体。因此，我也给他留下了印象。我们的笔试是在屯溪的旅店里完成的。写一篇作文，题目是《在三民主义领导下的青

① 105师原来属于东北部队。“九一八事变”以后，张学良把东北军3、4方面军的警卫部队和张作霖的卫队团等扩充改编为105师，张学良任师长，刘多荃任副师长。1937年2月，国民政府以105师为基干扩编成49军。其后参加过淞沪战役、武汉会战、南昌会战、长沙会战、浙赣会战。

年》。大家围在八仙桌上考试。我的数学不行，所以由同学代替完成。作文交上去后，被胡养蒙看到，就在我的试卷上批了“青年有为”四个字，就被录取了。我的成绩不是很好，所以是“备取生”，但在“备取生”中成绩排第一名。当时正式录取的以中学生和小学老师居多，但很多人后面没有去报到，我自然就被正式录取了。其实还有复试，但比较简单，只是问问。

我在战干3团分在“政训科”，只读了6个月。后来又到成都本校补训了一年多，毕业文凭是步科。我这个人玩心重，在战干3团正式开课后，只上了3次课就觉得无聊了，第四节课开始干脆就不去上了，跑出去玩。点名时发现我不在，我回校后被教官拎去训了一顿，问我为什么不去上课，我说无聊，打仗不是靠书本的，不是靠步兵操典的。教官是东北人，说南方人嘴巴厉害。然后就拿了尺子抽我的腿，要求以后不许逃。在军校学习的6个月，我们只打过3发子弹，扣扳机时要求三线一致，屏住呼吸。我们还学了兵器学、弹道、地形等科目，脑子糊里糊涂的囫囵吞枣。我吊双杠上不去，跳马变成了骑马，我们的区队长说我是卖狗肉的。区队长叫陈则知，是浙江人，对我不错。但我的战术学得不错，理论学得好。有一次区队长问，中间是公路，左边是山，右边是河，前面有敌人，你怎么处理。我回答，公路派流动哨，左边山上重机枪埋伏，右边派尖兵。区队长听后点点头。

毕业时学校告诉我们属于军校16期。分配时问我到哪里去，我说要回老家。我奉命到105师报到，驻地在江西雩都，我留在313团部的“中山室”管图书。一段时间后，下放到315团当连指导员，军衔开始是少尉，后来升至中尉。不久，参加了浙赣战役，主要是打衢州战役。105师3个团，313团、315团，以及一个野战补充团参加了此战。普通士兵发的是丽水兵工厂造的中正式步枪，8斤重，一次只能发一颗子弹。其他武器有冲锋枪，其中一种是汤姆森冲锋枪[①]，是弯把子的，下面可以装50发子弹。还有一种是苏联造的圆盘子机枪，适合大个子使用，中国人用起来不方便。有一种机枪是中国自己造的，质量不行，打了以后，枪管发烫，甚至子弹都粘在枪管上。我佩带的

① 汤姆森冲锋枪是以美国自动武器公司创建人之一约翰·汤姆森将军命名，1930年，美军采购M1928A1式汤普森冲锋枪作为制式装备。同期，中国太原等地的兵工厂开始仿造M1921式汤普森冲锋枪，汤普森冲锋枪威力大，射速适于近战，缺点是结构复杂、质量较大、精度不足。

是10发左轮手枪，好看但不能连发，打仗时不能靠这个。其实我倒愿意配给我能连打20发的快慢机，难看是难看，但能连发。

我这个指导员是军部委派的，具体工作就是搞政治宣传，做好士兵的思想工作。比如部队经过某地时，刷写标语，将山上的红土和了，写些“中国永远不会亡！”之类的话语。给当兵的上政治课，一个星期上一次课，一个月上四次课，一次课上50分钟到1个小时。上课的资料是政治部寄过来的，按照上面的要求讲“只有一个中国、只有一个主义、只有一个领袖”。只有一个中国是没错的，但是只有一个主义、只有一个领袖就是蒋介石的政治需要了。还有讲“抗战必胜、建国必成”之类的课。团长说我讲的都是好的，坏的都不讲，文不对题，认为我是卖狗皮膏药的。比如只讲我们打了多少胜仗，杀死了多少鬼子，不讲我们打败仗的真实情况。也教士兵认字，普及地理知识，告诉他们中国有几个省、有哪些大城市、沿海的省有几个等。教唱抗战歌曲对鼓舞士气还是起了点作用的，比如教唱《大刀歌》《我们在太行山上》。

105师老底子是东北部队，官兵关系很好，像兄弟一样，连长对指导员很尊重，我也尽己所能帮助连长稳定队伍。比如对待逃兵，连长对他们态度比较粗鲁，抓回来后用扁担打。我说不要打，我来教育。逃兵有三种，一种是想家，想父母了；一种是被人骗出去卖给兵贩子的，抵有钱人家的壮丁名额；还有一种是兵痞子，自己卖自己，帮人家顶替壮丁名额，借当兵机会弄点钱，到部队后找机会逃走，顺便把枪带走卖钱。我把抓回来的逃兵单独组成一个班，让一个负责任的人当班长，让他睡在逃兵中间，我自己睡在外头，让他们没机会再逃。逃兵班的班长要会讲普通话，我让他对逃兵班进行训练。有一个福建来的兵很有意思，每次喊一二一的时候，他的左脚就容易卡住，让人忍俊不禁。其实想当逃兵的人还是有征兆的，所以要注意士兵与外界接触多不多，多的就要留意了。还有外地的兵不容易逃，因为地形不熟悉，不知道线路。当地的兵只要换个地方就不容易产生逃的念头了。我前后当了差不多6年的指导员。

有一次，在我们部队从江西到福建建阳转移过程中，我生病吐血了，走不动路，结果就掉队了。后来被路过的67师收留，只好跟着他们转移。他们是移防到北方的，一直朝北走，我边走边想母亲，怎么办呐，离家越来越远了，什么时候能回家啊。最后都过了黄河了，那座架在两岸的桥是木头做的，所以承重力不好，只能走小火车。过了黄河生活就苦了，吃的是馍，用糙玉米粉做的，南方人真不习惯。

幸好 67 师要返回湖南常德了。在湖北三斗坪，我们遭到日机轰炸，我被碎弹片击中，皮肤外伤很多，当时没什么医疗条件，就用绷带包扎了一下。不久，收到通知要求到成都本校受训，那是 1944 年。补训期间，我的腿开始发炎，腿肿得像大象腿，只能动手术解决。军校医疗条件差，没有麻药，就在手术台上把我的手脚绑住。手术中取出来的脓将手术桶都装满了。手术后，身体马上轻松了。

补训的生活比战干 3 团有趣，我在那里学会了驾驶轻坦克。轻坦克靠拉杆操纵，操纵杆很灵敏，像一挺轻机枪。补训了 1 年，结业时正好抗战胜利。反正胜利了，我就想回家。发给我一笔胜利奖金，还有在乡军官证，我还带了好几万官津回家。

新中国成立后我曾任乐清汽车站站长。

（访谈者：朱　丹）

李树森：亲历重庆大轰炸

李树森(1915—2015)，天津人。黄埔军校15期毕业。2014年10月4日，笔者访问了寓居在浙江省富阳市幸福路的李树森老人(字白墨，又名少亭、一苗)。老先生虽已99岁高龄，但依然儒雅，气质不凡。老人现与三儿子居住在一起，平时喜挥毫泼墨，以书画会友。以下主要内容根据其口述整理，部分参考了其他资料。

我是1915年农历九月十五出生的，那时一家子随父亲在北京生活。我4岁那年，父亲过世，我的母亲只好带着我回到天津老家。好在父亲6个兄弟的子女中，只有我1个人是男孩，所以，自幼备受长辈们的宠爱。从6岁开始，祖父就让我每天在庭院的方砖台上练字，还请了当年天津颇具盛名的书法家张伯年先生做我的师傅，教我书法。小学四年级时，在学校的一次书画比赛中，我获得了第1名。

1928年前后，我考入天津市立师范学校。“九一八”事变后，因家道中落而辍学，考入百货公司做广告学徒。当时，我加入了天津著名艺术团体“绿蕖画会”，师从著名画家苏吉亨。每次课后，苏吉亨都将一个铁皮画筒交给我，里面装的全是绘画手稿，供我回家临习。自此，我的艺术造诣日益精进，后来为《大公报·小花园》《国文周报》等创作刊头图案。

1934年，我携苏吉亨的介绍信报考上海新华艺术专科学校，受到汪亚尘[1]热情接收。在艺专，我与冼星海[2]的妻子钱韵玲，以及后来成为我的妻子

---

① 汪亚尘(1894—1983)，浙江杭州人，原籍安徽太平(今黄山)。后入新华艺术专科学校任教务长兼师范学校校长。汪亚尘擅长花鸟虫鱼，从西洋绘画入手，并深研中国传统技法，融合中西，以画金鱼著称；30年代，汪亚尘的金鱼、徐悲鸿的马、齐白石的虾并称“三绝”。

② 冼星海(1905—1945)，祖籍广东番禺，出生于澳门，是中国近代作曲家、钢琴家，于1939年所作的《黄河大合唱》是最广为人知的作品。

的张相兰是同学，钱韵玲与我妻子还是同一个宿舍，关系很好。她们曾为上海的地下党送信。

1937 年，我从艺专毕业后到上海西藏路的佛慈药厂工作，与此同时，我兼职替上海《大公报》画广告与插图。当时，上海作为一个国际大都会和全国经济文化中心，云集了各行各业的大量精英人士。可以说，从“九一八”事变到“淞沪抗战”前夕，是上海民众抗日救亡的勃发时期。我耳闻目睹上海各界民众集会、游行，抗议日本对中国东北、华北地区的侵略，开展抵制日货等活动。我所在的佛慈药厂地址就在大世界附近，上海市民经常在附近声讨日本的侵略行径，日军的种种战争暴行。这些激发了大家的抗战热情，让人深感“国家兴亡，匹夫有责”。因此，我与当时许许多多年轻人一样，不由自主地投入到救亡运动中去，我想用我的画笔，宣传抗战，鼓动人们奋起抗击日本鬼子的侵略。我与其他人一起参与了无数次宣传抗战的街头表演活动，让我最难以忘怀的一件事，莫过于有一次大家正在大世界(一个上海著名娱乐场所)附近表演街头剧，此时，一架日本飞机扔下的炸弹正好击中旁边的几座建筑，炮弹轰鸣造成的巨大声浪，使得我的耳朵几乎听不见声音。眨眼之间，原来的一片喧闹繁华的街市，顿时血肉横飞，只剩下堆堆断墙残瓦，停在路边的 20 多辆汽车全部起火燃烧。由于这一地区是上海的闹市之一，有不少难民聚集在道路两旁，炸弹落在这里后，死伤 400 多人，车辆的残骸和许多难民的断肢残躯四处抛散，惨不忍睹。我认识的一位朋友臀部也被炸得鲜血淋漓，那幅血淋淋的惨状让我终生难忘。我意识到，国家已经到了生死存亡的关头。如果没有了祖国，哪会有老百姓的安居乐业？我决定投笔从戎，参军报效国家。

“淞沪抗战”后，我经南京到汉口，报考了黄埔军校武汉分校，成为 15 期学生。其间，参与了“非常时期战地服务团”的工作，利用自己的文化特长，从事抗日宣传，并一度在时任国民政府军事委员会政治部副部长周恩来的手下工作。让我记忆犹深的是，当年周恩来留着胡子，不仅说话极具鼓动力，而且态度和蔼可亲。后来，在日本军队的大举进攻面前，武汉也吃紧了，大家准备撤退到长沙去。临行时，周恩来还给我们发了一些盘缠，作为撤退到长沙的路费。

在长沙的那些日子里，我和妻子在青年会和战地服务团做抗日宣传工作，地点就在长沙的左公祠(左宗棠祠堂)，我们组织表演，唱爱国歌曲、演戏。

当年我演话剧颇有点名气，战地服务团不仅给老百姓演戏，也给军队表演，借此鼓动军人的抗日士气。我的夫人则在长沙中山女校教音乐，在长沙特别有名气。

不久，战地服务团跟随部队西迁到了陪都重庆。我曾在重庆西郊复兴关的中央训练团[①]担任教材科科长，当时，只有 24 岁(1939 年)。由于年纪太年轻了便当科长(负责当时中央教材的编写)，身边的人都称我为小(肖)科长，不知情的都以为我姓肖。

在重庆期间，工作除了劳军之外，主要任务仍然是从事抗战宣传。我们用手中的笔杆子，在报上、在墙上画宣传画、写抗日标语，因为街头墙上的绘画、标语最有说服力，最简单易懂，也最深入人心。我曾随宋美龄这些人到前线去慰问将士，同时，带去了许多抗战剧目。

在四川的那段日子，我与全体市民一样经历了日本飞机对重庆的狂轰滥炸。日军为了消除中国人民的抗战决心，竟然对人口稠密的居民区实施了疯狂轰炸。那时，只要日机来了，市民以及马路上行人顿时嚣浮起来，人群奔着、跑着、叫着，爆炸的轰鸣声、悲痛凄厉、失望无救的惨叫声连成一片，到处血肉横飞，血迹斑斑，各处火光冲天，死者如山，惨毒之状，让人罄竹难书，这些事让我终身刻骨铭心。尤其记忆深刻的是发生在重庆较场口的大隧道“六五”防空隧道惨案，万名避难人员因窒息而死，[②]悲惨的场面让我终生难忘。

我们知道，日本人对平民区实行的轰炸带有明显的目的，他们不仅要摧毁重要的建筑、设施，扰乱抗战后方的金融、商业，引起更严重的社会恐慌，借

---

① 1938 年 4 月，国民党临时全国代表大会决议训练党员以应抗战，接着设立中央训练委员会统一领导训练事宜并制定训练纲领、计划和教材等。1938 年 7 月 7 日，原武汉珞珈山军官训练团改组为“中央训练团”，由中央训练委员会直接领导。1939 年 1 月，中央训练团迁川，先驻江津杜市，同年 3 月 1 日，举办了 1 期党政训练班。10 月，新团址觅定开工修建，中央训练班迁入重庆西郊的“复兴关”。自 1940 年开始，中训团的训练工作步入正规化阶段，是国民政府抗战干部的培训基地。在太平洋战争爆发后，为适应国际国内形势需要，中训团又成了国民政府推行人力总动员、干部总动员的主要基地，成为国民政府在整个抗战时期的最高训练机关。复兴关中训团，由蒋介石亲任团长，陈诚任教育长，副教育长有王东原具体经办。

② 抗战期间，重庆经常遭到日军飞机的轰炸。于是，国民政府便组织人力挖掘了不少防空洞，大隧道便是其中之一。它位于市中心稍偏西的一个叫十八梯的地方，洞内能容纳四五千人，这便是较场口大隧道。1941 年 6 月 5 日的一次夜间大轰炸，使躲避于重庆较场口一个防空洞内约 12000 名市民死亡，酿成了震惊中外的“重庆较场口大隧道惨案”。

以摧毁中国人的抗战意志，逼迫我们投降。

我亲历了山城遭受到的多次野蛮轰炸，造成了老城区有 19 条街道被炸成废墟，银行林立的陕西街被日本飞机炸得七零八落，商业繁华的商业场、西大街一带几乎炸成一片废墟。由于重庆民房多为竹木结构，日机携带大量燃烧弹，使市区被炸起火，烧成一片火海。重庆是住不下去了，于是，我带着妻子到了万县。

我的妻子在万县女中教书，可是没过多久，小县城也难以幸免，因为日本战机也跟着过来轰炸。记得万县有座山，叫太白山，下面有个青阳宫，许多人就是躲藏在寺院里也未能幸免。后来，我到万县一所中学教美术，不过，只教了一两年，抗战胜利，我们也复员回来了。

（访谈者：龚玉和、范晓娟）

李祚达：远戍印缅亲历

李祚达(1920—2008)，浙江奉化人，黄埔16期毕业生。曾任宁波市七、八、九届政协委员，宁波市黄埔军校同学会副会长。本文根据其本人生前撰写的《远戍印缅亲历》整理。

1942年春，中国远征军宣告成立，并第一次入缅。远征军刚入缅，即与日军激战于伊洛瓦底江，结果失利，被迫退守云南高黎贡山一带。英军在腊戍陷于日军包围之中，远征军奉令回师解救。经过苦战，解救了英军，而自身则被日寇包围。远征军被迫兵分两路突围：一支7000余人，向西退入缅北原始森林，5000余名壮士长眠于异国他乡，1800余名幸存者就地组成中国驻印军，继续抗击日军；另一支向我国云南方向北撤，途中险象环生，不断遭到日军伏击，生还者亦所剩无几，200师师长戴安澜也壮烈牺牲。

1942年底，中国远征军重新组建并再度入缅参加战斗。我就是在这个时候被编入远征军并参加第二次入缅战争。1942年11月4日，我们从昆明巫家坝机场起飞，离开昆明盆地，飞越“驼峰”，到达印度阿萨姆邦汀江地区。

第二天，我们4个小队和先期人员凑足500人一列专车，启程奔赴比哈尔邦兰姆伽军区。兰姆伽位于印度第一大商埠加尔各答西北约150英里处，此行将有5天水陆行程。负责列车指挥的是我团张宏范副团长，联络官是英军一少校。当天上午9时左右，我们齐集在汀江火车站，军官全乘卧铺，士兵则分配在头、二等列车。国内外军人待遇有很大区别。

经过一个晚上的行程，到达了孟加拉湾恒河西岸，换乘宽轨火车，绕道加尔各答，继续前行。又过了3天多的旅程，我们终于到达了目的地比哈尔邦兰姆伽。比哈尔邦虽离海岸不远，但气候较为炎热，且土地贫瘠，水利设施较差，其自然条件和经济状况远不如孟加拉湾一带优越。中国远征军的驻地就设在这里，外面挂有“兰姆伽训练中心”(简称兰伽军区)。驻地方圆五六英里。西区是交通区，设有一座火车站，铁路西侧的平原上有一小山头，为轻重兵器、火箭筒、地雷、火焰喷射器等实弹射击场地；南区是商业区，设有一个规模不大的集市，再向南则是一块田野村庄，人烟稀少，灌木丛生，是理想的步兵和炮兵演习场所；北区地面宽阔，供坦克兵和机动车训练之用；东区有一条小河，过了河即是工兵和通信兵的演习区域。

兰伽军区总部设在东区。总部有平房10余幢、1所医院、1座电影院（可容纳两千人，昼夜放映）、1座自来水厂等。直属军区营房仅容纳2个步兵师和直属部队（38师和22师，主要由第一次入缅战争后突围入印的1800余人和此次空运的部分兵力组成），后期到达的其他独立营团分别驻扎在各自帐篷区内，密布在军区四周，各自设哨。我团编为中国远征军炮兵4团，驻扎在东北一侧帐篷4区。

兰伽军区设有参谋总部和军事顾问处，下设步校、炮校和工兵、汽车驾驶、坦克学校等，培养战地人才。总部总指挥是美国史迪威将军，我国罗卓英将军是副总指挥。总部隶属于同盟军西南太平洋司令部（该司令部设在斯里兰卡，由英国皇家海军中将、印度总督蒙巴顿将军担任总司令）。史迪威将军出生在中国，并在天津和郑州度过了他的童年和青年时代，是一位中国通，能说一口流利的中国普通话，我在兰伽电影院聆听过他的讲话。他个子不高，眉清目秀，平易近人，没有趾高气扬的官架子，穿着与普通士兵一样，不佩戴陆军少将的肩章和领章（1943年晋升为陆军中将），没有前呼后拥的警卫。当我团抵达驻地后，老将军穿梭于各营团之间，督促训练，格外繁忙。

罗卓英将军是黄埔毕业生，1943年夏奉调回国，由郑洞国将军继任。郑将军是黄埔1期的先辈，儒雅可敬，与史迪威将军合作十分融洽，新中国成立后曾任全国政协副委员。

38师师长孙立人将军是当时唯一的非黄埔系将领，他治军甚严，第一次入缅战争中表现出色，因解救腊戍被围英军有功，得到过蒙巴顿将军代表英国政府颁发的勋章，后在反攻缅北、打通国际公路的战斗中，屡建奇功。

22师师长廖耀湘，黄埔6期的佼佼者，因一眼有疵，故人称“廖瞎子”。作战灵活，口才极佳，我曾亲自听过他所做的关于缅北战场的专题报告，很受鼓动。但他爱钱如命，颇受下级军官的指摘，记得我在一厕所墙上见到过用木炭勾勒的一幅漫画：一口棺材中躺着一个人，一手伸外，口里嚷着“我要钱”。漫画的标题是“廖瞎子死要钱”。

在密支那会战前夕，驻印军又增加了3个步兵师，扩大为2个军，以38师为主力成立了新1军，由孙立人任军长；以22师为主力成立了新6军，廖耀湘任军长。

我团是一个独立炮兵团，团长蒋公权，浙江诸暨人，法国卡尔登炮校毕业，曾任黄埔军校7分校的炮兵科长。营连排骨干都是军校或炮校出身，士兵大都是陇陕川子弟，后来加入了300余位青年学生，规模扩大。全团分3个营，每个营4个连（其中3个为火炮连，1个为运送弹药汽油的补给连），团部还有1个直属连（名曰团部连，负责通讯、警卫和交通），团营连都配备有美军顾问（我记得团里顾问有3人，即考茨上校、柯灵斯中校和伯格上校），负责武器弹药的补给、训练和作战指导。他们住宿在顾问处。

部队训练在美军主持下进行。一般先教官，再由官教兵，要求官兵都能精通有关炮兵的各项技术。所以先由军官到有关学校接受专业训练，然后依次学习其他专业，回来后再带兵训练。整个训练内容安排相当繁多，时间极为紧张，但一切都进行得井然有序。英国军方负责供水、供电、供油、供给养等工作。

我团的武器装备不甚理想，个中还有些风波。正规军事训练后，顾问处给我团装备了155型榴弹炮，但这些榴弹炮制作粗糙，而且炮架上刻有“1918”字样，一看就知道是被淘汰的第一次世界大战的剩余武器。我团要求装备105型榴弹炮，但库存无货。据说原有105型榴弹炮百余门，在印度洋运输途中，被德国潜艇击沉，葬身海底，只好暂以75型榴弹炮替代，两月后才有105型榴弹炮补给。这件事当时是由我一手交涉定的。说起来也真是好事多磨，还在国内的时候，我们全团南下接收火炮的目标至此方得以实现。除火炮外，我团装备的步枪也是“一战”后期的剩余物资，枪筒又长又重，性能还远远不及国产汉阳79型；冲锋枪，又名汤姆森，也是过时货，口径大，子弹重，射程近，瞄准性能又差。官佐们议论纷纷，极为不满，因为这是美国租借给我国的军需物质，并非无偿恩赐。其他如对讲机（一是笨重，每台约10kg；二是通讯距离短、仅5里）、汽车（均系4×4、6×6重型军车）等也有差距，唯发报机，使用起来比较满意。

考虑到“中国远征军”名不符实，所以，于1943年初更名为“中国驻印军”，与此同时，在我国云南保山成立了“中国远征军”。而美军机关则习惯佩戴 C. B. I. 字样的标记，即 China（中国）、Burna（缅甸）、India（印度）的缩写。

经过一段时间的正规训练后，我们开始变换驻地，从原帐篷 4 区，迁入东部偏西一侧的营区。该区原是 22 师一个团的驻地，因这个团奉命开赴缅北战场，所以由我团进驻。当时，印度天气十分炎热，高达 41—43℃，但我们照常坚持训练。

不久，即 1944 年雨季来临之前，我团得到命令立刻离开兰伽军区。于是乘车绕过加尔各答市区，到达加市西北排拔里铺车站，改乘火车前往西里古里，这是一个紧靠大吉岭和我国西藏边境的车站。从这里又乘了 3 天路程的汽车，来到了我们最先踏上印度国土的阿萨姆邦汀江地区。仅一年多时间，昔日冷冷清清的边境小镇，此刻则变得十分热闹，原来这里已经开辟为缅北战场的后方基地，有机场、仓库和英军补给机关，通往我国内地的“中航机场”和“战地后方总医院”也设在这里。20 英里之外，即为中国驻印军总部雷多。雷多是印度铁路的终点站，又是中印缅公路的起点，战略地位十分重要。自 1943 年日军在困帕尔遭中国驻印军重创后，已很少在这一带骚扰，所以雷多公路两侧多设数公里长的炸弹仓库和汽油仓库。

与汀江相距亦 20 英里，并与雷多、汀江呈三角形的一块冲积平原，名色地亚，往里进去 60 余英里，有一块被原始丛林包围，东西约 500m、南北约 300m 的小平地，是我团此行的目的地，这块小平地原本没有地名，那时，我们仍以“色地亚”呼之。此地原由驻印军战车 1、2 营驻守，附近公路、木桥均由他们修建。因为这里是一块原始地带，公路两侧即为林海，很少有人居住。我团进驻的任务，是进行适应性训练，以尽快进入缅北战场参加战斗。

所谓适应性训练，主要是锻炼适应森林战的特殊能力。森林战有很多特殊要求，又十分艰苦，非常人所能想象。在这里，炮兵必须改变射击方法，采用 45°以上的高射界射击，因为 45°以下射击往往受到茂密树枝的阻挡而达不到目的；空中观测方法亦与平地不同，一般多采用小型飞机，灵活机动；其他如采用的进攻武器与战术，亦有相应的调整。所以，我们的训练安排得很紧，只有星期天，稍稍可以到汀江、汀苏卡或雷多、色地亚采购一些必备日用品，或放松一下紧张的情绪。

在森林地域的生活也有许多特殊要求，比如每日要吞服一粒阿托品药丸，以防疟疾感染；还要服食一颗 10g 重的食盐，以防中暑；一到傍晚，每人务必放下长袖、穿着长裤，站岗放哨的士兵更需戴上头帐，以防各种飞虫和无孔不入的吸血旱蚂蟥缠身。

抗日战争进入后期，中国驻印军由于连年与日寇作战，伤亡很大，兵力亟待补充。所以自 1944 年开始，总部陆续从昆明空运来一批又一批学生为主的青年军。这批青年军先编入步兵师，经过训练再充实到特种部队。

我所在的团部接到雷多总部通知，有 300 名青年学生编入我团。团部要我负责接送与集训事宜。从雷多接回团部后，就将青年学生平均分配到各营连和直属单位。由于他们大都是内地初高中生，个别是大学生，文化素质较高，所以要求集训人员也应有较高的素养与过硬的技术。第二天，成立了青年军训练队，团长蒋公权亲任集训队长，命我任副队长（我当时是团直属连上尉副连长），全权负责具体事务，并在全团临时抽调黄埔 17、18 期的成绩优异者充任集训队骨干。整个训练为期 4 周，依次学习炮操、观测、有线无线电通讯等基本技术。由于青年学生素质好、接受快，外加有一股强烈的报国热情，所以，短短一个月，收效甚为显著，得到各营、连长的赞许。结业后，均委以下士班长。青年军的到来，无疑大大提高了我团的整体素质。

过了几个月，我又接到雷多总部下达的一项特殊任务，要我带领武装士兵 20 名，从汀江出发，前往加尔各答，随行的还有美国顾问柯灵斯中校和翻译官。当时去执行什么任务，我并不清楚。到了加尔各答，我向美军补给（后勤）总部报到，但总部并没有立即交代任务。到了第四天，任务来了，要我们去码头护送 120 余名华侨至雷多总部。这批华侨原是在外轮服役的下属海员，因太平洋战争爆发，船到美国即被解雇，后经国民政府驻美使馆周旋，遣送回国。这批海员多数是粤闽籍人，在国内皆有妻儿老小，如能遣返回国，正遂心愿。谁知回国并不是回乡，而是要他们当兵，编入驻印部队。我出于同情和乡谊，要了 4 名鄞县东钱湖人编入我团服役。

在我团进入"色地亚"驻地待命的同时，驻印军与日寇在缅北的战斗从未停止过，而且进行得非常激烈。战斗越深入，交通显得越重要。其中，中印缅公路（俗称"国际公路"，西起印度阿萨姆邦东陲的雷多，东至我国云南昆明，全长 1037 英里），是中国与外部世界联系的大通道、大动脉，对于抗日战争后期具有特别的意义。但是，自从第一次入缅战争中我方失利后，日寇乘机侵占了龙陵、腾冲等地，致使中缅公路拦腰被截，交通受阻，大大影响了我方军事行动的深入。

所幸的是，驻印军打了一场漂亮仗，杀伤了日军的有生力量，并乘势组织更大规模的密支那和八莫会战。令人鼓舞，驻守在云南保山的中国远征军几乎同时发动了大反攻，收复了滇西重镇腾冲，继续向怒江、龙陵挺进，从而形成了东西夹击日寇的有利形势，迫使日寇坂垣师团拉长战线，分散兵力，无力冲击。所以，战事的发展，一方面要求中印缅公路能尽早打通，另一方面客观上亦为打通中印缅公路创造了条件。

于是，筑路高潮到来了。筑路部队是以驻印军工兵团和美军一个机械化工兵团为主体，高架通信线路和输油管道的铺设任务则由美军黑人工兵团承担。筑路是一项艰巨的任务，因沿线没有沙石，所以只好事先伐木，构筑路基，伐木机和推土机是主要工具，筑路场面十分壮观，各项工作同时进行，甚至挑灯夜战，筑路的筑路，铺设油管的铺设油管，架设电线的架设电线，一寸一寸地往前延伸；筑路费用又十分浩大，从雷多到昆明共1037英里，10对铜质线路，3条口径8—10英寸的输油管，平坦区每40英里修筑一个泵站，山区则相隔20英里就有一个泵站，据美方估计，修筑这条公路，耗资相当于巴拿马运河的造价。而我要特别指出的是，这条路何止用金钱所能算清，为了打通这条路，中国驻印军和中国远征军有多少英雄儿女贡献了自己年轻而又宝贵的生命。修成后的中印缅公路正式命名为“史迪威公路”。

1944年末，八莫之战打响。八莫，位于密支那以南，是日军据守缅北的最后一个据点。因为那里是缅北丛林的边缘城镇，所以，日军曾在通向曼德勒公路线上架设了一条轻便铁路，八莫就是这条铁路的终点站。八莫城内，日军拥有一个加强团(联队)的兵力，我军则以绝对优势即两个整师的兵力包围了八莫城。战斗激烈程度不亚于密支那之战，双方战机出动，重炮轰鸣，持续近一个星期，最后，日军几乎全部埋葬在火海之中。

与此同时，中国远征军攻克了中缅边境的畹町镇，进入缅北地带，与驻印军相距仅百里。我军会师有望，日军日薄西山。

芒玉是畹町与八莫之间的一个小集镇，地处丘陵地带，相比丛林而言，地势较为开阔。这里便是缅北战场的最后一战。日军在小山头上构筑了绵延20余英里的野战工事，妄图做最后挣扎。我东西两军以绝对的优势兵力夹击日军，虽也付出较大代价，但仅 3 天激战，就彻底干净地把日军消灭在芒玉田野上。中国驻印军与中国远征军胜利会师，中印缅公路亦宣告正式打通。

1945 年 5 月 1 日，我团接雷多总部命令，立即启程回国，限期 3 天做好有关补充军需物资、检修车辆的一切准备工作。4 日上午，我团齐集雷多，共计 330 辆大小军车、80 辆加拿大产 5 吨型民用车，组成一个车队，浩浩荡荡踏上归国征途。车队首尾用对讲机保持联系，每辆车之间保持 20m 距离，每日行程约 150 英里。400 余辆重型车辆，牵引着 36 门大炮，穿梭在万木丛林之中，风餐露宿，走得相当艰苦。途中时时闪过十八一堆、三十成群的中国驻印军无名烈士墓碑，我们的心不禁紧缩起来，这些曾朝夕相处的战友永远长眠在异国他乡。

车队经芒玉到畹町，顺利回到祖国怀抱。5 月中旬，抵达昆明市郊，把随行 60 辆民用车交给西南运输处，继续北上至曲靖沾益，在山坡上驻扎，从此，我们告别了 8 天的长途跋涉，得以稍稍休整。不久，我团奉命向贵阳进发，参加了收复广西柳州的战斗。不久，日本投降。

（改写者：朱　丹）

杨益光：我在黄埔军校结识了一位共产党员

杨益光，1924年10月出生，浙江温州人。黄埔军校20期毕业。此文根据现任丽水市莲都区黄埔军校同学会会长杨益光为了纪念抗日战争胜利70周年，将他有关参加抗日及生平的回忆撰成的《我这一生》整理而成。

我于1924年10月出生在温州一个书香门第之家。祖先是清朝末年文职官员。父亲杨志由，留学日本早稻田大学，毕业回国后在杭州留下镇创办现代集体农场。母亲徐怜子早年曾在杭州惠兴中学教学数年。不幸的是，在我6岁前，父母因病先后英年早逝，一番事业蓝图，随大江东流一去不复返。我孤苦伶仃，依靠二伯父杨兆芳及二伯母抚养长大（二伯父是“讲试堂”毕业，曾任河南偃师县长多年，后升调南京国民政府国防部少将高级参谋）。我自幼好学要求进步，在温州教会学堂增爵小学免费读书，毕业后转学，在福建南平夜校明新速成中学完成高中学业。

1937年，日寇侵华战争全面爆发，温州接连不断遭受敌机狂轰滥炸，横尸遍野，焦臭难闻，惨不忍睹，我几乎丧命。1941年，温州第一次沦陷，[①]16岁的我在鬼子的刺刀威逼下当奴役做苦力，过着非人的牛马生活达半个多月之久，后日军被英勇的抗日部队33师猛烈炮火击退，向瑞安平阳落荒而逃，我才得以逃脱魔爪。日本鬼子的侵略行径在我少年心灵上留下阴影，从那时起，我就燃起了愤怒之火，刻下了对日寇的深仇大恨。

1941年秋，堂姐夫嵇文烈任职于抗日后勤军粮补给机构（浙赣军粮局南平办事处上校主任）来温州公干和接家属，我恳切要求同往办事处参加抗日

---

① 抗日战争时期，日寇曾先后三次侵占温州：第一次是1941年4月19日到5月1日；第二次是1942年7月11日到8月15日；第三次是1944年9月9日到1945年6月17日。

工作。办事处设在福建南平天官岭，在险要山洞里办公以防敌机滥炸破坏，该处从事补给东南五省的抗日部队军粮为主。

随堂姐夫抵达办事处后，我即被任用为上士文书兼管文件来往的收发工作，必要时也协助去往周边地区调查粮食资源情况，实在是工作繁重，时年仅17岁。因我积极努力工作，后被晋升为准尉文书之职，为抗日战争做出了自己的贡献。

我同时还在夜晚公余之暇，抽出休息时间到南平明新速成夜校高级中学继续求学（白天夜校由于敌机轰炸不能开课）。在昏暗的煤油灯下刻苦读书，完成了高中学业。

1942年春，黄埔军校成都本校招收学生。为国图存，愤怒激发了我刻骨铭心的国仇家恨，为保家卫国杀敌毅然投笔从戎，于南平考区报考黄埔，幸蒙录取为19期学生。招考主任程政带领新生10多名到江西上饶等候约月余，集中东南五省的录取新生数百人再启程向成都本校进发，由于沿途铁路公路均遭敌机炸毁，只好艰苦步行，经千山万水，过浙、赣、湘、黔、川诸省历时达半年多，好不容易到达成都校本部，还需等候全国热血青年初试的录取新生到齐，再经校本部统一复试才可正式成为军校学生。我们先到者暂编至新都入伍生团，学习数、理、化、外文等课程和基本军事训练又达半年时间。因黄埔军校建校20周年之故，将19期3总队改编为20期1总队（黄埔军校本校20期为校史上最严格的一期），总队长为裘时凯将军。

1943年秋，全国新生陆续到齐，经过严格的统一复试后，我被正式录取到20期1总队通信兵科学习，直至1946年12月25日毕业。

在校入伍期间，我结识了一位情同手足、亲密无间的知己同学李曼灵，

杨益光

他是中共干部，比我大好几岁，称我为小老弟，我俩无话不谈，谈救国救民争当革命先锋的话题，是志同道合的好校友、好战友。经他引导介绍准备几天后去往延安抗日大学一同入学。不料消息被校方特务跟踪发觉，李曼灵被关押后开除，我被隔离另关押在校禁闭室，室内由卫兵防守达月余。禁闭期间只有泪满胸襟，时刻思念记挂我的好同学李曼灵，并被轮流逼问和他是什么关系、有何活动等。我坚持回答是同学关系，无任何活动，其他之事一字不吐。最后在诸多进步同学的声援呼救下才被无罪释放，但很长时间仍被监视中。毕业后的几年，我天天在打听寻找他的消息和下落，亲爱的好同学、好战友你在哪里？若干年后，我真的成为中共党员。

我报考黄埔军校的主要理想是学好军事本领，复仇报国跟日寇战斗，直接杀鬼子以消心中仇恨，可惜事与愿违，等我毕业日寇已投降。

1946 年 12 月，军校毕业后即被分配到整编 25 师黄百韬部通信连任排长之职。当时因国民党破坏国共和谈协定，我不愿参加内战，到任不久即托病离职，借故住入杭州临平第八伤病兵医院修养，实际上和妻子回到了故乡温州结亲，后转入了驻扎在温州的 200 师叶芳部队，任通信连副连长之职，并于 1949 年 5 月 6 日率部光荣起义。

（原作者：杨益光，改写者：朱　丹）

邱宗英：战斗在杭嘉湖的敌后游击队员

邱宗英，1921年出生，浙江桐乡人。黄埔军校7分校17期步兵科毕业。2014年1月14日，笔者访问了现居海宁硖石镇某小区的邱宗英老人。老人因之前中风过，腿脚略有不便，听力不甚好，但记忆相当不错。在老人小女儿的帮助下，我们从早上10点一直交流到下午1：30，中间只休息了半小时，收获颇丰。临走前，老人还将自己在85岁时撰写的回忆录借给笔者看。以下内容根据老人口述整理，部分内容参考了老人的回忆录。

我是桐乡乌镇人，1921年农历六月初十出生。我的父亲与哥哥在离乌镇20余里的练市经商，经营着一家名为奕昌的纸烟店。我11岁那年，父亲去世，家里完全靠母亲操持，凭她做针线维持生活。她的手艺小有名气，所以前来加工衣服和绣花的顾客很多。我的小学是在乌镇唯一的完小——植材小学念的，印象最深的是1935年春参加浙江省第5次童子军大露营，嘉兴100多学生身着黄色咔叽童子军服装，上衣是大翻领的衬衫，下边是西装短裤，腰间扎着皮带，皮带上挂着小刀，头上戴着贝雷帽，脚踏皮靴，在军乐声中跨上去杭州的列车。到杭州后，我们自己搭帐篷过夜，自己烧饭解决肚子问题。还参加了救护、绳棍操等各项比赛。

小学毕业后，我幸运考上了省立二中——嘉兴中学。嘉兴中学师资力量很强，校长张印通是留日回国的，教英语的殷老师在牛津大学留过学，教国文的张老师是章太炎的得意门生，教数学的老师是数学期刊的编辑。1937年，我念到初中三年级时候，日本人打进来了，到11月，嘉兴时常受到日机的轰炸，学校打算搬到丽水，动员家在附近的学生回家，这样我就失学了。嘉兴失守后，百姓各自想办法逃亡。在由乌镇坐船逃往双林途中，我乘坐的这艘船被日本兵稽查扣押，他们派了4个兵看守我们，每人都被搜身。另一艘船上的船夫莫名其妙地被日本兵开枪打死。船靠岸后，我趁日本兵焚烧民房、狗吠鸡跳的乱象时伺机逃走。后来听从乌镇逃出来的人讲，11 月 19 日，日本兵进入乌镇后，我家所在的西栅被烧掉了几十间房子，人也被打死了好几个，好多金银财宝也被洗劫，街上已经空无一人了。

1938 年 3 月，国民政府军 28 军 62 师从萧山渡过钱塘江，从海宁上岸后在杭嘉湖地区开展敌后游击战。62 师是湖南的部队，[①]师长是陶柳[②]。我在练市哥哥店里帮忙时，第一次接触到游击队，他们在街头开展抗日宣传，并出演《放下你的鞭子》《流亡三部曲》等抗日剧目。17 岁的我毅然参加了这支抗日队伍。游击队番号为“孝（丰）、武（康）、安（吉）、长（兴）、吴（兴）地区游击队”，司令是湖南人刘参[③]，副司令是朱希[④]、彭文彩。他们刚来的时候才二三十人，大约 4 个月后，已经有数千人。游击队寻找机会骚扰日本人据点，他们的武器大部分是从日本人手里缴获的，有步枪、轻机枪、重机枪、小钢炮，还有机动船。我参加的战地青年服务团主要归政治部主任郭正纲指挥，开展救护、抗战宣传、驻地家庭访问、教士兵唱抗战歌曲、召开军民联欢会、发动民众支援部队行动等活动。

其后，游击队发展到 1 万多人。于是一分为二，刘参部队称为 3 战区 3 游击队，司令部在湖州练市，手下有 3000 多人，主要在练市、双林、菱湖、善琏

---

① 国民政府军陆军 28 军 62 师，为中央军湘系正规军。1937 年 7 月，62 师 8000 余湖湘官兵开赴武汉。经水路至江阴，赴浙江抗日前线。编入右翼兵团 10 集团军 28 军，驻守杭州湾，驻防金山卫。1937 年 11 月初，62 师奉命增援淞沪主战场，伤亡惨重。1938 年 3 月，62 师北渡钱塘江，至今日杭嘉湖地区，开展敌后游击抗日运动，建立了浙北抗日游击区。

② 陶柳（1890—1949），湖南陶家垅人。1934 年任 28 军 62 师师长。1937 年 8 月 13 日，日军侵犯上海，陶柳奉命率 62 师离湘西赴 3 战区浙江东海前线。在金山卫、萧山一带阻击日军，掩护主力安全转移。次年 6 月，为策应浙赣大会战，牵制南京、上海之日军，陶柳率 62 师在海宁、海盐、平湖、余杭、德清、吴兴、崇德、嘉兴等地开展游击战，1942 年 8 月，晋升为 28 军军长，授中将衔。1947 年，任湖南洞庭屯垦局局长。1949 年 1 月 6 日逝世。

③ 刘参（1901—1995），湖南省永兴人，陆军少将，黄埔军校 4 期学员。学成后任武汉市警备司令部政治部主任。抗日战争时期，刘参带队去江苏、浙江一带组建游击队，奋战在抗日战争一线，日军投降后，他所领导的队伍被蒋介石任命为反共救国军 7 支队，后投诚解放军。曾任湖南省政府参议员。

④ 朱希（1908—1966），湖北麻城人，陆军少将，黄埔军校 8 期学员。参加淞沪抗战，曾任 3 战区游击 1 区司令，浙江 2 区保安司令，1941 年出任德清县县长，1942—1945 年间任浙江省 10 区行政督察专员兼少将保安司令等职。因岳父岳母为中共党员，因此与新四军有诸多联系，为新四军抗日做出了贡献。1949 年 4 月，率部投诚。1954 年 2 月，他当选为浙江省第一届人民代表大会代表，并担任了湖州市（县级市）第一届政协副主席。1956 年，又担任了湖州市工商联副主委、省工商联常委。1966 年病卒。

中国军队在杭嘉湖一带开展游击战

一带活动；朱希部队称为 3 战区游击 1 队，司令部在乌镇，手下有 10000 多人。主要在吴江至太湖湖滨、南浔、乌镇、桐乡、新塍一带活动。朱希与新四军有密切联系，他的部队曾设有共产党的支部。当时，我在刘参部工作，我姐姐在朱希部医疗队工作。

1938 年夏，郭正纲主任率战地青年服务团 200 多人在递铺镇①灵峰寺训练了一个多月，主要内容为游击战术、夜间教育、步枪使用，其他还有立正、稍息、起立、卧倒等基本动作训练。在服务团工作时，有一次我从乌镇到练市，被日本兵抓住并被关押。我的哥哥在练市做生意，住在他隔壁的一个人在日本洋行里做事，会说日本话。因此，由他出面担保，把我要了出来。

1938 年冬，日军进行了大扫荡，刘参和朱希的两支游击队人马都被打败。游击队发展太快了，缺乏训练，组织不健全，纪律也跟不上，所以容易被打垮。刘参部队的一些士兵逃至孝丰，朱希退至天目山。我们青年服务团也

---

① 递铺地处浙江安吉，是古时临安（今杭州）通往建康（今南京）的要道，官府在此设立驿站，“递铺”帮因此而得名。递铺三面环山，地势呈南向北递减之势，东临湖州德清，南接杭州余杭、临安，西与孝丰相邻。

暂时分散回家。经过这次扫荡,游击队基本化整为零,三五人一股,一些人名义上是打游击,实际上是干土匪的勾当,以抢劫为生,自身也经常火并,有的投靠日本人当了汉奸,整个杭嘉湖平原被搞得乌烟瘴气。

1939年春,从临安、建德方向开来了62师368团,用28军1纵队的番号,团长谢明强为司令,团指导员沈少巽为纵队政治部主任。下属3个营各称为1、2、3支队司令,下辖3个步兵连、1个机枪连和一个迫击炮排。该部队编制正规、纪律严明、战斗力较强,连以下军官和士兵每人背上均有一顶笠帽,其士兵95%为湖南人,百姓称之为“笠帽兵”。部队以连为单位开展活动,一个连称为一个大队。1支队聂营长部队以桐乡为中心开展活动,南北百余里。2支队罗营长部队以含山为中心开展活动。3支队易营长活动在德清、菱湖、武康、吴兴一带。[①] 团部及直属部队基本跟随2支队。368团一进入杭嘉湖地区,就召集已疏散的青年服务团团员,联络各地分团恢复工作,联络各地爱国人员建立了情报网。传递情报的递步哨可以同日寇的汽艇赛跑,因为日寇走的是大路大河,我们递步哨走的是小路小河,可以跑步或用小划船。另一方面,武力控制散兵游勇,改编成各县的自卫队,由各县长指挥。对不服从改编的,缴枪扣人,对民愤特别大的就地枪决。仅半个月,就把乌烟瘴气的游击区弄得太太平平,连小偷都没有了。仅两个月,游击队就站稳了脚跟,牵制了杭嘉湖一带日军的行动,使日寇想迅速渡过钱塘江的企图未能得逞。

当时各县都恢复了行政组织,因为县政府是流动的,所以百姓称之为“挑担县政府”。青年服务团被编入纵队司令部政工队,属于政工人员,没有配发武器,也不穿军服,外表与老百姓一样。没有薪水,但管吃饭。晚上睡在农民家里,有情况时,马虎睡一晚,用稻草胡乱在身上盖一下,可以随时行动。无情况时,才盖被子睡觉。我们二十几个人的工作非常忙碌,上街演讲,贴抗战标语,办战地简报,在村庄办免费学校,动员民工破坏铁路,通过关系进入敌占区争取汉奸为游击队提供情报、提供药品为抗战服务等。虽然很累,但精神舒畅,成天充满工作干劲。

同年,以游击纵队政治部的名义召集了沿京杭国道的乡长会议,向他们

---

① 桐乡、含山、德清、菱湖、武康、吴兴均为杭(州)嘉(兴)湖(州)一带地名。

进行了不做亡国奴、必须抗战到底的教育，并将我们政工队成员按两人一组分至各乡乡长，在保证安全的前提下，协助各乡、保开展抗战工作。我们的身份是纵队司令部指派的指导员，我被分到德清开展工作，发动青壮年民工参与抗战活动，在那里工作了半个月，共发动了 300 多民工报名。一天，接到司令部紧急通知，要求我们协助乡、保长带上民工赶往集结地。我们绕过德清县城赶到洛舍[①]附近，那里已经会集了数千各乡赶来的民工。当晚天上下着蒙蒙细雨，大家静静地等待渡过龙溪。只听见阵阵摇橹声，一会儿数十艘农船集拢过来，将六七十米宽的龙溪变成了通途。船与船之间固定好以后，上面铺上门板，一座浮桥就搭好了。大约 10 点，一个营已悄悄埋伏在公路边，另一个营和爆破队快速通过浮桥，我们和民工紧随其后过河。大家静静地在距公路 100m 的田间等待命令。不一会儿，公路南北两边升起了两颗信号弹，接着听到炸桥的几声巨响及噼噼啪啪的枪声。3000 多民工马上冲上公路，挥舞着锄头等工具把公路扒成不规则的斜坡，我们政工队队员则充当宣传队，一边向民工们报告战况，一边喊口号、唱歌给他们鼓劲。虽然杭州、湖州的日寇都出动了，却被阻拦在炸毁的桥边。游击队与敌人进行了激战，虽子弹听起来密集，但离我们扒的公路甚远。3 小时后，传来了准备撤离的命令，随后升起了红色信号弹。我们马上指挥各乡、各保的民工依次通过浮桥撤离，随后游击队边打边退，赶在天亮前通过浮桥撤离。十来分钟，浮桥就消失了，船工各自回家。此役扒掉 20 里公路，炸桥 4 座，我方仅数位游击队员受伤。

由于我们的破坏，公路、铁路经常瘫痪，运送日寇物资的火车被迫停开。碉堡里的敌人也不得安宁，经常被游击队骚扰，日本兵还曾经被游击队俘获。日寇恨死了这支游击队，在秋天发动了数千人参与大扫荡。敌人在飞机的掩护下，从杭州、嘉兴、湖州三地同时向游击区中心会集。当时 62 师师部及 368 团驻扎在练市之南、石湾之北的五河泾[②]，师长陶柳率 371、372 团增援 368 团，为了保存实力，不打硬仗，故而决计绕向敌人背后。随后乌镇、练市、

---

① 洛舍镇位于德清县北部，德清县洛舍镇位于杭嘉湖平原，距杭州 60km，上海 200km。东苕溪穿境而过，陆路、水路交通均便利。

② 五河泾是浙江桐乡的一个水乡小集镇，因为有 5 条河流在此交汇，形成一个大漾潭，故名五河泾。南连运河，北达乌镇，北通练市。

双林、石湾、新市、善琏先后沦陷。[①] 平原上的制高点含山[②]亦被侵占。含山塘北面的马塘全是日军的汽艇,对我军形成包围,把62师的师部和368团压在一个半径不足10里的五泾河地区,我军只能突围。天黑后,枪身渐稀,照明弹像流星一样不断在天空闪耀,瞬间将我们的驻地照得像白天一样。我们将驻地打扫干净,不留下任何蛛丝马迹。其间不准喧哗、点火抽烟。随后,大家静静地坐在桑树地里,背靠着自己随身携带的背包等候命令。半夜后,北面方向枪声大作,伴随着一些爆炸发出的巨响。这时,上头下达了出发的命令。每人背包上系一块白毛巾或白布条,一个紧跟一个,只听见阵阵沙沙的脚步声。我们行走在石湾和含山之间的阡陌小道,跨过临时搭建的浮桥,未伤一人,未费一弹,悄悄地走出了敌人的包围圈。当曙光初露时,我们已离开五河泾20余里。远处传来了敌人的枪炮声,飞机从我们头顶掠过,但已无损于我们。敌人的拂晓进攻计划"成功"了,但他们只得到了一个空空的驻地。随后,我们到达洲泉、义马一带[③],在那里吃饭休息,并向当地群众宣传抗战思想。

等部队陆续到达指定地点后,不到一周的某天上午,我们从杭州得到消息,一名叫近藤的日本宣教师[④]要回到东京,从杭州赶到上海,晚上10点至11点发车,护送兵力不详。我们政工队的任务是到附近各保动员青壮年劳力,要求这些民工带上绳索、棍棒和铁耙,在晚上9点赶到部队驻地。最后,有200多个民工准时到达。在指导员的指挥下,这些民工分为2个大组,4个小组。我们协助组长带着民工向目的地进发,大约10点抵达许村西侧[⑤],隐避在铁路两旁的田间。指导员要求大家不要出声、点火吸烟和随意走动,听到枪炮声不要惊慌。晚上11点钟左右,临平方向开来了巡路车,用探照灯和枪声侦察情况。看到平安无事后,才驶过来一列火车,车头的灯光刺眼地闪耀着。大家依然伏在田间,静静地等待着看"好戏"。突然几声巨响,火车

---

① 以上地方均在浙江杭嘉湖平原。

② 含山位于湖州市善琏镇含山村,为湖州东部之胜景。因高耸挺拔,又称笔塔,高仅60m,大不到百亩。含山的地理位置独特,为南浔、桐乡、德清三县(区)的交界处,是湖州与嘉兴、杭州的天然中心点。京杭大运河经含山蜿蜒依山而过。

③ 洲泉、义马位于浙江省桐乡西端,与杭州、湖州毗邻,水陆交通便捷。

④ 宣教师指传教士。

⑤ 许村为浙江海宁长安镇附近的一个村庄。

头被炸得立了起来，随后瘫倒。接着，手榴弹声、枪声、炮声响彻天空。十余分钟后，一切归于寂静。指导员命令民工们火速跑到火车旁，但见车头和翻了几节的车箱冒着余烟，发出刺鼻的火药味。战士们爬进车厢，从里面扔出战利品，有邮包、弹药、丝绸等。拿绳索、棍棒的民工负责将这些物品抬回驻地，拿铁耙的民工负责挖铁路，将枕木和铁轨扔掷到路边的水沟。约一小时不到，又枪声大作，信号弹、照明弹不断在空中升起，杭州、嘉兴两地的鬼子增援来了，我部队与他们进行了激烈的交锋。我们组织民工迅速撤离，回到驻地。是役，我们破坏了海宁许村到临平的一段铁路，将火车炸翻，铁路也塌了，消灭了一小队鬼子，宣教师也被炸死。

1940 年初夏，192 师进入杭嘉湖接替 62 师，62 师穿越被敌人封锁的京杭国道，撤至浙西北山区的孝丰、安吉一带休整。我们原青年服务团即政工队的一些人也跟了过去。到那边后，告知我们不属于部队的编制，发给每人 60 元路资，让我们自找门路。368 团的一个指导员告诉我，军校正在招生，让我去试一试。我约了同乡徐肇昌一起赶赴金华考试。当时，黄埔军校本校、3 分校、7 分校、战干团等都在招生，一个招考点排一支队伍，你想考什么学校，就排哪个队。我们俩商量后，决定考 7 分校，西北是中华文明发源地。接着，临时抱佛脚复习，天天跑书店看书，重点是初三的数理化。终于功夫不负有心人，我们俩都考上了。考试的内容不难，毕竟战时需要青年学生为国家出力，同时也让逃到后方沦陷区的青年有学习机会。我记得只考了国文、英文、算术三门课程，身体体检也较为简单，就是看看眼睛，听听心脏和肺部，以及关节检查。后来我上的是步科，徐肇昌上的是通信兵科。毕业后，我分到 52 师，他分到郑州飞机场做报务员。

7 分校的招生办事处在金华的火神庙，我愉悦地前往报到。我们的营地在浙江省第五监狱，同学们会合后进行了编队。9 月份，发给我们军服和领章，领章一边写着军校两字，另一边写着学生两字，穿上后倍感自豪。1940 年 9 月 18 日，我们从金华出发，开始踏上征程。先乘火车至江西的邓家埠下车，之后一路步行至余江、东乡、临川、樟树、新余、醴陵[①]，到湖南湘潭是 10 月 10 日，休整了两天。我是水乡人，平时走路不多，因此每天六七十里的急行

---

① 余江、东乡、临川、樟树、新余均在江西境内，醴陵在湖南境内。

军对我是个考验。坚持下来后，自己也觉得了不起。之后，乘火车抵达广西柳州，又开始长途跋涉。经宜山、河池、独山、都匀、龙里、贵阳，[①]每过一个县城可以休息一天。一直过了年之后才到达西安王曲，差不多走了5个月。出发时有1500人，到后只剩1300人，200来人在路上生病住院而无法跟上队伍，有的永远离开了我们。

我们的行程非常辛苦，一路上饿着肚子行军。那时规定我们一天伙食费是4毛钱，这点钱在浙江、江西境内能填饱肚子。到湖南后，饭能吃上，但菜就没有了。到广西后，一天两顿，早上一顿干饭，晚上是一顿稀饭，照样没有菜。白天要走很多路，所以早上吃干饭。到贵州时，吃得更差。我们实在饿得没办法了，在经过县城时，卖随身带的东西，如木梳、枕头、衣服等。我把从浙江出发时用1块钱买的一件衬衫卖了5块钱换吃的。这时候我们找饭店花上6毛钱，点上一菜一汤，饭是让你随便吃的。于是我们就放开肚子吃，一顿能吃6—8碗饭。为了照顾没东西卖的同学，两人事先约好，等一人吃饱后，佯装小便离席，另一位同学再进去在原座位坐下接着吃几大碗饭。由于穿着同样的服装，一样的年龄，一样的江浙话，饭店生意忙忙碌碌，老板伙计也搞不清楚谁是谁，只知道饭烧了一锅又一锅，照样一会儿见底。最后吃得县城里的饭店都关门，第二天在大门贴上“本店整理内部停止营业”字样。

从贵阳继续北上，经遵义、桐梓、松坎，[②]翻过娄山关[③]，进入四川的綦江，走到重庆后，我们得以休整了一个星期。这时，总队长徐达[④]来看大家，大家围住他理论，要求吃饱饭。终于，在重庆的一个星期，我们吃饱了饭。但离开重庆一上路，每天的伙食标准还是4毛钱，又开始吃不饱了。还是每天两顿，早一顿干饭，晚一顿稀饭。我们拥着中队长余国占，要求吃饱饭，他说上面不发钱，他也没有办法。他要求我们再苦一下，到西安保证吃饱饭。所以照旧饿肚子。调皮的同学想了办法，早上开饭时，第一碗先赶紧装半碗饭吃下，然后装第二碗饭倒进口袋里，再装第三碗饭慢慢吃。大家都抢饭后，难免秩序

---

① 宜山、河池在广西境内，独山、都匀、龙里、贵阳在贵州境内。

② 遵义、桐梓、松坎均为贵州境内地名。

③ 娄山关亦称太平关，位于遵义、桐梓两县交界处，是川黔交通要道上的重要关口。

④ 徐达，浙江江山人，陆军中将。曾任国民党中央军校陕西7分校总队队长，胡宗南部旅长、副军长、军长。

就混乱，队长不得不亲自监督就餐秩序。就这样忍饥挨饿地沿着嘉陵江小道行走，每天都是崎岖山路，经过武胜、南充、南部、阆中、广元、勉县、留坝、庙台子，[①]走古栈道、翻越秦岭[②]、出终南山到了关中平原[③]。在宝鸡坐上火车到达西安。

我们路上生病的同学很多，体质差的就死了。身上穿得单薄，又没有雨具。遇到身上淋湿，只能靠体温焐干。很多同学生了疥疮，痒得把皮肤抓烂了，我们称之为革命疮。虱子就更不用说了，多得都数不过来。晚上睡在祠堂寺庙或农民家里，就睡在地上。我们三人一组睡觉，只有每人随身带的薄棉毯御寒，没有被子。只能地上铺一点稻草，身上也是盖稻草，我们称之为“金丝被”，因为稻草是一根一根金色的么。到川北时，没有大房子，30 多个人挤在不到 $10m^2$ 的房子里睡觉。由于晚上喝的是薄稀饭，每人要起夜两次，难免踩到别人，因此每晚嗷嗷的叫声不断。因为白天走路累了，所以踩到的人最多 3 分钟后又呼呼入睡。去上个厕所回来就没睡的位置了，只能睡在别人身上。有的人困得连别人睡身上也不觉晓。

一路太辛苦了，教官教大家唱歌给大家鼓舞士气。我记得有一首叫《万里长征》的歌词是这样的：“走呀，同学们，向前走！我们绝不后退！离开可爱的家乡，为民族争自由！向西北走，西北是中华民族的发源地，西北是抗战胜利的枢纽。不怕千辛万苦，跨过江西、湖南、桂黔和四川，一万数千里，是争取最后胜利的开头。走呀，同学们，向前走！我们绝不后退！”[④]

到西安后，第一步，进行个人卫生大扫除。头发剃光，身上的衣服统统扔进木桶里蒸，灭虱。接着把我们拉到西安的汤峪露天温泉泡澡，治疗疥疮。大约半个月后，疥疮就痊愈了。

休整之余，我们几个志同道合的人一起谈论国事，发发牢骚。认为我们被骗到了西安，孙中山的“三民主义”听起来是好的，但国民党实行一党专政，暗里反共，迫害青年人，还一味地投靠美国，没有民族骨气。我们要实行真正

---

① 武胜、南充、南部、阆中、广元、勉县在四川境内，留坝、庙台子在陕西境内。

② 秦岭为横贯中国中部的东西走向山脉。西起甘肃南部，经陕西南部到湖北、河南西部，长 1600 多公里。为黄河支流渭河与长江支流嘉陵江、汉水的分水岭。

③ 终南山是秦岭山脉的一段，西起陕西宝鸡市眉县，东至西安市蓝田县。

④ 当老人唱起长征歌时，仿佛回到了过去的岁月。坚定的目光、铿锵有力的声音让笔者动容。

的“三民主义”，以平等对待民众，自力更生，发愤图强，团结一致，振兴中华，不要外国人来指手画脚。我们一共8人策划成立了“兴华会”，意思是复兴中华。参加人员有张万德（河南尉氏人）、朱建国（河南南阳人）、屈昌民（山西人）、余辉（湖北人）、方晓初（浙江温州人）、张国星（上海人）、林顺锦（南洋华侨），加上我，后又有白玺中途加入。我们还刻了一个“兴华”私章，计划由张万德离校回到河南游击区发动群众成立游击队，张国星负责筹措资金，我负责联络。后来张万德没有入伍就走了，白玺失踪了。

大家身体健康后，随后进行了分科考试。1941年5月1日举行了入伍仪式，正式成为军校学生。我被编入12总队2大队12中队6队步科，开始了严格的军事训练，1943年3月12日毕业。这两个日子都是纪念日，所以记得。[①] 编队时，我们“兴华会”的人大多编散了，加之训练紧张，所以聚会很少，联络也渐少，基本停止了活动。但我与张万德的联络通信一直保持到洛阳沦陷前的半个月，[②]当时那封信还说游击队已经发展到了100多人，要我去当司令。后来等邮路通了，再写信去则回复“查无此人，生死不明”。从此“兴华会”画上了句号。现在回想起来，这场几个血气方刚的年轻人冒着极大风险搞的闹剧真是冲动。

7分校校本部在王曲，我们12中队在子午镇受训。该中队是浙江籍学员组成的中队。蒋介石来校视察的时候，我们中队担任了从西安到王曲40余里路的站岗工作。我们住在庙里，没有营房，睡的是大炕。按照德式标准进行训练，每天过着三操两讲堂的机械生活。一切都在跑步中进行，连上厕所都是如此。上下课不能迟到半分钟，否则会受到体罚。轻则罚站、跑步，重则跪下或两腿半弯两手上举。早上5点钟起床号吹响后，3分钟之内整理好衣服、背包、子弹袋等必须随身携带的东西，跑到操场集合。接着跑步，如果跑操场，那么跑7圈，如果跑野外，那么跑10里路。跑步完毕后，教官检查学生们的仪表，如扣子有没有扣整齐、水壶有没有带、干粮袋有没有背着等。接着回来整理内务，时间为15分钟。然后上器械操，练单杠、双杠、跳马。单杠的挂腿上、立臂上、举腿上、屈身上是必须学会的。擦背

---

① 5月1日是劳动节，3月12日是孙中山逝世的纪念日。

② 1944年5月25日洛阳沦陷。

上、摇动上、打车轮则看个人兴趣。天天练，练得两臂酸痛，但还是坚持，直到不痛为止。单杠动作熟练了，双杠就不怕了。跳马也是练得双腿发痛，甚至上床都需要手撑住。

9 点开始吃早饭。我们每天的粮食定量是 26 两面粉，是旧式的 16 两秤。第二顿饭要下午 4 点钟吃，每天就吃两顿。一开始吃面糊糊，因为饿，大家争得连帽子都掉进锅里。最后换了北方厨师，每顿每人一块长条形状的大馒头，这样大家就不用抢了。6 人一桌，在砖头搭的餐桌上露天吃饭。中间是公用的一盆菜，一般为大白菜或胡萝卜，只有节日才能见到荤腥。吃饭时间为 7 分钟。好像吃饱了，又好像没吃饱，总是似饱非饱。学校经费紧张，需要我们每周末到终南山砍柴做燃料，一次往返需四五十里。规定每人至少砍 50 斤，每多 10 斤可得赏金 1 角，每少 10 斤罚站岗 2 小时。南方的同学不罚就算不错了，北方的同学较为厉害，有的能拿 5—8 角赏金。学校是有点饷发给我们，但只够买牙膏、肥皂之类的必需日用品。没有零花钱，大多数同学还是靠家里接济。我母亲省吃节用，曾三次，每次寄来 50 元钱，但西安比浙江物价贵很多，50 元只够我吃三顿肉。想想 20 多岁的人了，还需家里接济，真是惭愧。

军校的学科内容有经济学、“三民主义”等。术科内容较多，有典（步兵操典）、范（射击教范）、令（阵中勤务令）及战术训练，班、排、连、营的攻、防、追、退。筑城教范学散兵坑、交通壕、轻重机枪掩体的挖掘等；测绘要学测斜仪使用、标杆使用、地形地貌标志、目测距离、要图绘制等；射击教练含各种武器、各种动作的发射，以及各种武器拆装、沙盘教育等。上午的操练一般在操场进行，学立正、稍息、队形变换，齐步走要求每步 75cm，跑步要求每步 80cm。下午的操练一般在野外进行。冬练三九、夏练三伏，冬天零下十几℃能练得身上出汗，夏天头盔的气温可以高达 70℃以上，体质弱的同学就直挺挺倒下去。还有每周一次夜间训练，在黑暗中 5 分钟之内完成集合。高强度的学习磨炼了我们的意志，3 年的内容要 2 年学完，不得不分秒必争。

由于 7 分校的学生入学前文化程度不一，因此初中以下学历的不用学英语，另外给高中及大专以上学历的学员开设了外语课程，有英语、俄语、日语等可以选。这些学生在美国人来校的时候能担任翻译工作。

1943 年 3 月 12 日，我们在王曲大操场举行了毕业典礼，并集体加入了国民党。我被分至36军暂编52师，师长是周嘉彬①。驻地在彬县②。彬县是位于西（安）兰（州）公路上的一个州城，是甘（肃）陕（西）一带的重镇，地处甘陕交界，坐落在黄土高原西边的一条大山沟里，商业经济较为发达，几乎天天有“集”。到师部报到后，命我到3团7连见习。连长田奎卿是黄埔15期生，对我的到来表示欢迎。两个月后我任第3排排长。入夏后，全营开赴平凉③守城防。平凉为甘南重镇，36军军部亦驻扎于此。该镇戏院、饭店、妓院等一应俱全。我排担任汽车站的警卫工作。时年我22岁，刚从军校毕业，可谓初生牛犊不怕虎，敢于碰硬，对欺压百姓的军官敢管。

两个月后，营长交代我一个任务，一天之内绘制完成从静宁到界石铺④沿途的驻防要图，单程有60余里。我问营长借了辆自行车，了解清楚了沿途的十来个驻地村镇及各驻地的连排名称。第二天天亮后，我带上纸张、指北针、尺等用具，凡经过山沟、转弯、村庄即下一次车，用指北针确立方向，目测距离，按1/30000比例缩小为cm，以曲线表示地形标高，注上村落名称，又画上驻军和番号。等回到驻地已是晚上7点，当晚完成了一幅1.5m的要图，第二天交给营长过目后送至团部，受到团长的认可。从此，完成营团要上报的各类驻防要图成了我的任务。

1944年春节过后，我们营又回到彬县驻防。我排的任务是负责稽查处警卫，包括城内巡逻、督查军风军纪。彬县县城不大，但商业繁荣，光注册的妓院就有6家，有妓女数十人。嫖客中军人占半数之多，当时纪律是允许的，只是要求穿便装。当时一些军官宴请也放在妓院。有一次一个野战医院院

---

① 周嘉彬（1900—1976），云南昆明人，德国陆军大学毕业，陆军中将，张治中之婿。1927年任浙江军事训练班区队长，1931年任88师264旅527团1营营长，1932年1月参加淞沪抗战，后任中央军校警宪班副主任，1938年任军训部少将高参，1939年任中央军校6分校副主任，1940年任中央军校7分校副主任，1942年4月任36军暂编52师师长，1943年兼任西安警备司令，1945年1月任80军副军长，6月兼任兰州警备司令，1949年4月任120军军长，9月在甘肃弃职赴香港，1950年9月返回北京。后任国家水利部参事，全国政协委员。

② 彬县位于陕西省咸阳市西北，属渭北旱塬塬梁沟壑区，版图形似一正写的“人”字。东连旬邑、淳化，南依永寿、麟游，西邻长武、灵台，北接甘肃正宁，为连接秦陇的咽喉要道。

③ 平凉市位于甘肃省东部，六盘山东麓，泾河上游，为陕甘宁三省（区）交会几何中心“金三角”。东邻陕西咸阳，西连甘肃定西、白银，南接陕西宝鸡和甘肃天水，北与宁夏固原、甘肃庆阳毗邻，自古便是“兵家必争之地”和陇东传统的商品集散地。

④ 静宁县位于甘肃省东部，隶属平凉市。古为关陇要冲，咽喉之地，素有“陇口要地”之称。界石铺镇位于静宁县西北部，素有平凉“西大门”之称。

长，虽说是军佐，军衔却是少将，就曾在妓院宴请了很多校级军官。因此，进妓院查军人是否穿便装也是我的工作内容，每晚10—11点去检查两次。我这小小的排长相当于宪兵队队长，妓院老板纷纷示好。庆幸的是，自己能洁身自好，“坐怀不乱、见钱不贪”，现在想来也佩服自己当初的毅力。

抗战胜利的时候，我在陕西的职田镇[①]。因为地处山区，因此几天后才知道消息。随后，我们部队开至山河镇碉堡线[②]。所谓碉堡线就是针对共产党的陕甘宁边区的封锁线，从黄河边上开始，经宜川、宜君、黄陵、铜川[③]，向北经淳化、旬邑、正宁、宁县、西锋镇至绥远长城上千里路[④]，挖出宽4m、深4m的外壕，每隔3—5里不等按地形和通道修建碉堡。通道上架上吊桥，可以通行，只是设岗哨检查。只允许当地农民来往耕种，严禁武器弹药、五金、布匹出境。一般每个碉堡驻守一个班，通道由排长带两个班驻守，连部控制一个排驻在后面的村庄。那时我是机枪连的中尉排长。封锁线看似坚固，其实只要有钱就是通行证。贪赃枉法很严重，营长带头腐败，可以说团以下的军官和士兵大多参与其中监守自盗，贪来的钱用来赌博和逛妓院，甚至导致性病在部队中流行，我们连一个李姓排长就因为得了梅毒走路都困难。军部也耳闻军纪问题，暗地派谍报员打探纪律和走私情况，但我们营里上下联合将两个谍报员暗杀了。真不知这是军队还是土匪。慢慢地，我对这种部队失去了信心。

其后，我所在部队参与了内战，目睹身边的熟人战死，不禁心生凄凉，决计离开部队回家。找了要回家结婚和探望病重母亲的理由，终于在1948年回到乌镇。17岁离家，28岁归家，十余年的军旅生涯仅带回来7000元法币，在当时只能买一盒火柴。但母亲一点也没有抱怨，看到儿子完好地出现在面前，频念“菩萨保佑、祖宗积德”。

回首往事，当年奉献青春抗日，虽自己没有得到什么，但俯仰之间心中无愧。

（访谈者：朱　丹）

---

① 职田镇位于陕西省旬邑县城以东偏北15km。

② 山河镇为甘肃省庆阳市正宁县下辖镇。

③ 宜川、宜君、黄陵、铜川均在陕西境内。

④ 淳化、旬邑位于陕西境内，正宁、宁县、西锋镇位于甘肃境内。绥远，旧省名。在中国北部。1914年置绥远特别区，1928年改设省，辖今内蒙古自治乌兰察布、鄂尔多斯、巴彦淖尔、呼和浩特、包头等市。省会归绥市（今呼和浩特市）。

陈亦群：从教书先生到黄埔军人

陈亦群(1918—2013)，浙江平阳人。黄埔军校17期步兵科毕业。2012年7月4日下午及7月5日上午，笔者访问了居住在平阳县顺溪镇顺溪村的陈亦群老人，陈老先生本来身体还不错，可惜在2011年重阳节外出时摔了一跤，此后只能卧床在家。老人除了有些耳聋，身体尚无大碍，神志清楚。幸运的是，他相依为命的老伴苏金香身体很好，子女孝顺，幸得颐养天年。陈亦群老先生因为寓居乡村多年，只习惯听平阳当地的方言了，两次访谈均在老先生的儿子陈式卿老人及其他乡邻帮助翻译下对话。以下内容根据其口述整理。

我是1918年农历二月初九出生的。家里有父母及一姐一弟。父母在顺溪村开了一家染布店，店址就在现在我住的屋子的旁边位置。10岁以前在顺溪小学上了一年级到四年级，五年级开始在水头小学读书，读了两年半小学才毕业。因为那时的水头小学每年的正月开学，下半年是不上课的，一年里只有半年上课。小学毕业后，我到温州中学读书。温中属于省立中学，当时叫浙江省立第十中学。初中念了三年，接着念高中。高中读了两年，日本人来了，局势开始乱了，学生们也没心思读书了。温中在抗战全面爆发后搬到了泰顺。

离开温州中学后，我到鳌江小学教书。鳌江小学是规模很大的一所小学，当时在浙江省都排得上名次。我在的时候，学校有教师33人，学生1100多人。我做班主任，既教语文，也教数学。不久，顺溪村隔壁的五十丈村的温中同学侯中选约我去报考黄埔军校。侯中选后来在淮海战役中战死。平阳县之前已经有好几个同乡在黄埔军校，所以有考军校的风气。在他们的影响下，我和侯中选投笔从戎，赶赴金华投考。当时国家很需要军事人才，我虽然结婚不久，但还是想为抗战做点事情。我们是 1939 年 6 月份到金华的，一直等到 9 月份才开考。开始我是想考军医的，军医只招收 18 名，军医的身高和体质比一般的要求高，我没能考上。后来我就改考黄埔军校。我记得考试主要科目有数学、语文、英文等，差不多就是高中学的内容。当时有 1000 多人来自江西、安徽、江苏、福建及浙江的考生报考。最后有 200 多人考上，一起奔赴军校所在地四川[①]。

那时交通很不便利，我们 200 多人从金华到四川走了四个月。一般一天走几十里，晚上住学校或者寺庙这些地方。路上没有人掉队或逃跑的。行程路线是先从金华走到江西上饶，再从上饶走到湖南长沙，再由长沙走到湖北宜昌。到宜昌后坐轮船到重庆，最后从重庆走了三天到目的地铜梁。到铜梁时正好是过年。到铜梁后，又进行了考试，淘汰了一些人，剩下的才正式成为军校学生。我们 17 期的同学中有不少当大官的子弟，比如李烈钧的儿子李赣驹[②]。

当时铜梁军校的居住及训练条件很差，我们住在寺庙或者临时搭的草棚里，训练用的操场是临时开辟的。发有夏装、秋装、冬装等军服。鞋子是布鞋。开始时军校的伙食还好，一个人每月供应 37 斤米，后来货币贬值，待遇就不行了。原来军校在南京时，一个学生每月有 12 元的军饷。到四川后，军饷就经常被拖欠，一个月一个月地往下拖。

军校学制本来应该 3 年，但前线急需干部，所以减至一年半，这包括了在新兵连训练的几个月。军校每天天刚亮军号就吹响了，起床后我们要跑步 1000m，后来加到 5000m。白天既上理论课也上军事课，基本没空下来的时间。我身体较弱，枪背在身上行军时，气常常接不上来，有一次甚至晕倒。野外训练很辛苦，但还是不想当逃兵，再说回家的交通也不方便。上军事课特别是学习怎么用枪时，教官会一对一教导。一个中队（相当于一个连）配有一

---

① 黄埔军校 17 期学生分 3 个总队。1 总队于 1940 年 4 月 15 日开学，1942 年 4 月毕业于成都北校场，计 1527 人。2 总队于 1940 年 5 月 6 日开学，1941 年 11 月 20 日毕业于铜梁，计 1374 人。3 总队于 1940 年 7 月 13 日开学，1942 年 2 月 15 日毕业于成都北校场，计 1030 人。陈亦群先生就读于 2 总队。

② 李烈钧原名烈训，江西省九江市武宁县罗溪坪源村人，陆军二级上将。辛亥革命元老，参加过二次革命、护国、护法等军事活动，为民国做出不少贡献。抗日战争全面爆发后，他将自己的 5 个儿子均送到部队。李赣驹是李烈钧将军的第二子，现任上海市黄埔军校同学会会长，曾任上海市政协常委、民革上海市委副主委。

个教官。我的第一任教官是浙江温岭人，原来是上海体校毕业的，是黄埔8期的；第二个教官是东北人，黄埔12期的。我们的大队长是云南人，很会讲话，文化程度高，他跟我们讲他本来可以到大使馆做武官的。教官对学生的态度是不太好的，但打是不打的。因为如果打了学生，被报告了是要挨处分的。当然也怕打了学生，学生要跑掉。教官也会给我们上政治课，说些爱中国就是要忠于蒋介石之类的话。

毕业时，还是要进行考核的，合格了才发给毕业证书。蒋介石校长参加了毕业典礼并讲了话。中正剑是我们分配到部队三个月后才发的，可能怕我们跑掉吧。因为我的身体不太好，所以没有让我到前线部队，把我分到位于四川乐山那边的一个师管区①工作。师管区的司令员是军校教育长的女婿。② 其他同学大多直接到前线。一年后，我被调到重庆防空司令部工作，任上尉处员。在重庆，我举目无亲，感觉像在天涯海角一样。后来又到了山东的一支部队任职，这个师的兵员都来自广东，在这个师混一定要会说广东话，否则会吃亏。我学不会，所以又离开了这个部队。离开家乡几年，也想家了，就回家待了一段时间。因为有老师和同学在台湾，所以我又到了台湾的部队，加入了青年军，我是2期的青年军。③

那时北平的战事已吃紧。1948年，我们从台湾坐了五天六夜的轮船到

---

① 师管区为1937年后建立的掌管兵役和国民军训的机构。四川于1938年6月成立了6个师管区，即：成茂师管区（司令龙杰三，驻成都），下辖成都、茂县、绵阳3个团管区；叙泸师管区（司令周建陶，驻宜宾），下辖宜宾、泸县、资中3个团管区；渝酉师管区（司令韩文源，驻重庆），下辖巴县、涪陵、永川3个团管区，1个酉阳征兵事务所；建南师管区（司令黄汉勋，驻乐山），下辖乐山、眉山、邛崃3个团管区；夔绥师管区（司令汪杰，驻万县），下辖万县、大竹、巴中3个团管区；川北师管区（司令苏陨，驻遂宁），下辖遂宁、南充、剑阁3个团管区。1940年役政改革后，四川省由原来6个师管区增加为22个师管区：有成茂、渝江、叙南、荣威、嘉峨、涪酉、永荣、隆富、万忠、夔巫、资简、乐安、潼蓬、遂武、邛大、通南、顺营、剑平、达梁、绵广、泸永等师管区。

② 该教育长应为沈发藻（1904—1973），为黄埔军校2期工兵科毕业，历经东征与北伐。日本侵华战争时是国民革命军的主力战将，前后参与一·二八淞沪会战、上海会战、南京保卫战、兰封会战、豫中会战及长衡会战。他于1940年5月调升中央军校教育处中将处长。1973年病逝于台北。

③ 抗战时期，国民党成立了青年军。青年军和国民党其他部队最大的不同之处在于参加部队的人员文化素质都非常高，部队装备优良，战斗力较强。整个青年军部队的结构完全是按照美国军队的标准进行的，不仅有步兵，还包括炮、通信、工兵、运输、辎重，以及医疗等其他特殊军种部队。人员从军的目的也非常明确：就是为了国家和民族，保家卫国，匹夫有责。这支部队的影响远远超出了当时抗战的范围，一直到1946年国民党军进行整编的时候，还再次招收知识青年组建新的青年军，历史上被称为2期青年军。2期青年军组建的时候，已经是内战逐渐进入全面化的时期，部队的作战性质也发生了变化。

天津塘沽，再从塘沽坐火车到北京。当时国民党傅作义[①]部队在守北平，我任正连级参谋。印象最深的解放军围在北平城下，感觉没有出路了。后来双方和谈。我记得陶铸到傅作义部队与连级以上军官讲话，第一句话就是“我也是黄埔军校毕业的”。

北平和平解放后（新中国成立后），我回到了家乡。

（访谈者：朱　丹）

---

① 傅作义（1895—1974），山西荣河（今山西省万荣县）人，中国现代军事家、国民革命军将领、抗日名将、追求进步的国民党员。1949 年 1 月，他响应中国共产党“停止内战，和平统一”的主张，毅然率部起义，促成北京和平解放，使古老的文化故都北京及其全部珍贵历史建筑完好地得以保存，200 万北京市民的生命和财产免遭兵燹。新中国成立后，傅作义担任水利部（后来的水利电力部）部长长达 22 年之久，为新中国水利事业的发展做出了重要贡献。

陈志聪：一个富家子弟的报国心

陈志聪，1921年出生，浙江温州人。黄埔军校4分校17期步兵科毕业。2012年12月29日下午，笔者访问了陈志聪老人。老人现居温州五马街某处公寓，其非常简陋的斗室与五马街之光鲜形成强烈反差，仿佛是两个世界。陈老先生与老伴身体都不怎么好，但还能自理。以下内容根据其口述整理。

我从小就长在五马街，1921年出生，除了出去当兵的那几年，在这里已经住了80年了。我的祖父是做生意的，开了家“陈福记”，在五马街很有名，专门做“典衣”的生意，把人家当掉的衣服拿来卖。由于经营有方，那时积累的产业已几代吃不完。我的父母也是做生意的，店铺就在五马街。我的父亲读过书，有高中学历，英语很好，当过导演。

我的中学是在温州永嘉中学念的，读了两年初中后时值1937年，抗战全面爆发。就在这年温州成立了“战时青年服务团”①，团部就在五马街。反正也不能安心读书，我就报名参加了这个团。“战时青年服务团”主要做救亡宣

---

① “七七”事变以后，在北平、天津、南京、上海等地读书的温州籍青年学生因战事爆发而辍学返回本地，他们与温州学生自发组织了这一组织，当时处于秘密状态的中共温州学生支部参与了战时青年服务团的实际领导工作。该支部的7位成员分别以个人名义参加了战时青年服务团的领导核心——干事会，并在闽浙省委的领导下开展工作，他们经常派战时青年服务团成员上山参观红军和根据地建设，战时青年服务团在取得公开合法的身份后，与全国救国联合会、上海救亡日报建立联系，不少宣传品就从上海孤岛秘密运到温州，这是战青团的主要宣传品来源之一。战时青年服务团成立时只有80多位知识青年参加，后发展成为有各阶层不同职业青年参加的群众组织。最兴旺时计有10个分团、40多个支团，有的地区还成立了战时青年服务团办事处，总计有团员8000多人。战青团的主要活动有：每周六晚上在温州街头演讲时事，以我国军队英勇杀敌的事迹教育鼓舞广大群众。出版墙报，以文字图画进行宣传。办刊物，计有《动态》《生线》《战时导报》《暴风雨诗刊》《老百姓》《战时商人》《女战士》等。组织歌咏队，上街演唱。举办民众歌咏班、歌咏干部人员训练班，训练歌咏活动骨干。组织流动演剧队和妇女宣传队，在没有分文报酬的情况下自编、自导、自演节目，并经常下农村翻山越岭宣传抗日救亡。1938年10月，该组织被国民党政府强令解散。

传工作，有歌咏队、救护训练班等。温州解放后（新中国成立后）的第一任市长胡景瑊当时也在战时青年服务团。还有文学家马骅[①]，当年出演《放下你的鞭子》中的老头子角色。歌咏队队长后来到了台湾。据说战时青年服务团这个组织有红色关系，因此第二年就停办了。

1938年，我奔赴位于金华的3战区军官团报到受训，军官团团长是浙江省政府主席黄绍竑[②]。训练地址在金华的第七中学。训练不到6个月，1939年，我被分配到黄岩县政府军事科工作，那时我才17岁。黄岩县县长说，你们训练几个月就来了，没真本事的。他说的是真话。在黄岩不到半年，日本人打过来了，我就返回温州。日本人的飞机时常来轰炸，家里也不安全。再说我的心也不在家里，总想出去做点事情，所以我又回到金华，到军官大队待了一段时间，正好中央陆军军官学校在金华招生，我就报考了。报考前改了名字，将陈志聪改成陈蓬勃，主要是怕当兵后有意外，家人会担心。后来有人告诉我，我家里已经找我好久了，我才写信回家，那时我已经在军校了。

当时在金华报考军校的有男的，有女的，都先集中到安徽的歙县琳村这个地方[③]，然后转到军校3分校。3分校位于江西瑞金，在那里我们当了三四个月的入伍生。有政治课，主要讲授孙中山遗训和蒋介石的校长训词；有外语，学点简单的日语；还有军事课，如步兵操典、勤务守则、测量、看地图这些内容。另外还有体能训练、野外训练等。入伍生只享受三等兵待遇，训练很辛苦，生活条件也很差。在冬天很冷的时候，早上只穿一条短裤，一件短袖汗衫，跑到山上，要使出全部力气练习喊口令。在3分校，我们集体加入国民党，当时的赣南行政专员蒋经国也来到现场并致辞。

在3分校的入伍生训练结束后，全部女生划归西南游击干部训练班，通信兵学校也招走了部分学生，其余的学员都被转到4分校，大约有6个中队，

---

① 马骅（1916—2011），笔名莫洛，浙江温州人。中共党员、民进成员。1941年参加革命工作。中国民主促进会温州市委员会主任委员，温州市文联第一届主席。著有诗集《叛乱的法西斯》《我的歌朝人间飞翔》，散文诗集《生命树》《大爱者的祝福》，文艺传记史料集《陨落的星辰》等。

② 1937年12月，浙江省政府从杭州迁往金华，金华成为浙江省抗战的政治中心。

③ 其时安徽的歙县琳村有一个招生转运站。主要任务是人员接收和部队编成与整备。

600人左右,我所在的第7队全部转到4分校[①]。4分校在贵州的独山。从瑞金出发到独山,我们经过了江西、广东、湖南、广西、贵州五省,全程近5000里,花了三个多月的时间。我记得先是从江西的梅岭走到广东的曲江,再从曲江坐火车到湖南的衡阳,然后到达广西的桂林。坐火车时曾经遭到日本飞机的轰炸,有几个同学被炸死。从桂林到独山这一段路程,完全靠双脚走路。每个人穿着草鞋行走,我有一双回力鞋,同学们都很羡慕,但我舍不得穿。沿途经过的都是少数民族居住区域,高山峻岭、人烟稀少,看到的都是男人,女的看不见。不是没有,应该是躲起来了吧。等到达目的地独山时,大家都已经筋疲力尽了。除了被飞机炸死的几个外,还听说有几个红色背景的同学怕被查,就中途跑掉了。

刚到独山时,我们借住在百姓家里。我们这批学生的番号是"中央陆军军官学校17期23总队",下辖3个大队、10个中队,我隶属3大队的7队,队长是李玉华,广东人。

位于独山的4分校所有建筑,包括宿舍、教室、队部的办公室都是我们抵达独山后由军校师生动手建的,床铺、桌椅等家具也都是我们自己造的。同学中能工巧匠不少,学校根据各自本领分成若干组,木工组,负责架屋,造家具;泥水匠组,负责运土、筑墙等工作;伐木组,负责上山砍伐树木及搬运工作。像我这样没技术的,就上山砍树。我们自己造的房子虽然简陋,但还耐用,比如房子的顶部先用大树皮盖一层,然后再铺茅草,下雨天也不会漏。我们还对教室的外墙进行美化,在墙面绘上步枪射击的三种动作,即蹲式、立式和卧式。我的书法不错,负责在墙上写励志的标语,写"闻鸡起舞"之类的话。等到包括训练场地、单杠、木马、田径、靶场这些全部弄好时,前后花了三四个月的时间。

我们本来应该升学接受军官养成教育,但是校方说我们这批学员经过几

---

① 独山黄埔军校为黄埔军校4分校,是国民政府军事委员会军训部指令招收海外青年学生的定点军事院校。始建于1927年,原址在广州燕塘,前身为陈济棠创建的燕塘干部学校。1945年夏该校奉命裁撤。共办了17、18、19期,该分校从1936年到1945年共毕业学员25212人。抗日战争全面爆发后,军校屡次迁址,1940年2月初,黄埔军校4分校由广西宜山县迁至贵州独山。校部设在城东北5km的铜鼓井,距盟军飞机场约3km。韩汉英任分校校长,政治部主任为余博伦。在五里桥和抹马各设一个总部;基长镇设第23总部,陈家炳(广东人)任总队长,大队长为胡皓魂上校,中队长为黄所衡中校,区队长为柯桂芳上尉。

个月的行军以及几个月的建筑劳动，耽误了正式训练，因此原来在3分校的入伍生训练不算，要重新过入伍生生活。从着装、打绑腿、整理内务、立正稍息做起。

1940年初秋，4分校17期23总队举行了开学典礼，主任韩汉英[①]，总队长陈家炳[②]先后讲话，表扬了同学们不怕苦的精神，经得起行军、建校等严峻考验，并希望我们学生努力学习，成为抗日救国的中坚力量。韩主任的派头很好，口才也很好，普通话标准，他的讲话我们很喜欢听，我们都很佩服他。

接着，学校给我们举行了严肃的授枪仪式，每个学生配发79式步枪一支，钢盔一顶，子弹一百发，每人军服衣领上钉两枚圆形"军校学生"领章，佩戴中士学生符号，享受中士待遇。根据气候季节变化，我们每天天不亮就起床了。先列队唱校歌或者国歌，接着跑步、练体操、劈刺，弄得精疲力竭后再吃早饭，6人一桌。餐毕上学科或术科的课程。晚上要晚自修，两个人合用一盏桐油灯学习，9点后才可以回营房休息。每人每天供应24两大米，吃不饱。时常吃杂粮和山芋。我们还自己种菜添补不足。每月能吃上两三次猪肉或牛肉，因此把吃肉叫打牙祭。

军校的学科和术科都抓得紧。那时浙江大学在贵州[③]，我们的物理、化学、三角这些课程是浙江大学的老师给我们上的。我记得贺绿汀给我们上过音乐课，我很喜欢唱歌，而且也唱得准。4分校很重视体育课，比如需要借助器械的体操，像跳马，我们可以完成双腿并拢跳。双杠，我们可以完成车轮式翻滚，超越障碍物之类的训练也都能高质量完成。另外术科中的射击，我们学了轻机枪、步枪、重机枪的射击方法，特别是几种不同类型重机枪的打法。

在军校学习期间，委员长蒋介石和军训部部长白崇禧都来过。每次大人

---

① 韩汉英(1895—1966)，海南文昌人。中央军校4分校(广州分校)中将主任，曾任国民革命军59师师长、柳州军校副校长。后赴台。

② 陈家炳(1902—1980)，海南文昌人。黄埔军校1期毕业，南京陆军大学将官班乙级3期毕业。1935年起任中央军校4分校学生大队长、总队长。抗日战争全面爆发后，任中央军官训练团23总队总队长、西北干训团教育处督育员、风纪巡察团1军组长、1战区司令部点检处副处长。1948年10月授陆军少将。1950年赴台。

③ 浙江大学在1940年至1946年期间，西迁至贵州的遵义、湄潭、永兴等地坚持办学。

物来军校时，我们都早早做好准备，站姿什么的是绝对不能含糊的。蒋介石来时还带了一个西洋乐队，表演交响乐给我们看。我们兴奋极了，自带凳子去观看演出，像过节一样。为了丰富业余生活，军校同学成立了"攻心"剧团，里面有会演戏的上海籍的同学。他们向来军校演出过的剧团借了行头，演了一出像模像样的京剧《穆桂英》。

军校学习的最后一个科目是毕业联合对抗大演习，参加演习的除了我们23和24总队毕业生外，炮校、通校部分学生也支援配合[①]，一共有好几千人。演习总指挥是陈家炳将军，按行军、遭遇、攻击及追击等指挥程序进行，我们丝毫不敢马虎，同学们使出看家本领，像真正在战场一样冲锋陷阵，大家英勇的表现受到教官好评。

我们的毕业典礼在1942年10月进行，全校17期毕业生有几千人，典礼由主任韩汉英主持，全部过程约两个小时结束。第二天我们将武器装备交还军校，等候被派发至各战区。经过3年训练，到毕业时我们认为自己是万能的军官，可以大干一场。那时候年轻，毕业时才二十一二岁，自我感觉很好。回来时，我把韩汉英主任的讲话稿，以及军校教科书都带回来，但后来烧掉了。

我奉命到第3战区长官部报到。我本来想到驻扎在温州的33师，但那边没有合适的位置，所以把我派到驻扎在永康的79师。师长是段霖茂。我隶属237团3营7连，任1排的排长。永康的八字墙已被日本人占领，并筑有碉堡。我们就驻守离八字墙很近的四路口，四路口是日本人从八字墙下来向我方进攻的必经之路。

我们经常骚扰日本人。通常我带领一个排先驻守山头，然后派一个班靠近碉堡去袭击，如果势头不对，这个班马上撤回，我们在山头开枪掩护。日本人一般躲在碉堡里打几枪，因此，这种骚扰战没有什么伤亡。我边上有一位轻机枪手，那时的轻机枪分两种，俄式和捷克式。我们没有冲锋枪，士兵使用79式步枪。那时子弹很宝贝，弹药要省着用，打完战，弹壳要捡回来，检查打掉多少发子弹。

后来我被调到团部工作，任团部专勤附员。主要负责平面地图的测绘。

---

① 炮校在贵州都匀，通校在贵州麻江。

比如团部驻扎下来后，我就负责描绘团部周围的地图，哪里有座山，哪里有村庄，哪里有水井等。我们在军校学过测绘，而且我也比较擅长。

1944 年，因为家里生意忙急着要我回家帮忙，我请假回家，前后在 79 师差不多待了 3 年。因为我大伯父没有儿子，我是过继给大伯父的，他那时身体不好，所以先让我回家看看。后来团里叫了几次，其实团长对我还是相当不错的。1945 年，日本人投降了，知道这一消息的时候，我非常快活，非常激动。反正日本人已经赶走了，所以更不想回部队了，从此再也没有回去过。1946 年，我结婚了，现在与老伴已经是 60 多年的夫妻。

（访谈者：朱　丹）

陈瑞璋：衡阳保卫战的日日夜夜

陈瑞璋，1922年出生。浙江象山人。黄埔军校3分校17期毕业。2015年4月10日，笔者对陈瑞璋老人进行了访谈。老人现居绍兴市辕门中区一个公寓里，老伴是从唐山带回来的，老太太说她和她姐姐都是嫁给黄埔军人的，是老父亲做的决定，认为黄埔军人靠得住。以下内容根据老人口述及老人撰写的刊登在《黄埔军校浙江校友通讯》(1995年9月，总第39期)上的《衡阳保卫战的日日夜夜》整理而成。

我出生于1922年的农历十二月廿五，老家在浙江象山石浦。母亲是做裁缝的，父亲在象山县政府做文书。我的小学是在徐锡麟小学念的书，后来在稽山中学继续读书。我在绍兴大通学堂通过了黄埔军校3分校的招生考试，隶属17期22总队。军校毕业后分到10军3师。师长是孙鸣玉①，参谋主任是姜亚勋②。

1944年春夏之交，日军兵分左、中、右三路入侵湖南，在夺取长沙外围战斗中，付出重大代价后于6月18日攻陷长沙。就此湖南省要隘第一重门户洞开，衡阳成为日军打通大陆交通线必须夺取的第二重门户。衡阳是粤汉、湘桂两条铁路的交会点，且有空军基地，既可南下广东，西进桂林、昆明，北上则可进犯贵阳而威胁陪都重庆。保卫衡阳阻敌西进成为我军战略

① 孙鸣玉（1914—?），山东省即墨县人。黄埔军校7期毕业。抗战期间任10军上校团长，10军3师少将副师长，少将副参谋长，少将参谋长等职，率部参加了著名的衡阳保卫战。后随10军远征缅甸，颇有战功。后赴台。

② 姜亚勋(1912—2004)，湖南省宁乡县人。1936年秋，考入黄埔军校。1938年12月加入中国共产党。抗战时期参加过“长沙保卫战”“衡阳保卫战”。后为湖南和平解放做出了积极贡献。新中国成立后，曾任湖南省政协副主席。

上的重要任务。

1944年5月31日是正式授命给10军固守衡阳任务的第一天。军长方先觉[①]是黄埔3期将领，这支部队的军官90%以上毕业于黄埔军校。长沙三次会战中，都担任过守卫任务，为湖南抗日军队中的精锐，9战区的一支劲旅，更是日军对华作战中的眼中钉。

这次参战部队除10军所辖的3师、预10师、190师(570团较完整，568、569团都是军官)，还有19师和54师(只有一个团兵力)及其他临时配备的山炮和战防炮十余门。

6月22日，日军飞机首临衡阳上空，对市区狂轰滥炸，大火直冲云霄，日军在城郊频繁调动。23日拂晓，日军强渡耒水，向我军进攻，拉开外围战，衡阳保卫战序幕打响了。经过十多天大小百余次战斗，当时军事最高指挥官只限令坚守10天至两周，但是我军不畏强敌，不怕牺牲，两周后城池依然固若金汤，粉碎了日寇一日攻占衡阳的梦呓。军事委员会最高当局一份份嘉奖电不断传到前方，我指挥部迅速将文告油印散发各阵地，成捆的《大公报》和《扫荡报》被空投到阵地上，官兵们争先恐后地抢着看，大大激励了官兵士气。我当时是3师参谋处参谋。我们参谋处几个人，我和姜亚勋、罗世霖、王镒开等忙着整理守备胜利的资料，写部队沿革、战斗要报，绘战斗要图，认真地期待着解围庆功的凯旋会。

两周后，日军一次又一地组织进攻，均被击退。日11军司令官横山勇[②]所辖的2个师团4万余人已伤亡过半。我3师在两周来的战斗中也伤亡惨重，7团的1营营长许学启阵亡，火线提升的两个营长穆鸿才、邹亚东都前后阵亡。战斗的激烈残酷，整个城内外敌我尸体遍野，简直成了大屠场。原不多的粮食遭敌机轰炸燃烧得乌焦，弹药已消耗2/3，伤兵少医缺药，仅靠空投补给。但在一个个据点失守、阵地渐渐缩小的情况下，空投目标不准并落入敌阵。军部多次拍发“告急”“求援”的电文。回电是“援军指日可待”“友军已逼近西南郊，望坚守”。但援军始终未到。守城官兵抱着为国捐躯的决心，始

① 方先觉(1903—1983)，安徽省萧县人。黄埔军校3期毕业，二级上将。抗日爱国将领。抗战时期先后参加长沙会战、常德会战、长衡会战。后赴台。

② 横山勇(1889—1952)，日本陆军中将。日军11军第五任司令长官。

终坚守逐渐缩小的阵地。

8月开始,敌人很少发动攻击,时而听到几声冷枪声,有时嘘嘘的枪声从我驻地的中央银行划空而过。入夜城郊升起信号弹打破了寂静的夜空。敌人总是一架双翼飞机绕城低空飞行。8月7日后,前方和后方通信突然中断,消息传来主阵地易赖庙、青山街、天马山、五桂岭……先后均被敌人占领。我师参谋主任姜亚勋被召到前线指挥部,一去不返。8日那天敌人从演武坪一线逼近市中心,部队失去指挥。当天夜幕降临后,我和同科室四川籍参谋王镒开商议,决定从西南方向突围。我们穿过道道封锁线,看见步枪上插着铮亮的刺刀游动哨的敌人时就屏住呼吸,凭着随身带用于护身的手榴弹,右手握着弹柄,左手拉着导火线,随时准备与敌人拼个你死我活。满山遍野的尸体倒挂在被烧焦的树杈上,斜贴在峭壁上,横七竖八的白刃肉搏后尸体受炎夏烈日的暴晒已开始腐烂。更令人凄惨的是因受伤而未绝气的分不清敌我的士兵,那响彻原野的呻吟声钻心入肺。我们俩小心地躲过敌人视线,从一个一个尸体中爬行而过,时而两手不得不插入腐烂的人体,双手沾满血浆和烂肉,那刺鼻的异味实在难忍,残酷战争永远铭记在脑海中。我同王参谋在尸体交错、血流成河地带,在漆黑天色中艰难地行进着,凭着一颗爱国心,同仇敌忾,抱着抗战必胜的信心冲出敌阵,望早日到达安全地带。

东方呈现鱼肚白时,突然被操广东口音的警哨发现,顿时感到一股热流,意识到达了友军阵地。脱离了火线后,沿湘桂铁路前进到达永福县,向留守在那里负责3师后勤工作的张琨参谋报到。当时有《大公报》记者闻讯前来采访,在8月中旬桂林版《大公报》做了简短报道:《衡阳陷落后,有两位三师参谋出来》的新闻。

整个衡阳保卫战我军仅2万兵力,而日军先后投入王牌军68、116、58、27、43、13、40等9个精锐师团近20万人,作战长达47天。总兵力10倍于我,伤亡兵员则敌多我少,是抗战史上坚守时间最长、日军伤亡最大的一次战役。

(改写者:朱　丹)

周立钏：宪兵身份的远征军战士

周立钏，1924年出生，浙江金华人。黄埔军校7分校21期毕业。2012年11月9日下午，笔者拜访了周立钏老人。老人现居于浙江金华市傅村镇苍头村，除了听力有些影响，身子尚健，生活完全能自理。在讲述自身经历的过程中，老人记忆清晰，连说带比画，仿佛重新回到过去的岁月。以下内容根据其口述整理。

1924年，我出生于金华苍头村，父母都是务农的，他们省吃俭用送我上学读书。我在邻村傅村上的小学，小学毕业后又到金华上初中。1940年，我的大哥抽到壮丁，他怕被抓走，就躲到义乌的一个亲戚家做长工。因为家里穷，没有礼物送给保长、乡长，结果他们天天派人到我家里要人。我母亲被逼得哭哭啼啼的，不知道该怎么办。我大哥是一个字都不识的人，出去会吃亏的，所以我对母亲说我去顶替大哥当兵。这样，我的初中没能读到毕业。

当年正好宪兵学校在金华城里招生，16岁的我赶去报考，结果考官嫌我个子小、太矮不要我。我和他们讲了通好话，最后就录用了我。除了金华一带的青年学生，宪兵学校录取了不少从沿海的台州、温州沦陷区那边赶过来考试的青年人。[①] 当天晚上，我们20多人坐火车离开金华，天亮后，到达江西上饶。上饶是宪兵8团的团部所在地，从各地会集的学员休整了一个星期。自上饶开始，我们这批150多人组成的队伍步行行军。快到南昌时，南昌已被日军占领，所以我们只能继续走路到赣州。从赣江坐小轮船到达吉安的南

---

① 国民党宪兵的地位和待遇高于普通兵种，招生不但要求"陆军甲等体格"，还有学历要求。民国时期的宪兵团属于陆军兵科，但有自己的宪兵司令部，直属民国中央军事委员会管辖。民国时期宪兵部队除了参与作战外，还有监管部队风纪的权力。

边，接着走到湖南茶陵，一直走到衡阳。在衡阳休息了一天后继续走路，最后到达湖南的芷江。算起来从金华出发到达芷江一共花了48天的时间，我记得那是1940年夏天的7月份。芷江是宪兵教导1团的团部所在地，团长是黄埔4期的汤永咸[①]，他是山东人。

在芷江，我们每人发到了短袖夏服两套，夏服的料子薄得像纱布，裤子短至膝盖上面。没有被子，只有一件大衣。到了10月，天气冷了，晚上冻得我们把大衣倒过来盖，两只脚伸到衣袖里保暖。到11月，长袖衣服发了下来，被子两人一床也发了下来。到12月，才给我们发棉袄。训练的十几个月里，我没穿过鞋子，只有草鞋穿，发了双旧衣物缝制的布袜子。

我们每天四五点钟起床开始训练，一天中有课堂学习和室外训练等内容，一点空闲都没有，[②]还吃不饱，每天一个人配24两米（旧制秤16两为一斤），一天吃两餐，经常是胡萝卜叶当菜吃。我年龄小，学员中大的有二十七八岁的，连我都吃不饱，比我大的更吃不饱。

1941年11月，我们在芷江的训练结束，终于给每人发了双皮鞋。我们奉命行军到贵阳，到贵阳后，上面宣布我们被编入赴缅甸的远征军。之前，去缅甸的事情我们一点都不知道。我们的装备被重新配置，原来巩造的老爷步枪[③]，换成了苏制的小米加[④]，外加80发子弹以及两颗手榴弹。军服也换了质量好些的穿在身上。我隶属宪兵20团3营7连3排。团长是易希祺[⑤]，营长是赵锡九，连长是姚德培。

---

① 汤永咸（1904—?），山东兖州人，黄埔4期，历任国民党宪兵团长、宪兵司令部参谋长、北平警察局长等职。

② 鼎盛时期的国民党宪兵团其新兵集训期为一年，在这一年内要学的室内课程有内务规则、宪兵实务、政治实务、警察实务、外事实务、司法实务、法学通论等。室外课程有军事体育、步兵操典、实弹射击等训练，以及单杠、双杠、木马、摔跤、夜间训练、紧急集合等。

③ 巩造步枪为河南巩县兵工厂产品。1915年，北洋政府成立兵工督办处，为统一全国兵器制造业，选址河南巩县孝义镇建设新兵工厂，1922年9月正式建成，定名巩县兵工厂（简称巩厂）。1928年，开始生产元年式步枪。1929年，该厂收归国民政府军政部管辖。1933年8月，巩厂根据辽宁兵工厂仿制改进的毛瑟M98步枪，改用7.92mm尖头弹，试产巩造M98步枪。以后又试制中正式步骑枪。

④ 小米加步枪又叫"米加"卡宾枪，是在米加步枪的基础上，缩小枪管，加折叠枪托设计的苏联标准步兵武器之一。俄语中MIKA是女孩的名字，苏联士兵用这种昵称来称呼这款优秀的步枪。

⑤ 易希祺，湖南宝庆人，黄埔军校6期步科毕业。1945年任宪兵5团团长，后任宪兵司令部警务处处长，宪兵司令部少将副参谋长，1949年12月25日在成都参加起义。

那时贵阳的运输机构，最早是西南运输总处贵阳分处[①]，后来是中缅运输总局[②]。有不少车子往来于中缅之间，运输物资和军人。我们等待从缅甸运东西回来卸货后的空车运我们到缅甸，在贵阳待了差不多一个星期就等到了车。我们先坐车子到达昆明城西黄土坡，在那里过了春节，阳历应该是1942年了。我们在西南联大的房子里一共住了两天，那时联大的学生已经迁到成都了。之后，坐车直抵缅甸，大约在1942年的2月到达腊戍[③]。

宪兵部队不属于野战军，因此我们的任务是守卫，担任看守司令部、弹药库、被服库的警卫工作。我们排的任务是守卫飞机场，具体工作就是站岗和巡逻。排长王学孟是山东人，二十七八岁的样子。我当时在9班。飞机场有美国飞行员和印度的嘎拉兵，嘎拉兵归英国人管，大家一起住在营房里。美国飞行员的架子很大，一般不和我们说话。我记得只和他们说过一句话，有一回，一个飞行员指着一架飞机对我说："It is china!"我就回答："Yes!" 因为和嘎拉兵一起生活了3个月，我也学了几句嘎拉语，比如"这是杯子"之类的，时间久了，现在忘光了。

在腊戍，一天每人定量28两米。菜也好多了，一天定量6两牛肉，外加洋芋、包菜等蔬菜。3个月的薪水发的是缅甸的罗币，其中面值为1元、半元的是银质的，其他面值为铜质的，都带回国了。1950年我结婚后，给了老婆。后来她补牙需要钱，就给卖掉了。

1942年，日本攻打缅甸。进攻缅甸的日军是很好的精锐部队，善于集中

---

① 1937年10月，为增强实力，加速运输美苏等国外援助的军需物资，国民政府军事委员会在广州成立了"军事委员会西南进出口物资运输总经理处"。西南运输总处起初设在广州，1938年9月总处撤驻昆明，1938年9月至1942年初，滇缅公路成为中国抗战后方唯一的国际通道，西南运输总处正是依赖这条国际生命线才坚持了若干年，其分支机构散布于国内外，贵阳分处即为其中的一个分支机构。在西南运输总处最鼎盛的时候，车辆达3300余辆。由于该处属于军事委员会，军工产品是其输入的最主要物资。

② 中缅运输总局于1941年11月1日在昆明成立，蒋介石的亲戚俞飞鹏任局长。它基本是由西南运输总处的班底改组缩编而来，主要任务是抢运仰光的兵工器材。该局接受了西南运输总处的大批车辆，不久又收到刚进口的新车500辆，运输力量不小。由于太平洋战争爆发，东南亚形势吃紧，中缅运输总局经营管理的滇缅公路国际运输已近尾声，主要用于抢运存缅物资和运送"远征军"入缅作战。1942年5月，滇缅路中断后，该局营运路线只剩下昆明到保山一段。同年10月，该局被撤销。

③ 腊戍距中国云南边境185km，是中缅公路的终点，1939年中缅公路通车后，成为缅甸的重要城市，并迅速趋向繁荣。抗日战争时期，中缅公路曾经是我国重要的陆地物资供应线，腊戍是当时中缅公路的重要据点，车辆昼夜不停地将物资通过腊戍运往昆明。

兵力使用闪电战。日军是从泰国那边打过来的,泰国那时叫暹罗,属于中立国。日军进攻腊戍时,天天派飞机轰炸,有一天出动了36架飞机轮番扔炸弹。我们有两个士兵被炸死,一个炸伤。飞机来时,躲都没地方躲,我们只能趴在地上,没死算命大。有一回,我们五六个兵在巡逻,一下子日本的侦察机就飞到跟前,已经能清楚地看到飞机上涂的红膏太阳。紧接着侦察机上的机关枪就开始"达达达"地扫射,弹壳有遥控器这么长(老人讲述时,手边正好有个电视机的遥控器),还好我们没有被机枪扫到。

4月底,我们参加了腊戍保卫战①。我们3营是预备队,不是野战军,没什么好的武器,1个班只有1挺机枪,所以我们主要担任策应任务,配合其他部队打了几个小时。半夜时,我们接到命令,要求连夜撤回国内。我们3营顺利撤出了腊戍,但是我们团的1营和2营没能撤出,回国的路被日军切断。

撤退时,1个排分到1辆车。第二天白天,我们行驶在滇缅公路上的车子被日军的飞机追上轰炸②。连长命令我们赶快下车散开,大家匆忙找低处躲藏。一个管伙食的司务长不懂军事常识,大摇大摆坐在背包上看飞机,炸弹下来后,半个头没有了。有个连长因为要指挥士兵散开,没有卧倒,结果一个炸弹下来,尸骨都找不到。

撤退途中,我曾经3天没有吃什么东西。一天,饭已烧好,上级命令下来,饭不准吃,赶快上车赶路,一直赶到天亮。本来第二天准备赶到架在怒江上的通惠桥③,离通惠桥大约100m距离的时候,当时是早上,大约八九点的样子,我们已经坐了一天一夜的车,排长叫大家下来活动活动,伸伸腰,动动身子。10来分钟后,听到轰轰轰的炮声和达达达的机枪声,我们都觉得很奇怪。这个地方怎么会有炮声呢?观察后,我们发现炮和子弹是从怒江的西岸打到对面东岸的山头上的。而这山头上有公路,是汽车的必经之地,这意味着坐车危险。一定是日军将大炮和机枪架在山上,在必经的山路上攻击回国的远征军。我们排长决定放弃汽车,要求大家扔掉背包,轻装上阵徒步前进。

---

① 1942年4月28日,日军56师团攻占缅甸腊戍。

② "滇缅公路"东起云南省会昆明,西行经下关到畹町出境,直通缅甸境内的腊戍。该路在腊戍与通仰光的铁路相连,成为一条直通印度洋的出海交通线。抗战时期"滇缅公路"为一条重要的交通干线。

③ 怒江的交通枢纽通惠桥是远征军撤回云南的必经之路。1942年5月5日,远征军炸毁了通惠桥,阻住了侵略者攻陷怒江东岸的步伐。

那时候滇缅公路挤满了汽车和回国的士兵，还有难民。大家散开后，很快兵找不到班，班找不到兵，班更找不到排，每人只能靠自己的力量和运气逃命。我虽然个子和年龄都小，但很机灵。看到有车就爬上去，车子动不了就下车走路。过了通惠桥后，我先躲在山脚下，因为山头上日本人的炮火还很密集。下午三四点后，炮火不那么密集了，我开始爬山，与我同行的还有腾冲的学生。爬到半夜才到半山腰，山腰上有几户人家，我们要了点水喝，歇了二三十分钟后继续爬。山上碰到一个人，见他喝着牛奶，我问他牛奶哪里来的，他说某某地方的公路上停着一辆卡车，上面全是罐头牛奶。我听后，鼓起劲头往他讲的那个地方爬，寻找牛奶。还真的被我找到了，那是一辆被遗弃的运送牛奶罐头的汽车，我赶紧喝了两罐牛奶，又带回来三罐。与原来和我同行的腾冲学生碰面后，给他们喝了两罐牛奶。这样大家都有了点力气。天快亮时，我们听到停在山头的汽车开始发动了，我们要快点爬到山头才能搭上车。等我们爬到山头后，拦住了第一辆汽车，结果车子停都不停就开走了。第二辆车过来时，我就端着枪拦在路中间，汽车偏左边我就移到左边，汽车偏右边我就移到右边，逼着汽车停下来（老人讲述此段经历时，站起来，手里拿了把小孩当玩具的一根塑料棍子，生动地比画着）。最后，汽车不得不停下来。我让学生们先上，我自己最后上车。

可是，汽车走了没多会又不走了，说是没油了，我们不得不下来继续走路。到了一个山坡，看到很多人在摘树上的野果子吃。我已经又干又渴，听说这野果子能吃，也马上找树上的野果充饥。吃了一些野果后，继续赶路。到保山时[①]，天已快黑了。在保山的城门口，我看见两个五六岁的小孩头被踩扁了，陈尸在地上，很惨。后来才知道当天有30多架日本飞机轰炸保山，当时国民党的物资军需库也在保山。老百姓都往城外逃，拥挤在城门口的人群就把体弱的小孩踩扁了[②]。

---

① 保山市，古称永昌，位于云南省西部，距省会昆明498公里，外与缅甸山水相连，国境线长167.78公里，滇缅公路、中印公路都从这里通过。1942年2月至1945年1月间，保山在滇西抗战中扮演了重要角色。

② 1942年5月4日，日军出动大量飞机轰炸保山，保山90%的民房被毁，居民死伤过半。丧心病狂的日军还投下了细菌弹，并派出特工在保山多个村寨的水源地投毒，几天以后，保山城暴发了鼠疫、霍乱，并很快祸及整个滇西，一时间，滇西很多地方十室九空，哀鸿遍野，死了十五六万人，死亡人数占保山人口的5/6左右。一直到1950年，滇西还时有鼠疫、霍乱发生。

进保山城后，我想买点东西吃吃，这边走走，那边走走，结果一个人影也没有。倒是碰到了我的排长，我说："排长，没有东西吃怎么办？"排长说："那还能怎么办？"天已黑了，我找了个屋檐下，光地板睡了一觉。天亮后，离开保山又开始走路，目的地是下关①。听到汽车声，我就拦下来坐上去。开了几十里路，汽车又坏了，我只好下来走路。走了一个下午，有几十里路，路上只有水喝。在离下关二十来里路的天生桥②，我遇到了自己的连长。连长叫炊事员给我烧饭吃，我怎么也吃不进去，饭到喉咙处就噎住了，吞不下去，勉强吃了两三口就再也吃不下了。炊事员又给我做了稀饭，也只能吃下一小碗。那时还有好多士兵没回来，走散了。我们营只有三四十个人回来。

我们营在大理住了两个多月，又在楚雄住了个把月，之后回到重庆西部的永川。当时一个连抽调两个人到重庆宪兵学校学习，我们连抽到我，另一个是湖南茶陵人。在宪兵学校学了1年后，1943年11月，我被分到甘肃兰州的宪兵22团1营1连当班长，一直待到1944年的10月。我认识西北干部训练团的一个副官，他与我聊天时说黄埔军校西安7分校在兰州招生，建议我去试试。因怕上级不同意，我在一个晚上溜出去考试。考试是口试，就考了英语和数学，我没有笔试就考上了。考官给了我一副军校学生的领章，让我凭着这个去西安报到。那时从兰州到西安要半个月，我是在1944年12月到的西安，我们校址在西安的黄埔村③。军校训练强度是很大的，但是能吃饱。一顿一个大馒头，每个都一样大，炊事员做时是称过的。6个人1盆菜，茄子吃得比较多，也有西红柿和土豆等菜。

我学了3年，1947年9月毕业。派到驻西北胡宗南的27军31师93团1营1连1排任排长。27军军长是王应尊④，31师师长是刘梦廉，93团团长是

---

① 保山城到下关不到100km。下关现为云南省大理白族自治州大理市下辖的一个镇，是大理州、市政府所在地。大理古城在抗战时期是军事重镇，先后驻有滇军刘正富、国民政府军11集团军司令部、楚(雄)大(理)师管区，以及2军等部队和机关。当年因滇缅公路开通，下关、大理之间人员往来频繁，汽车流量增加。

② 下关天生桥位于大理市区西郊，在哀牢山脉北部者摩山与点苍山南部斜阳峰之间的霹雳峡谷中，一石凛然横跨大峡谷，将云南两座著名的雄山大峦连为一体。

③ 该村原为黄甫村，胡宗南当年曾改名为黄埔村。

④ 王应尊(1907—?)，山西阳高人，陆军中将。黄埔军校5期步科、中央军校高教班8期毕业。1945年任27军中将军长，1949年12月宣布起义。

黄鹏。后来我基本上是在团部工作，任少尉副官。部队生活苦，也不想打内战，所以就想着回家。当时西安绥靖公署有个副官是温州人，他与我的军校同学金璋是中学同学，通过这个副官，我拿到了通行证回家。

1948 年 11 月，我从西安出发踏上回家的路程。先到达四川，接着坐船到湖南株洲，再坐车到南昌，最后坐了两天两夜的火车回到金华。

（访谈者：朱　丹）

周廷光：常桃会战[①]片段

周廷光(1924—2012)，浙江温州人。黄埔军校18期毕业。本文根据作者原刊登于《黄埔军校浙江校友通讯·纪念中国人民抗日战争胜利五十周年(专辑)》(1995年9月，总第39期)上的《桃源炮击日寇》及刊登于《黄埔军校浙江校友通讯·纪念抗日战争胜利60周年(特刊)》(2005年8月，总第68期)上的《常(德)桃(源)会战片段》改写。

1943年秋，抗日战争进入了第6个年头，日军在湘北集结数万兵力，大举进犯津市澧县[②]，南下临澧[③]，直攻常德[④]，并已迂迴到桃源[⑤]一带，形成对常德的包围。常德形势非常危急。

我100军奉命从湘东浏阳[⑥]驰援，两地相距800余里。过益阳[⑦]时适逢百年一遇的飓风过境，但军情火急，部队冒着10级以上狂风，硬是背着装备

---

① 1943年11月2日至1943年12月26日(一说至1944年1月5日)，日军华中派遣军根据大本营和中国派遣军总司令部的作战指令，纠集10余万兵力，在常德附近，向以常德为中心的滨湖地区发动了其所谓的“常德(歼灭)作战”(中方称之为“常德会战”“常德战役”“常、桃之战”等)。中国方面调集6、9、5战区共计20余万兵力(包括策应部队)进行了有效的抵御，基本粉碎了日军作战计划。此战是抗日战争战略相持阶段后期正面战场上一次较大规模的且在当时有着相当国际影响的大会战。

② 津市，位于湖南省西北部，澧水中下游，傍澧水、濒洞庭。澧县，隶属于湖南省常德市，因澧水贯穿全境而得名，位于长江中游，湖南省西北部，洞庭湖西岸，与长江直线距离80km。

③ 临澧县，隶属于湖南省常德市，位于湘西北，澧水中下游，地处武陵山余脉与洞庭湖盆地过渡地带。

④ 常德位于湖南北部，江南洞庭湖西侧，武陵山下，史称“川黔咽喉，云贵门户”。

⑤ 桃源县，现隶属于湖南省常德市，位于湖南省西北部，西与沅陵县、张家界市的慈利县、永定区交界，东与常德市的临澧县、鼎城区接壤，北枕石门县，南抵益阳市的安化县。

⑥ 浏阳位于湖南东北部，东邻江西省铜鼓、万载、宜春、上栗，南接江西省萍乡及湖南省醴陵、株洲，西倚省会长沙，北接岳阳市平江。

⑦ 益阳位于长江中下游平原南岸的湘北洞庭湖区域，居于湖南省中北部。它北近长江，同湖北省石首县抵界，西和西南与湖南省常德市、怀化市接壤，南与娄底市毗邻，东和东南紧靠岳阳市和省会长沙市。

在暴雨中急速行军。我所在的63师189团全部官兵，在无法使用雨具的情况下，顶风冒雨，在泥泞的已被破坏的公路上行走，多数人跌倒再爬起，成了脏兮兮的"落汤鸡"。午后掉队的人越来越多，个别体弱多病者摔倒在路旁，无法救援，惨不忍睹。直到傍晚，风雨稍减，队伍溃不成军，到达宿营地时天已漆黑，减员竟达10%以上。未经战斗，就蒙受这么大的损失，团长心急如焚，只好派人就地收容，部队继续前进。这时得到情报，桃源县城已经失守，情况更加吃紧。

翌晨，部队进入桃源县境，即依战斗序列向县城靠近，准备反攻。189团团部及直属部队（我当时任迫击炮连代连长）随2营（团预备部）同属一个纵队跟进。是夜月色朦胧，山间道路崎岖。大约走了大半夜，前方突然枪声大作，前沿部队已与敌人接触。大家心头为之一振，瞌睡全无，脚步加快行走。枪声不久，直属部队前头骤然间冲杀声、枪声阵阵，其中夹杂着"嘎嘣—嘎嘣"敌人三八式步枪声。很明显敌人就在前面，黑压压的一批人夺路而来，分不清敌我，部队大乱。我在迫击炮连前头，令部队向近旁山坡上转移。此时一颗子弹擦肩而过，冲击波差点把我震倒，两耳嗡嗡作响，棉大衣被穿透，留下一个烧焦的弹孔。当时我神志很清楚，直属部队没有近战能力，像我们迫击炮连的每个士兵都身背几十斤的炮筒、炮座与炮弹匣。在紧急情况下，只有集合待命才是上策。侥幸的是我们连的排长等骨干都能控制好自己的队伍，没有被冲散。此时，枪声渐渐远去，天色已黎明，团部的集结号声响起，循声向附近山头集中，才知道先前的枪声大作是先头部队的尖兵搜索到一股敌人在民房中烤火休息，立即组成突击队一举歼灭，俘虏敌哨兵一名，打死打伤的敌人被他们自己抢走，慌忙逃窜。战斗仅一刻钟，我方丝毫无损。后来的冲杀声是直属部队和敌人另一股部队侧面遭遇，被冲个七零八落，幸而我军警戒部队及时赶到阻击，敌人急忙撤走。先头各营均已顺利通过，只有团部与团直属部队被敌人冲散，直到第二天凌晨方始集结。

团长陶绍棠（黄埔6期）、副团长高鸿恩（黄埔9期）历来战功卓著，带兵纪律严明；经受这两次挫折，憋足了一股怨气，立誓要在这次常德会战中再显身手，找敌报仇。

部队挺进到桃源县城近郊，立即部署进行攻击，经过一整天战斗，敌我均有伤亡。敌人调来山炮两门增援，占领城南一无名山，距县城约1km，向我军阵地轮番轰炸，配合步兵阻击我军进攻，对我军威胁很大。前沿部队屡攻受阻，伤亡增多。这时团长将指挥所直接迁到前沿阵地指挥，亲自督战。不料敌方一发炮弹在他身旁爆炸，副团长立时壮烈牺牲，团长身负重伤，在转送后方途中，也光荣地为国捐躯。噩耗传到部队，全团官兵个个悲愤异常，纷纷立誓要报仇雪恨！这时敌人山炮更加明目张胆地占领山脊阵地，向我军攻击部队直接瞄准，疯狂炮击，致使我军攻击部队攻击受阻，伤亡重大。

63 师师长徐志勗(黄埔 4 期)亲临我团指挥，筹划立即拔除敌人山炮。在这紧要关头，我建议利用八一迫击炮曲射弹道的特点，占领隐蔽阵地，突然发起猛烈的压制射击，可以消灭暴露在山脊的敌人山炮，以便使我攻击部队打开缺口。这个设想，立即为团指挥官所采纳，当即命令全连迫击炮进入阵地，做好一切对敌射击准备。此刻已是下午 4 点钟左右，敌军的山炮仍在向我方阵地狂轰滥炸，闪亮的炮火口清晰可见。我不失时机地先令各炮按次序试射，随之观测弹着点进行必要的修正，并一面以电话报告团指挥部。等到试射完毕，我一声令下，各炮立即连续发射，以迅雷不及掩耳之势，向敌人山炮阵地倾泻愤怒的炮弹。霎时，但见敌人山炮阵地上浓烟滚滚，火光熊熊，人仰马翻，敌军纷纷逃命，狼狈不堪，我当时在相距 500m 远的观测站看得一清二楚，而我连的士兵们不禁拍手欢呼。这时前沿阵地传来了发起冲锋的信号，薄暮时分即已攻占了敌人的山头。当夜敌军丢弃大量的辎重与部分尸体溃逃，桃源县城也接着为我军所收复。

以上这一幕以步兵炮打击日寇山炮的战役，我永远不会忘记。

(改写者：朱　丹)

周志华：抗战女护士

周志华，1921年出生，浙江富阳人。曾就读于战干4团。2015年3月27日，笔者访问了周志华老人。老人的先生傅立贤[①]毕业于黄埔军校10期，陆军少将参谋长。1966年4月获特赦后回到富阳，改革开放后曾任富阳县政协副主席。我们初见老人时，她正在绣十字绣。其利索的身形，快速的反应，幽默的谈吐，秀气的面容让人无法相信她已是93岁的老人。周奶奶有着非常积极的生活态度，时常画画、练习书法，现在富阳市社会福利院中心养老。以下内容根据其口述整理。

我出生于1921年的农历七月初七。老家在富阳青云桥高畈村（现大青铁坞口村高畈自然村），家境还可以，有土地租给别人种。父母生了四个女儿，我排行老三。我母亲主张女孩子也要接受教育，所以送我上学。我原来的名字叫周莲英，读小学时自作主张把名字改成了周志华。我在富阳春江高级小学念到第二年时，也就是1937年，日本人来了。[②] 日本人非常坏，杀人放火，把富阳城里沿街的房子都烧了，乡下也烧了很多房子，还强奸妇女。我是认识个别被侮辱的妇女的。

---

① 傅立贤（1911—2000），辽宁开原人，黄埔军校10期毕业，后任124军少将参谋长。

② 日本侵略军在侵占南京、上海后，分别沿南京至杭州的公路和上海至杭州的铁路，大举进攻杭州。1937年12月23日，沿公路推进的日军牛岛师团（师团长牛岛贞雄）的部队攻陷余杭县城（今余杭镇）。下午，日军兵分两路，大部主攻杭州城，小部抄小路进犯富阳县城。进攻富阳县城的日军，又分两路向富阳进发：一路经过杜墓、郡村、武林、洪庄、上陈、观前等村庄，从富阳西北角的铜岭坞入侵；一路从富阳北面的筱岭进犯富阳县境，沿途经坑西、唐家坞、石墓、部村等地方。24日拂晓，日军在新桥会合后，继续兵分两路：一路沿杭富公路推进，进攻富阳县城之北门、西门；一路翻越舒姑坪，出花坞，攻打县城的鹳山。沿公路推进的日军先头部队首先向富阳县城北门发起进攻，与守卫此地的国民党军队浙保3团2大队6中队展开激战。中午前后，县城防线被突破，敌我双方进行巷战。下午4时左右，日军侵占了富阳县城，富阳县城沦陷。参见《“走读富阳”第九站—— 抗战期间的富阳》，载《富阳日报》2013年9月4日，第10版。

日本人侵入富阳后，大家纷纷逃难。我随一个家住春建乡的女同学避难，她家在山区，并在那里过了年。农民是靠种田为生的，离开土地就没有吃的了。大家都逃难，土地就抛荒了，第二年不种地存粮就没有了，我家也没有吃的了，我父亲发愁全家的生计，就打我的主意。我听出父亲有这种念头就怕了，本来我高小毕业就可以教书的，可以独立，如果嫁人我的梦就会破灭。

当时国民政府军61师在春建乡驻扎。我同学的老家也驻扎着一个连。那时我为自己的前途发愁，书是没的读了，也不想嫁人，日本人说不定哪天就扫荡到这里，我越想越怕，干脆仿效花木兰从军吧。我看到一个军官，也不知是排长还是连长，就跑过去问他，“你在这里干什么的?”那军官回答:“我在这里防守。”我问他要不要女兵，他就让我先写篇为什么要当兵的文章给他看看。结果他说我写得不太恰当，可能是只写了日本人的残暴，没有写我为什么要当兵的理由吧。虽然被拒绝，但我心里还是有点底了。拿枪打仗不会，照料伤员总可以的。我有一个同学叫华志筠，我的姐姐嫁给她的哥哥，所以我们两家是亲戚。她逃难在上塘，那里驻扎着一个营。她比较老到，直接找营长要求当女兵，营长说帮着问问361团卫生队是否需要，卫生队说好的。这样，华志筠、金菊英和我就成了361团卫生队的护士。我们把头发剪了，像个男的，感觉很好。

我们卫生队的队长姓罗，是医学院毕业的医生，年龄在50岁左右，唠唠叨叨的很有耐心，外号“外婆”。还有一个男医生姓魏，30多岁。另有一个司药，叫邱少岳，后来华志筠是嫁给他的。其余的就是几个男护士，女护士就我们三个。救助伤员的技巧我们是边干边学的。61师在桐庐与日军打过一仗。在那里，我第一次给伤员包扎。前线下来不少缺胳膊少腿的伤员，有的下来不久就没气了。包扎伤员时我不怕，因为我们就是为这个来的，担心自己做得不够好。做了半年多，我和金菊英就调到了师部的医务处。我当文书，负责收发文件。那时印文件之类的需要事先将文字刻在钢板上，金菊英就做这个工作。医务处的处长也是医学院毕业的，人很好，有空会帮我们补习功课，提高我们的文化水平。整个医务处近10人。

我们跟着部队一路行军打仗。唉，我们打不过日本人，经常打败仗，总是边打边撤。心里很害怕，不是怕死，而是怕又打败仗。也思考为什么我们打不过他们，日本的武器是比我们好。一次在河南开封附近，部队要越过有日军把守的铁路。我们后勤部队也要越过铁路到对面的树林里隐藏。铁路站点有日军把守，我们只能从铁路下面的一个涵洞穿过。我在行进的时候，有机关枪扫过来，我就趴下不动，枪声停了继续前进。奇怪，明明是看见我们几个的，怎么不扫射了呢？难道是看到我们身上背的药箱，知道我们是医护人员放我们一马？不管它，先跑到对面再说。到树林后，整个后勤部队都集合在此，有伙夫、卫生兵、骡马队等。一会儿工夫，日本人的飞机就来了，把树林炸得一塌糊涂。我们几个卫生兵没有置身在树林中间，而是在边上的茅草屋休息，所以幸免于难。我当时躲在床底下，其实真的炸到的话，床底根本不管用。轰炸过后，树林里一片人的哭喊声，骡马的哀号声。看到这幅惨状，只恨自己没有能力挽救战友。日本人太狡猾了，故意让我们集聚后再来轰炸。之后，大概是为了看看轰炸效果，又放了个侦察气球过来。

这次轰炸，我们死伤很多人。我们将伤员简单处理，重伤员只能留下，因为部队必须继续行军。不久到了一个集镇，远远看到躺着一排排的人好像睡觉了。等走近了一看都是死人，日本人在我们到来之前就把这个集镇扫荡杀光了。

之后，我们部队到了黄河边的潼关。日本人在黄河的另一边。这样，不用天天打仗了，有空闲时间了。我听说战干 4 团[①]在招生，招的学历要求是初中毕业或同等学力。我和金菊英都想去报考，抓紧时间自学了初中的国文等课程。赶考时，我记得我们先骑马离开驻地到了一个小城镇，再坐汽车到西安。考了一天，考国文、数学、常识等课程，没有英语要求。半个月后，来通知要我们去报到。战干 4 团的校址在西安的东北大学，我分在女生大队 3 队，下设会计科、教师科、民运科、政工科、卫生科，我在卫生科。每天天刚亮就起床，整理内务，先跑步再吃早饭，然后开始学习训练。入伍生阶段学习期满后，又进行了一年的学习和训练。

---

① “七七”事变后，国共两党第二次合作，全国各地热血青年纷纷奔赴延安。国民党担心革命力量壮大，为了争夺青年，先在武汉成立“军事委员会战时工作干部训练 1 团”，随后又成立 2 团和 3 团。4 团于 1938 年 9 月在西安成立，驻南城墙外西北大学。军事委员会战时工作干部训练 4 团（简称战干 4 团）团长由蒋介石兼任，副团长由军委会政治部部长陈诚兼任，团附由西安行营主任兼 10 战区司令蒋鼎文担任。此后，熊斌、祝绍周、胡宗南先后担任过此职。战干 4 团共设 8 个总队，其中 5 个学生总队，1 个特科总队，1 个少年总队，1 个东北总队。战干 4 团的官佐职员最多时达 1000 多人，学员最多时达 8000 多人。几年陆续毕业学员达 24000 多人。1945 年 8 月抗日战争胜利后战干 4 团撤销。

差不多在即将举行毕业典礼时,我开小差了。为什么呢? 因为那时我已订婚了。我老公名叫傅立贤,个子高,人很帅,是东北辽宁人,高中生。日本人侵占了家乡后,他就成了流亡青年,先后流亡到北京、南京等地。1933年,在南京考取了黄埔军校,成为10期学生。毕业后,先在2师补充旅任职,参加过淞沪抗战,死里逃生活了下来。后在61师361团任职。我们的媒人是师医务处的处长,老公托他来说的。老公原来在团里任副营长,之后又考上了陆军大学。所以他那时候在四川。他来信让我到四川念中学,然后再去考大学。读书是我的梦想,我就跟随到四川去的老公的同学到了那边。我插到冶平中学读高中,地址在重庆郊区的白鹤村。我的初中基础不扎实,第一年还好,第二年就渐渐读不下去了,我自己就放弃了。我的大学梦也就没有了。

之后,我们又回到了西安。抗战胜利时,老公是师里的参谋长。我当时在陕西宝鸡一带的乡下,是师里的家属当时的留守地。

(访谈者:朱　丹)

周玉英：西南游干班女兵的激情柔忆

周玉英，1923年出生，安徽歙县人。西南游干班3期毕业。2015年4月3日，笔者拜访了周志英老人。老人现居宁波鄞州姜山镇上郁村，生活由其儿子照顾。前不久老人摔了一跤，肋骨断裂，所以身体大不如从前，腰板不能直立，只能佝偻着。看着眼前虚弱的老人，很难想象当年抗战时她英姿飒爽的巾帼形象。可喜的是老人思维尚清晰，局促的环境没能约束她自由的思想，谈吐间仍能感受到其不羁的性格。以下内容主要根据其自传《激情柔忆》整理。

我出生于1923年。父亲周正通原籍安徽歙县昌溪周邦头村，民国初年，他在舟山定海开了家“周恒昌茶漆号”铺面。父母生有7个孩子，我是老大。自我懂事起，家境逐年衰落，伙计渐渐减少，我放学回家也要帮家里干活。

抗战全面爆发时，我正就读于定海书院弄小学，已临近毕业。抗战救亡热潮席卷了舟山群岛，我的班主任张启达老师，给我取名周效，指导我们给前方浴血奋战的将士写慰问信。黄河决口惨案①发生时，我们积极进行募捐救灾活动，我因为表现突出而受到墙报表扬。在老师的引导下，王一飞、周尊仁等同学奔赴前线参军抗日，我也萌生了参军抗战的念头。我不敢与家人明说，只说是到上海进工厂做工，但离开家乡这个念头遭到了父亲的反对。无奈，我只能进入定海简易师范继续学业。

当时舟山很多青年参加了定海抗日自卫队，开展抗战宣传，学习救护知识和技能。我们上街头宣传抗日，在定海最热闹的状元桥、南门口举着旗子，高喊“打到日本帝国主义！”等口号，高唱抗日歌曲，还在火神庙演出抗日救亡

---

① 1938年6月，日本侵略军逼近郑州，国民政府在花园口扒开黄河大堤，河水一泻千里，豫东皖北44县市顿成泽国，虽然阻挡了凶悍的日军继续前进，但也造成黎民百姓无可估量的死伤和损失。

话剧，以启发民众爱国热情。小小图书馆是我们开展抗日救亡活动的场所。[1]“小小图书馆”订阅了一批上海出版的进步报纸、杂志，还能看到共产党这边编印的进步资料。我依然记得王启老师给我们宣传抗战思想，王老师的爱人杨老师教我们唱：“向前进，别后退，牺牲已到最后关头。同胞被屠杀，土地被强占，我们再不能等候。”以及“我们的队伍是广大强壮，全世界被压迫兄弟的斗争，是朝着一个方向”。新中国成立后，我才知道他们夫妇是共产党。

后来我又参加了抗日自卫社训总队，背着枪训练，自己也有一种是花木兰的感觉，有人还特地送我了一副对联，上书“巾帼英雄周效”，更让我平添自豪。1939 年 6 月 23 日，定海沦陷。我们抗日自卫社训总队的队员出城北到采畚白鹤庙暂避，我的家人也在采畚陶家避难。我又向父母表达了从军的念头，父母认为我年龄尚小，才 16 岁，又是女的，还是不同意。我最后选择了不告而别，匆忙之下只带了一件长衫和一双鞋子，连夜乘船离开。不久，辗转到了宁波，报考了黄埔军校 3 分校，成为 17 期入伍生团 1 团学生。入伍后，我们将自己的女性特征藏起来，头发剪到耳朵上面，军帽戴上后，几乎看不出性别。随后我们 42 名女生转至西南游干班 3 期学习，地址在湖南的祁阳，抵达那里时已是 1939 年的深秋。每人发有一套灰色棉军服、内衣裤、布鞋袜、绑腿、皮带，开始了严格的军事生活。游干班的教育长是李默庵、叶剑英，叶剑英亲自给我们上过“民众工作”和“持久战”的课。游击教官是边章吾、李

---

① “九一八”事变和“一·二八”事件后，定海城关各中小学师生和工商界人士都曾开展抗日救亡运动。在斗争中逐渐形成一支以青年学生为骨干的抗日救亡队伍，以北门陈维周家为活动中心。1936 年，青年们又把各自阅读过的近千册图书集中至陈家，形成内部交换的图书馆，这就是“小小图书馆”的雏形。“七七”事变后，抗战全面爆发，聚集在陈家进行抗日救亡活动的青年们立即走上街头，会合定海民众教育馆宣传队以及各校师生宣传队上街宣传。“八一三”事变后，从上海等地回乡的爱国青年也投入到抗日救亡宣传的洪流中。同年 10 月，青年们将集中在陈家中的图书搬迁到县前街 13 号，公开对外经营图书阅览业务，取名为“小小图书馆”，并得到社会各界的支持，读者迅速增加至数千人，图书最多时达 4000 余册，其中有《列宁全集》《鲁迅全集》《论持久战》等进步书籍。以后又搬至邑庙前 2 号，先后由胡时杰、李隆华任馆长。小小图书馆还开办民众夜校、设立书报服务部、印发馆刊、组织时事座谈会，并在沈家门、东沙、白泉等地设立分馆和流动图书箱，以图书馆为阵地，开展抗日救亡宣传，在县内外产生了重大影响。1938 年 10 月，郭沫若从武汉特赠“纪念定海小小图书馆成立一周年”条幅。重建后的中共定海党组织——定海县工委也派宣传委员王起到会讲话，并赠送“苏联社会主义建设丛书”一套。同时，县工委把宣传队和小小图书馆作为外围组织，派员指导工作。小小图书馆的活动一直坚持到 1939 年 6 月 23 日定海沦陷。“小小图书馆”的开办推动了定海各界民众抗日救亡运动的蓬勃开展，使大批热血青年走上了革命道路。

涛、薛子正等。师生中共产党这边的不少。我们总队长是戴之奇，下设 3 个大队，10 个中队。1—3 中队是学员，他们来源于各部队。4—10 中队是学生，来源于招考被录取的社会青年，有不少来自沦陷区。9 中队是女生，10 中队是谍报队。我隶属 3 大队 9 中队，大队长是刘子淑，中队长是王理直，他是湖南长沙人，其妹妹是我们同学。我们女生来自五湖四海，有北方来的，有西南来的，有南方来的。我们定海同时入伍 9 中队的有 6 位女兵，大家曾合过一张戎装照。除了我，其他 5 位女兵分别是沃文、王镇、胡守豪、徐云仙、朱颖影。

游干班学习任务很重，课程有“三民主义”、总理遗教、敌情研究、游击概论、日语、基本战术应用、战术情报、业务爆破、通信、典范令等。原本 3 年的学习任务要在半年多时间完成。每天起床号一响，我们便从梦中惊醒，开始一天紧张严肃的生活。紧急集合、升旗、出操、上课、野外演习等。冬练三九夏练三伏，晚上轮值站岗。“起立”“坐下”“齐步走”，绝对的站如松，坐如钟，走如风。射击比赛、队列、内务等，我们女生队从来不甘落后。经过教育，我们养成了守时、遵纪、果断、耐劳、简朴的品质。

1940 年 6 月 16 日，我校举行了黄埔建校 16 周年纪念活动。副教育长、时任衡阳八路军办事处主任的叶剑英带领我们参加了校庆活动。200 师师长戴安澜将军带领百余名排以上黄埔同学来校参加了校庆，这些同学身穿草绿色军装，不戴领章，只佩戴胸章，打着绑腿，扎着腰带，精神抖擞排成方队参加活动，个个仪表堂堂。零道师管区的黄埔同学也参加了校庆活动。戴安澜师长首先讲话，他说：“日本帝国主义穷凶极恶地侵占我国，同学们要发扬黄埔精神，不怕苦，不怕死，将鬼子赶出中国！”接着，叶剑英教育长发表了严肃讲话，他说：“中国的抗日战争，因为军事上、经济上都不如敌人，所以在战略上就不能采取速战速决的方法来战胜他，而是要采取持久的战略方针，才能夺得最后的胜利。在战术上，我们用常规战斗去作战是主要的方法，但更应该采取游击作战的方法，广泛发动全国各族人民到敌人后方去，抄后路，现奇兵，以牵制敌人，配合常规作战，抗日战争的最后胜利一定是属于中国人民的！”叶将军的这番讲话极大鼓舞了参加纪念大会的黄埔同学。国共两党黄埔师生共同庆祝校庆活动至今记忆尤深。

1940 年初夏，我们 3 期学生队毕业了。大家响应“到敌人后方去，建设湘鄂赣边区”的口号，9中队150个女生踏上征程，走向后方。我先后在湘鄂赣边区挺进军总部任少尉、中尉。开始在大幕山一带的通山、崇阳、阳新、咸宁工作，[①]我、王镇等组成三人小组，动员训练民众。山区人民生活很艰苦，生活方式也比较落后，妇女仍然缠足，未出嫁女孩留着长辫，已婚的妇女则包头。我们发誓完成时代赋予的“建设”使命，深入山村调查，编造妇女、儿童、担架队等名册，组织联络网。有一次，我们穿着便衣在通山一带向已组织起来的妇女宣传抗日，宣传反封建束缚，号召放天足，剪辫子。正说得起劲的时候，报有日本小分队前来。群众立马分散消失，我们也找个房子爬上楼，躲在柴堆里。敌人一过，警报解除，我们又开摆龙门阵，神出鬼没地在敌人点线周遭开展“捉迷藏”式的斗争。

其后，我们配合了第二次长沙会战[②]。任务是搜集情报、发动民众、编印战报。一个无云无月的秋夜，在一个破落的村庄，我们化装成老百姓，在向导的带领下，向着目的地进发。途中不时遭遇危险，有一次经过敌人的碉堡，大约距离200m的时候，只听“轰”的一声，我的脚后跟被一块硕大的泥团击中，我屏住呼吸，没有吭气，这是敌人无目标地在打探情况。直到敌人的碉堡在我们的视线中渐渐远去，我们才放松一点。那时，我们生活待遇极差，一天两顿饭也不能保证，饿时只能喝山泉充饥。即使能吃上饭，非生即焦。但大家没有丝毫怨言，全身心地投入工作。

不久，我们又配合了第三次长沙会战[③]。因为之前配合会战已积累了工作经验，所以这一次干起活来更得心应手，那时我已是9战区党政4分队中尉指导员。值得一提的是，我们行动队抄袭了敌人的据点，不光缴获了枪支武器，还砍了一个敌人的头颅作为战利品带回来。这颗头颅死了也不

---

① 大幕山位于湖北省咸宁市咸安区东南部的大幕乡，犹如一条巨蟒，头枕东北，尾踞西南，蜿蜒起伏数十公里，形成一道天然屏障，将通山与咸宁系于一身。

② 第二次长沙会战，指1941年9月至10月，抗日战争期间，以中国9战区为主的部队在湖南省长沙地区对日本军队进行的防御战役。

③ 第三次长沙会战，发生在1941年12月24日至1942年1月16日的湖南和江西北部的部分地区，交战双方为中国9战区司令薛岳所统帅的国民政府军9战区部队共30余万人与阿南惟几统率的日军11军共约12万人，此次战役主要经历日军向长沙推进的外围战斗、攻守双方在长沙城的攻防战斗和日军撤退时进行的反击作战三个阶段。在战役指导上，中方指挥官采用了“天炉战法”对抗日军，而日军指挥官阿南惟几则出现了明显的判断失误，最终导致战役结果为中方成功防守长沙，日方遭受惨重损失撤退而结束，因此此次会战又被中国方面称为“长沙大捷”。

肯闭目，配上满脸的胡须更显凶悍。因想到我们同学浙江人戴眼镜的王姓同学被敌人砍杀，四川人郑运夫、罗悟秋被敌人杀后头颅挂在通州城头，所以想以血还血出口恶气。日本鬼子对中国同胞的凶残岂是用笔墨可以形容的。

虽没有在一线作战，但后方工作也辛苦异常。雪夜曾渡河，严冬的冰霜将脚下的草鞋冻成硬块，但脚步一刻也不能停下来，跟随担架队一路前进。日夜行军，疲惫到上下眼皮打架，仍然用手搭在前面一位同志的肩上继续向前。

也有快乐的时候。一次在通城麦市镇[①]慰劳驻军联欢演出时，大家唱《黄河大合唱》《太行山上》《流亡三部曲》等抗日歌曲，不久传来日军退出通城的消息，全城欢庆有如过春节。我们进入通城搜集情报，还捡到了日本兵丢弃的小菩萨、扇子、太阳旗等物品。我们不禁高兴地唱："肩上背着枪，手榴弹挂胸膛，挺着胸部前进、前进！好像那猛虎下山岗。见敌人，莫惊慌，急忙伏在大路旁，找目标瞄准枪，'砰砰、砰砰砰'打得敌人发了慌，丢下子弹和军粮，我们小车载大车装，唱着歌儿进村庄，跃堂堂乐洋洋唱着歌儿进村庄！"

人生也会发生些莫名其妙的事情。一次，说有一支部队要经过我们驻地，原因、动向都没有交代。后来有枪响，资料室的汪瑞玉手腕上中了一枪，幸而无生命之虞。不久，有人被抓走，并作为政治犯处理。我因发了几句牢骚也被关押，并成为总队第一个女犯。探望我的人当中有修水县的督学叶方明，后来他给我找了份教书的工作。

局势所逼，我只能退伍从教。我在分监部子弟学校即修水业勤小学任教。校长也是游干班同学，同事关系也不错，但我还是感到孤单、空虚，前途渺茫。不久，我就离开到了长沙。在长沙市区，遇到日机扫射，差点丧命。长沙也不宜久留，又到安化兰田，进入9战区开办的沦陷区失业失学青年招待所。那里的生活条件很差，我只有抓紧时间学习会计、音乐知识充实自己，并寻找新的工作机会。我给沅陵县[②]的同学去信，他是兵役科长。从他回信得

① 麦市镇，湖北省咸宁市通城县下辖的一个镇。东与江西省修水县白岭镇、南与湖南省虹桥镇交界。

② 沅陵县，隶属于湖南省怀化市，位于湖南省西北部，沅水中游，与桃源、安化为邻，素称"湘西门户"。

知原边区领导王劲修[①]任沅陵警备司令，说很多同学在那边工作。这样，我就到了沅陵农业推广所及卫生院工作。其间，与同学彭邦栋有了感情并结婚。当时彭邦栋在霞峰中学任军训教官和教员，我也到这所学校当了女生生活指导员。不久，我们有了儿子，但感情并不和睦。新中国成立后于50年代分手。

日本人投降时，我就在霞峰中学。当初从军是为了把侵略者赶走，这一天终于盼来了！胜利后，我带着儿子返乡，与阔别多年的家人相聚。

（改写者：朱　丹）

① 王劲修(1900—1950)，湖南长沙人，陆军中将。1940年12月1日调升湘鄂赣边区游击总指挥部中将副总指挥兼鄂南指挥官。1941年12月所部改编为湘鄂赣挺进军，升任中将总指挥。1942年6月调任沅陵师管区中将司令。1942年任重庆警卫军副军长，参加山西忻口战役。1943年5月调任97军中将副军长兼沅陵警备司令。1945年6月调任军事委员会中将高参。1949年8月在长沙和平起义。

周肇珣：我在中国驻印军的岁月

周肇珣，1919 年出生，浙江象山人。黄埔军校 18 期炮兵科毕业。2015 年 4 月 3 日，笔者访问了周肇珣老人。老人现居象山县城丹西街道西后巷某独立住宅，推门进去有一个不大的天井，天井两侧是卧室、厅堂及厨房，另一侧种植了不少花草，尤以兰花居多，整个环境收拾得很干净。老人是从教师岗位上退休的，喜欢写写弄弄。以下内容主要根据老人若干年前撰写的《周肇珣自传》及《我在中国驻印军中的回忆》整理。

我谱名肇珣，又名兆珣，1919 年九月初六出生于象山丹城。我父亲是个私塾先生，也会一些医术，生有五个儿子一个女儿，我排行老四。我最初的启蒙老师就是父亲，也在父亲任教的私塾里念过书。直至 13 岁才进入县立高等小学。我的算术成绩名列前茅，也非常喜欢运动，曾在县运动会上夺得两块金牌。

15 岁时，我高小毕业。因家贫无力升学，只能在家自学。父亲授以《古文观止》《左传句解》等书。父亲也给我讲一些人情世故，告知我须学好本领以求立足社会。17 岁时，我报考了宁波四中，可惜没考中。继而考效实中学，虽考上了，但学费高，无力就读，只能又在家留一年。以后考入了慈溪锦堂师范。

锦堂师范是旅日华侨巨头吴锦堂所办。吴锦堂在日俄战争时买卖日本公债成巨富，为造福桑梓，创办此校。校中设膳食，还有奖学金，分师范科和农科。抗战全面爆发后，学校迁至嵊县长乐山书院。当时的热血青年均以奔赴沙场杀敌为荣，我同学中有不少离校参军。我也到丽水报考了空军军士学校，但未能录取。

1940 年，我从锦堂师范毕业后到宁波第一中心小学任教。那时时常有日机来轰炸，我们小学的一栋教室被炸毁。正好黄埔军校7分校在宁波招生，我决计投笔从戎。从宁波出发后，至金华集中，途经江西、湖南、广西、贵州，一路吃不饱，穿不暖，疲惫至极，历经千辛万苦抵达重庆。重庆是战时的陪都，景象与沿途很不同。大家想想到7分校所在地西安还很远，所以各人产生了不同的思想，不少人离队。我与同乡何本芸商量也想着另谋出路。何去投警校，我暂留叔父延瑾处。当时叔父为协兴造船厂经理，他带我去见了同乡徐培根。徐培根时任军政部3处处长。我在造船厂待了一个多月后身无分文，屡受该厂人员侮辱，自知非久留之地。还是恳请叔父设法介绍到黄埔军校成都本校。叔父托当时的重庆要员杨虎写了封信给成都本校的教育长陈继承。我拿着信到军校求见陈继承，结果陈继承的副官拒不引见，无奈，只能找了客栈休息。翌日，一军士来到我住的客栈，叫我带着行李到军校见褚副官。副官说，18期1总队的考期已过，让我待考2总队。于是，我先暂时住进军校的校长行营房内，等待2总队的考试时间。待考期一到，如愿考入2总队。

2总队驻地在成都南校场。军校生活较艰苦，住的是草房，吃不饱，日机也经常来袭。我隶属炮兵2队，毕业后被分到位于湖南洪江的陆军机械化学校①学习。到机校后，编入乙级学员队。白崇禧曾来校视察，正好校方在组织学生开英语辩论赛，内容是讨论抗战胜利后中国应怎么办。白崇禧说，我们现在的问题是要研究今后如何牺牲来取得胜利。

4个月后，我成为中国驻印军②一员。1944年初，我们从洪江机械化学校启程，经贵阳至云南昆明巫家坝机场，搭乘美空运总队的飞机去印度阿萨姆邦的汀江。上机时，每人发了一顶降落伞及一个用于呕吐的袋。沿途有机组人员报告经过地点。当飞机经过驼峰③须遽降时，就预先告知我们情况以

---

① 陆军机械化学校前身为陆军交辎学校，1936年3月1日正式成立，此后因战不断迁移校址。1937年11月迁校至湖南长沙，1938年7月更名为陆军机械化学校，同年10月迁至广西，1940年9月迁至湖南洪江。

② 中国驻印军是1942年中国远征军第一次进入缅甸作战失利后，在进入印度的新22师和新38师的基础上成立的，是当时中国最为精锐的作战部队，为反攻缅北、协同中国远征军打通中印公路、歼灭日军18师团立下了赫赫战功。

③ 1941年12月，太平洋战争爆发后，美国参与对日作战。1942年5月，日军切断滇缅公路这条战时中国最后一条陆上交通线后，中美两国被迫在印度东北部的阿萨姆邦和中国云南昆明之间开辟了一条转运战略物资的空中通道，这条空中通道就叫驼峰航线。飞机飞越青藏高原、云贵高原的山峰时，达不到必需高度，只能在峡谷中穿行，飞行路线起伏，有如驼峰，驼峰航线由此得名。

免受惊。到目的地后，首先脱去身上的军装并投掷至消毒箱，洗澡后换上印军服装。经过一番整顿，乘船坐车，经过印度第一大商埠加尔各答，最终抵达比哈尔邦的兰姆迦驻地。我们被编入战车6营。当时共有战车营7个，1营、2营、3营在前线，其他作为预备营。我在6营任运输排排附。

兰姆迦训练营场地宽阔，官兵住在各自的帐篷内。因蚊子多，夜间站岗时必须涂防蚊油，戴头帐。中国驻印军拥有步、炮、工、通信、辎重、战车各兵种。各兵种除了自身的专业训练外，还有针对缅北特殊地形作战的训练。如利用指南针在森林中找到预定地点、上下攀岩等，以及躲避地雷、辨识陷阱、无线电机的障碍排除、汽车修理和维护、穿越封锁线等的训练。有时还用影片进行辅佐教学，效果很好。

生活方面待遇比国内要好，有罐头、红茶、白糖、压缩饼干等供应，伙食也不错，几个月后，原来面黄肌瘦的中国官兵渐渐面红体壮。那时我的军衔是少尉，月薪百余盾，可买1斤装的牛肉罐头100余听。驻地会放映美国拍的纪录片，如《西点军校》《日军偷袭珍珠港》。还有文艺演出，有印度本地的歌舞，也有国内来的演出团。假日可以出营地到外面走走，我曾经拜访了释迦牟尼待过的修道时间较长的赖雅，那里留有不少佛的足迹。印度人社会贫富悬殊的差距及特有的生活习性也给我留下了深刻印象。

自第二战场[①]开辟后，盟军形势趋于好转。不久，中印公路[②]打通。战时中国视为血的汽油，可以用油管从印度输入中国。战车营驾驶GMC十轮卡车载汽油回国，我前后在印度待了一年。汽车日行百里，经昆明至贵州西南部的安龙，我营又被编为汽6营。营里有美籍联络官胡白里(音)，还有少数几个美军任技术指导。我们营的车辆在重庆、贵阳、安龙、广西西北部的百色之间来回，运输军火及给养。这些地方的公路蜿蜒曲折，往往在高山及峡谷间穿行，有72道弯，地形险恶，常有车毁人亡之事发生。且贵州境内多土匪，

---

① 第二战场是指“二战”时期，新开辟的除苏联战场外，以西欧为主要区域的战场，它的开辟以诺曼底登陆为标志。

② 中印公路(Ledo Road)，又称列多公路、雷多公路、利多公路，是在“二战”期间，日军切断滇缅公路后，同盟国为了延续中国对日本的作战能量，并支援缅北反攻部队后勤所需修建的公路。曾命名为“史迪威公路”，由印度利多经缅甸密支那至中国云南边境畹町的路段，称“利多公路”，是“二战”中中国战区的军事供给线之一。

也给运输带来威胁。

当然,我们与美军技术指导之间也会有摩擦。当时我方想打通一条国际海运路线,命令我们配合4战区打广西南宁,因此我们常在安龙、百色一带待命。美国兵好色,屡屡开车出去找姑娘。有一次夜间,他们强迫我方驾驶兵开车渡江至花船[①],到后即拆去车上地线,使车子不能开动,然后自顾自去玩耍。驾驶兵怒回车队告知我此事,我便去把车开回。后来美国人还嚣张地来我车队寻衅,我找来联络官后方解决此事。

抗战胜利后,我部奉命去上海待命,经重庆,过武汉,沿江东下。到上海后,又奉令至北平执行接收日军战车部队的任务,我营又被编为战车营。后又增设装甲炮兵营,我们为2营,我先任排长,又升为连附,驻地在北平西郊。1949年初随部队起义,6月回象山丹城。此后,以教书为生。

(改写者:朱　丹)

---

① 花船旧指载有歌妓招客之船。

孟丙南：回忆豫西战役

孟丙南，1922年出生，浙江余杭人。黄埔军校3分校军官班10期毕业。2015年3月13日下午，笔者访问了浙江省现终身参事孟丙南老人。孟老因身体略有小恙在浙江医院住院部养病，身边有女儿陪伴。老先生虽已届高龄，但精神尚好，记忆清晰，表达富有条理。以下内容根据孟老口述整理，部分内容参考了他本人于1997年自撰的回忆录《萤光》。

我出生于公历的1922年1月6日，老家在浙江余杭长乐镇的冷水桥后阳村，这个地方差不多与临安交界了。我的祖父是晚清秀才，19岁时考取，但21岁就英年早逝。祖父在时，家境还过得去，有山田几十亩。祖母在我父亲14岁时也走了。不久，我父亲与大伯分了家，并很快结婚成家了。我外婆家条件还不错，我母亲会理账。我父亲读过几年私塾，精明能干，曾经担任过几年冷水桥小学的校长。在他30岁那年，耗尽心血造了一栋房子。房子造好后，他的身体也垮了，眼疾导致他双目失明。为了给父亲治病，我家不得不卖掉一些家产，靠着母亲的辛苦操劳度日，后来只能靠租种人家的田地过日子。

我父母生了6个孩子，我排老三，是家里的第一个儿子。1926年春天，我开始到冷水桥小学上学，校长是我的舅舅。初小毕业后，到离家十来里路的临安横畈镇锦北小学念高小。因成绩好，校长特许跳级，因此只用了一年的时间完成了五、六年级的课程。

高小毕业后，我因家贫读不起中学，出路成了问题。父母想让我找份工作赚钱养家，但我很想继续升学。我的姨夫建议我就读位于萧山的湘湖师范，这所学校的学费比普通中学要低一半。1933年，我考入了省立湘湖师范。家里又变卖了一块竹林地才供得起我上学。接下来的几年，我是在湘湖师范度过的。

“七七”事变激发了中国人的民族感情，国人的抗日情绪高昂。大家抵制日货，踊跃买“雪耻布”，[①]那是中国人自己生产的灰色平纹的棉布。各方高唱抗日歌，到处可以听到《大刀向鬼子们的头上砍去》《松花江上》《义勇军进行曲》等歌曲，那些歌词听得让人热血沸腾甚至流泪，激发着中国人的民族感情。战火烧到上海后，浙江也已不安宁。自日本人在金山卫登陆，[②]就经常有日机来轰炸，我们经常要逃警报。我的心脏不好与那时惊吓过多有关。

1937年12月余杭沦陷。我流亡到了金华，那是战时省府所在地。我考上了军官大队，进行了为期6个月的培训。军官大队下辖3个中队，每个中队约120人，训练营地在金华第七中学。我们主要学习作战技术，教官都是从部队调来的。我以很优秀的成绩毕业了，所以被送到参谋班继续学习。参谋班办在离武义县城不远的白洋渡附近，那里修有临时飞机场，受训时间也是6个月。无论是军官大队还是参谋班都是当时的浙江省政府主席黄绍竑牵头办的。因为我的学习成绩较好，所以参谋班训练结束后被分到军管区司令部工作。军管区司令部下设兵役处和编练处。兵役处负责征兵工作，编练处负责地方壮丁训练工作。编练处处长是谭计全，他是黄埔1期的，与黄绍竑是连襟。我是编练处的上尉科员。我工作很努力，几个月后，我带职进入中央军校3分校军官班学习。3分校在江西瑞金，皖南事变时我就在3分校学习。

3分校的学习结束后，我仍然回到军管区司令部工作。不久，全省组织了军官考试，公开选拔1个团附，1个自卫大队大队长。结果我考了第1名，被任命为国民兵团团附，军衔是少校。另一个职位即永嘉自卫大队大队长录用了一个云南人。那时我才21虚岁。固然国民兵团是由军管区管辖的，但我的确也很用功。当时少校以上军衔就由军政部部长何应钦任命了。

---

① 日本侵华前后，全国掀起抗日救亡浪潮。一些爱国布商主打销售土布以抵制日货，被国人称为“雪耻布”。

② 1937年11月5日，日军10军司令官柳川平助率6、18、114师团及国崎支队（5师团9旅团），突然在杭州湾的全公亭、金山卫间登陆，策应日本上海派遣军实施迂回包围。金山卫一带仅由中国守军63师一部及少数地方武装担任警卫，日军10军顺利登陆并迅速向内陆进发，淞沪抗战形势顿时急转直下。

在分水做国民兵团团附的日子还可以，[①]但我投笔从戎的目的是想到抗战一线杀敌，所以不满足于这样的后方工作。当时，3战区游击挺进1纵队司令、原湘军62师师长经常路过分水到天目山，他比较赏识我，希望我到他部队去干。地方兵团不同于正规部队，两者属于不同的系统，不能随便调动。又不能请长假，怎么办？只能开小差了。我带了副官和两名勤务兵，带上马匹、枪等东西就上路了。加入游击队后，政治部主任周藩御让我去搞政治工作，任命我为2支队的政治部指导员，相当于团政委。支队下面还有3个大队，每个大队都配有指导员。2支队的支队长是邓义，他在上海抵抗日军时负过伤。我们这支部队在钱塘江南岸一带打游击，游动在富阳、萧山、淳安等地。与日军交锋不多，双方彼此提防。我们武器不行，日军地形不熟悉。

1943年，3战区游击挺进1纵队奉命挺进杭嘉湖敌后游击，途中过境孝丰[②]做短暂休整。在孝丰，我住在胡宗南家里。一段时间后，与他家人都熟了。胡家那时有一个寡嫂、一个弟弟和弟媳，以及他们的两个孩子。我差不多在他家住了一个月。我与胡宗南的弟弟胡琴宾年龄相仿，[③]两人很投缘，经常结伴去打猎。那时胡家有不少胡宗南寄回来的照片，包括他本人及部下的。当时胡宗南的身份是8战区副司令长官。胡宗南寄回来的那些官兵戎装照很神气，我不由得心生向往。

因为忠义救国军有矛盾要处理，戴笠特地赶到忠义救国军的驻地安徽广德整顿，完事后就顺便转到胡家来看看。戴笠到孝丰的头一天就有很多便衣过来打前站了，次日戴笠本人抵达时跟过来好多辆汽车。戴笠与胡宗南的交情很深，两人互相扶持。胡宗南是一分钱也不寄回家的人，他老家房屋的修理、父母坟冢的修葺都是戴笠帮着张罗的。戴笠对胡家人都很尊重。

乘着这个时机，我希望跟随戴笠先一起到重庆再转到西安胡宗南处。我想让胡宗南的弟弟帮着和戴笠说说此事，胡宗南的弟弟说他的话不管用，要

---

① 分水镇现隶属桐庐县管辖。分水地处杭州西部的天目溪畔，依山傍水，风景秀丽。北距杭州市90公里，东距桐庐县城35公里，西距淳安千岛湖70公里。

② 孝丰镇现隶属浙江安吉县管辖。孝丰地处天目山北麓、西苕溪上游，东邻安吉县城，北与安徽省广德县相接。胡宗南原籍浙江镇海，后迁居孝丰镇。

③ 胡宗南在老家的名字叫胡琴斋。

找章旭初讲话才管用。章旭初是当地的大户，拥有很多毛竹山，他与胡宗南、胡公冕[①]三人有金兰之交。章旭初与胡宗南是吴兴中学同学，两人交情不浅。胡家贫，当年考黄埔军校的路费也是章旭初资助的。戴笠在胡家吃饭时，章旭初也被邀请在座。饭桌上，我写了张条子递给章旭初，表达了自己想到西北去的意愿。章旭初同意了，他特地帮我写了封信给胡宗南，并吩咐戴笠带上我。

我们从孝丰出发的时候正好是五四青年节。一车队的车辆是美国造的道奇卡车。一路上基本见不到戴笠，因为你不知道他乘哪辆车。我与特务团5团团长王兆槐坐同一辆车，王兆槐是浙江淳安人。我记得行程路线经过了福建、江西、湖南、贵州，然后到重庆。江西经过上饶时，3战区的司令长官顾祝同[②]出30里迎接戴笠，同样出30里送戴笠。戴笠出行可谓一路绿灯。为了避开日机轰炸，一路也是尽走山道。经过贵州娄山关时，山路非常崎岖，真正是72道弯。

到重庆后，已是夏天。因为路上相处熟了，所以我曾经跟随他们进入过军统局本部。我住在第8战区驻重庆办事处，处长也是孝丰人，地址在中一路上家垭口。办事处往来重庆 西安两地的车辆很多，很快，我搭上到西安的车。1943年，我到达西安，暂时住在胡宗南的姨夫厉桂涛家。胡宗南与我谈了几次话，其实也是面试，然后对我说给我找了个好长官。不久，任命下来了，委任我为34集团军16军预3师（后改为94师）7团3营营长。16军军

---

① 胡公冕（1888—1979），浙江永嘉人。少时到杭州新军随营学校当学兵，勤学文化，苦练功夫。1910年，在湖州管带陶昌权那里当教练。与梅溪小学体育教员胡宗南常在一起打篮球，成为好友。1911年10月，参加革命军，在一个师教导团里当排长。三个月后，教导团开拔到上海，改编为“模范团”，胡公冕升任队长。不久，离团回杭。1921年10月，胡公冕在杭州第一师范加入中国共产党。参加了黄埔军校的筹建工作，并先后任军校卫队司令、教导团营长、团党代表、政治科学生大队大队长；参加了东征和北伐战争。大革命失败后，失掉党的组织关系。第二次国内革命战争时期，从1929年冬起，胡公冕同志在浙江家乡组织农民革命武装，建立起浙南红军游击队，担任总指挥。1930年夏，在党派去的干部的帮助下，这支游击队扩编成红军13军，胡公冕同志任红13军军长，在浙南地区十几个县坚持了两年多游击战争和土地革命，沉重地打击了反革命势力。1932年4月胡公冕同志被国民党逮捕入狱，1936年经营救获释，后去西安。抗日战争时期，他根据我们党的抗日民族统一战线的政策，做了许多抗日救国和有益于革命的工作。同时和党保持联系。解放战争时期，从1947年冬起，他在上海参加了党的地下活动。从1950年起，先后任政务院参事、国务院参事。

② 顾祝同（1893—1987），江苏省涟水县人，保定陆军军官学校6期步科毕业，陆军一级上将。抗战时任3战区副司令长官。1987年在台北逝世。

长是李正先[①]，他是浙江东阳人，黄埔2期的。预3师师长是陈鞠旅[②]，都是胡宗南的亲信。

在西安逗留期间，认识了复旦大学毕业后在黄埔军校7分校眷属工厂担任会计工作的章廉之，她是章旭初的女儿。我到合阳后，我们也有鱼雁往来。1944年2月8日，也就是农历正月元宵节，我们俩由胡宗南主婚，在胡宗南的官邸举行了婚礼。

当时胡宗南的部队防线从北到南自山西风陵渡到陕西潼关。这两个地方历史上就是扼守关中重地和中原地区的两大关隘重镇。风陵渡正处于黄河东转的拐角，是山西、陕西、河南三省的交通要塞，跨华北、西北、华中三大地区之界。从风陵渡过黄河就是潼关。潼关位于陕西省渭南市潼关县北，北临黄河，南踞山腰。胡宗南主要有两大任务，防线东边是黄河，与日军隔河对抗；防线北边是延安，监视陕甘宁边区。我们营驻地在陕西合阳的榆林渡，在黄河岸边，其北边是韩城，[③]南边是朝邑。[④] 与河东的日军37师团隔河对峙。37师团驻地在运城。[⑤]

黄河的脾气很差，所谓三十年河东，三十年河西。其河道不固定，我们驻地脚下的泥土很松，有一次，我的马差点陷进去死掉。我们就住在工事里，就是掩蔽体，条件艰苦。逢年过节的时候，特别想念故乡，想念亲人。但战争让人没有选择。河东的日军时常有炮弹打过来，我们则在夜幕降临的时候，派三两个人为一组，一次十余人的小队坐羊皮筏子渡过黄河搞破坏。到敌占区剪电线，挖铁路，毁坏桥梁，有时也轰几个碉堡。这些偷袭活动虽然事先做过计划，但也有不成功的时候。

1944年3月间，日军为打通平汉铁路，贯通华北华中各战场，出动五六

---

① 李正先（1904—1983），浙江东阳人。参加两次东征和北伐战争。抗日战争全面爆发后，先后任1师副师长，南京中央军校2总队总队长，1军1师师长。1942年10月任1军副军长。1943年6月任34集团军16军军长。曾参加南京保卫战、武汉会战、豫中会战。

② 陈鞠旅（1899—1964），广东梅县区人。陆军中将。黄埔军校5期步科毕业、陆军大学高级班毕业。抗战全面爆发后参加淞沪会战、南京保卫战等，1938年5月任1军1师副师长兼1旅旅长，1939年1月任16军预备3师少将师长，1944年3月任16军副军长，兼预备3师师长。

③ 韩城位于陕西省东部黄河西岸，关中盆地东北隅。

④ 朝邑镇现隶属陕西渭南市大荔县，位于黄河西岸。

⑤ 山西运城位于黄河金三角，晋、秦、豫三省交界处。

万兵力开始向豫中进攻。4月17日夜，日军在开封以西中牟县一带渡过黄河。5月8日，南北夹攻之日军在西平会师，平汉路全线陷于敌手。5月25日，洛阳失守，日军逼近潼关。关中震撼，情况危急。我们师奉命移驻朝邑、华阴整训待命。6月初，我们开赴豫西增援，任务为协同友军迎击自洛阳西犯之日军，务必歼敌于潼关之东，确保关中安全。

当时我们营驻扎在华阴县大姚村。一天早上天还未亮，我们紧急集合，开赴前线。村里乡民得知后，几乎全村拥往村口为我们送行。村里耆绅长者代表乡民为我营所有连级以上指挥官敬酒，祝我们旗开得胜，凯旋，并一直送我们到村外一里许才告别。我不禁满腔激情，发誓一定奋勇杀敌以报国报民。

我营战士每人负荷20余kg，含枪支弹药、背包、干粮、水壶。骡马则驮机关枪、迫击炮、弹药和粮秣，每匹负重100kg以上。西北少雨水，太阳出来后，晒得官兵汗流浃背，唇干舌燥。有的士兵中暑，有的士兵脚上草鞋底磨穿，又加上脚上起水疱，走起来步履艰难。但增援任务十万火急，没人敢掉队。至天黑仍在行军，人困马乏，疲惫至极。先头部队8师、167师前几天已激烈交锋，路边不时能看到日军尸首，血水流入沟里，尸臭令人作呕。而官兵水壶里的水早已见底，人人口渴得很，但又找不到干净的水源，关键是病号吃药找不到水。幸而军医机灵，拿脸盆就着骡马屙尿，用沙子过滤后给病号喝。

我们一路跨过陇海铁路①，到达阌乡②后，天已拂晓，上头命令我们原地休息。这时已昼夜行军150里。官兵赶紧先解决吃的问题，找水，解下背在身上的粮袋，取出干粮充饥。携带的干粮是馍干，早被汗水浸湿长出绿色霉斑。但对于饥肠辘辘的我们，这无疑是天下最美的佳肴。由于疲劳过度，不少士兵甚至吃着吃着就倒地睡着了。

一会儿，师部来令命我去接受新任务。到师部后，师参谋长萧家增指着五万分之一的军用地图，告知日军将在次日拂晓前在秦岭北麓夫妇峪出现，我营的任务为立刻赶到夫妇峪口设防，构筑工事，歼灭来犯之敌。我回营后，与副营长召集了各连连长及迫击炮排排长开会，分头布置了任务。令7连为先头部队，全营向目的地进发。抵达后，7连驻守南涧底、北涧底两村，营部

---

① 陇海铁路是中国甘肃兰州(陇)通往江苏连云港(海)的铁路干线。

② 阌乡位于今河南省灵宝市境内，南依秦岭，东靠函谷关，西连潼关。

及其余部队进驻南篓村、北篓村。南涧底、北涧底村紧靠南北山麓，扼夫妇峪口，南篓村、北篓村距夫妇峪口偏北半里，4 个村一共不到 30 户人家。我营官兵一面修筑工事，一面警戒，彻夜处于备战状态。我营最好的装备就是 4 门口径 10cm 的迫击炮以及 6cm 口径的 60 炮，加上一些重机枪和轻机枪。翌日早饭后，仍未见到来犯之敌。8 时许，2 营营长郑启鲲奉命率该营前来换防。我将诸事移交完毕后带领全营撤回 7 团驻地。

午饭时刻，忽从南山方向传来密集的枪炮声，那边天空火光连连，约 1 小时后才平息。此役，我 2 营官兵几乎全部牺牲，只有个别幸免于难。事后打扫战场，现场惨不忍睹。就在我营离开阵地 1 小时后，敌人以 94 山炮、82 迫击炮及掷弹筒构成火障，向我 2 营阵地猛烈攻击，我们虽顽强反击，甚至肉搏抵抗，但敌人从山上下来，加之武器落后，以致全营官兵几无生还，郑营长连遗体都未找到，只找到了其生前携带之物。我方也打死了日军的一个旅团长。最让人气愤的是，日军是抄山间小路进攻我方的，带路的竟是一个汉奸。

1945 年 8 月，我们营在陕西三原①驻扎时，传来了日军投降的消息。16 军奉命从陕西出发，在平民县大庆关②渡过黄河，借道山西，沿同蒲铁路③出娘子关，经正太铁路④直上北平，接受日军投降。我营随 94 师至河北南口⑤受降，接收日军一个联队的营房，计有军械、被服、粮食、燃料、各式器具等仓库 5 座，另有马厩（军马 50 余匹）、猪舍（猪 100 余头）、军犬 10 余只。我们在上交时留了几匹马下来，结果不到一周，发现马不再进食，并陆续倒毙。兽医解剖发现马的胃里有很多大头针，将胃刺得千疮百孔。一定是日军在将马匹移交的时候故意在马的饲料中拌入大头针，可见他们行为之卑劣恶毒。

（访谈者：朱　丹）

---

① 三原县，位于陕西关中平原中部，因境内有孟候原、丰原、白鹿原而得名。三原是国民党元老、著名爱国诗人、一代书法大师于右任先生的故乡。

② 为陕西、山西间黄河重要渡口。1929 年分朝邑、华阴两县，置平民县于此，今废。

③ 同蒲铁路是贯穿山西省中部的南北铁路干线。自山西大同经太原、侯马至蒲州镇以南的风陵渡。全长 865 公里，以太原为界，分为北同蒲和南同蒲。

④ 正太铁路就是现在的石太铁路，石家庄到太原，是山西省最早的一条铁路，原计划由河北省正定县的柳林堡修至太原，故名。

⑤ 南口，位于北平城西北 45 公里处燕山余脉与太行山的交会处，是居庸关南侧的长城要隘，是北京通向大西北的门户。南口原属河北，现属北京。

季世华：亲历芷江受降

季世华，1921年出生，浙江温岭人。黄埔军校2分校16期步兵科毕业。2015年7月8日，笔者前往温岭对季世华老人进行访谈。老人为温岭市黄埔军校同学会会长，也是当地有名的老中医，现在仍每天坚持上班，常年在门诊部坐诊，找他看病的人络绎不绝。许是自己懂医的缘故，老人身体状态很好，身形矫健，耳聪目明，思维敏捷。由于老人记忆颇佳，访谈过程非常顺利。以下内容根据老人口述整理，芷江洽降部分参考了老人撰写的《回忆芷江日本洽降》，原文刊登于《黄埔军校浙江校友通讯》(1995年9月，总第39期)。

我的出生按农历算是1920年十二月，按阳历是1921年。我的父亲是做买卖的。我的小学教育是在温岭中心小学完成的，之后在温岭中学念书。抗战全面爆发后，面对山河沦陷，百姓惨遭涂炭，热血青年无不义愤填膺。我立志投笔从戎，杀敌报国。高二时，我在街上看到黄埔军校张贴的招生广告，上面写着高中肄业或毕业，年龄在17岁以上，身高不低于1.60m的人可以报考。那时杭州刚沦陷，青年学生报考踊跃。我们10余位温岭中学的同学相约前往金华报考军校。我的家里人反对，说这是去送死。我这个人，决定的事情不轻易改变，明知山有虎，偏向虎山行，家人无奈也只能同意。

1938年11月，3000多青年在金华参加了黄埔军校2分校的入学考试。这些青年除了浙江人外，还有来自周边省份的，江苏、福建等地都有。考的内容有数、理、化、国文、英语等，最后录取了300多人。笔试通过后，又进行了体检。我们温岭中学一起去考的同学都考上了。

我们路上冒着敌机的骚扰，乘火车至湘桂线的白牙市，再翻山越岭三四天后抵达湖南武冈。我记得到达武冈时已是春节，我们在那里过的年。经再次复试和体检后，开始了紧张的军事训练。我被编入16期步科，隶属8总队2大队7中队2分队。总队长是马德尊，他是日本陆军士官学校毕业的，四川忠县人。大队长是林丰炳，是黄埔6期的，福建人。中队长是徐鼎，是黄埔8期的，湖南人。分队长是钱江，是黄埔14期的，浙江嵊县人，对我很好。

我们这个大队住在武冈的杨家祠堂，这个祠堂很大，可以住下一个营。我们上课、住宿、吃饭都在里面。室内课一般是75人左右一起上的，也就是一个半分队一起上。当然，野外训练是在外面的。武冈属于丘陵地带，很适合上训练课。由于战争，军校3年学制减为1年，所以我们的学习任务很重。仅枪械，我们就要掌握马克沁重机枪、捷克式轻机枪以及汉阳造步枪。我印象较深的课是"战斗纲要"，就是教怎么打仗的。战术教官是高冠山，他也是日本陆军士官学校毕业的，湖南桃源人。除了军事课程，还有政治课，每周有两三次，内容主要有五权宪法、"三民主义"、总理遗教、总裁言行。除了军校的政治部主任沈清尘少将亲自授课外，其他政治教官也给我们上课。

那时实行薪级制，入伍生阶段是8.4法币，6法币用于伙食，能吃饱饭。正式成为军校学生后是12法币。我们16期是1939年毕业的，因为我学得很刻苦，成绩优秀，所以留校任教。先是担任17期6总队少尉副区队长，后来担任18期13总队中尉区队长。少尉就有36法币了。当时货币尚稳定，所以生活还可以。随着战争的持续，之后金融秩序和物价就乱了。

大约1940年吧，我自己申请上前线。蒙嘉许，派至6战区94军121师。军长李及兰[①]，师长牟廷芳[②]。他们俩都是黄埔1期的。我先后任参谋、连长等职。参加了宜昌战役、长江上游江防及鄂西战役。那时我们武器远不如日军，营里最好的武器就是迫击炮，他们是立体式作战，上面飞机，山炮也厉害，我们连战死了几十个人。我自己既然上了前线，就是抱着牺牲的信念，所谓

---

① 李及兰(1904—1957)，广东阳山人。黄埔军校1期、陆军大学正则班10期毕业。陆军中将。1940年1月任94军军长。1943年任长江上游江防副总司令，后赴台湾。

② 牟廷芳(1904—1953)，贵州朗岱(今六枝)人。黄埔军校1期、陆军大学将官班甲级1期毕业。1938年任121师师长，不久，该师编入6战区江防军94军，成为江防主力。1940年，任94军副军长兼121师师长，1941年10月升任军长，率部转战湖北、湘西、桂北，屡建战功。1947年春退役后定居上海。1949年移居香港。

生命不息，战斗不止，留下最后一颗子弹成仁。

我们连的指导员是车明伦，他是贵州人，我们关系很好。当然，连队的思想工作主要是指导员负责的。比如怎么减少逃兵。那时的士兵都是抓壮丁抓来的，一些人不愿意打仗，当兵是被迫的，所以有机会就会逃。打仗时是不敢逃的，因为后面有督战队，万一逃跑就会就地枪毙。但是行军或睡觉时会伺机逃跑，也有抓回来的，通常就是用扁担痛打屁股一顿。按正常编制，一个连应有150人，共3个排，每排48人，外加1个炊事班。还有连部的人员，包括三四个传令兵，1个文书，2个军需。所以满编的话应有一百七八十人。但那时缺编严重，所以逃兵抓回来还是继续用。

1944年，97军在渝成立，军长为原2分校主任李明灏①，他邀请我到97军任作战参谋。我们的驻地在重庆的白市驿，任务是保卫重庆。我这个上尉参谋平时的任务是教育士兵军事技能，战时则是战术参谋。97军下辖196师、166师。不久，我调任196师586团1营任连长。同年冬，我军调往广西，在南丹一带与敌作战，阻击敌人进犯独山。军事委员会又调汤恩伯部援黔，组成黔桂湘边区总司令部。其后又组建了中国陆军总司令部，何应钦任总司令，下辖四个方面军，1方面军司令官卢汉、2方面军司令官张发奎、3方面军司令官汤恩伯、4方面军司令官王耀武，我们97军隶属汤恩伯部指挥，反攻桂柳，迭克名城，终于迎来日军投降。

8月15日，中国外交部正式收到日本投降电文。中国除派出以军令部部长徐永昌②为团长的代表团，飞赴菲律宾马尼拉，与美、英、苏代表团一道，联合接见日本副参谋总长河边虎四郎③中将率领的洽降代表团。

8月18日，我最高统帅部电令日本中国派遣军总司令冈村宁次大将，派

---

① 李明灏(1897—1980)，湖南省醴陵人。日本士官学校毕业。陆军中将。先后参加东征、北伐和抗战。“七七”事变后，任黄埔军校武汉分校主任(后迁湖南武冈，改为黄埔军校2分校)，在5年多时间里，为抗日战争培养了大批中下层军官，被誉为军事教育家。1943年3月任97军中将军长兼重庆警备司令，不久被撤职。中华人民共和国成立后，曾任湖北省副省长、湖北省政协副主席等职。

② 徐永昌(1887—1959)，山西崞县人，民国时期著名军事家。抗战时期的国民政府军事委员会巨头之一，代表中国政府于密苏里号军舰上接受日本政府投降。

③ 河边虎四郎(1890—1960)，日本富山县人。1922年任参谋本部部员，后任驻苏联武官。1934年任关东军参谋。1937年3月任参谋本部战争指导课课长。1938年任驻德国武官，后任7飞行团团长。1941年晋升中将，任航空本部总务部长、第二航空军司令官，航空本部次长。1945年4月任参谋本部次长。日本投降时，作为日本全权代表赴马尼拉，与盟军接洽投降事宜。

遣代表团到湖南芷江接受命令并限期答复。冈村宁次即于 19 日复电，指派副参谋长今井武夫[①]少将率团乘 20 型双引擎飞机，遵照指定时间飞芷江，机身系红色布条为标志。

芷江位于湖南西部，口水北岸。沿江碧草如茵，繁花似锦，江水清澈，风光秀丽，为汉、苗、侗等族聚居之地。汉时为无阳县，晋太康年间更名为舞阳县。梁为龙标县，明为沅洲，清改名为芷江，以迄于今。四周千山万壑，峰高谷深，古木丛林，郁郁苍苍，为湘黔古道。北出麻阳通湘西北及川东。东经怀化至长、衡。西越晃县玉屏达云、贵。地势险要，有“湘西咽喉”之称。抗战期间建立空军基地，起飞空中堡垒，轰炸日本本土。因此芷江成为军事重镇。

得知日军投降的消息时，我在桂林。我跟随军部长官赴芷江观看日军受降过程。8 月 21 日，碧空万里，云淡风轻。芷江民众悬旗结彩，喜气洋洋，奔走相告，交相称喜。9 时我军野马式战机 3 架，腾空翱翔，向常德进发，这时芷江万人空巷，摩肩接踵，涌向机场，争睹百万日军的投降使者。机场上胜利的旗帜迎风飘扬，欢乐的凯歌到处嘹亮。11 时许机声隆隆，我军 3 架战鹰引日本双引擎绿色运输机，出现在机场上空。不久，我军 1 架导航机首先着陆，然后日机降下，最后我军 2 架护航机着地。陆军总司令部陈少校前往接待。今井武夫立正致礼，询问可否下机。陈参谋答称可以。今井武夫首先走下，面呈戚容，缄默无语。陈参谋引导今井武夫及其随员 7 人，分乘 2 辆吉普车，缓缓驶出。这时万头攒动，喜笑颜开。中外记者，莹光闪闪，咔嚓声声，摄取中华民族扬眉吐气，最宝贵的瞬间。

下午，日洽降代表今井武夫偕参谋桥岛芳雄、兰川冈雄及译员木村辰南至中国陆军总司令部晋谒参谋长萧毅肃[②]中将，接洽投降事宜并受领何应钦总司令致冈村宁次的文件。

会议厅正中悬挂孙中山先生遗像、国旗及巨型 V 字(即英文 Victory)之

---

① 今井武夫(1898—1982)，日本长野人。1935 年任驻华大使馆助理武官，后任大日本帝国陆军参谋本部中国课课长，中国通。1944 年 10 月初任中国派遣军副总参谋长，少将军衔，冈村宁次的助手。曾经成功地策反汪精卫变节投日。

② 萧毅肃(1899—1975)，四川蓬州人。日军投降时，受中国陆军总司令何应钦命令处理日军投降事宜。日军投降后，主持中国战区受降典礼，历史上称为“芷江受降”。

首字。并立着中、美、英、苏四强国旗。萧参谋长、冷欣[①]副参谋长、美军作战司令部参谋长柏德纳等有关军政人员和中外记者入座。陈参谋引导今井武夫等4人进入。日方人员面现忧戚，向萧参谋长等人行礼致敬，就座于萧参谋长对面。萧参谋长提出10项问题令其答复。询问时，由我方译员译成日文及英文。答复时由日方译员译成中文，并由我方译员译成英文。萧参谋长态度庄严，今井武夫全神贯注。10项内容主要是：日本在中国、中国台湾和越南北纬16°以北地区的日本陆、海、空的兵力部署配置。今井武夫即命参谋桥岛呈上日军在华兵力配置图表等文件。声明越南不在冈村指挥范围。萧参谋长宣读了何应钦总司令致冈村宁次的1号备忘录，并交今井武夫细阅后，令其签具收据。今井武夫阅后即用毛笔签字盖章。该1号备忘录主要内容是：日本陆、海、空军及辅佐部队应立即停止一切敌对行为，所有武器装备、车辆器材及交通通信设施和文献档案等，必须妥善保管，听候接收。中国陆军总司令部为使日军投降顺利进行，即在南京设立指挥所，以冷欣副参谋长为主任，并即空运部队至京沪等地。这一具有历史性的重大意义的日本洽降谈判，历时2时许结束。今井武夫自始至终，表情沮丧，动作拘谨。

22日中美专家就许多细节问题，详细询问。今井武夫等均一一答复。

23日下午1时中国陆军总司令何应钦召见今井武夫，今井武夫等肃立鞠躬。何总司令面谕嘱转告冈村宁次对所致4项备忘录，必须切实遵办。今井武夫毫不犹豫地答称，一定转达遵办。最后何应钦总司令宣布，此次谈判到此结束。贵官等可以出发归去。今井武夫等深深鞠躬退出。于2时许乘原机返南京复命。

不久，我们军随汤恩伯部开赴上海接收投降的日军。放下武器的日本军人配合地服从我们的指令，没有了往日的神气。

（访谈者：朱　丹）

---

① 冷欣（1900—1987），江苏省兴化市人。黄埔1期毕业生。1944年，出任中国陆军总部军务处处长，中国战区中国陆军总司令部中将副参谋长。

林士瀛：远征军中的炮兵指挥官

林士瀛，1918年出生，福建永定人。黄埔军校16期炮兵科毕业。2013年1月23日下午，笔者访问了林士瀛老人。林老先生与夫人现居杭州转塘金色年华老人公寓。老人腰杆笔挺，身形健硕，气色红润，反应敏捷，气质儒雅，丝毫看不出已经94岁高龄。之后，笔者又再一次拜访了林老先生，以下内容根据其口述整理。

我出生于1918年农历七月十九，祖籍福建永定，在杭州长大，1937年毕业于杭州的蕙兰中学，这是一所教会学校，就是现在的杭州第二中学。当时的杭州已不太平，经常有日机前来轰炸，我与母亲逃到诸暨躲避了3个月。我家祖上在广西桂林经营着五金店，之前父亲与哥哥已先行到桂林，但哥哥又特地赶回诸暨把我们接到桂林。1938年春，我们全家在广西团聚，我清楚地记得那时已经过完年了。

到桂林后，我先到桂林青年会办的高中补习班念书，于1938年8月报考广西大学并被录取。在补习班读书期间，结识了一位叫鲁雅良的同学，他是湖南浏阳人，其父亲鲁忠修中将当时在衢州任浙江第五行政督察专员，他要求儿子去报考黄埔军校。鲁姓同学动员我一起去报考，说国家正在抗战，青年应该参军为国出力。我们两个志同道合的年轻人从桂林赶到30里外的招生办事处所在地鹿寨参加了军校的考试，并被录取。在大学和军校之间，我选择了为国效力。1938年，我们从鹿寨出发，经过1个多月的步行，到达炮校所在地贵州都匀。一路的行军很艰苦，为了照顾我们这些刚从老百姓转为军人的年轻人，第一天只走了30里路，让我们有个适应过程，然后每天逐渐增加行军的里程，但我的脚第一天就起泡了。经过贵州的河池时，天已降大雪，我的条件在同学中不算差，有双回力鞋，可是单薄的鞋在雪地中根本不管用，双脚冻得冰冷，没办法，还是要继续行走。

在抵达都匀之前，同学们的穿戴各式各样，有穿学生装的，有穿西装的，也有穿军服的。有一些尉级以上的军官也到炮校学习，甚至还有一位少将，叫李舒，长得矮矮胖胖，穿着呢制将官服，他与炮校的总队长长得很像。在炮校学习时，容易将他们两人误认。我们晚自修时，每当李舒从窗外走过，我们还以为是总队长来巡视了。

在炮校，我隶属炮兵总队3大队的8中队。我们这一期学了半年后，又增加了一个中队，是从海军那边转过来的，所以一共有9个中队。总队长先后由王和华少将和来庆丰上校担任。大队长先后由徐白、黄幼勉担任。徐白教官是从日本留学回来的。我们在军校的日语课就是徐教官亲自授课的。我们一星期上一到两次的日语课。不过毕业时，我的日语水平不怎么样。中队长先后由高克明、徐士嘉担任，徐士嘉是杭州人。进炮校初期，我们先做了几个月的“入伍生”，这一阶段都属于步兵基本训练。训练快结束时，有一次步枪实弹射击。正式进入炮科学习后，学的才是与炮科相关的知识。一门炮一般有4个人合作，分别为炮手、填充手、射击手、瞄准手，我们每个位置都训练过。战争时期炮弹很贵，炮科每一期学生只有一次实弹演习的机会，还不是每个人都能轮上发射炮弹。一个中队（相当于一个连）只有四五个人有机会操作实弹。有天晚上，蒋介石来训过话，因为人多，所以站在后面的我看不到，只能听到声音。

在军校，我们集体宣誓加入了国民党。这差不多是强制性的，你必须得参加这个仪式。毕业后，第一次在临安参加作战时，我随行的东西都交给传令兵保管，包括那个国民党党证。结果那个传令兵当了逃兵，溜走了，我的东西也就丢失了，但党证从未补办过。1950年，在昆明军政大学学习时，原旧政府过来的军官又自愿集体宣誓退出国民党。改革开放后，我加入民革。

1940年毕业后，还是因为鲁姓同学的关系，其父亲鲁忠修将军与当时10集团军的司令是朋友[①]，所以与鲁姓同学关系较好的4位同学一同分配到10集团军。国民党也是多多少少讲关系的，我们5位同学中，鲁姓同学很快就是中尉了，我们其余4个还是少尉。新中国成立后，鲁姓同学在衡阳的中学

① 10集团军司令于1937年8月下旬奉令组建，首任集团军总司令为刘建绪。1940年后10集团军司令为王敬久。

里当体育老师。

我们几个到10集团军报到后，我被分至位于宁波的防守司令部，到直属司令部的迫击炮连任少尉见习官。连长是山西人，黄埔9期毕业的。三四个月后，防守司令兼194师长陈德法①召见新去的几位军官。陈师长是诸暨人，黄埔1期的，是位中将。此后，陈师长将我调到194师的582团迫击炮连当中尉排长，一年后晋升为连长。582团团长姓霍，湖南人，是毕业于黄埔1期的霍揆章上将的堂兄弟。1941年，迫击炮连被调到35师，参加了在临安、嵊县、新昌及浙西等地的作战。我们打得比较被动。记得在临安打的那仗，早饭出发前还是晴天，中午吃饭时开始下雨，到了晚上干脆下起了大雨。我们的炮兵阵地与日本兵对着两座山，我们连没有伤亡，但是一线的步兵有伤亡。有的兵怕死，就当逃兵，结果逃到了其他连的阵地，还是得继续打仗。我们连的炮是口径82mm的迫击炮，炮身长不到1m，最远的射程可达800m，但实际上射程在两三百米内威力最大，杀伤率最好。我们连有的士兵身体很好，而且勇猛无比，在放炮时不用炮架，不怕震动直接发射炮弹。

说实话，那时候打仗很被动。1940年到1942年期间，我们总是打败仗，老是在撤退，被敌人追着跑。与日本人交锋后，我们打一阵子看看打不过就只能撤。日本人武器好，也很会打仗，有一种打到剩一个人也要和你拼命的架势。死，我们是不怕的，上战场后，心里想的就是打敌人，但是我们的武器不行。以步兵来说，一个班十多个人往往只有七八支枪。士兵都是抓壮丁抓来的，有时草鞋都没的穿，赤脚行军打仗。那么辛苦还吃不饱饭，经常饿肚子，太苦了，所以壮丁有机会就可能当逃兵。我那时想，像这样打仗，什么时候才能胜利啊。但嘴巴上不敢说出来，对胜利的信心是到印度后建立的。

同年，随部队驻守江西樟树。其间，接上级命令到福建建瓯、建阳、南平一带接收新兵。我父亲的一个朋友介绍我到位于桂林的陆军大学参谋班学

---

① 陈德法(1900—1975)，浙江诸暨人，陆军中将，黄埔1期毕业。1937年参加了上海“八一三”淞沪抗战，后部队调防宁波，镇海口两次抗日作战时，任194师师长。后任3战区司令长官部中将高参，2军副军长。新疆迪化(今乌鲁木齐)警备司令，整编78师中将副师长。1944年去新疆任迪化警备司令部中将司令。1949年随陶峙岳在新疆起义，曾任中国人民解放军9军副军长、22兵团副参谋长、新疆生产建设兵团副参谋长。

习。那时，请假离开部队很难，但继续学习可以。到桂林后，不幸父亲去世，读参谋班的关系就断了。这时在贵阳防空学校的同学告知防校将组织两个营充实到远征军，就这样我成为远征军的一员。防校组织的两个营分别是一营和二营，一营为高射炮营，二营为工兵营。工兵营的主要任务是修理汽车以及武器等机械装备。

我所在的营为高射炮营，一共 5 个连，即营部连、1 连、2 连、3 连、供给连，我在营部连。1942 年，我们从贵阳坐汽车到昆明，然后在昆明的巫家坝机场坐飞机直抵印度的兰姆迦。[①] 我们营官兵 400 多人同时出发，分坐十几架飞机抵达印度。在中国境内，我们叫远征军，抵达印度后称中国驻印军。我们是 11 月份到的印度，在中国是冬天，在印度气温却有二十几度，因此穿衬衣就可以了。下飞机后，一个英国军官指挥我们按高矮顺序排队，走约 1000 米的样子，那里已经放好大、中、小三种型号的衣服，大家换上一套崭新的浅黄色长袖衣裤，那是差不多接近花生表皮颜色的英式军服。每人也发有绑腿，但是军官不要求打绑腿。因为是炮兵军官，所以我脚上穿的是马靴，感觉特别精神。随后，印度兵帮我们挖了个大坑，将原有的衣物投入坑内全部烧毁。

当晚吃饭时大家席地而坐，10 人算一桌。荤菜吃的是牛肉罐头，蔬菜中我们第一次吃到花菜，这种白色的花菜以前没见过。我们营 3 连连长对士兵讲，我们在国内没吃好的，到这儿，不要太狼吞虎咽，不要吃完，吃相文雅点，免得人家看不起。连长这么一说，士兵们就不敢吃完了。十分钟后，搞卫生的印度兵收拾了大家没吃完的罐头和菜直接扔到垃圾桶里。士兵看见后都说可惜可惜，早知道这样还不如吃完了。我们在上海看到的印度人都很高大，但在印度当地看到的印度士兵却属于瘦小型，脸也黑。

兰姆迦训练基地的后勤保障不错，我们在印度的生活条件与国内强多了。每人每天二两油，四两肉，还有巧克力供应。军官还配给香烟。除了训练，还有时间运动，可以打篮球、踢足球。当地的印度百姓也会加入进来与我

---

① 兰姆迦(Ramgarh)，距加尔各答西北 250 英里，属于印度的比哈尔(Bihar)邦，现在已经改为隶属恰尔肯德邦(Jharkhand)，在地图上位于一连串裸露的山脉和贫瘠的平原之间。1942 年缅甸战役失败后，中国远征军 38 师、5 军军部和 22 师残部 8000 人来到这里。从此，这里成为了中国军队的训练中心。

们一起运动。一段时间后，中国士兵都养壮实了，脸色也红润了。

高射炮营直属指挥部，总指挥为史迪威，他不常在，实际上权力在参谋处处长柏德诺少将手里，他和史迪威一样，都是西点军校毕业的，到我们营来过。刚到印度时，我们还没有配翻译官，都是自己和美方军官交流，进行会话，大约能听懂一半。我们营有个医官，是个山东人，毕业于贵阳医学院，他的英语比较好，可以与外国人流利对话。他与一个开商店的印度经理结成了朋友，我们几个军官应邀跟随医官到这个印度人家里做客，佣人们在门口排队欢迎我们，吃的是西餐，很讲究。

之后，翻译官随美国联络官进驻军营。最初中方在印度的总指挥官是广东人罗卓英[①]。1943 年夏，驻印军成立了新一军，军长郑洞国，下辖两个师：38 师，师长孙立人；22 师，师长廖耀湘。在兰姆迦，我所在部队训练了 3 个月。美国人先训练带兵的军官，训练不分兵种。每个连配有 1 名中尉美国联络官和中国翻译，营部配有中校联络员，比我们营长军衔高。联络官的权力很大，大大小小军事上的事情全由他们安排和负责。我们营部还配有 3 个美国尉级教官，教授使用新的武器装备，进行实弹演练。

在兰姆迦基地，我们睡帐篷。地面是草地，因此需要在上面铺一块油布，然后直接睡在上面。一般一个帐篷睡两排人，一排五六个人。因此，一个帐篷睡一个班。排长通常带兵睡觉，连长以上军官可以独立拥有一顶帐篷。因为印度气候炎热，所以蚊子较多，我们每人发给防蚊油。

我们每天早上出操，沿着公路跑步，来回一般 1 个小时。我们营的兵源以四川籍的居多，大多个子矮小。有一次晨跑时，经过印度高射炮部队驻地时，一位十七八岁的小兵掉队了。印度军人的驻地大约有一个排兵力，其中一个兵大约闲得无聊了，就想欺负一个中国兵，他就去拽这个四川兵。四川兵人小力气大，把那个印度兵给拉倒了。吃了亏的印度兵马上叫了其他印度兵来帮忙，四川兵也叫了起来，我们听到后赶紧跑回去帮他，把那些印度兵都打倒在地。这时，印度兵驻地的英国上尉军官过来了，拿手枪指着我们威胁，

---

① 罗卓英(1896—1961)，广东大埔人，陆军二级上将。保定军校 8 期炮兵科毕业，与陈诚同为炮兵科同期同学，并继陈诚之后为 18 军第二任军长。1942 年，任远征军司令长官，入缅作战。后转往印度，主持兰姆迦远征军训练。

我们毫不畏惧地将其手枪卸下，准备揍他。可笑的一幕出现了，十几个印度兵齐齐跪下求饶，要我们别打英国军官。这时，我们的长官也过来了，也要我们不要打人。那时我们与美国兵关系较好，与印度兵关系不太好。

兰姆迦训练结束后，我们又到离前线很近的印度东北角的雷多，武器换上美式装备进行训练。其实，雷多已经算前线。在雷多，我们差不多训练了一两年的时间。

在兰姆迦和雷多，我们都能看到戏曲和电影。那时国民政府军为了丰富官兵的业余生活，鼓舞士气，除了邀请国内的演员去演出外，自身也成立了演出剧团。38 师有“鹰扬剧团”，是重庆、贵阳那边的京剧演员组成的，汽车兵团 6 团有个“征轮剧团”。大约半个月就有一场演出，有《四郎探母》《四进士》《铡美案》等剧目，演出水平很高。“鹰扬剧团”的团长叫鲍东生，有个青衣叫严富华，一个琴师叫田烈，新中国成立后这三个名字我还曾在报纸上看到过。汽车兵团 6 团的“征轮剧团”演员全部由官兵组成，虽然是业余的，演技却很精湛。电影则是看美国片，全是英文原声，不太看得懂，就像美国人看不懂京剧一样，所以我们还是喜欢看戏。

有时美国的歌舞剧团也会来前线慰问演出。有一次，美国歌舞剧团来前线劳军，中美官兵闻讯都去观看。一般前几排位置是留给贵宾的，高级军官才有资格坐。我当时坐在十几排。就在开演之前，有几个中国汽车兵因为去迟了，后排已经没有座位，看看前排空着，就调皮地坐到贵宾席上。一位维持现场秩序的美国军官见状，就上前去交涉，请他们离开座位。但中国士兵不让，并且吵了起来。吵架声将里面的一位上校惊动了，他问明情况后，说：“这些友军请都请不来了，让他们坐。”就这样，一场风波平息了。这件事给我留下了深刻印象。

在雷多训练结束后，我们开赴前线作战。那时驻地经常变动，战斗推进很快，几乎每天换地方，晚上都睡帐篷。到过缅甸的八莫、密支那等地，在八莫待的时间较长。只打过两次战役，但步兵天天打仗。不时有日本兵被俘获，但他们看上去还是很强悍，一副神气的样子。那时制空权已在我方手里，日军飞机被我方压制住，所以高射炮使用次数不多，我所在营的 2 连曾经用炮打下过日军的战斗机。2 连连长是周肇颐，是我中央军校 16 期炮科的同学。每次战役结束，美国的黑人工兵就马上跟进，3 天时间就可以用推土机将战场变成马路。工兵的劳动强度是很大的，那时黑人士兵的地位不高，不像现在，都有黑人总统了。在兰姆迦和雷多有美国人开的餐馆，门口写上“黑人不能入内”，我们中国人是能进去的。

一天早晨，美国联络官告知了日本投降的消息。他说：“告诉你们一个好消息，日本投降了！”大家都欢呼雀跃起来，开心得嗷嗷叫。心想，这下可以回国了！1945 年 8 月，我所在的营坐汽车，经缅甸的仰光、密支那、野人山回国。从出发到回国，我们在境外整整待了 3 年。

（访谈者：朱　丹）

林品濂：我所经历的石牌战役与湘西会战

林品濂，1921年出生，浙江乐清人，黄埔军校2分校17期步兵科毕业。2012年国庆假日期间，笔者访问了现居温州乐清市北白象镇的林品濂老人。2014年1月26日，笔者又再次走访了老人。林老先生在抗战中参加过石牌战役、常桃会战，曾在湘西会战中负伤，现任乐清市黄埔军校同学会会长，与其老伴身体尚健硕，生活能自理。其老伴是从湖南常德带回来的，战争让原来相距千里的年轻人走到了一起。林老夫妻俩都好客健谈。以下内容根据其口述整理。

我老家是乐清市北白象镇西巉头村的，祖上是地主，爷爷的爷爷留下来100多亩地，但4个兄弟分，所以每家摊到的就不多了。我父亲办过小学，是在1918年办的。除了父亲自己做教书先生，又另外请了一个先生。后来小学停办了，因此，我在自家办的学校念过两三年书后又转到白象小学念书。小学毕业后，我考上了省立第十中学，就是现在的温州中学。初中毕业后，高中仅念了一年，抗战就全面爆发了，温州中学迁到了青田、丽水那边（当时青田隶属温州），我没有跟着去。正好黄埔军校在温州招生，国家正面临危难，所以我们几个同学相约去报考军校。我父亲也同意我的决定，再说家里也不安全，说不定什么时候日本人的飞机就来投炸弹了。

我记得军校的入学考试考的都是中学学过的知识，就是些普通学科，身体情况就是医生目测看看。当时国家急需年轻人，因此文化程度差一点的、个子小一点的也都要了。也不是没有要求，我们一个同学就是个子太矮被刷了，身高必须在1.60m以上。军校在温州考点录取了几十个人。

我记得那是1939年中秋前夕，人们正在团圆之际，却是我与家人分离之时。我母亲对我出远门很不放心，一再叮嘱我打退了敌人就回家。我们这批人先是坐船到了丽水，在那里会合了一批人，加起来近百人。随后大家一起坐车到了金华，再在那里坐火车抵达鹰潭。到鹰潭后就没有火车可以乘了，接着就坐船沿着赣江到了江西的莲花县，之后一路步行。那时为了防止日寇长驱直入，我们不得不破坏公路，特地挖得坑坑洼洼的，桥梁也被炸毁，所以交通很不方便。我们先走到湖南的茶陵，再步行到湖南西南部的冷水滩，最后步行到武冈。大约花了两个多月的时间。我们的脚底板脱了一层又一层的皮，对我们这些不习惯走长路的人来说的确是艰巨的考验。

武冈分校是抗战全面爆发后于1938年从武汉迁过来的，也称2分校。在军校会聚了全国各地来的热血青年，也有一些沦陷区来的有钱子弟。军校条件很差，学习很辛苦，生活待遇也差，我听说有人吃不了这种苦而自杀，而且还不止一两个。那时一个中队有一个伙房班，专门雇人办伙食。公粮的质量很差，太糙，只去了壳，甚至拉出来还没被消化，所以要想办法买点私粮。盐巴也是公盐，里面混了沙子，要放水里洗过才能用。

17期的规模很大，是武冈分校招生最多的一届。我在军校隶属5总队步兵2大队6队。那时军校训练真的很苦，很严格。不管冬天、夏天，每天天一亮就起床。分两次吹的一分钟的号音响过后，值星官（排长）就吹响哨子集合我们跑步，要跑半小时以上。跑完后做操，练臂力，要求单手抡步枪达100次以上。接着吃早饭，是干饭，不容易饿。吃饭的时间只有7分钟，如一桌有人讲话或笑被值星官听见，但不知道是哪一位，那么这桌的人都不准再吃了，还要被处罚。有种处罚叫“霸王举鼎”，即两只脚分开站立，膝盖半曲蹲马步，脚后跟提起不能着地，双手托举步枪，手臂再酸也不能放下，时间长短由值星官决定，受罚的人照样得出勤，训练任务不能有一点减免。

军校学科的内容比较简单，主要是初中的知识，没有英语，但每星期给我们开设两节日语课。我们日语老师是韩国人。后来我在部队审问日本俘虏时，能用简单日语对话，比如问他们叫什么名字，是哪里人。我们的学习还是以术科为主，《步兵操典》《射击教范》《阵中护令》（简称《典范令》）要求熟读，有些内容要求能背诵。一个星期一般有4天早上在室内上学科内容，其余的时间甚至周末都在外面上课，进行军事操练和野外演习，直到太阳落山才回校。军校重视野外演习，特别重视夜间演习。冬天时朔骨寒风，地上结冰，我们照样得卧倒匍匐前进。

教官也对我们进行爱国主义教育，揭露日本侵略者企图吞食中国的野心。教官曾经说，日本从幼儿园就开始这样教育他们的儿童，老师分苹果、香蕉时说，你们快点长大，把“支那”打败了天天有的吃。

我们这一期差不多学了2年，1939年入学，当了3个月的“入伍生”，完成了从兵—士—军官各阶段的学习训练，1941年秋毕业。武冈分校教学严谨，训练有术，毕业生比较受认可，各战区主动要求校部派遣毕业的学生前往服役。我们在校培训时，对所学知识认真掌握、精益求精，到部队后自然就受欢迎。

我被分到6战区，6战区的司令部在恩施①。到司令部报到后，我被派至18军11师32团2营6连3排任排长。② 当时我们部队驻守在秭归。不久，我到32团1连当副连长，连长姓张，是黄埔15期毕业的，湖南人。连里还有一个指导员，平时教教文化课，教唱歌曲，偶尔给士兵代写家书。指导员一般听连长的，他的军衔是中尉，初中文化。连里还有一个司务长，军衔是准尉，比少尉低，负责管钱和吃。连部设有一文书，一般是上士军衔。连下设3个排，按规定一个连的编制有120人，但实际上缺额严重，一般只有90多人，通常不会超过100人。因为大家都缺额，所以对逃兵的处理有点乱，抓到就归自己用。吃点空饷是公开的秘密。

当时抗战局势已从华北战场转向华东、华南战场。长沙会战、桂西会战、衡阳会战相继进行。1943年春，日军企图叩开重庆门户，调集了湘鄂地区及华北地区的11万兵力，于5月末进攻我三峡门户——石牌要塞。18军参加了石牌战役③，军长是罗广文④，下辖3个师，即11师、18师和118师。11师

---

① 恩施市位于湖北省西南腹地。

② 18军是陈诚土木系支柱。18军可以说是陈诚的起家资本，陈诚军事集团别称“土木系”中的“土”字即代表着18军骨干部队11师，“木”则代表18军，它也是罗卓英、黄维、方天、胡琏等将领日后赖以晋阶的基础。

③ 1943年5月，日军发动鄂西会战。他们所要攻击的核心目标，是位于长江三峡西陵峡南岸的石牌要塞。然后溯江而上，直取重庆。石牌位于现今的三峡大坝与葛洲坝之间，是长江三峡最险要的关口，也是重庆的门户，中国军队在石牌要塞据险而守。日军的计划是全力夺取石牌要塞，日军主力进攻部队是3、39师团，中国守军是国民革命军18军11师，师长胡琏抱着“不成功便成仁”的决心死守石牌。此役，国军以15万人面对日军10余万人的进攻，连日血战，最终击退日军，粉碎了日军占领石牌进而威胁重庆的战略企图，打赢了这场号称“中国的斯大林格勒”保卫战。

④ 罗广文(1905—1956)，四川忠县人。1930年毕业于日本士官学校。回国后任中央陆军军官学校教官、队长。是陈诚系的重要将领之一，陆军中将。其弟罗广斌为小说《红岩》作者之一，早年参加革命，后被逮捕入狱。西南解放时，罗广文率残部起义投向人民，罗广斌也逃出了重庆渣滓洞监狱，兄弟异途同归。

负责守卫石牌要塞的核心位置。11 师师长是胡琏[1]，他是个高个子，脸颊上有个疤，说话带着方言腔。胡琏比较喜欢我这个浙江人，视察后方时会带上我。

石牌地理位置险要，位于长江的南面，它的北面就是宜昌。石牌的三面都是陡坡，中间是一条沟。自宜昌被日军占领后，石牌就成为保卫陪都重庆的第一道门户，战略地位极为重要。我们奉命死守阵地，与阵地共存亡，不能退却。日本人进攻了好几天，他们是从沟里攻上来的，但上不来，都被我们打回去了。18 军是陈诚的老部队，属于甲种装备，我们营有迫击炮连，有 15 门迫击炮，一般是 81、82 口径的，重迫击炮是 15cm 口径，发挥了大作用，打死了很多日军。我们连有 3 挺马克沁重机枪，9 挺轻机枪，也就是每个排拥有 1 挺重机枪、3 挺轻机枪。士兵装备是中正式步枪，200 发子弹，另外手榴弹每人 2 颗。我使用的是能连发的木壳枪。

石牌战役打得凶的是一整天，零碎的两三天。战斗一度非常激烈，夜间战斗是我们擅长的，喊杀之声震天。南林坡阵地是日军主攻目标，担任守卫的 11 师 31 团 3 营官兵牺牲惨重，有的连伤亡达 3/4。我们连在二线阵地，牺牲的不多，3 排刘姓排长胸部中弹牺牲，他刚从黄埔 2 分校 18 期毕业不久。连里另有 3 个士兵牺牲，伤十几人。输送连负责打扫战场，他们也负责给阵地送上伙食。战场上，我们的主食是大米饭，菜有青菜、萝卜、洋芋等蔬菜。抗战期间原来粮食供应每人每天 24 两，是 16 两 1 斤的秤，也就是每人 1 斤半，中期以后每人增加了 1 两。

石牌战役中我们俘虏了一个日本士兵，这很不容易。该俘虏被送至师部。开始两天，缄默不语，怎么样都不肯讲话。我们让他洗澡、抽烟等，对他优待后他态度才发生变化，开始讲话。说当俘虏是很没面子的，面子丢尽了，见不得人了，很有骨气的样子。这个士兵个子不高，但体格很好，二十几岁。

1943 年冬，日军为截断我川、鄂、湘运输线，又调集 10 余万兵力于 11 月 2 日进攻常德。当时常德守军是 74 军，和日军进行了拉锯式的争夺战，最终失而复得。12 月 8 日战斗结束时，常德已是废墟一片，凄惨至极。其间，11

---

① 胡琏(1907—1977)，陕西华县人，毕业于黄埔 4 期步科。抗日战争时期指挥石牌战役，击退日军，保护了重庆大后方。1949 年后退居台湾，官至国民党陆军一级上将。

月下旬，我军奉命支援前线，日夜兼程赶路。但日军空军势力强大，日夜不停出动作战或侦察巡逻。一旦发现我军行动就会疯狂扫射、投掷炸弹，因此日间行军可谓寸步难行，只能采取夜间行军。但夜间行军有诸多不利，如夜间视线不清，又不能开手电照明，不能喧哗，最主要的是人很疲劳，行动迟缓，同样的路程要延缓数日才能抵达。我们18军赶到常德时，战斗已接近尾声，仅18师一部与退却的日军发生了遭遇战。他们乘胜追击了数十里，缴获了一批枪支弹药等战利品，自己几无伤亡。接着，18军接替74军担任了驻防常德及周边据点的任务。

我们11师曾在常德驻扎过一段时间，就在那时认识了现在的老伴。她的父亲是同盟会会员，清朝时是四品官，后追随革命。老伴原来在常德的“中器中学”念书，念到初二时因为战争中断了学业。日本人未占领之前，常德市民天天逃警报，一天疏散警报要拉响很多次。听我老伴讲，那时对空袭没什么知识，逃到城外躲避空袭时，人们只穿暗色、青色的衣服，不敢穿白色、花色的衣服，怕被飞机看见。小孩也不敢哭，怕被听见，甚至扔到水里淹死。她家原来居住在独狮街，该街就死了13个老人，他们年龄大了，跑不远，躲在牛皮场防空洞。被日本人发现后，一个一个用指挥刀拉出来劈死。这一幕被躲在不远处的人看见。常德战役使城区损毁非常严重，日军用燃烧弹烧城，因此，整座城市没几间好的房子，也死伤了很多老百姓。我老婆堂哥的两个女儿都是被炸弹炸死的，一个头被炸没，一个被弹片击中腰部，不治身亡，她的亲哥哥也被炸断了一条腿。我一个同事的老婆与我老伴是邻居，他们做媒介绍我们认识。我们结婚时，她18岁，我24岁。我请了十几天假，赶到大庸，就是现在的张家界结婚。抗战结束后，她随我回到温州乐清老家。一九八几年的时候，才有机会回常德一趟，会会亲戚。

1944年5月，日军一方面为巩固粤汉、湘桂铁路的畅通，另一方面打算攻打“芷江”飞机场，芷江的后面是贵阳，经遵义，从那条路可以通到重庆，因此集结了8万余兵力发动了湘西会战[①]。该战18军是主力部队，胡琏已是

① 湘西会战也称雪峰山战役，是中国人民抗日战争中的最后一次会战。侵华日军此战目的是争夺芷江空军基地，故又称“芷江作战”。战争起于1945年4月9日，止于6月7日。双方参战总兵力28万余人，战线长达200余公里。雪峰山战役最后一仗主战场为雪峰山东麓的洞口县的高沙、江口、青岩、铁山一带。战役以日本军队战败而结束。

18 军军长。会战的主战场是雪峰山[①]，这一战是日军的最后一次挣扎。那时盟军在太平洋、东南亚都开辟了战场。

我们当时驻扎在常德，经过整训，兵强马壮，士气旺盛。奉命赶往前线，急行军前进。美国 14 航空部队 68 飞行联队，中美空军混合团 1 大队（轰炸机队）、5 大队（战斗机队）和中国空军 4 大队驻扎芷江机场，因此制空权在我们手里，有美国飞机和中国空军的支援，这很重要，让我们免除了日军空袭之虞。我们经沅陵、怀化等地，于 5 月 10 日就赶到了前线，并立即投入了战斗。

之前日军已占领了山门[②]。我们 11 师 32 团负责进攻该地。山门是日军右侧交通隘道，位置非常重要。在我们的猛烈攻势下，守山门的日军向总部求援，但是他们的增援部队全被我们击退。我担任 6 连的连长，我们连在一线战场，伤亡很多，战斗进行得很激烈。我没有睡过一个完整觉，累了就坐在地上打个盹。我左眼角的这个疤痕就是被日军炮弹的飞片打的。当时自己没啥感觉，等别人说你的眼睛都是血才发现。差一点点这只眼睛就没了。我用随身携带的裹伤包包扎一下后继续战斗。我们是美式装备，拥有小口径的美式迫击炮，这种小钢炮 5cm 的口径，射程有一两千米。士兵使用的是美式自动步枪、美式冲锋枪，还有枪榴弹。枪榴弹把榴弹装在枪口上发射，这样可以将榴弹送得远一些。我们连以四川兵为主，个子小不善于拼刺刀，因此夜间作战短兵相接时，大家大喊“杀”，把对方吓跑。11 师在雪峰山战役伤亡不少，我两个军校同学战死。战斗间隙，只能默哀几分钟表达我的悲痛。最终我们以胜利告慰他们。普通士兵也有不少伤亡，但总体比日本人少。重要的是，整个战役我们的战士都英勇无比，打得顽强主动。

日军大约受太平洋战争英美军的牵制，已是兵穷财尽、穷途末日了，虽有飞机支援，但只敢早晚露一下，我们飞机一出现，就马上逃走。日军伤亡很多，士气与原来已不一样，再无力组织有效的进攻，只能止步于雪峰山。战斗共进行了 55 天，日军最终退却，我军乘胜追击。我们师俘虏了日本兵二三十人、战马百余匹及枪支弹药等战利品。

---

① 雪峰山位于湖南中西部，因山顶常年积雪而得名。为资江与沅水分水岭。

② 山门镇是雪峰山东侧的一个小镇，位于湖南邵阳市西部，距洞口县城 20km。因镇北黄泥江两岸雪峰山对峙，状若山门，故得名。

雪峰山战役让我们增强了抗战胜利的信心。日军的俘虏表现与之前完全两样了,他们主动要烟抽。我们士兵与他们开玩笑,你给我作揖就给,他们果真作揖。从这点看,日本人已经没有志气了,快完蛋了。以前我带队巡逻时,遇到几个日本侦察兵,他们被我们团团包围,退到了一个土房子里顽抗,湖南的土房子墙体坚硬,很难用子弹打穿,我们喊话让他们投降,但他们死活不投降,最后我们只好用火焰筒把他们烧死在房子里。但参加雪峰山战役的日本兵就没有那么英勇了,被我们俘虏时他们也不再顽抗,被抓到我们面前后让他跪下、磕头都愿意。

1945 年 8 月 15 日,我们听到了日本投降的消息,大家无不欢欣鼓舞,高喊“抗战万岁!”“胜利万岁!”随后我们到湘潭接受了日军的投降,缴械了许多武器弹药。接着奉命去武汉维持秩序,担任该地区的警备任务,并整训部队。

1946 年春,离家已 8 年之久的我思归心切,向师长告假,获准后返回故里。遗憾的是我的母亲已过世,为我担心、思念儿子,这也是导致她病重的原因。这是我一辈子也不能释怀的事。回来时我的军衔已是少校,但我从军的目的是打败日本人,任务已经完成。之后我一直待在老家。

(访谈者:朱　丹)

郁长军：战时的陆军工兵学校

郁长军，1918年出生，浙江嘉善人。黄埔军校17期工兵科毕业。2015年4月24日上午，笔者拜访了现居嘉善老年公寓的郁长军老人。97岁高龄的他思维非常敏捷，反应快速，让人由衷敬佩。老人注重保健，自学了不少中医知识，志向是活到120岁。愿天佑其愿。以下内容根据其口述整理。

我出生于1918年的农历八月廿七。郁姓在嘉善是名门望族，但到我父亲这一代已经衰败了。我父亲是个商人，54岁生的我，66岁时去世。我生身父亲的家在嘉善城内的盐典埭，我后来承继到在嘉善瓶山街的四房。四房的房屋面积有700—800m^2，祖上是举人，明代担任过东昌知府，家里曾有圣旨。我年幼时体弱，6—9岁时一直生病，人也矮小，但也陆续上学。先在嘉善启东小学接受教育，初中上过两所学校，一所是嘉善初中，一所是位于杭州的清华中学①。抗战全面爆发后，清华中学暂时迁到了淳安，我没有跟着走。

嘉善在1937年11月已经沦陷，我不愿做亡国奴，所以没有回去。1938年4月，我参加了浙江省第一区行政专署所办的学生军，地址在西天目的禅源寺。第一区专署管辖临安、於潜、昌化、孝丰、安吉等地，当时的专员是汪浩。他作风比较民主，爱护青年，思想趋左。学生军招了100多人，大多是流亡的青年学生，除了浙江省的，也有从江苏、上海来的。还有10多个女生，她们单独组成一个班。学生军每人发有一支汉阳造步枪，有实弹射击训练。还有日文教员，教些简单的对日军的喊话。学生军的大队长是张景惠，他是黄埔4期毕业的。副大队长是周德三，他是宪兵学校毕业的，四川重庆人，后来

① 清华中学为20世纪30年代初期创办的私立初级中学。抗战全面爆发后，先迁往淳安，随后迁往建德、金华、宣平等地。抗战胜利后，添办高中，并迁回杭州。

担任过兰溪县自卫总队副司令。学生军重视政治教育，有政治指导员，姓赵，全名忘了。指导员教我们“游击战”课程和抗日歌曲。我在学生军待了半年。后来学生军改为干部训练班。此后，我曾担任浙江省战区政治干部训练班少尉分队长兼军事教官。

1939年初，我调到浙江第一区行政专署物产管理处，担任黄湖办事处管理员。这个办事处位于余杭的双溪，介于敌我之间的真空地带。当地老百姓靠种植毛竹、茶叶为生。我们不允许老百姓将毛竹贩卖到敌占区，防止日本人拿去做防御工事。管理处曾扣押了几百斤毛竹。有一回，我高热生病，天又下着大雨，溪水猛涨，结果老百姓就借机把那几百斤毛竹沿河漂流到敌占区了。于是我打了辞职报告，理由是失职。

1939年9月，我在金华参加了军校入学考试，考了两所学校，一所是黄埔军校3分校，一所是陆军工兵学校。黄埔军校工兵科17期是委托工兵学校办的。两校考试没大的区别，经笔试、口试、智力测验，结果都考上了。我特地征求了当学生军时的老师周德三的意见，老师建议到工兵学校。进军校要有两个县团级以上的保人，周德三是一个，还有一个保人是中央各军事学校毕业生调查处驻金华办事处的负责人。

我们这批从金华录取的学生先坐火车沿着浙赣铁路到了江西的樟树镇，那里的大桥已被炸毁，所以只能步行到萍乡，之后又乘火车沿湘桂铁路到湖南的冷水滩，再步行到军校所在地零陵。工兵学校原来办在南京，抗战全面爆发后迁到江西的清江，之后搬到湖南的零陵。零陵周边有河道、丘陵，便于工兵科专业学习。我们抵达的时间是1939年11月初。到校后，首先进行入伍生教育，入伍生阶段学的是步兵知识。期满合格后，重新编队进入学生阶段。入伍生阶段一般要学习6个月，战时缩短为3个月。整个学制1年半。我们隶属17期29总队，17期学生素质好，没有被淘汰的，18期就有在入伍生阶段被淘汰的。

17期工兵科有两个大队，一个大队约500人。每个大队下设4个连。1大队营地在零陵中学旧址，2大队分散住。我在1大队，大队长是姜翼龙，他是黄埔6期的。连长是孙东屏，山东人，黄埔7期的，后来去了台湾。工兵科有四大科目：筑城、渡河、坑道、爆破。1个连下面对应4个排，每个排长带一门课。张慕凯排长带筑城课，他是清华大学毕业的，江苏人。沈端生排长带渡河课，他是湖南人。钟汝轼排长带坑道课，他是广东人。阮锡魁排长带爆破课，他是山东人。其余几位排长是黄埔14期的。工兵学校18期以后大队下面才将连和排改设成中队和区队。排长的职责是管教合一，因此与学生关系较近。

我们这批学生曾经数次与教官闹别扭。一次是入伍生教育期满，各连进行对抗演习。1连进行个人与个人、班与班对抗演习。2连进行排与排的对抗演习。3连和4连进行连与连之间的对抗演习。演习结束后，因为地点与考核内容不同，各连状态大不相同。3连和4连同学浑身都是泥土，而1连同学的衣服很干净。我们的连长孙东屏见此，就带领全连走到军校外面的韩家塘，要求听他口令行动，先是踏入水塘，一直向前，直至水满到胸部，然后要求跪下，不能弄湿枪支。于是大家只能双手托举枪支，最后很多同学觉得委屈，哭了。那是除夕前夜，本来只休息3天的，结果大家罢课，6天后才恢复上课。

还有一次是1940年的夏天，1连集中，号音过后，动作稍慢，排队不整齐，排长就骂我们："你们是不是来混饭吃的?!"我们是为抗日来军校的，所以他这么骂我们很郁闷。课间休息时，大家就串通起来明天中午罢吃。第二天中饭时间，值星官下令"开动，吃饭!"结果除了四五个不知情的人开始吃饭外，其余的都不动。值星官把我们带到外面，然后又一个一个进去被逼着吃，但大多数人还是拒吃。这事被反映到了校本部的林柏森①那里，他叫政治部教官做思想工作。后来事情才平息了。

民国时期的军校学籍分三等：普通军校，属于三等学籍；专科军事学校，属于二等学籍；高级军事学校，为一等学籍。工兵学校有很多教官是日本留学回来的，也有德国留学回来的，如教育处长邓树仁②。校本部有数个直属单位。

---

① 林柏森(1897—1960)，广东梅州蕉岭人。1923年毕业于保定军校9期工兵科，后入日本炮兵学校深造。曾任营长、1集团军总司令部工兵主任，1932年8月任中央陆军工兵学校校长，后退任中央陆军工兵学校教育长，实际仍主持该校校务。1935年4月授少将军衔，1936年2月晋升中将。1938年2月任国民政府军事委员会军事训练部工兵监察，继续主持培养陆军工兵技术人员事宜14年，先后开办各类训练、研究、特别班数十班期，为抗日战场培训工兵技术人员22000人(次)，先后主持建立6个工兵独立团和35个工兵独立营，被称为"工兵之父"。

② 邓树仁(1899—?)，广东开平人。保定陆军军官学校8期工兵科毕业。1936年前往德国接受训练，受工兵教育2年。抗日战争全面爆发后回国，在湖南省醴陵成立陆军工兵学校，任工兵学校教育处长，后调任陆军军官第一预备学校中将教务长。

其一是学员大队，下设三类训练班，第一类是干部训练班，训练由陆军所属工兵营连选送的基层军官。培训时间为半年一期，每期两个队，每队70人。第二类是普通班，这是工兵学校主要的培养任务，学员需军校工兵科毕业，中尉以上，两年军龄。培训时间一年，每期约70人。共办了21期。1944年初办的21期是最后一期的普通班，因为工兵学校西迁，经广西、贵州，1945年春搬迁到重庆，直至9月该期学生才毕业。我就是这一期的学员。第三类是要塞班，招收从普通班毕业的军官，学习要塞工程为主的设计及施工。每期20名学员，学习时间10个月。共办过5期。

其二是学生大队。抗战全面爆发后，因急需基层军官，黄埔军校委托各特种兵军校代训各科学生。自1937年底开始，工兵学校代训14期至18期的工兵科学生，5期共培养了2000多人。

其三是教导团，下设3个营。工兵学校建校初期就设有教导营，搬迁到零陵后，因前线部队急需军士一级工兵人才，所以扩建为教导团。下辖3个营，每营4个连。接收各工兵部队军士，进行为期3—5个月的培训，培训以技术作业为主，结业后仍回原单位工作。

其四是练习营。工兵学校初建时，练习营只有1个队，到零陵后，同样因前线需要扩建为1个营，下辖4个连，招收初中毕业的学生。在校需学习3年，结业后分配到各工兵部队当班长。成绩优秀的可报考军校工兵科。

学员大队和教导团都不讲理论教育，主要以工兵专业技术实际操作为主。学员大队由校部各系教官任教，教导团由各连排长任教。学生大队入伍生阶段要学习步兵知识，进入学生阶段后，主要以工兵专业教育为主，除了筑城、爆破、渡河、坑道四大教程外，还有测绘、制图、战术等课程，都由各队连排干部任教，并由校部各系教官支援教学，做到管理和教育，理论与实践相结合，学生毕业后能胜任本职工作，甘做步兵的开路先锋。

工兵学校创建于1932年，到1945年抗战胜利，共培养了各类学员8848人，军校学生2321人，军士10802人，组建独立工兵团10个，独立工兵营35个。在史迪威公路的修筑、远征军对美式重工程机械装备使用以及重要战役中都能见到工兵官兵的身影。

我们17期学生于1941年5月15日毕业。之前填志愿时，我选的是3战区，结果我被留校了。留校后，先实习了一段时间，在教导团2营5连待了

3 个月。其后，到爆破系当助教，是黄埔军校 18 期工兵科 1 大队的中尉区队附。18 期浙江籍工兵科的学生金乃中、曹立德都是我的学生，金乃中参加了常德保卫战，曹立德参加了松山战役。

我是一边工作一边学习的。1944 年，我被通知报考普通班，本来培训 6—9 个月就可以了，但我们这期普通班学员从 1944 年的 3 月一直到 1945 年的 9 月才结业。因为军校一路在搬迁，不稳定。1944 年，日军为打通南北铁路通道，致衡阳失守，并沿着湘桂线南进。工兵学校被迫沿着黔桂线西迁。学校原来陆续添置的器材、设备、兵器均已装上列车，但缺乏机车牵引，只能全部遗弃在火车站，真是令人扼腕。

工兵学校先是迁到贵州的炉山县，教职员工零星散住，只有 21 期普通班正常上课。学生 1 大队大队长姜翼龙外调筹建独立工兵 19 团。当时驻扎在贵州的 13 军向工兵学校要技术人才，帮助士兵使用美式装备，我们派出了七八个人援助他们。

1945 年春，工兵学校迁到重庆的红糟坊。新校址只能安排校本部和学员队，其余的各部均住在巴县。没多久，抗战胜利。

（访谈者：朱　丹）

郑双龙：与共产党员筹建抗日自卫队

郑双龙，1919 年出生，浙江武义人。黄埔军校 17 期步兵科毕业。2012 年 8 月 6 日上午，笔者到武义县荚道镇南仓村拜访了郑双龙老人。南仓村靠近永康地界，村民说永康方言。该村山水环绕，空气清新，环境雅致。老人一人独居，有两个儿子住在同一村庄，所以也算有人照应。老人平时种点蔬菜，还养了几只鸡，以贴补家用。他在 60 余岁时得过大病，但自那以后，坚持修炼气功，如今生活仍完全自理。以下内容根据其口述整理。

我是 1919 年七月初五出生的(农历)，父亲这辈兄弟 6 个，合起来人口有四五十人，家里共 70 余亩田。奶奶过世后家族分家，那时我已读到初中毕业，是在永康中学读的。分家后，家里经济条件已不允许我读高中，所以我去读了湘湖师范[①]。

原来在萧山的湘湖师范因为日军的入侵而迁到了松阳的古市。我在那里读了一年左右，当时学校里负责军训的教官鼓动我去考军校。他说国家兴亡，匹夫有责。受他的影响，1938 年，我们学校有 3 个同学一起到金华报考军校。虽然我的同学也都考上了，但最后他们选择了回家，只有我一个人坚持去读了军校。

我隶属军校 17 期 3 总队步科。我们先从金华乘火车到上饶，再从上饶坐火车到鹰潭，接着开始走路，目的地是四川。我们不是大家一起走的，

① 浙江省湘湖师范学校，简称“湘湖师范”或“湘师”，坐落于浙江省杭州市萧山区。这是一所有着悠久历史的学校，是陶行知先生继创办南京晓庄师范学校后，于 1928 年受浙江省教育当局所托，直接参与创办的第二所乡村师范学校，有“浙江的晓庄”之称。抗日战争全面爆发，金海观校长率领全校师生南迁流亡办学，七迁校址，一路辗转义乌、松阳、庆元、新窑(包括福建松溪的分部)、景宁、古市，直至 1946 年 1 月迁回萧山。

而是三三两两结伴走，一般一天走60到80里路，走路快慢自己掌握节奏，只要到达目的地就行。因为前面有人指引路标，所以不会迷路。晚上睡在祠堂、庙宇或者在百姓家里借宿。每天基本能吃饱饭，加上年轻，也不觉得累。

我们走到长沙时，已是大火之后了。[①] 从长沙到宜昌我们是坐轮船的。为了等船，在长沙耽搁了几天。我们坐的小木船都是三四个并排绑在一起，前面有个小汽轮拖着走。当时天上有日本的飞机朝我们的船轰炸，幸好没人炸死。到了宜昌又等船耽搁了十几天，然后坐船到重庆。在重庆我们露宿街头一晚，天亮后，再走路到达成都的目的地。另一支队伍是2总队的，他们比我们迟一些到湖北，那时宜昌已沦陷，所以他们是走路到三峡，再从三峡到铜梁的。

到成都后，就正式开始军校生活。先当了6个月的"入伍生"。每天只吃两顿饭，开始还能吃饱。1年后，因为四川涌入大量的人口，粮食供应发生困难，征粮很不容易。军校生的口粮定为每天1斤半，油、盐供应也是定量的。我们早上四五点钟起床出操，吃完晚饭后，还要野外训练，要九十点钟才能回校。白天除了上军事理论课、外语等课程，还包括每周两次的日语课，以便抓到俘虏时可以审讯。还有很多课外训练，比如筑城、劈刺、步兵操典、体育课等，体能消耗很大。我是南方人，个头小，上野外训练课时背步枪。北方来的同学块头大，负责背轻机枪。每人粮食供应量是一样的，所以相对而言他们体能消耗更大。因为营养缺乏，一些同学得了夜盲症。遇到这样的情况，他们晚上的野外训练就只能暂停了。

为了加强夜晚的野外作战能力，军校还搞半夜训练。晚上等大家睡着后突然吹号紧急集合，也不点灯，摸黑快速起床，打好绑带，背好背包、子弹袋，又出去跑几里路回来，回来时真是又累又饿。家里条件好的学生，会寄钱来，那么就可以买零食补充。家里穷的，除了军校供应的两顿饭，只能饿着肚子训练。

当"入伍生"6个月后，军校根据表现和体格重新甄别，不合格的被淘汰，

---

① 指"长沙大火"事件，为1938年11月发生在长沙的一场人为毁灭性火灾。本来意图是以毁城阻止日军进攻，结果造成诸多市民被大火烧死，城市基本被毁。

合格的成为军校正式生，并集体加入了国民党。

我们这一届从“入伍生”到毕业，一共历时两年。[①] 教育长是陈继承[②]，总队长是李士奇[③]，大队长是黄联茹，队长是王立哉。白崇禧来过军校，当时天还没亮就给我们训话，他走了以后才知道他的身份。

在军校期间发生的一件事情至今难忘。有一天大清早，我到军营外围的城墙上练习喊口令，看到城墙下面存放子弹的仓库大门敞开，我估计是被偷了子弹，往仓库里面一看，还剩下几箱子弹，应该是盗窃者匆忙中没来得及全部搬走。那时的四川军阀多，都想买子弹，所以子弹在黑市上卖得贵。因为我是比较早看到现场的人，后来指导员找我谈话，问我当时看到还剩几箱子弹，我如实地做了汇报。结果我的话与队长上报所偷子弹箱数对不上，这样队长有卖子弹的嫌疑。大队长嫌我多事，说要关我禁闭。我有点害怕，就去找了指导员。指导员跟我说没事，后来果真没关我禁闭。后来想想，是指导员与队长之间有矛盾吧。

军校毕业后，我被分到驻扎在兰溪的63师。我领到路费后就往浙江方向赶路。先从成都坐火车到重庆，再从重庆坐车到贵阳，从贵阳又坐车到衡阳，再从衡阳到鹰潭。一路上只要看到做生意人的货车就爬车，不管他们同意不同意，商人看到我这身黄皮(指军装)也没有办法。最后从鹰潭坐火车到金华。到金华时已快到端午节了。[④] 几年没回家了，就想着先回武义转一下。结果端午一过，金华就沦陷了，兰溪也沦陷了，这样就找不着部队了。接着武义也沦陷了，我只好先待在家里。

那时，日本人驻扎在童庐(武义一地名，为日军的炮台所在地)。一天，沈宅的倪云腾约了永康颜宅的颜金元到我家，要我帮他们一起组织自卫队。倪云腾和颜金元都是共产党员，土地革命期间被国民党抓去在杭州坐了10年班房。西安事变，国共合作后他们才被释放。因为他们知道我上过军校，所

---

① 3总队于1940年7月13日开学，驻成都北校场，毕业于1942年2月15日，有毕业生1030名。本期毕业生共计3937名。

② 陈继承(1893—1971)，江苏省靖江人。黄埔军校战术教官，陆军中将。

③ 李士奇(1902—?)，江西宜黄人，黄埔1期生，陆军少将。1933年任南京中央军校步兵大队上校大队长，庐山中央军官团第二高级班中队长。抗日战争全面爆发后，随校迁成都，任军校3总队少将总队长。1949年到台湾。

④ 由此看来，因为战争，加之交通不便利，郑双龙从成都到金华大致花了四个月的时间。

以希望我能在军事上帮帮他们，比如帮助训练士兵怎么开枪等。这样，我们在沈宅成立了武义白杨自卫中队，倪云腾担任中队长，颜金元和我担任分队长。指导员是王放，他是下王宅人，抗大毕业的。我们队伍共有三四十人。

当时国民党在地方上的行政组织已经瘫痪。我们就在天黑的时候到各乡公所去收拾步枪。我们没有手枪，但打听到大地主童汉章家里有手枪。得知消息后，有天晚上，我和王放摸到童庐童家借了手枪。童庐与沈宅太近，我们考虑到硬打是打不过日本人的，所以我们就转移到邹里坞，在那里躲了十几天。那一带属于抗日的 4 战区，有 1 个保安总队驻扎在下王，总队下有 3 个中队。可能保安总队里也有共产党，所以我们这支队伍也并入了保安总队。从那之后，队伍经大田、少妃方向行走到宣平，在那边训练了两三个月后，又回到永康，驻扎在王溪汤。

不久，保安队的总队长吕师扬被任命为义乌县的县长，义乌已经被日本人占领，因此，吕师扬担任的是沦陷区的县长。保安队也奉命被拉到义乌，我就请假回家了。其时，南仓村为日本情报机构所在地，村口山上有炮台，所以家也回不去了。

经人介绍，我到了驻扎在丽水的 32 集团军总司令部特务营担任排长。其后调到突击队当连长。突击队位于福建浦城，在那里我训练了五六个月。1945 年 8 月，日本人投降了，我们所在部队调到杭州驻扎了一段时间，从日本人手中缴获了一批军械。

（访谈者：朱　丹）

郑以淼：《义勇军进行曲》激励我上战场

郑以淼，1918 年出生，浙江绍兴人。黄埔军校 17 期通信兵科教育班毕业。2015 年 4 月 10 日，笔者在绍兴市黄埔军校同学会办公室对郑以淼老人进行了访谈。老人现为绍兴市黄埔军校同学会会长，他的身体除了视力受损，听力、记忆力相当不错，我们之间交流毫无障碍。以下内容主要根据老人口述整理，部分内容参考了老人提供的资料。

我出生于 1918 年农历十二月十七，是绍兴城里人，父亲经营着一家黄酒馆。我的小学是在绍兴念的，初中是在宁波四中念的，因为我有个舅舅在宁波工作。1931 年“九一八事变”时，我 13 岁，正在读初一。老师跟我们讲东北三省已被日本占领，号召我们上街宣传抗日。我们到街头宣传抵制日货，不要买卖日货。那时，东洋货在大家眼里就是假冒伪劣产品的代名词。结果商家们纷纷拿出东洋货当街烧掉。其实，我们并没有要求他们烧，但商家们说这是敌货。他们用这种行为来表达爱国感情，这种感情也影响了我，是很深的爱国主义教育。至今想起这些往事我还非常感慨，会流泪，也可以说我的第一颗爱国种子是在那时候萌芽的。

我父亲希望我今后经商。1933 年，我考入绍兴稽山中学职高念财经商科。那时学校每周有一天军训，每个同学发一柄木头枪。当然，学校也有两支真枪，只有打靶时才用。家里给我 6 岁时就订婚了，丈人是个商人。我背着木枪经过丈人家门口时，觉得自己很神气，胸脯挺得高高的。那是高二的事情。中学时，我喜欢写写东西，经常给《绍兴民国日报》副刊投稿，1935 年被“绍兴作协”吸收为会员。我想，如果不是战争，也许我会成为一个作家。

1935 年，我报考了黄埔军校 13 期。考场设在南京中央大学，笔试成绩过了，但是我的视力不行，所以没有被步科录取。考官说，现在国家需要特种兵，建议我改读通信训练班。通信兵学校在江苏镇江。其间结识了通信器材管理员的儿子蒋仲苓[①]，他比我小4岁，当时正在读高中，我们都喜欢打篮球。

经过两年的学习，1937年7月30日，我从通信班毕业，到通信1团3营任见习官，按规定可以休假半个月，我便回了一趟老家。8月10日，收到电报令速归队，到驻扎在镇江的通信1团3营报到。我马上乘船离开家乡赶到杭州准备转乘火车到上海。当时战事已急，上海至杭州的火车上，逃难老百姓挤满了火车，车厢里挤得无立足之地，车厢窗口上也坐着人。那时的火车烧煤，烟囱边上高热，但两边也是站满了人。车厢底下也有人，三角弹簧上隔块板之类的东西，将人紧紧绑牢在板上，这样吊在车底下逃难。但是杭州至上海的火车空空荡荡。我穿着军装，独自坐了一节车厢。民众知道军人逆着逃难的方向走是往前线赶，所以每当火车停靠站台，他们就对我唱《义勇军进行曲》，还送鲜花给我鼓励上阵杀敌。我的内心非常激动，向他们敬礼致谢。

淞沪会战期间，我在3战区长官部专门负责保障冯玉祥将军办公电话的畅通，我们称冯将军为“冯先生”。我就住在电话机旁边。电话机铃声响，都是我先接，再通知楼上的冯先生下来接听。冯先生要接外线，也是我先摇通后，再请冯先生接。当然，冯先生通话时我是离开不听通话内容的。外面线路有一个电话班，线路出毛病由他们负责，我就管电话机。当时冯将军的指挥部设在无锡华大房庄及梅园风景区等地，为便于指挥淞沪会战，一度将指挥部设在铁甲车（防弹火车）上，行驶于无锡、苏州、上海之间。8月23日，正值日军首次作战略性大轰炸，除炸上海闹市区南京路等地外，还炸了上海、苏州、无锡的火车站。冯玉祥的指挥部就在苏州火车站停着的铁甲车上，虽然有高射炮，日机还是俯冲下来轰炸。当时我脚穿马靴在苏州站上，只听到“呜呜呜”的声音，炸弹“吧嗒”就爆炸了，脚感觉震动厉害，一块弹片将我马靴上的马刺击碎，靴子后跟破裂，幸未伤及脚后跟。如果没有马刺，我的一条腿就残疾了，真是万幸。在上海，我目睹了日机将上海南京路上最大的三个百货

---

① 蒋仲苓（1922—2015），浙江义乌人，黄埔军校16期毕业。1949年去台湾。

公司,即永安、先施、新新公司炸毁。

冯先生生活极其朴素,长官部不设小灶,平时伙食与我们一样,我们吃什么,他也吃什么。即使夫人李德全从南京来上海看他,也是如同平常。冯先生对旧部军官纪律管理很严。有一次,一个旧部团长擅自撤退了几十米防线,冯先生让人把他押来,长官部军官两排站立,我的军衔最小,是见习官,也在其列。当着众人面,冯先生让团长跪下,自己亲自审问,问那个团长为什么后退,那个团长说没有援军,冯先生骂他混蛋。他说:“你是我的老干部、老部下,平时我是怎么教育你的!”那是夏天,很热,冯将军火气直冒,将衣服上面的扣子也解开了。他说本该将那团长枪毙,因大敌当前允许其戴罪立功。最后让那人趴在木板上,拿扁担当军棍打了屁股。此事至今仍历历在目。

后来司令部搬至宜兴张公洞、善卷洞,蒋介石来了电话,也是我叫冯先生接的,蒋介石以韩复榘是冯先生旧部为由调冯先生任1战区长官,而蒋介石兼任3战区长官,我见证了这次蒋冯对调战区长官的通话。当时蒋介石任1战区司令,阎锡山任2战区司令。1937年10月30日深夜,冯先生乘专列北上。11月3日凌晨,列车抵达济南南部小站党家庄,韩复榘部队竟阻止我们北进。当晚,韩复榘虽派参谋长前来迎接,请冯先生去济南,但专列仍暂停党家庄不得进入济南站。我跟随冯先生与韩复榘晤面,韩复榘对冯先生虽仍以老上司相待,但坚持山东部队只保卫山东,言下之意不服调遣,并说“要离开山东北上抗日,恕难从命”。冯先生晓之以理,劝其以国家为重。最后韩复榘仅同意将预备队列入战区的战斗序列,仍拒绝出兵。我全场见证了这次痛心的晤面。11月5日,韩复榘允许专列通过济南北上。冯先生移驻在山东省德州市桑园镇指挥作战。长官部除了警卫营外,共有随从百人左右。我是在德州接到调令通知,离开了。

1939年,我进入黄埔军校17期通信科教育班补训一年,属带职调训。军校地址起初设在湖南沅江浦市,视战况移址,先到长沙,后到贵州麻江。我们路过江西宜春、萍乡,湖北洪湖赤卫队根据地等共产党原来活动区域时,发现“土地改革好”“一人参军、全村光荣”这些标语都还留在农村。农民占中国人口的绝大多数,农村真是共产党的天下。国民党兵源靠抓壮丁解决,有些兵容易成为兵油子。这样相比较,的确共产党有办法。

1940年春，我从通信科教育班毕业，任通信3团1营3连有线电排上尉排长，配属26集团军，跟随司令部驻扎在湖北兴山县。我排共30人左右，内含通信员4名。我们由湖南出发经恩施6战区长官司令部转到巴东，乘船东进香溪，北上到兴山县泗湘溪。当时集团军以上单位无专设通信兵部队，故由通信兵团派部队配属。26集团军驻泗湘溪，任务是阻击宜昌敌寇西窜和保卫长江西陵峡北岸地区。总司令部地处崇山峻岭，配属该部虽已有一个无线电排，但由于电力微弱，发射信号受到高山影响，远距离传送极为困难，为此总部的电报通信除与军、师全部使用无线电报外，远距离的如重庆、老河口(5战区司令部)、马良坪(31集团军总司令部)的电报，基本上需有线电传，通报线路仍由兴山县电报局干线接转。

为了工作方便，我把通信排安置在兴山去26集团军总部的路上。一天晚上，迎面走来一个熟悉的面孔，原来是蒋仲苓从黄埔军校16期通信科毕业后到26集团军总部报到。我们排离总部还有5里路的距离，这段山路很难走，夜行不安全，我要蒋仲苓在我排过夜，第二天再去总部报到。蒋仲苓与我挤在一张床上彻夜长谈。蒋仲苓后来在集团军总部参谋处任中尉通信参谋，刚好与我对接，所以我们共同度过了两年多的抗战岁月。

自宜昌失守后，南津关[①]就成了江防重镇，如该镇有失，号称“小宜昌”的三斗坪难以坚守，并危及重庆，因此，南津关深受当时国内外人士关注。在中国军人的奋战下，南津关一直在我方手中。1941年1月21日，日军竟运用各种宣传工具谎称南津关已为他们所攻陷，向国际上做了有声有色的报道。重庆方面看到报道，大为震怒，了解情况后，责令前线立即报道以正视听。26集团军总司令周喦、参谋长吴仲直2人把我叫了去。周喦说我们要反驳这个事情，草稿我已拟好，通信参谋正在编码，编好后交给你。嘱咐我排必须在1月22日零时前发出，还命我亲自去兴山县电报局坐镇，负责监督线路接转，并强调如完不成任务，以军法处置。接着，通信参谋蒋仲苓将一份加密的电报交给我，透露说是美联社随军记者采访的战地新闻，是最近这次宜昌外围歼敌的捷报，发至重庆军委会转美联社，由该社公布于世。我一看电文，竟是一份810字的特长电报，过去经我拍发的

① 南津关位于三峡东口，是西陵峡的终点，它和瞿塘峡入口处的夔门，是三峡首尾两端的天然门户。

电报最长也只有500多字。当时使用莫尔斯有线电报机，还必须经过几个电报局的继电器的长途接转，对方信号将明显减弱，而且速度一快，符号也会漏点。

整个抗战时期，这次任务最让我心里紧张。这么一个紧迫而艰巨的通报任务，拍发时必须稳中求快，我选择了我排17期学员曹守康担负拍报重任，我自己遵照命令赶到兴山县电报局监督接转。我在电报局发现拍报符号略有含糊，即以电话敦促他注意，竟打电话15次，不致他松懈。最后由于他的高超技术和坚强毅力，终于提前完成任务。第二天，美联社向全世界播发了《一场前线的真实状况》。我受到总司令表扬。曹守康与我终生难忘这“810字电报”，“810字”甚至成了我的外号。前些年，我到台湾后给曹守康打电话，他家人说睡觉了，我说你只要跟他说“810字”打电话来了，他肯定接。果真是这样。见面时，他还说：“你太厉害了！”

1942年底，重庆军委会军训部招考8名少校督训官，我考上了，被送到中央训练团训练。一天，蒋介石对全体学员做报告，报告结束后，督训官的8名学员被留下。白崇禧向蒋介石做了介绍，说这8个人，每个战区一个，都是考试录取的。蒋介石说：“哦，我来看，名单拿来。”名单拿过去给他看了，按照名单点名。点到某人时，蒋介石从头看到脚，再从脚看到头，要看好几次，眼睛骨碌碌地转，灵活得像猴子。如果你胆子小，这么被看，心里会受到影响。点到我时，问我：“你哪里人？”我说：“浙江人”，他又问：“浙江哪里人啊？”我说：“绍兴。”他说：“离宁波很近啊。”他看了我之后，说：“好，好。”接着看下面一个。

结束中央训练团的学习后，1942年底接通知调重庆警备总部任少校参谋。几个月后，我认为还是继续通信专业为好，便申请调到陆军通信兵学校任少校教官。通信兵学校校长由蒋介石兼任，2号人物是教育长湖南人陈可，3号人物是任世江，他们都是黄埔6期生，陆大毕业，当时都是上校。升少将前，两人共同接受蒋介石面试，当时大家都知道蒋介石基本只凭面试而决定是否升任少将，如果蒋介石问完问题后说“好，好”，便能成功升任，如最后以“好好休息几天再走，休息几天……”便意味告吹。结果是陈可得到了“休息几天”，任世江得到了“好，好”，结果果然如此，看来传言不假，当时传言蒋介石对长相极为重视，陈可吃亏在长相。随即带来的问题是，通信学校将出现上校领导少将，怎么办呢？任世江[①]继续身着校官服装，从未以将官服示人，令我感佩。我去台湾时曾去看望。

此后，我一直在通信兵学校任教官。抗战胜利时，我也在通信兵学校。作为通信战线的一员，抗战时期在敌火下架电线、按电键，洒汗流血，令人难忘。

（访谈者：朱　丹）

① 任世江，浙江东阳人，黄埔6期交通科及陆大毕业，曾任黄埔军校17、18期少将总队长。后调新制军校任训练部副主任。1949年去台湾。

郑廉：我的戎马生涯

郑廉(1922—2014)，浙江温州人。黄埔军校6分校17期毕业。2014年1月27日，笔者采访了居住在浙江省温州柳市渎东村的郑廉老人。老人与其从四川带回来的老伴居住在一间平房内。以下内容根据其口述整理。

我是柳市渎东村人，出生在1922年农历五月十九。父亲是种田的，几个兄弟租了十几亩地耕种。新中国成立后我家的成分是贫农。我父亲生了5个儿子，我排行第三。我从小很喜欢读书，白天在学校学习任务完成后，晚上就跑到祠堂里读书，因为祠堂有灯，家里没有灯。读了四年高小后，参加了温州高等高小入学考试，获甲等第二名的成绩。随后进入温州六县联立中学学了两年。

1938年，我从《温州日报》知道了黄埔军校在丽水招生的消息。我们3个同学相约去报考，结果都考上了。报考条件一般要求考生初中毕业，身高在1.60m以上。但是比我矮一个头的同学也考上了，他应该达不到身高要求的。

我们先到金华集中，因为公路已经破坏，所以大多是步行到湖南常德的。基本靠走路，只有在广西坐过一段车。出发时是五六月份，到达桂林时已是7月，走了一个多月。到军校后，我被编入1大队1中队，中队长是刘庆公，他是黄埔10期毕业的。军校生活条件很差，一天只能吃两顿。早上7点多一顿，傍晚4点多一顿。还好吃的是干饭。第一碗少装点吃完，第二碗拼命装，拼命吃。有些同学吃不了苦就逃回家了。夜间训练最难，时间短，接触环境复杂。英语和日语都学了一点。学了两年。1939年春毕业。

毕业后，我奉命到3战区长官部所在地上饶报到。我们同学一共有几十人分到3战区。又把我派遣到新编30师90团1营3连1排。我的毕业成绩很好，没有见习期，直接当排长。驻地在永康。3个月后，部队调拨到绍兴，在绍兴待了5个月。1941年参加了绍兴会战。日本人武器好，猛打。我们新兵多，在训练时只打过3发子弹。有的甚至连枪声都没有听过就直接上战场了。胆子小的躲在山后面。

之后我们部队陆续转移到丽水、龙游等地。在丽水的时候，曾有一次看到日本士兵在河里游泳，枪什么的放在岸边。我们就集中火力打，消灭了他们。我们在龙游参加了浙赣战役，打得很激烈，敌人过来时，我们抵挡不住，营团只能往后撤退，但是需要留下一部分人打掩护。这个任务由我们排承担，我当时是排长。团长下令，要求到前面占领几个山头，没有命令，不准后退。结果日本人已比我们抢先占领了山头，硬拼的结果就是全排的官兵都会送死。再说营团应该已经撤到安全地带。我思考后，要求各班带领士兵在山腰上藏好，随后让机枪兵先撤，接着是步枪兵撤，最后是我自己殿后。等到日本兵发现我们时，他们的三八步枪声在我身后"嘎嘣""嘎嘣"地追，接着是机枪"嘎咕咕""嘎咕咕"地追着我们打，可是他们已经迟了，追不上了。这样我不费一兵一弹把全排完整地带回来了，团长很高兴。

接着部队换防到了江西。在那里我升为中尉，到机枪连也就是3连当副连长。从少尉到中尉我只花了6个月的时间。有个排长当了18年，一直想晋升。看到我升得这么快，就找了团长。团长说我一是对士兵训练有素，二是打仗勇敢。机枪连一共9个班，每班满员17人。有德国造马克沁重机枪6挺，另外还有3挺轻机枪。有一天，机枪连连长战死，我因此被提拔为连长。这是我到部队的第三年。我提升的速度算很快的。

机枪连有指导员，团政治部派来的，直接归政治部指挥。负责政治工作，指导政治方向。指导员在士兵中进行纪律教育、战斗精神教育，要求士兵作战要勇敢，战友之间要团结等。

后来我们部队移防到了湖北三斗坪一带，在那里待了一段时间。接着又转移到后方四川，在那里接送新兵，将征募来的新兵送到汉口、宜昌等地。一个师都是这个任务。征来的新兵以四川兵居多，当然免不了有逃兵，抓到要受军法处置，情形严重的枪毙。有的逃兵抓到后求情，说以后会好好表现，也就从宽处理，因为部队缺人。

1944年，我25岁时，认识了夫人，她是四川人，连里的一位名叫蒋一平的司务长介绍认识的。蒋一平是我夫人的表兄。司务长是位共产党员，后来他的身份暴露了，被抓了起来，押到重庆要枪毙。大家处在一起的时间长了，总是有感情的，所以枪毙时约定他一听到枪声就趴下装死，这样蒋一平捡了一条命。新中国成立后，蒋一平做过四川古宋县后改名为兴文县的统战部部长、农业局局长。我是在抗战胜利后结婚的，那时我在成都。

1949 年，我们师又移防到了陕西，与其他两个师负责西北的军事安全。5 月，我们在陕西凤县起义。之后，我被送到西北军政大学学习，有 17 个人由我负责带。我们学习的地方是当年薛平贵回窑的地方。学了一个月后，我被派到校部任军事教育教官。报到后，成都方面（贺龙将军）来了电报，要求我们到成都那边的部队当军代表。1952 年我偕全家回到家乡，在小学当老师直至退休。

（访谈者：朱　丹）

金乃忠：虎贲之师[①]工兵排长之常德保卫战[②]

金乃忠，1920年出生。浙江诸暨人。黄埔军校18期工兵科毕业。2015年4月10日，笔者访问了金乃忠老人。老人现居诸暨市浬浦镇五美村。据媒体报道，截至2015年2月，参加过常德保卫战的仍活着的老兵全国仅剩3人。老人身体还算好，但有些耳背，多亏五美村的村主任在边上当话语传递员，加上笔谈，笔者基本搞清了老人的常德保卫战经过。以下内容根据老人口述整理，部分参考了老人提供的有关资料。

我出生于1920年农历九月廿八，自幼家境贫寒，仅靠父亲的田间劳作维持生计。父亲说，人穷志不穷。为了改变命运，家里竭尽全力供我上学，小学是在浬浦的翊忠公校[③]念的书。因为家里穷，我晓得让我读书不容易，所以我很用心学习，常常考第一。

“九一八事变”时，我已经12岁了。校长教育我们说：“日本鬼子已经将我们的东三省占据了。我们小学生还不能上战场杀敌，但是要好好读书救中

① 57师师长余程万，生于1902年，1924年考入黄埔军校1期，参加过第一次东征和北伐，后任海军局政治部少将主任，是继李之龙后，最早进入少将官阶的黄埔生。陆军大学毕业后任南京警备司令部少将军官。他率领的57师在淞沪会战、武汉会战、上高会战等多次会战中表现出色。余程万对防御战极为擅长，1941年3月江西锦江上游的上高会战中，他指挥57师坚守下陂桥阵地，死守上高城，为兄弟部队赢得了时间，也为57师赢得了“虎贲”的殊荣。

② 常德会战发生于1943年11月至12月，侵华日军为牵制中国军队对云南的反攻，并掠夺战略物资，打击中国军队的士气，对6战区和9战区接合部发动的一场战役。1943年11月，日军纠集约10万人进攻常德，中国军队集中了6战区和9战区的16个军43个师21万人迎战。中国军队依托阵地，节节顽强阻击，迟滞日军进攻，给敌人重大消耗，击毙日军1万余人。74军57师守卫常德，血战后，57师8000余人最后只剩300余人。

③ 公立翊忠高等小学堂，也称翊忠小学或翊忠公学。学校先后聘来新派好教师，如马叙伦(国文教员)、斯仰止、黄庆吾、斯鹤龄等。为了宣传新思想，开阔师生眼界，学校请来蔡元培、徐锡麟到校讲学。蔡元培先生还主持过一段时间的校政。

国。”16岁时，我父亲去世，家里再也没有能力供我上学，我只能中途辍学。为了帮助母亲养家，我经人介绍到杭州纺织厂当学徒。每次放工后，我都要到居住地附近的《东南日报》的阅报栏里看时政。当时的中国被日本步步紧逼，抗日情绪高昂。我也深受影响，将自己的名字由原来的“均城”改为“乃忠”，意思是要对国家忠诚，我也想成为一个民族英雄。

1937年8月，淞沪抗战爆发后，日本飞机开始轰炸杭州。11月，日军逼近杭州，杭州城内一片混乱和恐慌。学校停课，工厂停产，人们纷纷想办法乘坐交通工具离开杭州城。我与两位工友老乡也准备逃离杭州。我们先到钱塘江码头准备坐船，结果码头上一片哭声，江面上漂着的都是尸体和挣扎求生的人。码头上只要一艘船靠岸，“哗”，逃难的人们争先恐后上船，船上挤满了人，但船的浮力有限，当即沉入江底。再来一艘船，又是“哗”的一下，又很多人上去，船又沉入江底。掉到江水里的人，懂水性的尚能逃命，不懂水性的老少残弱只能溺水而亡。现场惨景不忍卒睹，让人落泪。我们三人看看乘船已不现实了，只能往火车站跑。火车站情况相同，挤满了逃难的人。车厢里已挤得水泄不通，车厢顶篷上也都是人和行李，车底下的横档上也是人，人们用绳子把自己绑在上面。万般无奈下，急中生智，我们三个跑到火车头前端，手挽手护着坐在火车头的横档上。火车开动后，我们面迎疾风，吹得睁不开眼睛，稍有疏忽便会摔下铁路粉身碎骨。万一火车与异物相撞，更不堪设想。就这样提心吊胆挨到诸暨火车站下车，总算逃过了这个生死关。现在想来，仍心有余悸。

回到老家后，仍担心生计。反正不当兵也要抓壮丁，我就主动应征服役到91军当兵。军长是宣铁吾①，他是诸暨人。我在特务连，连长姓赵，也是诸暨人。1939年冬，我们在钱塘江南岸守防。12月的一个大雪纷飞的夜里，盘踞在杭州城里的日军穿着白衣裤、头戴白帽伪装过江。我们与之发生了激烈的战斗，他们的几次进攻都被我们击退。那年我19岁。

---

① 宣铁吾(1896—1964)，浙江诸暨人。黄埔军校1期毕业，陆军大学甲级将官班2期毕业。陆军中将。抗日战争全面爆发后，任浙江省保安司令部副司令、司令，浙江抗敌自卫团副总司令，浙江戒严司令，浙江防空司令，并兼任金兰、绍兴戒严司令和浙江省保安纵队司令，三青团浙江省分团主任、干事长。1938年春，其基本部队改编为陆军预备10师，任师长。1939年2月任3战区10集团军91军军长，兼钱塘江北岸守备司令。

1940 年，我们吴营长认为我有点文化，就推荐我去金华报考黄埔军校。连队指导员陪同我和另一个人到金华考试。说实话，文章写写是问题不大的，但数理要过关是有难度的。指导员是大学生，他也扮成考生进考场帮我们，这样通过了考试，成为黄埔 18 期工兵科学生。当时黄埔军校委托位于湖南零陵的陆军工兵学校培养工兵科学生，所以我们是在工兵学校学习和受训。在军校，我很珍惜学习机会，学得很刻苦，自己认为一定要练成本领对得起国家和老百姓。军校生活很紧张，什么都是跑步。吃饭、上课都是跑着去。其间，我母亲去世，家里还有弟弟和妹妹，他们无人照顾，只能去讨饭，后来妹妹活活饿死。

1943 年夏，我从军校毕业。填报去向志愿时，我们都有一种志向，希望自己能到抗战最需要、最艰苦的地方去。我填的是 74 军，当时军长是王耀武[①]。74 军有抗日铁军的名声。军校同学共有 13 人分配至 74 军。到军部报到后，我被派至 57 师野战工兵营，师长余程万，营长高玉琢。我刚到工兵营 3 连 3 排时，陈连长在一个院子里向 3 排的士兵介绍了我。连长说："这位是金乃忠排长，从军校毕业分配到我们这里来，他有很多先进的知识，以后可以教导你们。"士兵们说："向大哥敬个礼。"我这个排长就正式上任了。

11 月，常德保卫战开始。常德是湘西重镇，日军企图打通长江上游，以威胁重庆。日军挟海空优势，发动水陆空三面进攻。57 师奉命保卫常德，以誓死与城共存亡之决心迎战。我们 74 军 57 师每人在左胸前有一块胸标，香烟盒大小，有"虎贲"两个字。胸标后面是本人的姓名和部队番号。常德保卫战后"虎贲"两个字改为"常德"。我们是野战工兵营，不同于独立工兵营，野战工兵营也是野战部队，除构筑工事外，也要参与前线拼杀。工兵营奉命在常德东门外修筑防御工事，挖防坦克壕沟，协防东门，阻止敌军的进攻。我排守在东门外鸡婆湖，以工事围城，我们把木头找来，上面盖泥土，修碉堡，造掩蔽部。好的工事，一两发炮弹打过来也没事。

我在军校时，个子高体力好，自己喜欢轻机枪，所以只要战斗打响，我便

① 王耀武(1904—1968)，山东泰安人。黄埔 3 期生，抗战名将，带着 74 军打了很多战役，以上高、常德、雪峰山三战最为出色。

亲自担任轻机枪手,干掉了不少鬼子。我们排的武器主要有中正式步枪、捷克式机枪、马克沁机枪。我们排有3个班,每班本来应有16人,实际没那么多,1个排大约40人。战士们士气很高,作战很勇敢,很多人牺牲了。我身边的人除少数受伤,多数阵亡,40多个人差不多死了30多人。我的膝盖中了两枪,这个枪伤是贯穿伤,现在伤痕仍很明显。当时也只能简单包扎而不能下火线,只有头部、胸部受伤才可以下撤到医院抢救,手部脚部受伤哪怕是只会爬也是要留在阵地上的。重伤员不能行动的,反正要死的,干脆就自己往身上打一枪。

常德城郊有一座德山,可以俯瞰全城。敌欲攻常德必先攻德山,故争夺德山之战异常激烈。日军凭借优势兵力与火力轮番进攻,我方寸土不让。经几次攻防激战,敌我均伤亡惨重。在万分危急关头,师长余程万命令16团2营副营长刘鹤铭组织敢死队夺回德山。刘鹤铭个子不高,黑黑的,他是黄埔16期的,江西萍乡人。刘营长临危受命,经过2昼夜冲杀,多次白刃肉搏战,多次负伤,最终为国捐躯,年仅26岁。和我一同分到57师的两位黄埔同学也在战斗中牺牲,这时距离毕业还不到半年。

常德保卫战中的中国士兵

常德战役中日军使用了毒气，毒气有好几种类型。有一种是催泪弹，眼睛都睁不开。还有一种打到身上会烂肉。我们那时条件差，只有排长和班长有防毒面具。

常德保卫战结束时，我们不知道余师长已突围，当时已是各自为战，我们一些伤兵与一些伙夫、文职人员躲在残垣断壁，城内局部还是有战斗的，能听到枪声。为时 17 天的常德战役结束时，城里全是尸体，根本无路可走，想想 1 万多人的尸体啊，真是血流成河，尸体遍野，而且尸体已经腐烂发臭，臭气难闻，苍蝇横飞。敌我尸体交错，只能看衣服辨认。我们工兵营负责清扫战场工作，请百姓帮忙掩埋尸体，把敌尸一个个拉到附近大路旁埋葬，几十个、一百多个尸体埋一堆，每堆插上木牌写上歼敌数目。我方阵亡官兵遗体抬到东门外旷野建造烈士墓，建一栋房子，把骨灰坛一个一个摆好，一层一层叠好，坛子上写着阵亡时几岁、哪里人。

我伤愈归老部队仍当工兵排长。那次战役后，我再也没有去过常德，但总在梦里想起那个地方那些战友。不知道我们排曾驻守过的常德东门外鸡婆湖还在否？我们排战士大部分牺牲在那里，我永远忘不了那个地方。

（访谈者：朱　丹）

金筠林：辗转抗战的回忆

金筠林，1920年出生，浙江金华人。黄埔军校2分校15期步科毕业。2012年11月10日下午，笔者访问了金筠林老人。老人现居金华市某小区，家里的布置有浓郁的民国气息，墙上挂着孙中山先生那张为人熟知的标准像，还有从报刊上剪下来的宋氏三姐妹、蒋经国与夫人蒋方良等名人的照片。老人虽已90余岁高龄，但听力和反应都很灵敏。以下内容根据其口述整理。

我于1920年农历的十二月十一出生在金华雅芳埠村，家境殷实，父亲是律师，他毕业于杭州的法警学校。我的初中是在教会学校作新中学上的，就是现在的金华四中。高中就读于浙江大学代办的省立杭州高级工业职业学校，念的是机械科。读到二年级时，杭州沦陷了，那是1937年底的事。随即杭州的学校搬迁到丽水一带，当时浙江省教育厅在丽水的碧湖镇成立了青训团，负责人是唐永强，我参加了青训团。青训团分为社会青年队和女生队，大部分是原来在校的学生。上面发衣服给团员穿，吃饭也是供应的。几个月后，我被分到武义县的干训班。我们住在孔庙里，我在那里也待了几个月。

1938年，我跟着青训团的中队长唐鎔章到了江西的吉安。当时的吉安成立了战干3团[①]，团长是蒋介石，教育长是唐冠英[②]。唐鎔章是唐冠英的侄子。战干3团后来改成黄埔军校3分校，原几千人团员中的一部分人后来成为军校的16期学生。在吉安差不多三个月的样子，遇到黄埔军校2分校到吉安招生，我们战干3团考上了120多人。2分校原来在武汉，抗战全面爆发后迁至湖南武冈。我们在1938年秋入学，1939年毕业[③]。后来补训过，因为军校的正常学制是3年。2分校的主任是李明灏中将[④]。

我们在2分校的工作和学习都很紧张。起床大约是5点半，3分钟完成集合站队，到河边洗把冷水脸，然后跑步半个小时。吃早餐的时间为8分钟，时间一到喊"立正"，碗筷必须放下。课程分学科和术科，学科在教室里上，术科在操场训练。军事训练中经常半夜出去，第二天早晨回来。夜间训练占训练比例较多，武冈是个山区，所以这类训练很紧张[⑤]。

---

① 1938年2月，国民政府军事委员会政治部部长陈诚，通电成立各地战时工作干部训练团。在湖北武昌（战干1团）、河南鸡公山（战干2团）、江西雩都（战干3团）、陕西西安（战干4团），先后成立4个团，收容青年学生。战干团组织宏大，当时称为黄埔第二力量。陈诚在一次讲话中说："北伐靠黄埔，抗战靠战干团。"这句话在战干团师生中广为流传，引以为荣。

② 唐冠英（1894—1970），江苏阜宁人。保定陆军军官学校9期步兵科毕业，陆军中将。历任排长、营长、中央军校大队长、少将总队长等。抗日战争时期，历任军校教育处副处长、3战区青年工作训练班主任、战干3团教育长、中央军校3分校中将副主任兼教育长、25军中将副军长、代理100军副军长、73军中将副军长兼驻渝各军联络训练班主任。

③ 2分校迁到武冈后招的第一批学员共有2000余人，虽然是同时招的，却分成14、15两期。因为抗战急需军事人才，这两期学员的训练时间都只有两年不到。

④ 李明灏（1897—1980），湖南省醴陵县（今醴陵市）人，毕业于日本东京士官学校。两次参加东征讨伐陈炯明的战斗。1927年4月升任17师少将师长。1929年1月，任南京训练总监部监员。1932年12月，任武汉"剿匪"总司令部少将参议。1933年，任南京中央军校教育处长兼庐山军训团和四川峨眉山军训团兵器官。1935年9月，任国民党中央军校成都分校主任。"七七"事变后，任中央军校武汉分校主任（后迁湖南武冈，改为中央军校2分校）。1943年3月，任97军中将军长兼重庆警备司令。1946年7月，任中央训练团庐山分团主任，因不满时政于10月辞职，蒋介石批"永不录用"，遂闲居香港、上海、沈阳等地。曾为湖南和平解放做出贡献。中华人民共和国成立后，先后任湖南军政委员会委员兼秘书长、中华人民共和国国防委员会委员、中南军政委员会委员、中南行政委员会副主任。后任湖北省副省长、政协副主席等职。

⑤ 在教学体系上，武冈分校与其他军校比较，可以说是独树一帜。其整个教学任务分成两线，各自独立地实施。一线是军事教育，受中央军事委员会军训部领导，在分校设教育处和军事教官来实施其计划，由军事教官会同分校学员总队的各级队长，负责带领学员上战术课，并进行军事操练和野外演习；另一线是政治教育，受中央军事委员会政治部领导，在分校设政治部和政治教官来实施其计划，政治教官负责给学员讲授"三民主义"、抗战救国纲领、民众组织与训练等课程，驻各队的政治指导员担任学员思想言行考核的职责。

我们住在刘家宗祠，这是相当大的一个祠堂。[①] 睡的是高低铺铁床，冬天在下面垫上稻草保暖。内务整理都是限时的。军校的学生要轮流去买菜，平时不用烧饭，但在周末时，学生要进厨房学做饭。

我隶属8总队1大队2中队。一个总队有两个大队，一个大队有4个中队。我们的总队长是李亚芬[②]，他是湖北人，保定军校毕业的，少将军衔。他会经常到操场看我们训练，亲自给我们纠正立正等姿势。一大队的大队长是卢石英，他是黄埔3期的，上校军衔。2中队的中队长是蓝汉章，他是黄埔8期的，少校军衔。我是9班的副班长，个子最小，因此列队时，总是排在最后。我在军校期间，何应钦[③]、陈诚[④]都来过。每当有大人物来的时候，就在洞口[⑤]搭台，点马灯。他们的训话鼓舞了我们的士气，因此大家的抗战情绪还是比较高昂的。

毕业后，我分到驻扎在湖南益阳的87军[⑥]，一起分去的同学有10位，5

---

① 2分校初到武冈时，没有专门的办学地点，校本部暂设在城南陆家大院，与之紧相邻的张家花园作为教官宿舍。分校一边办学，一边在临近可以防鬼子空袭的法相岩洞外修建校舍。新校舍建成后，校本部便搬到了法相岩，而学员及各教学点仍然分布在武冈县城乡各祠堂里。

② 李亚芬(1895—1943)，湖北黄安人。国民革命军少将。曾任湖北省3区保安司令部副司令，6战区司令长官部高参。

③ 何应钦(1890—1987)，贵州兴义人，国民党政治家、军事家、一级上将，黄埔系仅次于蒋介石的第二号人物。从辛亥革命起历经北伐战争、抗日战争、解放战争，新中国成立后撤往台湾。

④ 陈诚(1898—1965)，浙江青田人。国民党副总裁，军事统帅。陈诚以18军为骨干建立了土木系，从而使他在黄埔系中地位举足轻重，最终成长为一个政治家，他的政治才干要强于军事才干。施政台湾期间，通过一系列的措施稳定了台湾，通过改革为台湾经济的腾飞打下良好的基础。

⑤ 洞口在新中国成立前隶属武冈，出县城沿平溪江西行4km，江水从西横断雪峰山向东流去，两岸险峰对峙，形成峡谷。相传峡谷为悬崖覆盖，江水穿洞而去，至此形成深潭，名曰“洞口潭”，后演变为“洞口塘”，“洞口”之名源出于此。

⑥ 益阳，地处湖南省北部，其东北部濒临烟波浩渺的洞庭湖。87军前身是湖南保安处所辖保安团总队1部。1937年秋，湖南省地方保安团总队改编组建198师、199师。1938年春，为进行武汉会战，198师和199师合编为87军，刘膺古任军长，陈孔达任副军长。该军组成后，于6月参加了武汉会战。1939年初，该军隶属20集团军后，该军的两个师改隶18军，另将5军43师改隶该军，并将刘膺古调任军官训练团2大队任大队长，由周祥初任军长，陈孔达任副军长。该军此次建制调整后，奉命移防湖南，先后参加了1次长沙会战和1939年冬季攻势作战。1940年春，79军118师和54军新编23师改隶该军。1941年9月，周祥初调任6战区教导团任副教育长，高卓东继任军长，陈孔达、王育瑛任副军长。1943年2月至1944年1月，该军在长江上游江防军的编成内，先后参加了鄂西会战、常德会战。1944年8月，该军隶属10集团军后，高卓东调任国民党军事委员会军政部部附，罗广文继任军长，王育瑛、刘翼峰任副军长。1945年5月，该军番号撤销，原辖43师改隶94军，118师改隶18军，新编23师被裁减。

个是湖南人，其余 5 个是浙江人。军长是周祥初[①]，他是甘肃人，新中国成立前夕任甘肃保安司令，后来起义。87 军官兵中北方人较多，大都是冀鲁豫那边人。我当时在军部的特务营 2 连任少尉见习官。我们特务营的任务主要是保护军部，负责外围的防御。我在军部工作没过 20 天，就转为 3 排的少尉排长了，一般情况下要 6 个月才转正，在一起去的同学中，我是最早从见习官转任排长的。见习官的薪水是 20 多元法币，排长的薪水是 30 多元法币。曾经有一河南籍樊姓同期不同校的同学，由益阳出发到常德去开同学会，我因为有军务在身，就没参加，那个同学借了我 20 元钱。同学会是在常德一个叫新桥的食堂里面开的，不巧，遇到了日本人的飞机来轰炸。飞机先是扔烧夷弹，再扔爆破弹，我的同学就在这次轰炸中牺牲了。整理遗体时，他的皮夹里还留着我借给他的钱。

后来部队驻地变动，路过洞庭湖往长江边行进，经过湖北的公安就能到达目的地。但当时湖北的江陵已被日军占领，因此我们参加了江陵战役。此役 53 军为主攻部队，我们军负责策应。虽然是策应，也很危险。我们一个连长子弹从脸的一头进另一头出，牙齿都没了。士兵使用的武器就是 79 式步枪，每个班配有一挺轻机枪，一般是捷克式。排以上配有重机枪，是三十节马克沁式。苏俄援助的武器，但他们的武器体型较大，与我们的个子不适应。当时到前线都是走夜路，部队里也有开小差的逃兵。

我们 87 军完成策应任务后，又返回湖南。在那里，我由少尉升任中尉。部队有一段时间整训，我请假回金华探亲。到金华后，有个同学叫姜伟疆的，他当时在暂编 9 军当连长。暂编 9 军的军长是冯圣法[②]，副军长是陈式正，军部设在新昌县的大佛寺里面。姜伟疆介绍我到他的部队工作，给了个编外参谋，在绍兴、上虞一带活动。一两年后，军部派我到 34 师任上尉参谋，师长姓金，名字忘了。

1941 年左右，我们和日本人打了一仗，该战发生在绍兴与曹娥江之间的

---

① 周祥初(1895—1974)，甘肃渭源人，早年毕业于保定军校。1931 年任 43 师的旅长，1936 年即升为该师师长。1938 年长沙会战中，周祥初指挥部队英勇抗击日军，受到嘉奖，并晋升为 87 军中将军长。1942 年，被调任 6 战区教导团副教育长闲职，后又调任有名无实的察哈尔省民政厅长。1947 年到平凉任甘肃省第二行政督察区专员兼保安司令。1948 年，任甘肃省师管区司令。1949 年 9 月起义。

② 冯圣法(1903—1957)，浙江诸暨人，黄埔 1 期步科毕业。陆军中将。1957 年冬病逝于台北。

一个地方。日军在两架飞机掩护下从杭州过江侵入我防地。鬼子先轰炸我军的炮兵阵地和机枪阵地，我是师部的情报参谋，在前线搜集情报。此战打了两三天，伤亡很大。后来我们退到嵊县，日本人就没再打过来。此役我负过伤，一颗子弹打中我的右上肢，住院治疗了好几个月。因为作战失利，军部追究责任，张营长被判3年，他是中校。我被判了1年，说是我提供的情报不准确。王副官被判了6个月。还有个杨毅营长，被判了5年。他担任过武义县的县长，是黄埔10期的，湖南人。我们被关在嵊县的看守所里，穿着军装服刑，行动相对自由。我这人擅长与人打交道，很快与看守所所长搞得比较熟。有一回，张营长的太太来看望，我打通关系，看守所就同意让他们夫妻到外面住宿。

没过多长时间，一年不到吧，日本人又流窜过来了，往嵊县这边过来，看守所干脆就释放了犯人，顺便把我们这几个军官也放了。由于部队已经提早撤退，我找不到原部队。那时在嵊县有个淞沪游击指挥部，指挥官是薛田白，我就前去投奔，并被任命为第5支队中校副支队长。1个支队有1000多人，相当于副团长的级别。我们的驻扎地不固定，主要任务是在敌后搞破坏，主要在绍兴、诸暨、东阳一带活动，在农村里转来转去，骚扰日本人。

到了1943年，淞沪游击队被改编，开拔到丽水的碧湖，归32集团军李默庵司令长官指挥。我被任命为教导团第1连少校连长，团长是浦江人，姓楼，黄埔5期的。我感觉连长这个职位低了，就和一个14期毕业的工兵中校，借口到3战区江西铅山公干之理由，离开了32集团军。在铅山，我们得到了3战区顾祝同司令长官的接见。我在铅山一直待到1945年，直到日本人投降。之后，从铅山回到金华。

（访谈者：朱　丹）

严作华：我和洛阳保卫战

严作华，1922 年出生。浙江常山人。黄埔军校 18 期工兵科毕业。2013 年 11 月 2 日，笔者访问了严作华老人。老人现为衢州市黄埔军校同学会会长、省黄埔同学会理事，现居衢州市常山县城文峰路的某公寓，与老伴过着安静有序、相濡以沫的生活。以下内容主要根据其口述整理，部分参考了老人提供的资料。

我出生于 1922 年 8 月，老家在常山县龙绕乡沙安村。父母是种田的，有 4 个兄弟，其中 1 个兄弟死在日本人手里。浙赣战役时，日本兵路过沙安村，将我家房屋焚烧殆尽，并将我四弟抓去做挑夫，后经折腾致死。

我受教育是断断续续的，曾经在私塾学校读过一年书。后来在私人办的玉山[①]中学念初中，那时我已经 17 岁。读书一点也不安定，老是逃飞机，日本的飞机几乎天天来玉山县城骚扰，一般早上 9 点多就会响起防空警报声。为坚持教学，学校只好把教室搬到了郊外的树林里，给学生们每人发一块木板、一把小凳子。在刺耳的防空警报声中，老师常常以泪洗面控诉着日寇惨绝人寰的暴行，年少的我听得热血沸腾。国家兴亡，匹夫有责，炎黄子孙，热血青年，岂能坐以待毙。有一天，我被街头的一张写着“号召有志青年，参加抗日救国运动……”的告示所吸引，3 战区在招收入伍生团学生，我决定投笔从戎，保家卫国。

1939 年冬，我进入军训部入伍生 1 团军训，整个团有 1000 多人。当时该团正从江西瑞金迁至铅山的陈坊[②]，开始住在破庙里，因缺少营房，我们就自力更生自建营房。每天早晚挖山平整场地，两个多月后终于建成简易营房。

① 玉山县，位于江西省东北部，东邻浙江省开化县、常山县及江山市。

② 陈坊位于江西铅山县西南部，距县城约 53km。

营房很简陋，用箬叶当瓦，下雨就漏。入伍时已经入冬，每人配给军毯一条、棉衣一套、布袜一双、草鞋数双。草鞋根本不够用，只能自己用苎麻打几双穿。军服也是旧的，是淘汰下来的。睡觉就睡在地上，下面铺个晒谷用的破篾席，睡到深夜又冷又饿。一天两餐，每天每人只有十几两的糙米，吃的油是用桐油替代的，吃得大家拉肚子。盐也很金贵，伙夫唯恐有人打盐的主意，任何时候都将盐袋背在身上。菜么只有蔬菜，大家都是长身体的时候，真是苦不堪言。虽然饥寒交加，疲惫不堪，但我们立志抗倭救国，毫无怨言，精心习武学文，锻炼身体，跑步、射击、跳马、双杠等都认真对待。

在铅山待了一年多后，入伍生团约有 1/3 的人升学至军校学习，战时国家需要人才，所以要求不是太高，但也还是有一定要求的。军校个子要求 1.60m 以上，长相要端正，也进行了国文、数学等课程的文化课考试。1941 年 10 月，我成为黄埔军校 18 期工兵科学生。当时黄埔军校委托陆军工兵学校培养工兵科学生，所以我们也是工兵学校 8 期学生。因交通被日军切断，我们只能步行。为绕过敌人重重封锁线，我们跋山涉水，忍饥挨饿，历经月余才安抵陆军工兵学校，学校位于湖南零陵。其后又进行了复试，总共经历了 3 次考试，淘汰下来的到部队当军士，就是班长，不能当军官了。

18 期工兵科共有 4 个队，每个队约 100 人，我在 4 队，队长是黄埔 12 期的。有个隆重的开学典礼，大人物在上面讲话。开学后，要学的东西很多，除了基础的步兵操典，我们还要学工兵科特有的筑城、爆破、架桥，以及如何做掩体、做高射炮阵地、做指挥部、挖地道、按地图找方位等。经过 1 年零 10 个月的严格训练，1943 年毕业。我等 9 人被分配到河南洛阳陆军工兵 13 团。因火车、汽车都不通，我们徒步行军，走了一个多月才到。一路翻山越岭，忍饥挨饿，有一次饿得弄榆树叶吃。只有穿过湖北三斗坪时吃饱过一顿，我买了几个大饼吃，吃了两天又没了。好不容才抵达工兵 13 团驻地。当时被任命少尉见习官，6 个月见习满期分配到 2 营 4 连任少尉排长。我善待士兵，我自己不抽烟喝酒，所以发的津贴就给士兵买点肉吃，打打牙祭，还买纸和笔教大家学文化，因此我与士兵关系不错，尽管物质待遇差，但逃兵很少。

1944 年 3 月，日军发动了旨在打通中国东北到东南亚大陆交通线的豫湘桂战役[1]。中国军队统帅部识破了日军准备攻占洛阳的企图，制订了以弱势兵力守卫洛阳城吸引日军大部队，其他中国部队在外迂回对攻击洛阳的敌军实施反包围并一举歼灭的战略计划。根据部署，我所在部队被指派参与修筑洛阳防御工事，我们在洛阳城外挖了宽 10m、深 6m 的城壕，壕内引来流水，形成一条人工护城河，这样日本人的坦克就进不来了。

洛阳保卫战前夕，我所在的部队又归胡宗南亲自指挥，派往担负陇海铁路陕县交口大桥爆破任务。我在那里驻扎了一个多月，每日不停演练装卸炸药模拟炸桥。上面却突然下令不爆破，命我排后撤某村待命。数日后深夜突来急令，军令要求"立即炸桥"，命我排火速爆破铁桥。接令后我们以最快速度前进，火速赶往交口大桥，不料，日军已经出现在桥头。看到我们后，日本人"哇哇"乱喊，当时我冲在最前面，一阵枪弹飞过，打中了我的左腿。我的左边小腿上至今还留有这块枪伤造成的疤痕。

我受伤时是 8 月，天气非常炎热，伤口很快溃烂。我排的几个士兵将我抬了 60 里路送到了南阳的第六陆军医院，医生看着我早已爬满蛆虫的腿说，"如果晚来两个小时，你就准备锯腿吧。"我在病床上躺了半年，经手术治疗未成残废，出院后重返沙场。我在西安待命，准备前往酒泉机场乘坐飞机到印度接受美军新式装备，可最终等来的，竟是意想不到的胜利。

那天下午，我正在浴室洗澡，突然听到外面人声鼎沸，爆竹声声，等我走出来，发现美军的飞机载着大喇叭在空中盘旋，不停地广播着一个令四万万中国人振奋的喜讯：日本投降了！其后，我工兵 13 团奉命回到洛阳接收敌军械和监管任务。

（访谈者：朱　丹）

---

① 豫湘桂战役，日本称为"一号作战"或"大陆打通作战"。1943 年，同盟国反法西斯战争转入战略反攻和进攻，日军在太平洋战场上屡遭失败，使南洋（东南亚）各地军队的海上交通线受到威胁。日本大本营为保持本土与南洋的联系，决定打通从中国东北直到越南的大陆交通线，同时摧毁沿线地区的中美空军基地，以保护本土和东海海上交通安全，遂令日军使用累计约 51 万兵力，发动打通大陆交通线的作战。日本军队于 1944 年 4 月至 12 月期间对中国河南、湖南和广西贯穿三地进行的大规模攻势。8 个月中，中国在豫湘桂战场上损兵 50 万—60 万人，丧失 4 个省会和 146 座城市（豫中会战 37 天失 38 城）、7 个空军基地和 36 个飞机场，丧失国土 20 多万平方公里。

俞瑞鸿：漫长的军校报到征程

俞瑞鸿，1925年出生，浙江兰溪人。黄埔军校7分校19期步兵科毕业。2012年8月23日上午，笔者访问了俞瑞鸿老人。老人住在兰溪人民医院宿舍，红光满面，精神矍铄，时任兰溪黄埔军校同学会会长。早些年，他得过大病，在身为医院原护士长夫人的悉心照料下，基本恢复健康。对于我们的到访，两老非常热情，缓解了我的忐忑。老两口幽默默契的对话，也让我感受到了他们相濡以沫的深厚感情。以下内容根据其口述整理。

我出生于1925年农历九月初六，老家在兰溪杨塘村（现在属于赤溪街道）。父亲在民国时期做过兰溪环衢乡的乡长。我的小学是在诸葛小学读的，学校离家里有25里路，所以平时住校。12岁时，卢沟桥事变发生，怕日本人打过来，全家曾逃到龙泉避难，我曾就读于龙泉中心小学。中学是在兰溪的担三中学读的，就是现在兰溪县中的前身。初中毕业后到金华中学读高中，读了两年。那时日军已打到诸暨，很快就会侵犯金华和兰溪。因为整个社会局势很动荡，加之家里已没有什么经济来源，我没法安心读书，所以就打算去报考军校。

1941年11月初，国民政府在金华招收流亡的青年学生，我参加了考试。当时父母并不同意，虽然他们有3个儿子1个女儿，还是舍不得。考上黄埔军校后，我随1500名同学一起赴西安7分校[①]报到。我们这批人称为黄埔军校18期"入伍生"4团，从金华出发，一年半后才到达西安。行军要避开日占区，所以行走的路线较复杂，所经的省份依次为浙江—福建—江西—湖北—河南—陕西。从金华出发到龙泉后进入福建的浦城时，不幸遭遇了日军的细菌战。[②] 我们在溪水里洗澡感染了细菌，身上各处开始溃烂。我的脚也烂了一个洞，[③]现在这个洞在脚背上还能摸到（老先生特地伸出脚让我看了看）。因为大批人病倒，我们团在邵武县整整耽搁了半年。邵武当地有个耶稣堂，里面的传教士很好，帮助我们治病，给我们用了西药。当时药品稀缺，不少同学没能救回来，死了不少人。死亡的大部分是爪哇的华侨青年，就是来自现在的印度尼西亚的华侨[④]。我的脚能治好，也多亏了传教士给我用药。在邵武，死去的同学埋在一起，做了一个很大的墓堆，立了一块碑，刻了三个字——"黄埔魂"。在墓地前哀吊时，我们都哭得很厉害，太难过了。

离开邵武后我们向江西的宜春前进，到宜春后再转向到湖北，经三斗坪

---

① 黄埔军校西安分校，正式名称是"中央陆军军官学校7分校"，是抗日战争时期国民党为培训营以下军官而组建的。1938年初，以西北军官训练班为基础在长安县王曲镇成立。学校编有主任、副主任。编制有主任办公厅、教育处、政治部、经理处、总务处、军医处、会计室。主任办公厅设3个科，分管章制机要、人事和军纪军法。教育处设步兵、骑兵、炮兵、工兵、通信兵、辎重兵、军械等科及编译室、军事学总教官室、普通学科总教官室、外文教官室、高级教官办公室、重兵器主任教官室、防毒实验室和练习团、招生委员会；政治部设3个科，分别主管教务、训育、总务，另设政治总教室，管理民运、刊物、剧社；经理处设3个科，分别管理财务、被服、粮秣；总务处设庶务科和管理科；军医处设军医科和医院；会计室设3个科，负责审计、核算、财务监督。学校设立学生总队（或大队）和军官总队（或大队）。学校由胡宗南兼任主任。从1938年到1945年共毕业学员37317人。

② 由于日军细菌战，1941年鼠疫传入闽北浦城，迅速蔓延到建阳、建瓯、光泽、邵武、顺昌、政和、南平、崇安等闽北各县市，至1952年，鼠疫患者20112人，死亡19120人；并由闽北蔓延到福建各地，至1953年，全省鼠疫患者至少119039人，死亡92784人。

③ 关爱抗战老兵网曾有志愿者走访了现居浙江诸暨的黄埔19期特科中队工兵2队的朱自惕老人，老人回忆黄埔军校18期7分校入伍生4团到了邵武这个地方的时候，很多学员得了一种怪病，早上发现脚上有一个黑点到了下午就有巴掌大，开始溃烂，筋骨都裸露外面。那时没有好的药，就这样陆陆续续有80多个同学死了。王选（浙江省政协委员，著名社会活动家。1995年开始从事日本侵华战争细菌战中国受害者调查，并组织对日民间索赔活动，任中国细菌战受害者诉讼原告团团长）曾回帖，认为这是炭疽或鼻疽。如果不痛，就是炭疽。志愿者问过朱老，说一点也不疼，一开始也不当回事，后来发现好多同学死了，才知道害怕。见 http://www.ilaobing.com/forum.php? mod=viewthread&tid=69046&page=1#pid153661。

④ 在抗日战争期间，海外有4万多名华侨青年，通过各种渠道纷纷回国，投入抗日救亡运动。

渡江到对面的沙市。在横渡长江时，因为当时涨水，水急浪大，船翻了，又死了几个人。渡到沙市后，接着往河南的叶县走[①]。之后，到达洛阳，住在西宫，那里有个大营房。那时日本人就在洛阳对面，与我们隔了条黄河，他们封锁了黄河。为了不惊动日军，我们是在晚上坐的火车，火车也是悄悄行驶，不敢鸣笛。因为该段铁路贴近河岸，对岸日军一发现有火车通行便发炮轰击，为了安全，火车只能趁深夜悄然通过，这在当时就叫作“闯关”。经过潼关后，最后抵达西安。

行军路上，我们吃的是糙米，没有菜，大便非常干燥，常常拉不出来，拉出来也是一粒一粒硬硬的。晚上住在老百姓家里，铺些稻草席地而睡。队伍因伤病、灾害等原因减员不少，所以沿途又招收了一些学生补充进来。到西安后，又进行了甄别考试，主要考中学学的课程。成绩合格的正式成为学生。我被编入步科，隶属3大队9中队。我们军校的主任是胡宗南，他当时也是任8战区副司令兼34军团总司令。此人个子矮小，对浙江来的学员比较照顾，所以我们这些浙江人对他有好感。

军校生活很苦。营房本身是寺庙改造的，睡的是炕。一天要三操两讲堂，即三次野外训练，两次课堂训练，体力消耗很大，但吃得很差。一般是玉米粉做的窝窝头，菜么经常是辣椒，容易便秘，拉出来大便都是血。只有在节日偶尔来餐洋芋烧牛肉改善改善伙食。因为营养缺乏，大家身体都不好。那时军校穷得连干净的开水都没有，因为没有钱买燃料烧水。我们只能喝锅里蒸窝窝头的水，而且喝水的杯子也没有，用盛菜的钵头喝。

在军校时，我们已报名成为“青年远征军”[②]，本来是要开赴缅甸的，后来抗战结束了，就没有去成。我们这一届是1946年毕业的，读了三年。毕业考的科目比较多，涉及步、骑、炮、辎重等。

离开军校后，我先到杭州待了两个月，之后就参加了傅作义部队。傅将

---

① 河南省十大古城——叶县，位于河南省中部偏西南，平顶山市。地处黄淮平原与伏牛山余脉接合部，现辖7个镇、11个乡，580个行政村。叶县境内既有伏牛山水，又有桐柏山水，风景旖旎，魅力独特。

② 1942年3月，日军攻占了缅甸仰光，切断了中国当时最重要的国际运输线路——滇缅公路，威逼印度和中国的大西南。为弥补兵源不足，改善兵源质量，国统区发起“知识青年从军运动”，黄埔军校号召同学们积极参加中国远征军，收复缅甸，打通中印公路，开辟滇缅国际运输线。“一寸山河一寸血，十万青年十万兵”，不少在校军校生积极报名参加“青年军”。

军穿棉衣的军服，是个好人。我任 208 师 663 团 8 连上尉连长，驻扎在北平宛平县的长辛店，离发生“七七事变”的卢沟桥很近。

1949 年，我们追随傅作义将军起义。当时解放军兵临城下，不起义没有出路。另外国民党部队普遍有厌战情绪。有的士兵当兵多年，打了十几年甚至二十几年的仗，离乡背井，都不想再打仗了。

（访谈者：朱　丹）

姚烈：我参加了宁绍战役

姚烈，1919年出生，浙江兰溪人。黄埔军校3分校16期毕业。2012年9月22日上午，笔者访问了现居于杭州朝晖小区的姚烈老人。老人大约168cm的个子，五官端正清俊，走路稳健，身体康健，这也有赖于小他十余岁的老伴的照顾。谈起近日钓鱼岛风波，老人仍气愤不已，他说想起过去日本人对中国人的伤害及抗战的艰难岁月，这辈子最恨的就是日本人了。以下内容根据其口述整理。

我是浙江兰溪人，出生于1919年9月。我的童年在兰溪度过，12岁到了上海，是父亲带我过去的，他当时在上海做棉纱生意。我在上海飞虹小学上学时，有件事印象深刻。学校规定每周一是纪念日，校长会给我们讲话。一次，校长讲了他在日本学校参观时的见闻，他曾听见日本老师这么教育孩子："这是橘子，是从中国福建过来的，将来你们想吃，就要到那边去拿。"这事至今还记得。你看，他们灌输的就是侵略文化。

"一·二八"事变时，我已在上海，目睹了战后的废墟①。虹口是日租界，那里的日本人简直太猖狂了，中国人见到日本人都得毕恭毕敬，真是国耻。我本来在上海慈航职业学校土木系读书，"八一三"事变②后，我不得不离开学校随逃难的人流一路后退。当时心里很紧张，怎么办？未来怎么走？不管

① "九一八"事变后日本为了转移国际视线，并迫使南京国民政府屈服，于1932年初在上海不断寻衅挑起事端。1月28日晚，突然向闸北的国民党19路军发起攻击，随后又进攻江湾和吴淞。19路军在军长蔡廷锴、总指挥蒋光鼐的率领下，奋起抵抗。

② "八一三"事变，又称"八一三"淞沪抗战。1937年8月13日，日军便以租界和停泊在黄浦江中的日舰为基地，对上海发动了大规模进攻。上海中国驻军奋起抵抗，在上海和全国人民的支持下，开始了历时3个月之久的淞沪会战。

怎样，逃命是首要任务。我们一直逃到了安徽的屯溪，那时的屯溪集中了大批从上海方向退下来的百姓和部队，这当中有我的同学。屯溪也是3战区指挥部所在地[①]。到屯溪后，我先回到兰溪老家。家乡也是不安宁的，又无事可做，所以我自己一个人又回到屯溪。青年人么，国家有难时总要为国出力的，参军打日本人成为我们的选择。

当时军队中下级军官很缺，需要吸收有文化的青年参军加以培养。在屯溪，军官教导总队和军士教导总队在招兵。军官队是培养连排级干部的，军士队是培养班长的。我加入了军官队，总队长是刘漫天，他是黄埔4期的；副总队长是王一飞，他后来也是我在黄埔军校学习期间的大队长。1939年，我们一批青年学生在屯溪参加了黄埔军校入学考试。

我考上了黄埔军校，分至3分校，军校的校部在瑞金，主任是吕济[②]。我隶属17总队1大队，地址在江西瑞金[③]，大队长是王一飞。我们这个队在武阳训练，武阳曾经是苏维埃政权的重要据点，我们军校使用的房子基本上是苏维埃政权使用过的。其间，顾祝同来军校做过报告。军校条件很苦，但能吃饱饭。

1941年，我从军校毕业，被分派到驻扎在浙江衢州的67师补充团，师长

---

① 抗日战争时期，由于屯溪位处皖南腹地，交通闭塞，四周又有群山环绕，日军难以攻取。加上当时国共合作，屯溪是国民党3战区司令部薛岳的前敌驻地指挥部。国民党设在沪宁苏皖的一些党政机关、学校等纷纷内迁徽州，时安徽省主席行署、皖南行署、国民党安徽省党部、沪宁苏皖大量军政机关等三四百个大小机关单位先后迁来屯溪，还有大片沦陷区的达官贵人、文人学士，也避难集中在屯溪、休宁、歙县一带，使当时有二三万人口的屯溪，猛增至20多万人口，一时机关、学校林立，商贾云集，屯溪一时有皖南“小上海”之称。

② 吕济(1892—1956)，祖籍山东省清平县，出生在湖北沙市。保定6期，陆军中将，长期担任商震的参谋长。因长城抗战获得青天白日勋章。1938年6月，吕济奉调江西瑞金筹办黄埔军校学校3分校，并被任命为主任。

③ 1939年3月，黄埔军校3分校于江西省瑞金成立，吕济任分校主任。1940年5月，分校奉命实施乙种编制。1941年7月，迁往江西省永丰。1942年6月，迁往福建省邵武。1943年2月，迁往江西南昌，后又迁回瑞金。1944年11月8日，奉命改行新制，规定分校收训学生总量为12个队，分步兵科7个队、炮兵科1个队、工兵科2个队、辎重兵科1个队、通信兵科1个中队。并增加特种兵科学生教育。抗日战争结束后，1945年11月奉命裁撤，21期学生，合并编入成都本校21期继续学习。分校于1946年2月停办。分校各期毕业学生、学员：16期学生2个总队，毕业学生4203人(其中有女生300多人)；17期学生1个总队，毕业学生1323人；18期学生1个总队，毕业学生702人；19期学生1个总队，毕业学生602人；20期学生1个总队，毕业学生600人。计有毕业学生7430人。各种班队毕业学员5961人。共毕业学生、学员13391人。

是陈颐鼎[①]，我在5连3排担任排长。浙赣战役期间，我们师转移到诸暨、绍兴一带，师部则驻扎在诸暨的店口，团部驻扎在萧山尖山一带。这期间我参加了宁绍战役，打过两次战。我们师的主要任务是拦截从杭州往诸暨、绍兴方向行进的日军大部队。日本人是飞机加大炮，我们武器太落后了，根本打不过他们。我们排最好的武器是捷克式的一挺机关枪[②]，士兵用的是汉阳造步枪[③]，一次只能打一发子弹。我是一把驳壳枪。我带的一个排有30多人，分3个班，除了班长是老兵，士兵都是新兵，是从江西征来的壮丁，差不多20来岁的样子。因为武器不行，所以我们跟日本人只能拼人命。那时谁受伤，大家会说他享福去了，因为伤员会送到后方医院。也有温暖的时候，当地老百姓支持我们抗战，饭送不上来，都是老百姓自己做饭送给我们吃。战后我们排只剩下一半人。

抗战胜利后，部队整编，我退下来到了杭州的12军官总队。后来到了邮局工作。

（访谈者：朱　丹）

---

① 陈颐鼎（1906—1995），江苏宿迁人。黄埔3期生，1926年1月军校毕业后历任排长、连长、营长、团附、团长等职。1937年10月升任87师（师长沈发藻）261旅（旅辖两团）少将旅长。1938年4月升任87师少将副师长兼261旅旅长。1939年5月专任87师（师长向凤武）少将副师长。1940年3月调升67师（师辖3团）少将师长。1942年7月升任86军（军长方日英）少将副军长兼67师师长。1943年4月专任86军少将副军长，12月调任70军（军长陈孔达）少将副军长。1945年10月10日获颁忠勤勋章。

② 捷克式轻机枪即ZB26轻机枪，是中国陆军在20世纪三四十年代的主要兵器。该枪设计于1920年，经测试于1923年被捷克陆军选用为制式武器。30年代中国大量进口，总数在3万挺以上，并仿制生产多达10万挺以上。这种枪在支撑中国抗战方面起到了重要作用。

③ 在军阀混战的时代，一直到抗战结束，汉阳造88式步枪在中国一直是主力武器之一，虽然落后了中正式两代，比日式的三八步枪也落后了一代，但是仍不失为一把结实可靠的步枪。

洪涛：虎口脱身记

洪涛，1918 年出生，浙江兰溪人。黄埔军校 6 分校 17 期步兵科毕业。笔者于 2012 年 8 月 5 日分上、下午两个时段及 8 月 23 日下午访问了洪涛老人。老人原籍兰溪，20 世纪 80 年代始居于武义，现与小他十多岁的老伴租住在县城壶山镇下王宅路 90 号的一处祠堂内。老人是从内蒙古劳改农场退职的，每月几百元的生活费因种种缘故总不能按时寄达，加之老伴没有生活来源，老两口的生活捉襟见肘。虽然武义统战部及民政局也有慰问金给老人，但总的来说，老人过得相当清苦。幸好上天眷顾，老人身体健康，眼不花（不戴眼镜能看清《参考消息》），耳不聋，与人对话没有任何问题，更难得的是记忆也很好，据他的老伴说，他每天在社区的老人活动室搓麻将，有时还能赢点钱呢。迄今，他能单独赴兰溪看望老家的亲人，有时也到武义别处看看黄埔军校毕业的其他老人，他说天下黄埔是一家么。老人也伤感地说十多年前武义还有十几位黄埔人，现在只剩 3 人了，都没地方走动了。以下内容根据老人所述并参考了他的日记整理。

我是兰溪水亭乡里坞里村人[①]，1918 年农历八月廿六出生的。家里比较富裕，算得上大地主。父母生有 2 个儿子，我哥与我。我的初中就读于金华的作新中学，高中就读于杭州的中山中学[②]。“七七”事变后，学校停课了。经友人介绍，我回到兰溪的桥头朱小学和殿山成村教了一年半书。原来同在

① 兰溪市位于浙江省中西部，地处富春江水库南缘，金（华）衢（州）盆地北缘。

② 中山中学是 1926 年为纪念孙中山逝世而筹建，开始是职业学校，1927 年改为私立中山初级中学，校址在杭州马市街石头儿巷。现为杭州第十二中学。

中山中学读书的绍兴同学来约我去报考黄埔军校，说国难当头，匹夫有责，不要做亡国奴。我们4个同学赶到金华报考，幸运的是4人都考上了，其中有1位跟我分在同一个地方上学。我记得是1938年12月考的，考的内容与考大学的差不多。身体也要检查，除了没有病，也看身高，我是167cm。我就学的是6分校[①]。读军校之前我已在老家结婚了。

我们要么走路，要么坐船或者坐烧木炭的汽车向广西前进，并于1939年1月份到达桂林。我隶属17期步科2大队7队，到后，先做了3个月的“入伍生”。第一关，先把头发剃光，像是吃素做和尚。一天“三操两讲堂”，即3次野外出操，2次课堂教学。“入伍生”享受普通士兵待遇，只给饭吃，没有津贴。“入伍生”期间的生活很苦，吃得也差。我们每天大约5点左右起床，要求数分钟内集合完毕。调皮的同学怕来不及，就打好绑带睡觉，绑带要求打到膝盖处。集合后，经常跑20里路左右再吃早饭。早饭后的第一堂课往往是沙盘教育，即在沙盘上由军事教官讲授怎么打、守、攻、防。军事教官多从部队来的，随时可能调走。课堂之间会有5分钟休息。接着在操场上教劈刺、实弹演习等。成绩不及格或是视力差都有可能被淘汰，或者被降级到18期，也有发路费让你回家。另外，如果不守纪律以及思想上有问题就会被清退。

几个月过后，军校生活进入第二个阶段，享受相当于班长的生活待遇。有些学生家里有钱寄来，你不能自己放着，由学校统一保管，你有需要可以申请花钱。军校生活的第三个阶段享受军校学生正式待遇，可以在周末时出去玩玩[②]。一般我们礼拜天上午出去，下午4点以前回校。如果不能按时归营，那么作为惩罚，下周末就不能出去。

军校纪律很严，哪怕吃饭也不轻松。吃饭时须排队，以8人为一桌，执勤官喊“开动”才可以动筷子。如果动作不整齐或者拿筷子时发出大点的声音，

---

① 该分校建立于1926年春，原址在南宁。1937年7月抗日战争全面爆发，全国军事政治统一于中央，南宁分校遂改名为陆军军官学校6分校，校址由南宁迁往桂林市郊外的李家村。

② 中央军校以培养初级职业军官为主，军校学员的生活待遇依一般入伍、分科入伍、学生教育阶段而不同。一般入伍阶段支陆军上等兵饷，分科入伍支陆军下士军饷，学生教育阶段支陆军中士军饷以作零用和购买必要的日用品。见文闻编：《国民党中央陆军学校与军事专科学校》，中国文史出版社2010年版，第32页。

就全部重新开始。吃早饭的时间为 5 分钟，因为喝稀饭，所以时间稍长。中饭和晚饭都是干饭，所以只给 3 分钟。时间一到，碗筷就必须放下。

我们的大队长叫朱道元，中队长是黄埔 13 期的王一民，我们毕业时他也调回部队当营长了。总队长是廖慷[①]，一个总队 1000 多人[②]。我在校期间的第一任主任是黄维[③]，他是个大个子，肯吃苦。他有专车（抗战期间，分校的主任为各分校最高的行政长官），但喜欢走路去桂林市区。平时不穿皮鞋穿布鞋。第二任主任是黄杰[④]，他是个小个子。教育长是陈继承[⑤]，他是日本士官学校毕业的，当时看上去四五十岁的样子。军校里面的一副对联"登高望远海　立马定中原"印象深刻。

我们那时也学了些日语，比如"日本与中国友好"之类的话，日语的 50 音图也还记得。（老人当场秀了日语，貌似发音准确。）

我于 1941 年 10 月 10 日毕业，奉命到 3 战区的江西省沿山长官区报到[⑥]。后被分配至 86 军 79 师 235 团。86 军军长是莫与硕[⑦]，79 师师长是段霖茂。79 师下面有 3 个团，我隶属的 235 团团长是魏逢林，另外两个团是

① 廖慷（1905—?），广东兴宁人。黄埔军校 3 期生。历任新编 5 师师长、第一个机械化师 200 师师长、31 军军长。后赴台湾。

② 6 分校 17 期总队有 1500 人。参见文闻编：《国民党中央陆军学校与军事专科学校》，中国文史出版社 2010 年版，第 87 页。

③ 黄维（1904—1989），江西贵溪人，黄埔 1 期生，陆军中将，参加过北伐。抗战爆发后，参加淞沪会战、武汉保卫战、缅甸反攻等，在抗日战争中立下赫赫功勋。解放战争中，任 12 兵团司令长官，俗称"黄维兵团"，在淮海战中兵败被俘。1975 年，作为最后一批战犯被赦，后任政协委员致力于军史研究。黄维在 1939 年初任 6 分校主任。

④ 黄杰（1902—1995），陆军一级上将，国民党中央常务委员。湖南省长沙县人，1924 年考入黄埔军校 1 期，参加过北伐战争。抗战爆发后，率部参加了淞沪会战、徐州会战、兰封会战。1943 年 4 月，出任 11 集团军副总司令兼 6 军军长，率部进驻滇西。1944 年 4 月，所部编入中国远征军战斗序列，立下赫赫战功。黄杰在 1940 年 6 月接任黄维任 6 分校主任。

⑤ 陈继承（1893—1971），江苏省靖江人。黄埔军校战术教官，陆军中将。

⑥ 抗日战争 3 战区是指 1937 年卢沟桥事变爆发后，国民政府于中国境内划分的与日军作战的战区之一。最初 3 战区所辖范围为江苏及浙江，后来视战争实际情况，3 战区分别于 1938、1939 与 1944 年做过三次相当大规模的更动。除江苏和浙江外，先后辖福建、安徽等地。

⑦ 莫与硕（1903—1947），广东阳江埠场端逢村人。毕业于黄埔军官学校 2 期。参加过东征、北伐和抗日战争。1932 年任 18 军 11 师旅长。1937 年 5 月，任 98 师少将师长。1938 年，任陈诚嫡系 67 师师长。1939 年 12 月，任 86 军副军长，收复镇海。次年 3 月，任该军中将军长。1942 年，参加浙赣会战，6 月，以"阵地失防，作战不力"被撤职。1947 年，他以私占大批枪械和贪污接管军用物资等罪状，由国防部派员组织军事法庭会审，经蒋介石批准判处死刑。同年 9 月 16 日，在广州被枪决。

236 团和 237 团。我在 235 团 2 营 6 连任少尉排长，配给我一把驳壳枪，也叫快慢机，能连发 10 发子弹。那时少尉排长以上军官就配这种枪，副营以上军官配左轮手枪，团长以上军官配白朗宁手枪。所以，从佩戴的手枪就可以判断他的军阶。

在金华，我们挖战壕，修工事，积极准备迎战。1942 年初我调升中尉排长，同年参加了浙赣会战。1942 年的 5 月到 8 月，日本以畑俊六①大将为首的 7 万日军和 3 万伪军，以飞机、大炮的优势，出动战机 150 架、坦克 100 多辆，妄图摧毁衢州机场②，消灭 3 战区主力，然后打通浙赣线和福建沿海通道。

我们师的代号是壁垒，负责驻守金华及火车站。49 军王铁汉③、74 军王耀武④坚守在仙霞岭。86 军三个师主守衢州、金华、兰溪，掩护我主力入闽，并掩护航空 13 总站物资向建瓯机场转移。63 师、26 师驻兰溪和龙游境内。那时金华没有沦陷，工事也修得很好，但打了几天后，上级命令撤退，退到后方打游击。其时我奉命死守位于金华郊区二仙桥泥弄的狗头山高地，任务是掩护整个师的撤退。我带的一个排加上伙头兵约 50 人，装备有一门迫机炮、3 挺轻机枪及中正式步枪⑤。中正式步枪比 79 式步枪好用。我们排都是老兵，大部分是从湖南来的，作战经验比较丰富。

战斗打响后，敌军先用飞机轰炸，接着用炮弹再轰。飞机给我们造成的

---

① 畑俊六(1879—1962)，旧日本帝国最后一个受封元帅的陆军大将，1910 年日本陆大 22 期首席毕业。从炮兵团长干到炮兵总监。“二二六”事件后任台湾军司令官、教育总监。1938 年任华中日军司令官，指挥攻占武汉的作战。1939 年任陆军大臣，以辞职方式导致了三国同盟的签订。1941 年任侵华日军总司令，策划浙赣会战和一号作战，是欠中国人民血债最多的日本大将之一。

② 1942 年 4 月 18 日，美国特别飞行中队 16 架 B25 中型轰炸机从由第 16 特混舰队护航的大黄蜂号航空母舰上起飞，轰炸了日本东京、名古屋、大阪、神户等地后，飞至中国浙江的衢州等地机场降落。这次突然轰炸引起日本朝野和本土陆、海军的极大震惊，使他们感到本土已不安全。日本大本营为防止中、美空军利用中国浙江一带的机场对日本本土实施“穿梭式轰炸”，决定摧毁中国浙赣线上的空军基地和机场。

③ 王铁汉(1905—1995)，辽宁盘山人。中国抗日将领，被誉为“打响了抗日战争第一枪的人”。在长城会战、淞沪会战、长沙会战、南昌会战、浙赣战役等著名战事中，都闪现着王铁汉的身影。喜欢研究军事、政治，编写过《战争论》《东北军史略》等书并出版发行，有儒将之称。1941 年 12 月至 1946 年 6 月间任国民革命军 49 军军长。

④ 王耀武(1904—1968)，山东泰安人，黄埔 3 期生。抗日战争名将，在淞沪战役、南京保卫战、兰封战役、万家岭会战等重大战役中表现出色，并因万岭会战重创日军被提升为 74 军中将军长。长沙会战中收复高安重镇，74 军被当时媒体称为“抗日铁军”。解放战争中被俘，后病逝于北京。

⑤ 中正式步枪是抗日战争期间民国政府军装备的制式武器。

伤亡的不大，但炮弹打死了不少士兵。日军向我们阵地发射炮弹时，我们先不还击，等日军步兵上来后，我们再用机枪向他们扫射。战斗间歇，双方都会派哨兵放哨，但我们的哨兵不敢靠日军太近，日军很凶残，我们一个哨兵被日本人割了头。

我们打得很勇敢，加之熟悉地形，所以至少消灭了一倍于自己的敌人。但三昼夜苦战使我们排伤亡惨重，最后算上我只剩下 4 人。上面没有下撤退的命令，如果擅自撤退会被枪毙。当时日军已经向我们包围过来，我考虑不撤肯定死，撤了也可能死，所以想着不如先撤到与狗头山隔了一块水稻田的泥弄村。这是一个大村，有 100 多户人家。我带了剩余的兵往村里撤，一个上士班长端着机枪继续扫射日军掩护我们。等我们退到村口，我招手向那个班长示意让他也撤过来。当他背着机枪往水田跑时，不幸被日本人打中，死了。他是个山东人。那时机枪很宝贵，所以我叫士兵到水田里把机枪捡回来。士兵不肯，我说我自己去拿。跑到水田时，我的右腿下肢被日本人打中(老人腿上的枪伤至今仍触目惊心)。士兵连忙把我拖到村里。可能日本人看看这是个大村，不知藏了多少士兵，所以没有从山脊上追过来。

后来我终于到达浦江县找到了团部。面见团长后，报告了战斗情况，我跟团长说，浦江与我的老家兰溪很近，我在部队也没有条件养伤。经团长同意，我回兰溪老家养枪伤，并答应伤好后回部队。想想幸好受伤了，不然，没有命令撤下来就会被军法处置。团长让我带了一个传令兵，他是我从老家带出来的兵，还给了两个兵负责抬担架送我回家。大家都换了衣服穿了便衣。出发后不久，我又想起一件事，所以就让传令兵回了团部。剩下我们三个继续往我家方向走。

到兰溪我家必须要过兰江(钱塘江支流)。我们沿着河岸走，准备找个船渡江。路上，我碰见当地老百姓，就问是否有日本人。回答是有的，日本人会沿着江岸巡逻。我们就警惕起来。我躺在担架上，眼睛张望四方，保持警惕。果真不远处有日本人，我要他们赶紧把我放下，不要管我了，逃命要紧。因为当时附近有山丘，他们动作快点是能逃掉的，但他们不愿意扔下我。我们就赶紧边上找个地方，把随身携带的包括枪之类能暴露身份的东西埋掉。转眼间，日本人就到了跟前。看见我受伤的腿，就喊“支那兵”“支那兵”,把我们身上搜了一遍。我的皮带比较好,就被他们抽走了,我的外裤就掉了下来,只剩一条短裤。我们随身带的一点钱也被日本人撕掉。日本人把我们带到位于江边一个叫将军岩的地方①,那上面有个庙,他们就把我们三个绑在庙里。

那时衢州已失守,日本人弄了100多艘船首尾相连打算从杭州开到衢州。每艘都有纤夫拉船②,这些纤夫是从上海、杭州那边拉来的。船到了晚上就停下来休息,第二天清晨再出发。日本人可能看着我像军官,所以被单独带到似乎是船队最高长官的一个军官那里审问,边上还有一个翻译官。那军官问我是哪个部队的,来这边干什么。我说我不是军人,腿上的枪伤是被流弹打到的。问了一会,我看他们也不相信我的话。后来绑在将军衙庙的另外两个士兵也被带到船上来了,他们把我们三个照旧绑着,派了一个兵看守我们。天慢慢黑了,开始下起了大雨,看守我们的日本人不知到哪里去了。我就想着逃命,虽然腿上有枪伤,不知能不能逃脱,但总比死在日本人手里好。我坚持弄着弄着,慢慢地绳索松了,手解套出来,真的成功了。我与那两个士兵说我要逃,问他们要不要一起逃,他们说他们不会水,不逃。他们一个是山西人,一个是河北人。我说那我下水时你们别叫啊,他们说不会吭声的。这样,我就下了水。伤腿浸在水里真是痛啊。

因为是晚上,看不清四周,所以我打算先找个地方藏起来。船与船之间是串联在一起的,我顺着一条一条船的船沿顺流而下,就这样一艘艘地过去,河水冲在船板上,发出“哗哗”的声音,正好可以盖住我划水的声音。到了船头处,我看见船头有个船夫,就悄悄叫他,跟他说我是打日本人受伤了,求他把我拉到船上藏起来。结果他不答应,说每天清晨船出发前,日本人都要检查的,万一被日本人发现,他就会被杀头的。这时,又一个船夫从船舱里出来了,听了我的情况后,同意把我拉上来,藏在船舱里,要求我一

① 笔者有位同事是兰溪人,他非常熟悉当地的地形。他告诉我,将军岩现在还在,是一块笔直矗立在兰江边的石岩,上面有个庙,是纪念明代将军的。将军岩边的兰江水流很急,江面很宽,水浅时江面约500m宽,水满时,江面可达1000m宽左右。具体而言,将军岩位于兰溪、建德两市交界处,距兰溪城20km,为兰溪至杭州水上航线要道,乘汽车或轮船均可到达。将军岩因地势险峻峭拔,山岩横水雄峙,据山扼江,形同狮子,亦名狮岩。又因“明代寇乱”,朝廷命裴治国、谢围风二将军在此“设寨防御,后皆殉难,里人钦其忠义,为立庙祭祀”,故得名将军岩。

② 从兰溪到衢州,船是逆流而行,所以木船必须要靠纤夫拉船前行。

定在凌晨之前离开。我已经八九个小时没吃东西了，问他们能不能弄点吃的。船夫给我搞来一大碗饭，上面有一块大火腿肉，这火腿肯定是日本人在金华抢的。吃完后，还是饿，要他们再来一碗，结果说没有了。我倒头就睡了。

大概凌晨三四点，船夫把我叫醒了。我悄悄下了船就往江对岸游去。因为一条腿受伤，所以只能单腿用力。大约游了半个小时左右，天亮了，日本人的号子响了，船也开动了。我这时才游到江的中心位置，人已经一点力气都没有了，最多再支撑四五分钟就要下沉了。我想，这回是死定了，要淹死在水里了。幸运的是竟然有一艘小船往我这边飘过来，可能是日本人不要的船吧，但是我没有力气爬进去。幸好，船沿与江里的水差不多平。我用了物理力学的一个原理巧妙地将身子翻了进去。船里有很多水，我摸到一块木板将水泼出去，但泼出去的水很有限。后来总算找到一个盆子才把水泼出去很多，船就浮上来了。我不会划船，往这边划，船往那边走；往那边划，船往这边走。划了半天，离岸还有一段距离。我用木板测了一下水深，发现这是个河滩，我可以下船淌到岸边。到了岸边，发现有间小屋，我就撞开了门，一个老太婆单独住在里面。我跟她说我是什么人，要求她开灯。老太婆说她是穷光蛋，没有油灯可点。我让她拿些衣服给我换换，结果她拿出了自己的粗布大襟衣服和松松的大裤子给我换了。我又问她保长家离这里近不近，如果她能把保长叫到这里，我保证保长给她一担谷子。老太婆答应去叫保长过来。后来保长到后，看到我这个样子，先弄了吃的，又换了衣服，找了人把我抬回家。这个保长我原来就认识的。

到家以后，看到我这个样子，我父亲说："本来让你读书指望你上大学，没想到你要做军官。你母亲以为你没命了，天天哭，眼睛都要哭瞎了。"我家条件较好，很快找来医生治疗腿伤，伤养养就好了。我算是捡回一条命了，那两个兵后来也不知怎样了，现在还时常想起。

1943 年到 1944 年，我在忠义救国军 1 纵队 3 团 2 大队的中队任中队长[①]，

---

① 前身是苏浙行动委员会别动队，诞生于"八一三"战火中。1938 年 5 月，戴笠奉蒋介石命令，将苏浙行动委员会别动队改名为"苏浙行动委员会忠义救国军"，属于军统所辖武装。在抗战初期和中期，的确配合主力部队为抵御日寇做出过贡献。但随着日寇的节节败退，忠义救国军与新四军的摩擦逐渐加深。忠义救国军于 1946 年初解散(人员或改编为交通警察或复员转业)。

其中总指挥是马志超[①],他是黄埔1期的。3团团长是艾庆章,副团长是翁养正,驻守在安徽省宁国县桑元村。同年部队整编,我任3团1营机炮连上尉连长,年底离开3团。

1944年10月,我在3战区黄绍竑长官部任上尉参谋。年底,经长官部办公室主任张少保中将介绍到常山县国民兵团任兵役股上尉股长。这个职务一直做到1945年8月日本无条件投降。

(访谈者:朱　丹)

① 马志超(1903—1973),甘肃平凉市人。1924年考入黄埔军校1期,参加了北伐战争。抗战期间任国民党新编34师师长。1942年调任8战区政治部副主任。1943年到皖南任"忠义救国军"总指挥。1948年6月调任南京国民政府第一交通警察总局副局长。同年当选为"国民大会"代表。1949年任国民党19军军长、交通警察局局长。同年到台湾。1973年病逝。

胡亚力：碧血洒昆仑

胡亚力（1918—2008），浙江永康人。黄埔军校14期毕业。先后任排长、连长、参谋、少校营长、中校军械室主任等职。在抗日战争中，曾参加过长沙会战、衡阳保卫战、广西昆仑关大战等战役。1949年10月，作为国民党厦门要塞炮兵教导大队中校大队长率部起义。1982年起任民革浙江省委副秘书长，民革中央祖统委员，民革浙江省委会第六、七届常委，浙江省黄埔军校同学会会长。

我是浙江永康人，早年丧父，跟随叔父胡逸民①在南京生活、求学。当时胡逸民担任国民党中央军人监狱监狱长。胡逸民在被国民党逮捕关押在南昌北营坊监狱时，结识了共产党人方志敏②，从监狱带出了他的《可爱的中国》《清贫》等手稿。

1937年抗战全面爆发，大敌当前，全国人民热血沸腾，奋起抗战，我毅然中断了中央大学农学系的学业，投笔从戎，进入黄埔军校14期。毕业后，我走上了抗战前线，直接参加了对敌战斗。

1939年，日军集中五六万精锐部队，攻占广西钦州，攻取了南宁，又回兵

---

① 胡逸民（1890—1986），浙江省永康人。早年参加同盟会，追随孙中山先生反清举事，是国民党的元老人物之一；孙中山先生逝世时，他和于右任、汪精卫、宋庆龄等守护在病榻前，是孙中山《政治遗嘱》《私人遗嘱》的见证人之一。他曾担任过国民革命军军事法官，历任过江西高等法院院长、中央清党审判委员会主席和南京中央军人监狱、徐州军人监狱、汉口军人监狱的监狱长等职；也是方志敏烈士手稿《可爱的中国》《清贫》《我从事革命斗争的略述》的传递者。新中国成立前夕赴香港，1981年10月，胡逸民落叶归根，返回故乡定居。1986年逝世。

② 第五次“围剿”时，由于有人向蒋介石进谗言，胡逸民被蒋介石撤销所有职务，被关押在南昌北营坊看守所，刚好与方志敏关在了一块。

扫荡，攻占昆仑关[①]，并大肆北犯。当时的最高军事当局拟订了“桂南大会战”计划，并调集夏威[②]的16集团军、叶肇[③]的37集团军、徐庭瑶[④]的38集团军和杜聿明[⑤]的5军共15.4万余人，以阻敌北犯、攻打昆仑关并准备伺机反攻南宁。当时的国民党军队5军200师是中国第一支机械化部队，辖摩托化步兵团和两个战车团。我所在的54团即属于200师，于1939年12月中旬开赴前线，与友军在一起，和号称“钢军”的日军5师12旅团在昆仑关地区打了一场残酷剧烈的争夺战。

从南宁、邕宁、古塘的山心坳，一直到宾阳的古漏关，数十余里，唯有一条羊肠小道可通。其中，南宁至宾阳段尤为险要，周围群山叠嶂，绵亘依偎，多是悬崖深谷，自古有“险峻雄关”之称，也是邕宁“昆仑古道”所在地。

日军侵占昆仑关后，就在关口周围的山岭高地筑起无数堡垒据点工事，外围设数道铁丝网和鹿砦，通道内埋设地雷，关口配有坦克和平射炮，并以各种轻重武器编成严密火网，构成拱卫昆仑关的强固防线，妄图凭险固守待援。

1939年12月17日凌晨，杜聿明军长一声令下，我军大炮如雷电发威。

---

① 昆仑关，位于广西南宁市宾阳县与邕宁县（现为南宁市兴宁区）昆仑镇交界处，距广西首府南宁市50km。

② 夏威（1893—1975），广西容县人，陆军上将，新桂系核心人物之一。

③ 叶肇（1892—1953），广东省新兴县人，陆军中将。历任团长、师长、军长，曾作战于淞沪战场。在桂南战役中因贻误战机被黜，一度闲居。1949年3月，叶肇升任广州警备司令部司令。9月，改任广东省绥靖公署西江行署主任。新中国成立前夕举家出逃香港，后赴台湾定居，卒于台湾。

④ 徐庭瑶（1892—1974），安徽省无为县人。保定陆军军官学校3期毕业，与张治中、白崇禧、蔡廷锴等同期同科，陆军上将。历任团长、师长、军长、8军团总指挥、训练总监部交通辎重通信兵学校教育长、机械化学校教育长、新编11军军长、38集团军总司令等职。后到台湾。

⑤ 杜聿明（1904—1981），陕西省米脂县人。著名抗日将领，陆军中将，黄埔系骨干。1924年6月入黄埔军校1期学习，毕业后在国民革命军东征讨伐陈炯明中初露头角。曾参与长城抗战、淞沪抗战。1939年11月任5军军长，率部参加桂南会战，指挥桂南昆仑关对日作战，重创号称“钢军”的日军5师团。1949年在淮海战役中被俘。1959年12月被特赦释放。1978年当选为第五届全国人大代表、全国政协第五届常委和文史资料研究委员会军事组副组长。

接着，5 军荣 1 师郑洞国[①]师长和 200 师戴安澜[②]师长下令总攻。

我所在的战炮部队紧随 200 师一线军队急速出击。因山地崎岖，战炮已不能用骡马驮行，改由战士挽曳奋进，直扑昆仑关正面阵地。双方激战至午后，荣 1 师和 200 师连续攻占昆仑关外围多处日军据点。我所在的 23 连也占领了一处险要据点，用战防炮、平射炮轰击日军关口阵地，给予敌军致命打击。200 师一线伏兵此时一跃而起，猛扑昆关口，展开了白刃战。我军一批一批冲上去，又一批一批倒下来，再一批一批冲上去，血肉横飞中，我军越战越勇，终于冲上了日军阵地，占领了昆仑关口。

不久，日军在空军和地面炮火的支援下，再次组织兵力疯狂反扑，敌机对准我军炮兵阵地俯冲，密集投弹扫射，使 23 连李连长中弹阵亡。我迅速接任 23 连代连长后，组织步枪向敌机射击，敌机才不敢狂妄低飞。由于官兵伤亡惨重，日军复将关口夺去，我军控制的多处高地也再次易手。日军为确保关口，在制高点上布重兵死守，为了尽快夺关歼敌，杜军长命各师集中兵力猛攻，以期一举成功。12 月 24 日，荣 1 师 2 团再次乘临近黄昏敌机退去之机攻打罗塘。在我军榴弹炮猛烈轰击下，罗塘日军工事崩塌，日兵狼奔豕突。我军官兵手执大刀，飓风般卷向敌阵，拼死肉搏。至晚，罗塘日军除两人负伤被俘外，全部击毙。我军战旗又在罗塘高地高高飘扬，士气大振，乘胜猛攻日军其余高地。到 12 月 29 日，荣 1 师和 200 师部队相继攻克界首、同兴堡、606 高地。此时，昆仑关日军同南宁的联系，亦被我新 22 师切断。

日军补给全赖空投，四面楚歌，陷入困境。荣 1 师和 200 师此时集中

---

① 郑洞国（1903—1991），湖南石门人。黄埔军校 1 期毕业，曾参加东征和北伐。郑洞国是最早参加抗日战争的国民党将领之一。曾参加过长城古北口战役、平汉路保定会战、台儿庄大捷、徐州会战、昆仑关战役。1943 年春，郑洞国参加中国远征军担任新 1 军军长，参加收复缅北要地密支那攻坚战。1948 年底兵败解甲。新中国成立后，任全国政协第三、四届委员，第五、六、七届常委，黄埔同学会副会长。1979 年起任中国国民党革命委员会副主席。

② 戴安澜（1904—1942），安徽省无为县人。黄埔军校 3 期毕业。曾血战古北口，后立下台儿庄战役部分战功、击败瑞阳公路日军 9 师团主力（属武汉会战）、击退艾山阵地日军进攻（属徐州会战）、攻克昆仑关，击毙中村正雄少将（属昆仑关战役）等战功，1942 年，率 200 师作为中国远征军的先头部队赴缅参战。取得同古会战（歼敌 5000 余，而日军兵力 4 倍于戴部）、收复棠吉等战功。1942 年 5 月 18 日在郎科地区指挥突围战斗中负重伤，26 日下午 5 时 40 分在缅北茅邦村殉国。1939 年 6 月 17 日，授陆军少将。1942 年 10 月 16 日，追赠陆军中将，抗战胜利后追认为革命烈士。

兵力，一鼓作气，乘胜进击昆仑关外围敌军最后一处支撑点441高地。经数小时激烈拼搏，我军奋勇杀上主峰，将残敌驱至高地南侧。不久，敌援兵赶到，凶猛反扑，双方在主峰两侧肉搏，血战彻夜。翌日晨，日军孤注一掷，在飞机掩护下，三路围攻我主峰阵地。我官兵头顶敌机狂轰滥炸，英勇抗击近千名日军的持续进攻，最后，终因伤亡太大，被迫退至高地北侧固守待援。

1940年1月1日，我军调整兵力，用各种轻重武器合理编组，绕至敌侧背猛烈夹击敌军，致敌死伤枕藉，已成强弩之末的残敌仓皇而退，我军遂将441高地稳固占领。此时，盘踞在昆仑关口的日军已经完全在我军的包围和各种火力的控制之下。总攻的时刻到了，200师向昆仑关正面阵地猛扑，日军倾力反扑，双方肉搏，血肉横飞。

日军拿出最后的杀手，施放毒气，并驱使坦克5辆，拼命向前突围。意想不到的是我军战防炮早有准备，迅速从地下通道逼近前沿，6门苏式战炮集中轰击，将中间的第三辆“乌龟壳”打了个底朝天，其他坦克进退两难，晕头转向，到处乱窜，一一被击而毁。此时军情激奋如潮，在戴安澜将军率领下，一举攻上昆仑关。

中国军队向昆仑关发起冲锋

昆仑关一役[①]历时经月，全歼日军一个旅团，击毙敌旅团长中村正雄少将及以下敌军近5000人，缴获大炮几十门、枪支弹药辎重被服无数。更重要的是，此役重创了日军的嚣张气焰，大振了国威军威，大鼓了民气士气。战后，我作了一首诗《血战昆仑关》：

山峦起伏莽昆仑，日寇侵吞蹂躏深。
国亡家破难忍辱，生灵涂炭仇恨伸。
横尸遍野尽忠骨，毙敌“中村”祭英魂。
昔日狄青攻顽敌，今朝吾辈斩倭兵。

（访谈者：龚玉和）

① 昆仑关战役时间为1939年12月18日—1940年1月11日。1939年11月15日，日军在北海湾龙门港登陆，攻占钦州、防城后，以一个师团又一个旅团的兵力于24日沿邕钦公路北犯侵占南宁。12月4日进占昆仑关，桂南会战打响。中国方面5个集团军的兵力参加桂南会战，以确保桂越国际交通线的安全。38集团军5军奉命主攻昆仑关，12月18日凌晨战斗开始打响。12月30日5军第三次攻克昆仑关，歼灭21旅团5000余人，21旅团班长以上的军士官死亡达85%以上，击毙敌少将旅团长中村正雄。

胡景廉：坐过集中营的空军飞行员

胡景廉，1922年出生，浙江温州人。黄埔军校14期步兵科毕业。2012年12月29日晚上，笔者访问了现居温州城内蒲鞋市某公寓的胡景廉老先生。胡老先生是位离休老干部，口才和记忆都相当好，身体也很健朗。以下内容根据其口述整理。

我出身于一个追求革命的家庭，外公姚养吾早年留学日本，是同盟会员。母亲叫姚平子[①]，她早在1924年就加入了共产党，是中共温州独立支部首任书记胡识英[②]介绍入的党。大哥胡景瑊是温州学生爱国运动的组织者和领导者，1936年曾赴上海参加全国学联会议，1937年加入共产党，是新中国成立后第一任温州市市长，曾担任杭州市委副书记。我的弟弟胡景琛，1940年任县政工队区队附，在楠溪峰岭村遭敌人杀害，年仅18岁。我的父亲胡同颖是留日学者，原来在上海同济大学、浙江之江大学任教，思想开明，但去世得早。

我是1922年出生的，小学是在温州念的。大革命失败后，我的母亲离开温州，后来到上海民立中学教书，我也跟随她到了上海。我的初中是在位于上海龙华的泉漳中学念的，上海的福建商人组建了泉漳会馆[③]，泉漳中学就

---

① 姚平子(1897—1941)，浙江省温州人。早年毕业于杭州女子师范学校，在校期间曾积极参加学生革命活动。1924年加入中国共产党，是温州独立支部早期党员和温州妇女解放运动的先驱者之一。曾任永嘉县高等女子小学校长兼籀园图书馆馆长。“四一二”反革命政变后，转入地下斗争，离温至定海，任定海小学教员，后又任温中附小、上海民立女中教员，继续从事革命活动，并鼓励与支持3个儿子胡景瑊、胡景廉、胡景琛参加革命。1941年因病在温逝世。

② 胡识英是早期妇女革命活动家，1924年参加中国共产党，首任中共温州独立支部书记。

③ 泉漳会馆历史悠久，由在沪的福建商人创建，始建于清朝，民国期间颇为鼎盛。会费来自于各商号的捐赠，因此会馆的活动经费充足。从晚清到民国，泉漳会馆举办过许多公益事业，比较成功的公益活动就是办学。泉漳中学创办于1922年秋，校址在泉漳别墅(今南园，龙华东路800号)内，为一砖木结构两层旧式楼房，学校分初中、高中两部，学生大多住宿。1936年，学生100余人，教职员工27人。有“免费生”“工读生”等区别，对同乡子弟有很多优待，闽南学子远道而来就读的很多，学校一度人丁兴旺。

是这个会馆办的，这是一所不收学费的学校，校长由在中央陆军军官学校当教官的陈姓上校兼任。这位校长曾在日本留学，日语流利，抗战时期曾担任日军战俘营的主任。

1937 年，我初中毕业，约了杨方石、林贤、徐翰飞、赵耀焜 4 个同学结伴到苏州、无锡、南京去玩。其间发生了"八一三"淞沪抗战，我们回不了上海，而且也没钱了，吃住都是问题。想起南京的中央陆军军官学校有我们的中学校长，就决计去投奔他。校长告诉我们军校在招生，介绍我们去考军校，结果我们 5 人都考上了，考完后就直接住在军校里，大约住了个把月。由于日本的飞机经常来轰炸，军校从南京撤到武汉，师生从南京乘船抵达汉口，住在武昌的左营。在那里，又进行了复试。落试的人则给一些生活费和过路单子，凭借单子坐车不用钱。我也听说一部分落试的人跑到了延安。

在武汉，我们开始入伍生的生活。我隶属黄埔 14 期步科，教育长是陈继承。武汉沦陷后，我们又撤到四川，经长沙、常德，再沿川湘公路向四川铜梁前进，长途跋涉 4000 多公里，饱尝风餐露宿、日晒雨淋的滋味，同学因此而伤病死亡者达 60 多人。

最后我们抵达重庆北部的铜梁安居镇，我记得附近的山上有温泉，我们的宿舍就分布于周边的山冈上。军校同学中有一个温州人王某某，我们两个关系很好，小学时就是同学。王同学仪表堂堂，非常聪明，会多门外语，英语最好，曾经留美。

军校读书期间，冯玉祥、张治中都来训过话。毕业前我们学生分成红军和蓝军进行了演习。我们是 1939 年毕业的，毕业后我暂时留校。与大哥胡景瑊通信时，他要求我不要当反动派的走狗，到时候打自己人。正好 1939 年冬，位于成都的中央航校空军军士学校招生，报考条件是初中以上毕业，身体健康。我就去投考，考官问我："你已经是一位军官了，为什么又来考飞行军士学校？"我说："我要当飞行员，在空中打击日寇报效国家！"考上后，我母亲也很高兴，当年做一名空军还是值得骄傲的。

我属于空军军士学校 3 期学员，1939 年 11 月进校，1942 年 12 月 25 日毕业，学制 3 年。空军军士学校的几届毕业生都是在 12 月 25 日这一天毕业的，这天是圣诞节，但对国民党来说是民族复兴节，庆祝蒋中正在这天从西安事变中脱险。空军军士学校大门口两边写的是"贪生怕死毋入斯校，升官发财勿进此门”。“锦城外，簇桥东，壮士飞，山河动。碧血洒云海，正气贯长虹，保卫祖国的领空，发扬民族的光荣……”这是我们的校歌。

3期学员中一些人来自沦陷区，对日寇非常愤恨，来自非沦陷区的同学也是一心想报国，总之一群一心想报国的热血青年聚集在一起，感情很好，亲如兄弟。航校的教官都是中国人，但训练的飞机是美式和苏式的。抗战期间中国空军飞的主要是这两国的飞机型号，抗战开始时主要为苏式的伊-15、伊-16，后来美国参战后，在抗战后期援助了中国P-40、P-43、P-47、P-51战斗机。

航校飞行分初级、中级和高级3个层次，因为身体、技术、政治（赤色嫌疑）等原因，每一级别的淘汰率都很高。3期入学时一共有300多人，能毕业的只有83人。我飞的是驱逐机，就是战斗机。驱逐是一人一机，单打独斗。3年内我累计飞了300多个小时，能夜航、打地靶、打空靶、翻滚。在连续起飞、落下6小时的训练没有出任何差错后，我被允许开始单飞。

当飞行员是很危险的，抗战期间的中国，飞机很破旧，技术也落后，随时都有生命危险，老实说飞上天就不知道是否能回地面。从初级训练开始，就有同学和教官死于非命。张九思、杨修齐、秦毓斌、李中全，先后死于飞行事故。遇难的还有带飞的教官赵超凡、李之干。高级训练结业时的跳伞训练，又出了大事。当时跳伞训练不科学，要冒大风险。运载跳伞人员的飞机是“弗力提”初级教练机，前后两座。驾驶员的上半身几乎露在机身外面，跳伞者必须顶住强烈的气流，先从座舱爬出来，站在机翼上再往下跳，用力不当或角度不对身子就会碰上机尾，拉伞过早伞衣就有被尾舵缠住的可能，因此跳伞时大家都提心吊胆的。跳伞训练那天，10个同学从教练机上往下跳，林廷彬、孙德馨因伞绳断裂和伞衣破裂而掉下来摔死。此外，还有两人因降落伞张力不够，落地速度过大，受了重伤。王聚五摔断了腰骨，郭烽明则拉伤了全身肌肉。后来查了原因是伞绳和伞衣都不合格。我们气愤极了，当然要为死去的同学讨回公道，于是组织“闹事”，结果几个同学被抓并被清除出空军队伍。

毕业时候，每人发了中正剑，中正剑比中央军校发的短一点，他们的是黄色的，我们的是银色的。我们是“士”嘛。1943年，3期全体毕业生奔赴新疆伊犁空军教导队接受苏联教官的训练，训练的全是苏式飞机。在伊犁，我们学了点简单的俄语，我学会了唱《喀秋莎》《假如明天战死》等歌曲。

我们虽然学了3年，因为是军士学校毕业，所以不享受军官待遇，只享受军士待遇。“士”的地位和待遇远远低于“官”。一方面是待遇不好，另一方面教导队军官对我们不好，会欺负我们。3期的学员是非常团结的，刚到伊犁的时候有个欢迎酒会，会上学员们曾高呼：“一杯红酒，我们当血喝，让我们有相同的血液！”所以大家就秘密成立了一个组织，准备与教官对抗。轰炸队、驱逐队分别以无记名投票方式各选出一名秘密负责人，负责行动指挥。各队还有联络员，负责各队的消息传送。邹忠为轰炸队负责人，驱逐队的负责人是郭烽明。同学们找各种理由旷课，今天说身体不舒服，明天说生病，看到军官也故意不敬礼。一天出操，二中队集体拒绝跟教官喊“一二三四”。教导队总队长宁明阶训话，亲自带队喊操，但大家仍不出声。他点了几名出列单练，他们依然保持沉默，这样训练就无法正常开展。宁总队长十分愤怒，宣布以抗命罪将4人送禁闭室。教导队的政训处主任孙浮生①非常生气，找我们谈话，要抓人。我们说大家都参加了这个组织。最后，还是抓了3个人，并定性为异己分子。他们是：郭烽明，他是思想比较进步的人；陈立仁，他现在居住在杭州；王聚五，他后来叫王觉悟。3人都被押到兰州空军军法处。

当时传来消息说要枪毙这3个人，就想着怎么救他们。我们想如果人多抓点，多关点，法不责众，可能就不会枪毙他们了。于是我们又开始罢课，这样又抓了我们20人，我也是其中之一。我们因“奸匪（共产党）嫌疑罪”被戴上手铐、脚链，连同原来的3个人，共23人被押送到重庆空军军法处。在那里，我们被关了一年。中统负责调查此案。问我参加过什么党派没有，我说除了参加国民党外没有参加任何组织。

因为没有证据说我们是共产党，所以此案被报到蒋介石处。蒋介石下了手谕：“监禁三年，使其彻底觉悟。”因此，我们23人于1943年被关进重庆五

---

① 孙浮生（1906—1992），湖北蕲州人，黄埔军校5期生，1926年加入中国共产党（后脱党），在国民政府军中任职，官至西北军政长官公署少将处长，1949年随董其武部起义。新中国成立后曾任兰州大学、陕西师范学院教授，陕西省博物馆馆员等职，有《中国宗教史》《全唐文目录索引》等著作遗世。参见孙浮生后人搜狐博客博主“思存在线”（http://scun.blog.sohu.com/158841735.html）。

云山集中营。该集中营对外称为“三青团”的“战时青年训导团”①,其实关押的都是年轻人,以学生居多。有共产党员、进步青年等。训导团有3个大队,每个大队约两三百人。

“战时青年训导团”主任由康泽②担任,他是大特务。副主任最初是徐君佩,后来是汤如炎。康和汤都是三青团的头目。所有管理员都由中统特务总部“中央特训班”毕业的特工担任。所有到集中营的关押人员剃光头,身穿着草黄色的士兵制服,过准军事生活。每天5点左右起床,晚上9点钟睡觉,出操,劳动,上课。绝没有人身自由,如果偷跑,轻则重罚,重则打死。

集中营的政治课程采用合班讲授,有“三民主义”“蒋介石抗战言论”“政党批判”等。其余课程按教育程度,分为若干班次进行授课。有时中央大学、复旦大学、重庆大学的教授来给我们上课,比如讲《社会学》。到集中营后,知识倒是增加了不少。

训导团设有研究室,其主任叶青③给我们上过几次政治课。我们会故意问他,什么是托洛茨基④?叶青是共产党变节分子,当时的反共专家。叶青在研究室还办了一个刊物,叫《新时代》,让关押在集中营里面的人看。

集中营受训人员的年龄,以二十到三十岁的人为最多,受过中等教育的最多。至于职业,有公务员、教员、商人、自由职业者、军人、学生,也有农民,但以学生为多。因此,除特约讲演及若干政治课程合班讲授以外,其余则按

---

① 1941年1月皖南事变后,国民党为加强对全国各地集中营的控制和统一对外名称,同时为进一步迫害各地共产党员和抗日爱国人士起见,由行政院会同中央党部、军事委员会政治部、中央调查统计局、军事委员会调查统计局和三民主义青年团,组织战时青年训导团筹备委员会,并由三民主义青年团主办,以“对于触犯非常时期维持治安紧急办法而具有一定情形之人犯实施训导使成为健全国民”。1945年9月,日寇无条件正式投降,国共在重庆签订《双十协定》,解散集中营,释放政治犯。战时青年训导团及各分团于1946年结束。

② 康泽(1904—1967),四川安岳人,黄埔3期毕业,著名特务。康泽是中华复兴社创始人之一,复兴社的名字就是康泽取名的。康泽亦是三民主义青年团三位创始人之一(另外二人为刘健群、陈立夫),三民主义青年团的名字也是由他建议而被采纳的。

③ 叶青(1896—1990),四川南充人。原名任卓宣,曾赴法勤工俭学,入中共旅欧支部,又去莫斯科中山大学深造。1926年回国后在广东、湖南一带做共产党的宣传工作,次年在长沙被捕叛变。后极力反对共产主义,宣扬法西斯,受到蒋介石赞赏,曾任三青团中央常务干事、国民党中央宣传部副部长,新中国成立前夕去台湾。叶青是国民党著名的政治理论家,“三民主义理论”的“健将”。

④ 1949年以前,中共舆论一直将叶青视为中国的“托派”,但叶青自己并不承认。毛泽东于1940年2月1日在延安民众讨汪大会上作了题为《团结一切抗日力量,反对反共顽固派》的讲演,中有“雇请托洛茨基分子叶青等人做文章骂共产党”的言辞。

教育程度分为若干班次，以补习他们复学或转业所必需的主要功课为内容。一般的课程，有“三民主义”、蒋介石抗战言论、政党批判等。管理是极严格的军事管理，除由队长率领到营外劳作，或夏天到河边游泳外，受训人员，不得单独出营门一步。大概在1942年左右，曾有一个受训人员在夜间潜逃，队上发觉后，即四处搜寻，未获，过了一天，被当地保甲扣留，送回团里来了。从此，队上的管理更加严。区队长、队附，夜间须在寝室轮流值班。

《光明日报》的创办者萨空了当年也关在集中营，他是民主同盟的成员。他与我们关系不错，经常教育我们，我也深受他的影响。他后来身份自由了一些，被调到了研究室，但不能离开集中营。借这种机会，萨空了会偷偷带《新华日报》《论联合政府》等进步刊物、书籍给我们看。这种事决不能让管理人员看到，否则就大祸临头了。有一个人因偷看进步刊物被发现而被打得要死。集中营有个铁笼子，这个铁笼子不能站立，不能躺，只能蹲着，让你持续几天都在里面。据说朱家骅[①]的侄儿是共产党，就被关过铁笼子。萨空了曾与重庆地下党的领导人王若飞有过接触，重庆八路军办事处就通过监狱里的地下党和我们取得了联系，商量把我们送到延安。王若飞通过萨空了捎钱补助生活，以保证飞行员体质，还能在日后上天。只是因王若飞飞机失事，此事才搁浅了。萨空了也去了香港，我们与延安的联系就断了。集中营解散后，我们只能各走各的路了。萨空了写过一本名为《两年，在国民党集中营》的书[②]，曾提到此事。他还送了我一本。

1945年，我们这批飞行员总算被放出了集中营。之后，我回到温州跟着哥哥一起干革命，参加了游击队，迎来了解放。新中国成立后我成为飞行教官，我教出的不少学生参加了抗美援朝。

（访谈者：朱　丹）

---

① 朱家骅(1893—1963)，浙江省吴兴县人(今湖州)，留德学者、政治人物，中国近代地质学的奠基人。是20世纪20年代至40年代中德关系的重要人物。

② 萨空了曾利用到重庆办事的机会，见到了中共驻曾家岩50号负责人王若飞，交谈中曾提到伊犁过来的20多名飞行员，王若飞即要求萨空了带一些钱回去资助这些飞行员，帮助解决实际困难。参见萨空了的《两年，在国民党集中营》，中国文史出版社1985年版，第234页。

胡景镛：浙赣战役中的应急后勤补给

胡景镛，1919年出生。浙江平湖人。黄埔军校3分校军官班11期毕业。本篇原文为胡景镛刊登于《黄埔军校浙江校友通讯》（1995年9月，总第39期）的《亲历浙赣战役及应急后勤补给始末》。本文在改写时，参考了《追求——一位90岁老人的人生传奇》（平湖网2009年10月23日）。

我出生于1919年6月，是嘉兴平湖人。从本县稚川中学毕业后，16岁时考入杭州大陆高级测量专科学校。该校学制4年，课程设地形测量、三角测量、天文测量等。社会实践的时候，在老师的带领下，我和同学们去上海的青浦一带进行测量，以绘制国防地形图。原山青水绿、金谷银棉的鱼米之乡，此时已被日寇的铁蹄糟蹋得千疮百孔，到处都是携幼扶老的逃难人群。

因为日寇的入侵，我们不得不提前一年毕业。毕业后回到家里，每每读到报纸上刊登的日寇恶行的新闻，心情极为沉痛。怎么办？我能为国家做点什么？在苦苦思索了一个多月后，我想起了一个名叫黄家桢（黄埔军校6期毕业）的亲戚在3战区长官参谋部当科长，就决定去投奔他。

经黄家桢的介绍，我得以到3战区兵站总监部工作，3战区当时有40多万军队。因我有学历，所以很快就成为中尉，不久又升为上尉，专管军用地图的绘制，而且每月要编绘一张敌我《态势图》，把敌我双方团以上的驻地位置在图上标出来。为完成一月一图的绘制，我坐着总监部唯一的一辆三轮摩托，奔波于各个军事点了解情况，为制图掌握第一手材料，多次差点被日军的炸弹或炮弹击中。

1940年，我入黄埔军校11期军官班学习，地点在江西省广丰县七徒镇。一年后毕业，回到参谋处，升为少校参谋，在继续承担绘制军事《态势图》任务的同时，参加制订兵站位置调动计划、运输补给计划等工作。

1942年4月18日，美机轰炸日本本土[①]，日本大本营深感衢州等空军基地的威胁，策动了浙赣战役，意图毁灭浙赣的机场，掠夺浙赣的物质资源，以实现他们所谓的“以战养战”的目的。南京派遣军总司令畑俊六纠集7个师团、3个混成旅团等部队发动浙东攻势，并由赣东部队策应。3战区长官司令部组织10、23、32集团军及长官部直属部队共约14个军迎战。作战计划是先避开决战，待敌深入分散后再反攻围歼敌人。5月5日，浙东日寇主力沿浙赣铁路行进直迫金华。我军按原定计划，一部分在正面逐次抵抗，主力部队则伺机向敌后转移。经一周激战，金华、兰溪于29日失陷，敌随即攻陷龙游、衢州，后继续西进。我军则在浙赣铁路沿线诸要点节节奋力抵抗，给日军以重大打击和严重损耗。赣东南昌之敌为策应浙东之敌于5月下旬以主力沿浙赣铁路向东进犯，先后攻陷临川、崇仁等地，主力则于6月2日攻占进贤，继续沿浙赣线向东进犯，我军在东乡邓家埠予敌以重大打击后向贵溪转移；6月14日浙东之敌攻陷广丰后攻陷上饶，赣东之敌16日攻陷贵溪后，浙赣路全线尽陷敌手。[②]

当时3战区长官司令部驻守在上饶及广丰之间的皂头镇[③]，在广丰沦陷后，司令部全部转移到福建建阳，并在武夷山设前线指挥部，继续指挥全军作战。我当时在3战区兵站总监部参谋处2科担任少校参谋，亦被派在指挥部工作。在向福建撤退时，当地及浙赣路沿线群众不愿做日寇的顺民，也因家园被毁的悲愤，随军撤离。在从铅山到福建崇安的公路上人山人海，有的用独轮车，有的肩挑背负仅有的财物和小孩，扶老携幼，在山坡上放眼望去，看不到尽头，一幅离乡背井、流离失所的悲惨情景，令人心酸泪下，亦令人愤怒痛恨。后来传闻江西铅山县的邮政局长夫妻二人抱着年幼的两个孩子用一辆独轮车，随群众一起撤离，半途中独轮车损坏，夫妻二人各抱一个孩子并背

① 1942年4月18日凌晨，美国16架B－25轰炸机在杜立特中校率领下，从距日本650海里的“大黄蜂”号航空母舰上起飞，轰炸东京、大阪、神户等地。完成轰炸任务后，飞机按照原定计划，向浙江衢州机场及丽水、江西南昌两个备用机场飞去。由于不熟悉航线，加上天气恶劣、油料耗尽，美军16架轰炸机均未能在中国机场平安降落，大部分轰炸机在浙江、江西、福建、安徽等地迫降或坠落。绝大多数机组人员被中国军民营救。这是日本发动侵略战争以来本土首次遭敌国机群轰炸，对日本朝野造成极大的震动。

② 金华、兰溪、龙游、衢州在浙江省境内，临川、崇仁、进贤、东乡邓家埠、贵溪在江西省境内。

③ 皂头镇位于江西省上饶市上饶县，为上饶县、信州区和广丰三县交界之地。

着一些必要的衣物继续行走，后来虽然把背着的衣物扔了，抱着孩子还是走不动了，最后各抱着孩子一起跳溪自杀，此事虽系传闻，并非目睹，亦是足以体现出大撤退中悲惨的一页。

自5月15日至16日，日军经我军月余消耗打击，虽贯通占领浙赣全线，但已疲惫不堪，我沿线各军随时对浙赣线之敌实行侧击。如6月下旬起我21军146师转移活动于横峰、弋阳北部怀玉山[①]山区开展游击奇袭，对据守铁路据点敌人有生力量打击不小，其他各师亦均在所有浙赣沿线敌人据点进行侧击并伺机收复。8月初长官司令部抓住时机发动攻击，首先腰击浙赣路中段之敌，于9日攻克上饶、贵溪后分东西两路追击，日军望风而逃，我军连克衢州、永康、东乡、邓家埠、进贤等地；温州方面亦攻克温州、丽水，将日寇全部赶出浙南地区，除少数几个据点外，各地均恢复战役前态势。

不久3战区司令部由福建迁返上饶皂头镇，我作为3战区兵站总监部先遣人员首先返回原驻地上饶石溪镇裴村。此时浙赣铁路及所有公路均在日寇撤退时被破坏，可谓赤地千里，庐舍为墟，所有陆上交通全部瘫痪。当时各部队自行携带的粮弹，以及各级兵站和军械、粮秣、被服等仓库，原来库存的补给基数经转战近半年已将消耗殆尽，急需及时补给。但铁路、公路均遭破坏后，在材料、机械、技术员工均缺乏的情况下，一时难以修复，只能利用水路进行运输补给。然而浙赣二省交界处水系分割互不贯通，在江西方面都是由东向西流向鄱阳湖，只有一条信江可由鹰潭等地水运到上饶、玉山县。在浙江方面都是由西向东流向钱塘江，只有从江山县通过江山港、衢州港、富春江通到衢州、金华、兰溪等地。江山与玉山之间百余里均系丘陵山区，水系互不相通，如要靠人力肩挑粮弹去翻山越岭，如何能补给几十万大军的作战需要？当时我所在兵站总监部参谋处2科的主要任务是调度各级兵站，各种军用仓库的设置和拟订后勤补给运输计划等工作。我们在拟订水运补给计划时，遇到了如何处理江山和玉山间这一段水运不通的交通难题。

过去我在高级测量专科学校学习时，曾参加过一万分之一国防地形图的测绘工作，对军用地形图运用较熟练，因此我在思考讨论这个难题时，想到何不在地形图上找出可以通航小船的溪流代替人力。于是我找出江山和玉山

① 横峰、弋阳在江西省境内，怀玉山坐落于江西省玉山县西北60km处，与三清山对峙相望。

一带的一万分之一地形图，在图上从玉山向东、江山向西找出了好几条可航小舟的支流和山溪，但均互不相通，均有山岭相隔，远则十余里，近则几里，其山岭间均有小道和乡村道的标志。我忽然想到了在江西、浙江山区一带民间均用独轮车运输，一车可运500斤左右，一天可以一个或两个来回，胜过肩挑好几倍，何不以细流成川的思路，多渠道进行水陆联动来解决难题。于是立刻在科内提出并向参谋长葛金镕少将汇报，得到了同意和支持。汇报回科后，夜以继日在图上找出好几条可通小舟的溪流终点村（镇）以及能连通两个隔山村（镇）的乡村道，然后电询当地县政府及派员核实修正后，订出了水陆联动应急后勤补给计划。

计划实施的内容大概是：先派兵站与当地政府共同组织当地现有的小舟及独轮车先联运起来；同时组织附近各县所有能造小舟及独轮车的工匠到该地区就地购置材料赶造舟车及早投入使用。在政策上宣布现在征集的舟车作价支现金给舟车主人，新造的舟车分配给民工专人使用，待铁路、公路修复通车、水陆联运任务完成后，全部舟车无偿归操作者所有。在联运期间民工均按部队薪饷发给，并由当地政府发给正当安家费。

计划实施后，民工踊跃参加，联运畅通。前线各部队在及时得到后勤补给后，相继收复一些尚被敌占领的据点，恢复并保持了战役前的态势。

（改写者：朱　丹）

夏竞人：忆“抗宣2队”

夏竞人，1922年出生。浙江富阳人。黄埔军校3分校16期政训兵科毕业。2012年的7月27日上午，笔者对夏竞人老人进行了访谈。老人现独居杭州市长明寺某公寓，白天有阿姨上门帮他做家务，子女也经常会上门看望。除了需要戴助听器交流，健康尚好，尤其对往事的记忆仍很清晰。老人关心时事政治，对日本就钓鱼岛问题的态度表示强烈不满。以下内容根据其口述整理。

1922年，我出生于浙江富阳，父亲是一个医生。高中是在位于杭州留下荆山岭的民众教育实验学校念的，当时学校的专业分3个科：一是农事教育科，这属于农业师范类，学费比较低；二是民众教育科，这是培养基层文化馆馆长及民众教育官的专业；三是地方自治科，是培养基层官员的。我念的是地方自治科。念了两年高中后，因为抗日战争全面爆发离开学校。

1937年12月，杭州沦陷。日军下一个目标是沿长江直上，进攻当时的抗战中心武汉。故日军占领杭州后，没有向西（富阳县城以西）、向南（过钱塘江）推进，暂时形成了隔钱塘江与中国军队对峙的局面。以钱塘江为界，北岸被日军占领，南岸是国民政府军布防区域。日军在转塘的上泗建有炮台，叫社井炮台，我家就是被这个炮台发射的炮弹毁坏的。著名作家郁达夫是富阳人，他的母亲当时没有来得及撤到钱塘江南岸，结果在1938年初春，在被日军包围的富阳城内活活饿死。

1938年初，我投笔从戎，进入在（浙江）龙游组建的国民政府军陆军10预备师38团，任团部上士文书，团长是邬子匀[①]。当时我的乡邻富阳东洲的

① 邬子匀（1899—?），浙江台州人。黄埔军校5期毕业。抗战前任61师266团团长，抗战期间曾任10预备师38团团长，后任国民政府浙江海宁县县长。

张成武在该团任少校三等军需官，我是投奔他去的。随后，我的父亲也参军，任该团的上尉书记，我父亲其时40多岁。

不久，参加了发生在富阳的“高桥阻击战”。当时，日本人从杭州坐汽车增兵至富阳，我团在富阳城外的鹿山打埋伏战。此役战死两个排长。随后，部队移防安徽宣城长江前线二线待命，黄埔4期生葛先才①前来接任38团团长。

1938年冬，我由预10师政治部推荐参加黄埔军校16期的入学考试，师里一起被推荐的有10人，这当中有大学生，都是知识青年。我们先到江西樟树，然后乘船到达吉安参加考试。考的科目都是中学学的课程，如数学、国文、历史、地理之类。

被军校录取后，我离开了预10师，就读于黄埔军校3分校的“政训科”，军校地址在江西雩都。政训科总队长是朱楚藩②。在军校，我们集体加入三青团和国民党。因为部队急需干部，因此我们的学习时间只有一年。虽然时间短，但学的内容很丰富。每天“三操两讲堂”，天亮就吹号起床，一直训练学习忙到晚上，深夜每个学员背着七九式步枪轮流站岗。军事方面有兵器学、筑城、步兵操典、阵中要务令、野外训练、射击等。理论课有社会学、日语等。日语主要学一些普通的会话，如“日本军阀是一定要失败的”“抗日战争是正义的，一定会胜利的”之类，主要是在前线喊口号用的。我们还有音乐课和体育课，音乐课学唱抗日歌，如《黄水谣》③《大刀进行曲》④。我们“政训科”毕业后是要到部队里当指导员之类职位的，要教战士唱歌，所以先自己学会唱。

① 葛先才(1904—1997)，湖北汉川人，黄埔4期毕业。参加北伐战争，历任国民革命军10军独立师排、连、营、团长。抗日战争爆发后，任10军预备10师师长，军事委员会少将高参。先后参加淞沪抗战、徐州会战、武汉会战和衡阳保卫战。其中衡阳保卫战，与方先觉、容有略率部18000余人坚守衡阳城47昼夜，所余仅600人。

② 朱楚藩(1906—1986)，湖北来凤人，黄埔军校4期步科毕业，少将。1929年开始任黄埔军校教官。1986年10月逝世于台湾。

③ 《黄水谣》是冼星海创作于1939年的民谣式叙事风格的三段体歌曲，以今昔对比的手法描述了抗日战争前后黄河两岸人民生活的巨大变化，揭露了日本侵略者入侵中国，在华北所犯下的滔天罪行，反映了黄河两岸人民在日军侵华时期遭受的深重灾难，赞扬了中国人民不屈不挠的斗争精神。

④ 《大刀进行曲》，又名《大刀向鬼子们的头上砍去！》，为作曲家麦新于1937年创作。抗战爆发后，29军曾组织大刀队浴血奋战，英勇抗击日本侵略者，因此作者曾题“献给29军大刀队”。歌曲发表后迅速传遍全国，为鼓舞军民抗战斗志发挥了巨大作用，是抗日救亡歌曲中的一首代表作。

体育课有跳马、双杠等内容。其间，白崇禧来讲过话，说些抗战必胜之类的内容，他的军人风度很好。

毕业后，1939 年初我奉命到位于江西上饶的 3 战区政治部报到。“西安事变”以后，国共合作，成立了以陈诚为部长、周恩来等人为副部长的国民政府军事委员会政治部。下属 4 个厅：总务厅、1 厅（管军中党务）、2 厅（管民众组织）、3 厅（管宣传），郭沫若出任 3 厅厅长。在 3 厅的组织下，先后成立了 10 个抗敌演剧队、4 个抗敌宣传队和 1 个孩子剧团。我当时被派至抗敌宣传 2 队，简称“抗宣 2 队”。2 队的活动区域主要在闽浙赣。主要通过街头演讲、演剧目、唱歌等形式向群众宣传抗日。2 队队长是何惧，他是进步人士。副队长是谢鼐，他是地下党。当时整个队有不少共产党员。“抗宣 2 队”成立于 1938 年 9 月。1940 年，在国民党“第二次反共高潮”的影响和迫害下，“抗宣 2 队”中的中共党员和进步人士不得不离开，队长何惧被软禁和审查。不久，“抗宣 2 队”被解散和改编。

之后，我被重新分配，到 25 军政治部抗敌服务团工作。服务团下设 3 个组，戏剧组、社会服务组、总务组。我在社会服务组工作，任组长，军衔是少尉。社会服务组的任务主要有这些：搜集一些地方新闻，开展军民合作，协助当地政府解决因派伕造成的矛盾等。我们工作地点是流动的，晚上就寄宿在百姓家里，由副官打前站找好住宿点。我们很注意纪律，不损坏百姓的东西。

几个月后，经同学介绍，我回到 25 军政治部任少尉科员，做译电员，直至抗战胜利。胜利后，我回到浙江工作，离开了军队，到地方工作，在县政府做过秘书，也做过老师。

（访谈者：朱　丹）

项延年：军校苦训记

项延年，1921 年出生，浙江温州人。黄埔军校 2 分校 17 期步兵科毕业。2013 年 5 月的一天，笔者拜访了现居温州龙湾沙城街道的项延年老人。老人为人友善，颇为健谈。新中国成立后，他曾从事教育事业，退休后，一直热心文化教育，他的家是一个小型的图书馆，为乡民看书学习提供便利。以下内容主要根据其自传整理。

我出生于 1921 年，是温州龙湾人。1937 年，日本制造了“卢沟桥事变”，我正在温州中学读书，听到这消息后，同学们个个义愤填膺。1938 年，继上海沦陷后，南京也失守了，温州来了一批从沦陷区逃难出来的流亡学生。国难当头，同学们心中更加燃烧起仇恨日寇的怒火。

当时日本飞机来温州投弹轰炸。政府为了疏散人口，躲避空难，会事先发出空袭警报。只要警报一拉响，全城群众就要逃警报，学校也一样，只要听到警报，就立刻停课，师生们都要向三角门外逃避。一次空袭中，我正躲在田野里，远远望见几架翼下有红膏药旗的敌机，水平飞来，机身一摇晃，落下几颗炸弹，“轰隆”几声巨响，大股浓烟腾空而起……啊，不知又有多少人遭大难了，日寇的魔影时刻笼罩着温州城。敌人的侵略让我们不能安静读书，生命也受到威胁，但也激发了我们抗战的决心。“起来，不愿做奴隶的人们，把我们的血肉，筑成我们新的长城……”《义勇军进行曲》唱出了我们愤怒的心声。

“国家兴亡，匹夫有责”。1938 年 7 月，我投笔从军，报考了温州地区“战地工作人员训练班”，并被录取。学习班内有男女青年 130 多人，经过军事训练 6 个月后，分派出去做抗日宣传工作。我们有 20 多人被分派到国民政府军 107 师政治部政工宣传队，当宣传员。那时 107 师奉命开赴南昌抗日前线，我们宣传队也随政治部一起上前线去。

在行军途中，为了鼓舞大家的斗志，我们对一首古诗稍加修改：

男儿立志出乡关，不灭倭奴誓不还。
葬骨无须桑梓地，人间到处有青山。

我们坐舴艋舟、乘火车到了南昌，政治部后方留守处设在师生疏散后的匡庐中学内，为了配合日军反战同盟的宣传工作。我们学了日语，还排演几出抗日话剧，能画的还画了许多宣传抗日的漫画。我写了两首七绝来表示我抗日救国上前线的决心：

寇深已急且忘家，舴艋千舟别永嘉。
百万青年前线去，疆场喋血卫中华。

另一首为：

投笔思追班定远，精忠仰慕武穆王。
闻鸡起舞男儿志，瞒却爹娘上战场。

3个月后，我们就离别南昌留守处上了前线。

当时，我军凭永修河和日寇对峙，白天无战事时，在战壕里向战士们宣传抗日道理，帮他们写家信，有时选适当地方，演唱抗日歌曲和戏剧，慰问他们。有几次我奉命随部队黑夜过河，摸哨、抓俘虏，同时散发反战同盟的日文传单。有一次遭到日寇据点内机枪的扫射，好险！弟兄们有好几个的军帽上棉裤上都留有弹孔。

我军在永修坚守了5个多月，一夜日军仰仗陆空优势，集中飞机和坦克突然狂轰猛打南浔公路张公渡渡口——我军军事阵地，得手后强渡永修河，向南昌进犯。我军因河防阵地被突破，只好退守公路两侧的山上，进行逐步抵抗。我也亲身经受了据险抵抗、长途转移的千辛万苦。

南昌失陷后，部队在江西省铜鼓、万载补充休整后又转移到湖南浏阳、醴陵，并在汨罗、新市一带布防。接着参加了第二次保卫长沙大会战。我们政工人员的任务，还是做鼓舞人心、激励士气的工作，在驻地附近贴标语、演剧，到老百姓家访问，到连队班里慰问，宣传抗日必胜、日本帝国主义必败。

这次大会战中，我们只遭受日寇飞机的轮流狂轰滥炸，因为我军早有准备，隐蔽得好，没有什么损失。可是一天早晨，上级下令部队要撤退。当时，我还很不理解，为什么敌人没有来攻打，就先自行退却了呢？后来才知道，这是上级有计划的撤退，要各部队在粤汉铁路两侧埋伏，布个口袋阵，等候日军来钻口袋，给他们一个大歼灭。

日军得知这个消息后，他们怕被歼灭就停兵不进，也就是没有来钻口袋，这第二次长沙大会战便以敌我两军对峙在岳阳一线而结束。

1940 年春宣传队解散，并送我和林增燧、钟健中、邱志芳、王同辉、陈兴旺等十来个人，报考黄埔军校 2 分校 17 期。被录取后经过 5 天行军，到达湖南武冈山门。这里的祠堂、宗庙，建筑宏伟，稍加修理，便借作我们的校舍，但此地离武冈分校本部相隔 60 里。休息两天后，军校给我们发了军装和被服，每人剃了光头。又过几天，分校主任李明灏、教育处长李亚芬来到山门，给我们举行了入伍仪式。李主任在会上宣读了入伍生的纪律要求，并告诉我们，入伍生同新兵入营一样，必须经受严格的军事训练，6 个月后考试及格，才能升入学生队，希望大家努力再努力！

入伍生的训练过程，只能用"艰苦卓绝"四字来形容。先说衣：粗布军衣(帽)1 套，衬衣裤 2 套(好换洗)，被褥床单各 1 套，草鞋每周 1 双，布袜 2 双，私人原有的衣物，都暂放贮藏室里保藏。再说吃：每日三餐，全是青菜，豆腐、萝卜和粗粮。这种粗糙大米，只除去谷壳，每隔一周打牙祭一次。三说住：一间房间住 1 班人(16 个)，格子铺分上下二层，上层 8 人，下层也 8 人，床前枪架 1 排，放机枪 1 挺，步枪 14 支。

平日政治军事学习情况是这样的：早操——每天大一亮，军号声一响，大家就赶快起床、整装，跑到操场上集合，军号声一停，就要排好队伍，检查人数，迟到或衣冠不整要被罚站。唱校歌声音要洪亮。"怒潮澎湃，党旗飞舞，这是革命的黄埔……"唱毕就开始跑步，跑了半小时后才能解散回舍整理内务。接着是吃早饭。

上午要上 4 节课，有"三民主义"、步兵操典、射击教范、阵中要务令等。一个月要小考，一学期要大考。每天上午到第四节课时，肚子里早已咕咕叫，唱"空城计"了。下课了，午饭号一响，心里那股高兴劲啊！真美。赶快排好队唱歌，准备美美吃一顿，但吃饭也是限时间的。8 个人一桌，没有凳，站着吃,饭盛好后,值星官一声口令“开动”忍声歇气,大口大口地狼吞虎咽,争分夺秒,仅过 20 分钟,又一声“饭毕”不管饱不饱,都得放下饭碗离开食堂。

下午一点钟后要到操场上课。不管风吹日晒,不管寒暑侵人,整个下午4 小时的教练是少不了的。从个人教练到班排集体教练,从徒手教练到持枪(机步枪)训练。由枪支的擦拭、瞄准到打靶,由沙袋投远到手榴弹投掷。双杠、单杠和木马,不管搞哪一样活动,都要弄得人汗流浃背。队长、区队长们常拿李明灏主任的两句话来告诫我们:吃尽苦中苦,方做人上人。平时多流汗,战时少流血。

夜晚上完自修课后,还得排队唱校歌晚点名。完毕解散,才能睡觉。有时夜里还有“夜间教育”“紧急集合”,紧急集合要做到动作迅速麻利、鸦雀无声,带好武器集合,不点灯摸黑也得完成任务。

个人卫生,剃头洗衣、被,都要在休息日完成。上街购物、寄信时,如果遇见上级和同学要行礼,打招呼。表示出“亲爱精诚”的团结精神。还要按时回校销假,不可触犯,如有触犯,下周禁足。

每星期一上午,举行“纪念周”活动,大都是总队长和总教官来做报告。总结上周工作的优缺点,指示本周的工作,会上还要检查枪支的擦拭、保管的好坏和检查个人卫生。好的受奖,差的批评,我也曾写过几句顺口溜向队里壁报投稿:

土布衣,稻草鞋,青菜豆腐粗粮香,
勤苦练,莫徬徨,课堂野练争时学,典范兵书仔细详。
驰骋战场信有日,决心千锤百炼锻成钢。

经过 6 个月锻炼,个个熊腰虎背。测试合格后转入学生队。首先服装上有了改变,每人发呢制服一套(仅供节日开会穿),圆领章一对。上有“军校学生”4 个大字,看起来确像一个英姿勃勃的年轻军人。

学习的内容也增加了,课堂听讲有:“三民主义”、领袖言行、时事教育、兵书战策、步典射范、阵中要务令、战斗纲要。野外教练,由班排教练到连教练,攻防追退。演练更加丰富多彩。

还有筑城、挖战壕、架桥梁、马术、劈刺、有线及无线电通信、明密电码和军事测图……一道接一道，学习进程相当紧张。

如遇下雨天，野外教练不能举行，那就进行沙盘演练。

我队设有沙盘3处，可分供3个区队使用，在进行连的攻防追退演练中，发挥了很大作用。

第一，沙盘地形立体，比平面的军用地图强。第二，可以减轻登山越岭、爬打滚翻的辛苦。第三，知己知彼，地形摆在眼前，更能清楚分析敌我双方阵地布置，找到可攻可守的策略，消灭敌人，取得胜利。

学生队的训练生活，仍是苦练成钢的生活，一场对抗劈刺下来，一身臭汗；一场挖掘散兵坑交通壕下来，双手现茧，腰酸背痛；一场战斗演练下来，衣服被钩破，脚掌被刺流血（因为穿草鞋，无法防止蒺藜的穿刺）。不过，有了6个月的入伍生活的锻炼，这些苦，都不算什么苦了。不过调皮的同学，也曾私自把校歌改唱为“萝卜白菜青菜豆腐，这是要命的黄埔……”虽改唱了，心里还是高兴的，是以一种甘于吃苦的精神来唱着玩的。

记得我队在一次连的攻防演习中，教育处长李亚芬亲临指导。在演习结束后，他问同学们苦不苦。我们齐声回答：“不苦！”他笑着说：“这么大热天、太阳晒着，3个小时翻山越岭，爬打滚翻，汗流满面，怎么说不苦呢？”他话锋一转：“但是要想成为一名英勇善战的军官，就必须这样吃苦，才能练成一身过硬的杀敌本领。再者，你们现在亲身经受这些艰苦，将来带兵时，才能真正体会到部下士兵的辛苦，我国古代名将，他们都能体会士兵辛苦，‘爱兵如子’所以才能打败敌人取得胜利。”大家听了精神为之一振！

结业的时间快要到了，为了迎接结业典礼，各队都准备了一套文艺节目。我记得在南昌前线时，由胡兰畦[①]率领的女子救亡宣传队，来到107师慰问演出，其中有一出现代京剧，叫《大战东林寺》。我们看后，向她讨教演京剧的技巧，她很高兴，就命人教给我演《大战东林寺》的路数，并把剧本交给我们备

---

① 胡兰畦（1901—1994），四川成都人，中共党员，是中国现代史上一位有影响的女革命战士。1927年毕业于黄埔军校6期女生队。1925年参加北伐，曾在国民党中央妇女部工作，组织过四川妇女联合会。1930年留学于柏林德国国立政治大学，因从事国际共产主义运动和反法西斯斗争被捕入狱，坐过希特勒的监牢，经鲁迅、宋庆龄在上海向德国领事馆抗议后获释。1934年应邀参加苏联第一次作家代表大会，同蔡特金、高尔基、巴比塞、法捷耶夫等世界风云人物有过交往。抗战开始后，组织上海劳动妇女战地服务团在前线服务4年。1946年任贵州日报社社长。1949年后在北京工学院工作。

用，现在倒可拿来应用了。我就建议我队参演节目为京剧《大战东林寺》。并由我担任主角——排长，在那天演出会上，当我唱到“东林寺，风景好，黄金稻穗结满梢，向前看，更是妙，棉花好似雪花飘，锦绣山河若不保，怎显得革命军人志气高”时，数名演员扮演的日寇，持上刺刀的步枪上，随后排长带领士兵与之肉搏，最后消灭敌人，取得胜利。顿时台下的鼓掌声、叫好声，响成一片。

1942 年，我从军校毕业，因成绩优良，留校任教，先后担任 18 期学生的区队附、区队长、教官等职务。学校要求我参加防空高射炮和防战车平射炮训练班学习。这个训练班的学员都是 15、16、17 期的留校优秀毕业生。目的是打破日军在战场上的空中优势及武器优势，在军校加强对空作战及对坦克车作战的训练。这些人经过 6 个月的艰苦训练，大部分被派到缅甸远征军去工作。学校还为他们举行过欢送晚会，祝他们旗开得胜，马到成功。可惜一别之后，我只接到他们一二封来信，以后就一直音信全无。一想到战场上的激烈战斗，我常产生他们莫非已经为国牺牲了的念头。后来抗日胜利了，还是没有他们的消息。

改革开放以后，2 分校同学印制同学录征集现有同学姓名时，还是没有他们的信息——多半在抗日的战场上牺牲了。

（改写者：朱　丹）

项德颐：侍卫官的抗战记忆

项德颐（1921—2015），浙江浦江人。陆军大学参训班1期毕业。2012年8月2日下午和8月15日上午，笔者寻访了居住在杭州城西和苑小区的项德颐老人。他被媒体称为大陆最后尚存的蒋介石侍卫官。老人身板硬朗，耳聪目明，记忆很好，说一口带杭州腔的普通话。在女儿的照顾下，生活起居有度，日研笔墨，积极乐观。临别时，项老还特地给笔者赠送了他的书法作品。以下内容根据数次访谈的记录，并参考老先生的笔记整理。

我是1921年农历一月八日在浦江[①]出生的。父亲是中医，家里靠他替人看病维持生计。4（虚）岁那年，家里的房子不慎遭了火灾，没地方住了，为了生存全家迁到建德[②]。我8（虚）岁时，家里送我上了学，一直读到16（虚）岁，在严州中学读高一时因投军而弃学。读书期间，受父亲的影响，练习了书法，因此字写得不错，尤其擅长小楷，在县里颇有名气，小小年纪得到父老乡亲的赞扬。

抗战爆发后，我父母知道国家需要兵力，虽然家里只有我一个儿子，还是愿意让我去投军。我的姐夫是在74军[③]司令部警卫连当排长的，他告诉我们74军在江西德安县招文书。1937年，我从金华坐火车到鹰潭，然后走路到德安参加考试。我有幸考上了，在军部参谋处做文书，从事战地情报收集和誊

① 浦江县地处浙江中部，属浙江金华，自东汉兴平二年（195）建县至今已有1800多年历史，历代名人辈出，素有“书画之乡”之称。

② 建德位于浙江省西部，钱塘江上游。东与浦江接壤，南与兰溪和龙游毗邻，西南与衢州市衢江区相交，西北与淳安为邻，东北与桐庐县交界。建德在唐代始隶属严州府。

③ 74军于1937年9月1日在浙江组建，由王耀武51师（辖周志道151旅、李天霞153旅）和俞济时58师（辖吴继光174旅、邱维达172旅）合编而成，俞济时任军长。74军在淞沪会战、南京保卫战、徐州会战等战役中屡建奇功，是国民党嫡系部队在抗战中对日作战最多的一支主力军。

写工作。因为家里是苦出身，所以比较老实、肯做，勤奋工作，经常忙到深夜12点。

74军的军长是俞济时[①]。他是蒋介石的老乡，都是奉化人，又是黄埔1期毕业的，与蒋介石是师生关系。他从小苦出身，曾在县城店里当学徒。有一回给店里送饭时不小心把饭打翻了，就不敢回店里了，从此出门闯荡。他为人很严厉，曾在1933年出任浙江保安处处长(保安司令)。俞在浙江禁毒时规定，如果贩毒抓到就杀头，如果吸毒抓到就枪毙。当时人们一说起俞济时的名字，颇有些谈虎色变。俞济时不准士兵吃喝嫖赌，纪律严格，带兵赏罚分明，激励将士“上阵用命，杀身成仁”，所以士兵不怕死。

一天晚上，我正在工作时，俞济时因巡视军营看到我在奋笔疾书，看到了我誊抄的文稿，一向威严的他对我投来欣赏的眼神。他仔细地问了我的年龄、学历、籍贯，还说了一番鼓励的话后才离去。第二天，参谋处传来军长手谕，晋升我为少尉参谋。那时我才17(虚)岁。当了军官日子好过一些，普通士兵薪水很低，还经常被拖欠。[②] 因为抗战搞得国家很穷，士兵脚上穿的是布草鞋，就是布做的草鞋形状的鞋子。整个抗战期间，士兵都戴不起钢盔。

1938年7月，在江西德安开打马迴岭战役[③]。74军投入了2个师兵力，每个师下面有3个团，一共6个团的兵力。另外29军的79师也归俞济时指挥。[④] 当时29军的军长是陈安宝[⑤]，是浙江黄岩人。本来1个团有3个营9

---

① 俞济时(1904—1990)，浙江奉化县人。成年后投身到族叔、黄埔军官学校军需处长俞飞鹏处，得保荐考入黄埔军校1期，毕业后留任蒋介石侍卫。曾任74军军长、10集团军副司令兼86军军长等职。1942年任蒋介石侍卫长，后任36集团军总司令等职。其间，随蒋介石出席开罗会议。1949年去台湾。

② 20世纪30年代初，国民党军各级军官每月的薪水，上将800元，中将500元，少将320元，上校240元，中校175元，少校135元，上尉80元，中尉60元，少尉40元，准尉32元。“九一八”事变后，军政部规定，按原定薪额，上将至上校减半，中校、少校打六折，尉官打七折。

③ 马迴岭位于庐山南麓，是通衢之地，历来为兵家争夺之地。

④ 29军原来是冯玉祥的西北军。1930年中原大战，冯玉祥战败，西北军的一些零散部队退到了山西，经整编，组成了29军。1937年7月7日，守卫北平西南卢沟桥的29军遇到日军挑衅和进攻，当即奋起还击，这次史称的“七七事变”开始了中国的全面抗战。

⑤ 陈安宝(1891—1939)，浙江黄岩人。1916年，陈安宝从保定军校毕业，服役于当时浙江陆军2师，担任排长和连长。1926年7月，北伐开始，陈安宝随当时所在的部队加入北伐军的行列，担任26军1师营长与6师33团营长，参与了北伐时期的许多次重大战役。1935年晋升为79师师长。1938年7月，陈安宝因战功升为29军军长兼79师师长，管辖40、79两师。1939年3月在南昌与日寇作战时壮烈殉国。1940年7月7日，国民政府发布命令，追赠陈安宝为陆军上将。

个连的兵力，应该有1000多人。但因为战争减员很厉害，实际上1个团也就300多人。而且我们很多士兵是征壮丁征来的，虽然受过短期的训练，却没什么作战经验，一些士兵甚至是第一次打战。我们的武器也很落后，一般靠步枪和机枪，基本上到团一级才有炮。日本人武器比我们先进很多，炮很厉害，而且有飞机支援。日军还向我们阵地施放毒气，让我们的士兵丧失战斗力，我们伤亡非常大，74军投入战斗的6个团最后凑凑人数勉强只剩下1个团的兵力。我随军长俞济时巡察战场并记录情况，战死的士兵层层相叠，来不及收拾。看到战场上的惨状，大家都很心痛。

后来我又参加了万家岭战役①，其中一役印象非常深刻。其时我军主力已奉命调往湖北布防，所遗防务由19军接替，但19军未能及时赶到。当时敌方得知我军前线布防部队只剩58师一个步兵团，马上调集陆、空兵力大举进犯，企图直迫南昌。师长冯圣法抱着话机向军长哭诉求援。冯圣法人很老实，作战很勇敢，但那时也想不出什么策略了。参谋长马君彦也举棋不定。我建议利用我方熟悉地形的优势，调遣警卫营一个连的兵力迂回敌人后方，乘其不备进行突然袭击，以分散其主力部队的主攻力量。果然，采纳此策后敌方锐气受到重挫，敌人丢盔弃甲慌乱逃窜，伤亡人数远多于我军。我军在此战中只阵亡了一个中尉排长。因为该战中显示了我这个小参谋的能力，所以俞济时更加有心栽培我。

1938年底，我被军部送到位于广西桂林的国民党中央陆军大学参谋班1期培训，这个简称“参训班”的学习班一般都要营长以上的军官才有资格参加。学习内容主要是作战情报收集等内容。学了6个月后，翌年我晋升为上

---

① 万家岭战役又称德安战役。1938年的夏天，在南京失守半年后，武汉会战爆发。赣北地处武汉外围，是日军沿长江南岸西进武汉的必经之路，而德安万家岭一带，重峦叠岭，地形复杂，山路崎岖，是南昌北面、武汉南面重要的军事屏障，也是日军攻占武汉的首取之地。开战不久，中国军队在9战区代司令长官薛岳的指挥下，于江西德安万家岭一带几近全歼日军劲旅106师团，开创了抗战后击溃日军一个整编师团的先例。在这次战役中，中国方面为9战区代司令长官薛岳指挥的4军、74军、66军、187师、91师、新编13师、142师、60师、预备6师、19师、139师的一个旅及新编15师的一个旅，前敌总指挥为9集团军司令吴奇伟，投入总兵力共十余万人。日本方面为冈村宁次指挥的“华中派遣军”11军，包括6师团、27师团、101师团、106师团及波田支队等，其中孤军深入而被包围的106师团（师团长松浦淳六郎中将）下辖步兵111旅团（步兵113联队、147联队）和136旅团（步兵123联队、145联队），以及骑兵、炮兵、工兵、辎重各一个联队，兵力约2万人。万家岭战役与台儿庄大捷齐名，是抗战中中国军队大获全胜的著名战例。

尉参谋，任职于军部参谋部顾问处。[①]

长沙大火后，[②]74 军调到湖南，58 师两个团担任长沙警备任务。俞济时兼任长沙警备区司令。我们大约是 16 号到的长沙，住在解家湾一带。为平民愤和推卸责任，蒋介石下令将长沙警备司令酆悌[③]、警备 2 团团长徐昆、长沙警察局局长文重孚三人处死，执行此任务的就是俞济时。三人押赴刑场时，酆悌身着黑色中山装呢制服，泰然自若。徐昆则垂头丧气。文重孚哭丧着脸，连喊："张主席，冤枉！"意思是他们只是执行湖南省政府主席张治中的命令。酆悌死后，随身携带的金怀表一只，派克金笔一对，被执行枪决的卫士私吞。此事被人报告了俞济时。俞济时与酆悌是黄埔 1 期的同学，对酆之事正恼火着，所以那个卫士也即刻被俞枪决了。事后大家闲聊，还说酆走了也要带个卫士。当时《长沙日报》曾刊登讽刺省主席张治中的对联，横批是"张皇失措"，上联是"治绩如斯两大方案一把火"，下联是"中心何忍三条性命百年冤"。

1939 年 5 月，部队开赴江西高安前线作战。当时 25 军[④]的 44 师也归俞济时指挥。在锦江南岸 49 军王铁汉 105 师的配合下[⑤]，最终取得消灭日军一个联队的胜利。8 月间，部队调防，俞济时一度被任命为新 5 军军长。当时新 5 军是国军唯一的机械化装备部队，但因白崇禧等人从中作梗，俞未能赴任。俞济时暂挂名 10 集团军副司令[⑥]，其实没有实职。这时经俞济时的推

---

① 蒋介石规定，凡无中央允许的学历（含陆军大学，中央军校，保定军校，中央军校各分校，步、骑、炮、工、通、交辎等专科军校，东北讲武堂，云南讲武堂，各国的军事学校等）的，一律不能任官授职，更不能充任校级以上的军官。

② 长沙大火为 1938 年 11 月发生在长沙的一场人为毁灭性火灾。因日寇的进犯，国民党当局采用焦土政策，制订了焚烧长沙的计划。但在计划正式实施之前，一系列偶然因素却让这场火灾变得完全不受控制，最终导致长沙 3000 多人丧生，全城 90%以上的房屋被烧毁，经济损失约 10 亿元，也让长沙与斯大林格勒、广岛和长崎一起成为第二次世界大战中毁坏最严重的城市。长沙大火激起了民愤，国民党政府遭到全国各界群众的强烈谴责。

③ 酆悌（1903—1938），湖南湘阴人，黄埔 1 期生。参加第一、二次东征和北伐战争。1936 年授陆军少将军衔。1938 年 1 月任湖南省第二区行政督察专员兼保安司令，常（德）桃（源）警备司令。同年 9 月任湖南省政府委员，兼长沙警备司令。同年 11 月 20 日因长沙大火案，被临时军事法庭判处死刑。

④ 最早的 25 军指的是黔军的一部，在大陆时期曾进行 7 次大规模的整编。在抗战中表现勇猛。

⑤ 1937 年 2 月，国民政府以原东北军的 105 师为基干扩编成 49 军。1939 年时任军长为刘多荃。刘多荃为陆军上将，是西安事变的主要参与人物之一，新中国成立前夕起义。

⑥ 10 集团军于 1937 年 8 月下旬奉令组建，首任集团军总司令为刘建绪，下辖陶广的 28 军和李觉的 70 军等湖南部队，属 3 战区指挥管辖。先后参加淞沪会战、浙赣会战、鄂西会战、常德会战等战役。

荐，王耀武已经做了 74 军的军长，王对我印象不错，对我说他也是俞济时的人，所以跟随他也是一样的。但我们的警卫营营长柳康伍不喜欢王，所以还是要我们一起跟随俞。不久，俞济时兼任了 86 军军长[①]，这是实职。86 军下辖预 10 师、16 师、67 师三个师。

1939 年冬，部队奉命参加皖南冬季攻势。当时南京、芜湖已被日军占领，为了防止日军进一步深入，中国军队发动了冬季攻势，试图把长江切断，阻止日军的步伐。86 军驻守在九华山脚下的石埭县(现在的石台县的一部分)及贵池等地。石埭是个小县城，当年我特地数了数，只有 16 家店铺。那时，我已升任上尉参谋，在顾问处工作。每个军部配有两三个苏联顾问[②]，我们军部也有两个苏联顾问，年龄大约 30 多岁。在讨论战术时，他们提提建议，参谋参谋。这些苏联顾问在抗战结束后才回去。

1939 年的皖南战役是 29 军和 86 军一起打的，正面主攻部队 16 师曾一度克复长江边的毛坦厂和包底湖(两处均为安徽地名)，那里是日军的仓库，藏有弹药、粮食、被服。我们武器落后，士兵也吃不饱，有时饿着肚子打战，当时官兵都急于抢收战利品，结果从芜湖方向增援的日军，在空军的掩护下反扑成功，我们的阵地得而复失，没有达到切断长江中游以阻挡日军的计划。此战 16 师的一个团长阵亡，但我们也击毙了日军的一个大队长，还俘获了两个一等兵。其中一人叫奥西中治，他是东京大学毕业的应征入伍的。他能说几句中文。审讯时，他表示日本侵华战争是不得人心的。当时我想，日军一个普通的一等兵都是大学生，战场上理解作战指令的能力自然要比国军的普通士兵强。中国军队一般军官才受过教育，普通士兵基本是文盲。战争造成部队减员速度很快，我们的士兵中老兵不多。每逢战

---

① 86 军前身是湘军 8 军 2 师，1927 年 2 月扩编为 35 军，1930 年以 35 军一部改编为 16 师，原隶属 28 军。1938 年初，改隶 70 军；该军前身另一部是 18 军一部，1933 年，18 军 11 师一部扩编为 67 师，仍隶属 18 军。1939 年 6 月，国民政府为加强华中地区军事力量，将 16 师、67 师和预备 10 师合编为 86 军，隶属国民党军事委员会直属。20 集团军副总司令俞济时兼任军长，冯圣法任副军长，下辖：16 师，何平任师长；67 师，莫与硕任师长；预备 10 师，蒋超雄任师长。该军编成后，集结于安徽徽州地区整训，参加了冬季攻势作战。

② 白崇禧曾在其回忆录上说："抗战初期，中苏订有友好条约，苏俄曾派驱逐机 E—5、E—6，轰炸机 S、B、D、B 及 500 以上空军战斗员来华与我并肩作战，并派有军事顾问若干人，至中央与各战区服务。"(见《白崇禧回忆录》，解放军出版社 1987 年版，第 298—299 页)蒋介石在一次会见军事总顾问德拉特文时以赞许的口吻说："由于俄国顾问的到来，中国军队的仗打得好一些了。"

役，总是以新抓来的壮丁为主，他们没什么作战经验，所以作战能力不如日本兵。

1940 年，俞济时奉命在金华成立 10 集团军副司令部。改编了浙江抗敌自卫队 3 个纵队，宣铁吾任浙江保安团纵队司令，番号暂编 32、33、34、35 四个师，担任浙东防务。1941 年春，浙东战役[①]爆发，台州防守司令蒋志英[②]在前线战死。为此，国民政府在金华专门为他开了追悼会。

同年的 5 月，日军出动 5 架飞机轰炸新昌县城，半个县城的建筑与民房被烧成灰烬，不少民众被飞机炸死。当时我地面部队击落了一架敌机。敌机坠落在剡溪溪滩上，俘获飞行员、机械师、随军僧人各一。这几个俘虏被押解至位于上饶的 3 战区长官部处理。

浙东战役失利后，10 集团军副总司令部被撤销，俞济时调往重庆任蒋介石侍从室任侍卫长，86 军军长一职由冯圣法接任。我还是留在 10 集团军，军长是王敬久[③]，是黄埔 1 期的。我在 10 集团军的兵站分监部任少校后勤股长。

1942 年 5 月，部队参加鄂西战役[④]，布防在长阳、松滋一线。我奉命担任部队前线粮弹补给调运工作，穿梭在长阳、五峰等前沿阵地，兢兢业业，努力完成任务。我曾亲眼看见五峰县境内的渔洋关[⑤]遭日寇烧杀奸淫的惨况。离渔洋关 5 公里地的穿心店半山坡是我方伤兵驻地，也惨遭日寇洗劫，百余

---

① 浙东战役是指 1941 年 4 月至 5 月间，中国 3 战区部队在浙江省东部沿海地区抗击日本军队进攻的防御战。1941 年春，日军为彻底切断中国的国际补给线，对中国东南沿海地区实施封锁战。4 月中旬，日军中国派遣军以上海之 5 师团，进攻浙东沿海地区。19 日，5 师团主力在镇海登陆，另以两部分别在海门、瑞安登陆，与中国军队 10 集团军部队展开激战。20 日，日军 5 师团主力攻占宁波，22 日攻占慈溪，23 日占余姚，26 日陷奉化、溪口。此后宁波、奉化、余姚、慈溪一带之日军，与中国军队形成对峙。

② 蒋志英（1902—1941），浙江诸暨人，黄埔军校潮州分校 1 期生。陆军中将。1941 年农历四月十八日夜间，侵华日军入侵海门，蒋志英在撤退途中被日军刺死于岈岭岭下，时年 39 岁。

③ 王敬久（1902—1964），江苏省徐州市丰县人，1935 年 4 月授陆军少将。1936 年 10 月授陆军中将。抗日战争爆发后，任 71 军军长兼 87 师师长、37 军团军团长兼 25 军军长、32 集团军副总司令、10 集团军总司令，参加武汉地区日本受降。病逝于台湾。

④ 鄂西会战是 1943 年夏季日本 11 军为打击中国 6 战区部队进行的一次进攻战役，日本机动利用兵力，用各个击破的战术重创中国军队 6 战区的 29 集团军，10 集团军和江防军。

⑤ 渔洋关镇位于湖北省西南部，是五峰与外界联系的交通枢纽。它东至宜都长江码头，西扼湘鄂西数县要径，是湘鄂西山地通往江汉平原的咽喉之地。

名伤员无一幸免被日军枪杀，暴尸山野，臭气熏天。那年人祸又遇天灾，洪水泛滥把当地老百姓推向灾难的深渊。真的是“哀鸿遍野，饿殍载道”。经多方周旋，我终于征得 66 军参谋长的应允，毅然从军饷中拨发出 2300 余斤大米，赈济聂家河①饥民以解燃眉之急。

1942 年 8 月底，在部队驻扎湖北石门②期间，经军长王敬久做媒，我与易冰雪结婚。她是黄埔军校 3 分校 16 期生，是衡阳易寅章的遗腹女。其父是保定军校毕业的，早年追随孙中山参加辛亥革命，和唐生智是同僚，在反袁革命斗争中遭人暗杀牺牲。易冰雪 6 岁丧母，靠婶娘和姑母将她抚养成人。她在武汉菱湖中学读书时，抗战爆发，在冯玉祥将军夫人李德全的关怀下，参加抗日救亡工作，并于 1939 年考入黄埔军校，毕业后从事译电工作。她虽然比我大两岁，但认为我有前途也就同意了。

1943 年冬，身为蒋介石侍从室侍卫长的俞济时，正着手调整司令部警卫机构，积极汇聚亲信、扩充实力。他来电邀我去侍从室工作，因此，我就辞去了原有的职位，赴重庆工作。我从湖北的三斗坪镇上船，溯长江西上，经巫峡、白帝城、万县、涪陵，到了重庆市区曾家岩德安里蒋介石官邸晋见了俞济时。我到重庆工作后，我夫人也随我至重庆，任军医署译电室少校参谋。

我先是被安排在警卫旅，不久调至侍卫长室，跟随俞济时的左右，并晋升为中校参谋，负责人事工作。俞济时权力可谓“通天”。当年欲进入侍卫长室编制的，都要经俞的亲自甄别，表面条件有三：一是仪表端正，体格强健；二是绝对忠诚可靠；三是具备军事院校的学历和一定的工作阅历。挑选后，首选列入侍卫组，做侍卫官，侍卫组长是竺培基，副组长施觉民。其次为警务组，组员约 15 至 20 人，组长黎铁汉，副组长陈善同。侍卫官在蒋介石办公室门口站哨，警务组员则在外围。蒋外出时，他们都随车。第三层次是内卫股，约一个班人，服装、待遇与侍卫组、警务组一样，但编制不是官，是军士，蒋外出

① 聂家河是鄂西通往东南沿海的重要门户。

② 石门县位于湖南省西北部，处湘鄂边陲，东连澧县、临澧，南接慈利、桃源，西抵桑植、鹤峰，北毗五峰、松滋。

时也随车，除佩左轮手枪外，还带轻武器。①

俞济时还将军委会警卫团扩建成警卫旅。旅长楼秉国，诸暨人，黄埔3期生。此旅虽然警卫国民党中央各部会，但以侍卫蒋介石别墅为主，隶属于侍卫长室。

俞济时另新设武官室。该室有五名校官，能以多种外语流利会话。外国人士和国民党军政要员要晋见蒋介石，都要在武官室登记，连戴笠等人也不

---

① 军事委员会委员长侍从室(1933—1945)全称为国民政府军事委员会委员长侍从室，是中国在抗日战争时期，蒋介石身旁的最重要的幕僚组织，其地位甚可与清代之军机处相比。蒋介石在20世纪30年代初在所谓"剿共"及与军阀打内战时，将紧随他的秘书、副官、参谋等亲信，组建成一个规模并不大的"侍从室"，列入南昌行营的编制。到了抗日战争时期，这个"侍从室"的规模不断扩大，成为他身边参与绝密决策、秉承他意志办事的最高级的幕僚机构。此时的"侍从室"已成独立编制，分为三处一室十组，大有"一人之下，万人之上"的威势。

所谓三处一室，分别是：

侍一处，主军事，主任更迭较频，他们先后是钱大钧、张治中、贺耀祖、林蔚、商震。

侍二处，主党政，亦可称作秘书处，主任就是有名的蒋介石"文胆"陈布雷。

侍三处1939年才成立，主任陈果夫，机构较侍一、侍二庞大，下辖四个组一个室(侍卫长室)。后侍卫长室剥离出去，由蒋介石直接管。

侍卫长室，是蒋介石的贴身侍从，保卫蒋个人绝对安全的机构。侍卫长当然非蒋最亲近的人莫属，先后由他的内侄王世和、奉化小同乡俞济时担任。

所谓侍十组，分别是：

侍一组，隶于侍一处，主管总务，包括经理、会计出纳、医卫、福利以及蒋家生活开支、交际、接待等项业务，组长陈希曾。

侍二组，隶于侍一处，主管军事参谋业务，具体的作战指挥、军队训练、装备与后勤、交通运输、人事考核等。组长先为于达，后为赵桂森。

侍三组，先隶于侍一处，后隶侍卫长室，是蒋介石的贴身警卫机构。组长蒋考先，此人在"西安事变"中被击毙，后沈开樾继之，有时侍卫长自己兼任。

侍四组，隶于侍二处，和侍二组一样，"侍从室"的核心机构之一，主管政治、经济、党务以及蒋介石急办的一些机密案件。组长陈方。

侍五组，隶于侍二处，主管政经、党务专题研究。组长，先由陈布雷兼任，后为陶希圣。此组在侍三处成立后，移并该处。

侍六组，隶于侍二处，组长为军统头子唐纵，主管情报业务。起初，中统徐恩曾的密报送侍二处四组，军统戴笠的密报则送侍一处二组。1938年组建侍六组后，一切特工密报均送交此组综合整理，将特级核心的直送蒋介石。"侍从室"撤销后，唐纵升任内政部次长兼警察总署署长。

抗战后期"侍从室"还成立一个由蒋介石直管的机要组，专门处理蒋氏来往电报。组长毛庆祥，系蒋的溪口小同乡，姻族人。该组业务上仍归侍二处指导。

侍三处所隶的侍七、八、九、十组，其职能、组长分别是：侍七组主管调查，组长濮孟九，后为侯鼐剑；侍八组主管登记，组长娄超岳；侍九组主管考核，组长罗时实，后为梅嶙高；侍十组主管分配，组长孙慕迦。侍三处设在重庆南温泉。

侍三处还于1944年附设中央训练团学员通讯处(组级编制)；处长吴铸人，副处长熊公哲、刘兰陔。此时侍三处全体人员已近160人。

能例外。

1943年底，俞济时得到蒋介石批准，建立侍从室第一处参事室。该室的人事、业务均为俞一手抓，由他旧部张晓崧（俞任浙江保安处长时，张是属下谍报股长）具体掌握，主任秘书项昌权（与周恩来为留法同学）也是他的人。“参事室”主要工作是收集中共驻渝办事处活动情况，以及中统、军统、蒋管区军队各主管的活动情况，随时整理成情报，交俞济时，再由俞直接交送蒋本人。这个“参事室”被人称为“监察之监察”。

到侍从室工作的人都人手持有从秘书二处领取的《曾文正公家书》（曾国藩为蒋介石非常欣赏的人物）、《圣经》各一部，并对书中的重要内容熟读牢记。每个星期天侍卫官必须到教堂聆听神父讲读《圣经》，不得缺席。我想，这和蒋介石夫妇信仰基督教有关。

因为侍卫官身份特殊，纪律要求很严。每天必须12小时坚守岗位轮流换班，整体做到全天候，随叫随到不得延误。不过休息日还是有的，是轮休，可以休息一天。有家庭的，可以早一天下午3时离室，第三天上午10时前归队，万万不能有误。

侍从室工作人员的待遇却出人意料的优厚。我一个中校侍卫官月薪法币23万，比地方官员高出一大截。春秋与冬夏，机关发放不同质料的军、便制服，包括内衣鞋袜。想想在前线作战时的辛苦，真是令人唏嘘。

1945年3月，俞济时被任命为1战区36集团军总司令①，但他没有去上任，继续做他的侍卫长。总部处室人员于同年4月开赴宝鸡，我也随同前往。8月，抗战胜利，总部撤销回重庆，我被安置在参军处警卫室。当时，侍从室已改组为国民政府参军处和文官处这两大处。参军长为商震②，文官长为吴鼎昌③。俞济时被任命为军务局局长，掌管原侍从室第一处军事工作。侍卫长室改为警卫室，主任由黎铁汉担任，副主任由竺培基、施觉民担任。侍卫官

---

① 1战区所辖范围为河北北部及山东北部，后来视战争实际情况，1战区分别于1938年、1939年与1944年做过三次相当大规模的更动。

② 商震（1888—1978），晋军名将。中原大战后追随蒋介石，历任军政及外交要职，膺二级陆军上将。平生饱经沧桑，晚年定居日本，向往祖国，热心于统一大业。逝世后，骨灰安放于北京八宝山革命公墓。

③ 吴鼎昌（1884—1950），原籍浙江吴兴县，1884年生于四川华阳县。1938年至1945年任贵州省主席兼滇黔绥靖公署副主任。1945年1月离黔，1950年病逝于香港。

组和警务组改为一、二组，人事不变更。其时俞济时在侍从室有相当的威望，是举足轻重的头面人物。

1946年8月底，毛泽东在周恩来的陪同下来重庆与国民党当局进行重庆谈判。毛泽东身穿棉布做的军服，很朴素，他的个子比蒋介石略矮，国共两党领导人合影的历史画面，我就在现场。因为工作机缘，我曾有幸见过周恩来三次，并有合影。周恩来待人彬彬有礼、令人难忘。1945年11月间，周恩来穿着黑色中山服先后来蒋介石侍从室会晤张群[①]两次，是我引见的。第三次是在同年的12月初，一天上午，周恩来要面见蒋介石，当时蒋尚在黄山公馆尚未赶到曾家岩。我奉俞济时的口谕，接待周恩来并请他稍候。我忙沏茶相待。我办公室墙壁上挂有一幅我书写的"孙总理遗嘱"楷书，周恩来夸我写得有功底，问了我的年龄和籍贯，还问我是否看《新华日报》，以及对"双十协定"[②]的看法。

1946年4月，侍从室人员从重庆迁回南京，官邸办公室设在紫金山麓的香林寺一带。前面是国防部，出黄埔路左首是励志社。总统府参军、文官两处及军务局设在长江路。这一年是蒋介石六十大寿，在南京的部分黄埔早期的同学联名将蒋的所谓8年抗战功勋拟成1500字的颂词，嘱我用小楷誊写。不料，我的书法竟然深得蒋介石、宋美龄夫妇的赞赏，蒋介石为此还召见了我。我当时并不知道蒋因何事召见，以为书写有误，深为惶恐。到了蒋的办公室后，他正在处理公文，我足足等了五分钟，那五分钟感觉很长。蒋问我那个颂词是不是我誊写的，我说是的，蒋说写得不错，并叫我好好干。后来宋美龄差了她的秘书宋小姐送了50万法币作为对我的奖励。宋秘书是南洋归国参加抗战的华侨，她是宋美龄的英文秘书。她的中文不太好，交流不方便。

---

① 张群（1889—1990），四川华阳（今双流）人。早年在保定陆军速成学堂学习。1908年留学日本。同年加入同盟会。辛亥革命后回国参加上海光复之役。1915年毕业于日本陆军士官学校。1926年任国民革命军总司令部总参议。1927年后任国民党政府军政部政务次长兼兵工置备署长、上海特别市市长、湖北省政府主席、外交部部长、国民党中央政治委员会秘书长兼外交专门委员会主任委员。抗日战争时期，任国民政府军事委员会秘书长、国防最高委员会秘书长、成都行营主任兼四川省政府主席等职。1947年后任"行政院"院长、重庆绥靖公署主任、西南军政长官。1949年到台湾。

② 双十协定全称为政府与中共代表会谈纪要，是一个旨在结束国共分裂局面，建立民主政权而发表的会谈纪要，签订于1945年10月10日。虽然该纪要并未解决具体问题，但它是国共谈判的意向书，为几个月后召开的政治协商会议做了铺垫。

当她办理诸如给宋美龄联系飞机等事宜时都是我陪着去的，所以彼此比较熟悉。那段时间，我的书法大名鼓噪侍从室，连书法大师于右任[①]也当面嘉勉。

抗战胜利后，国民党实行裁军、裁员。现职人员要有资历，才有发展前途。我认为我的学历不高，因此就萌发了留美深造的意向。我先于1946年5月带职考进中央警官学校警政班3期培训，当时规定培训班的招考对象只能是各军官总队的人员，现职人员不能报考。[②] 我是通过俞济时推荐，在17总队挂了个中校队员职位被录取的。

培训班毕业后，本应继续在侍从室干，但是国民党政府规定，要出国留学必须有地方工作两年的经历，当然英语也要有基础。所以，我就辞去了侍从室的职位。很多人觉得惋惜，但一来侍从室毕竟规矩多，不自由；二来我想要更好的发展前景，所以还是离开了南京。经侍从室同事竺世平的介绍，到他父亲竺鸣涛[③]处挂了个中校附员的职位。后经俞济时给浙江官员写的推荐信，于1947年7月至1949年2月先后在云和、丽水当警察局局长。在任上，能廉洁律己，不与恶势力为伍。

1949年春的杭州，局面混乱、人心惶惶。4月25日，俞济时特地派遣秘书李畹秋前来我在杭州位于英士街的家，告知在笕桥机场尚有最后运载撤离人员的飞机，并给我留了个位置。因不能带家属，我婉言谢绝了去台湾的机会。

（访谈者：朱　丹）

---

① 于右任（1879—1964），陕西三原人，是我国近代著名政治家、教育家、书法家。于右任早年系同盟会成员，长年在国民政府担任高级官员，同时也是中国近代书法家，复旦大学、上海大学、国立西北农林专科学校（今西北农林科技大学）等中国近现代著名高校的创办人。

② 1945年抗日战争胜利后，国民党政府进行了裁军。为安置裁编下来的军官，从1945年9月1日起至1946年初，当局在全国各地成立了31个军官总队，收容编余军官、军佐、军属和流散社会上的无职军官，总人数约10万。

③ 竺鸣涛（1896—1969），浙江嵊县人，毕业于黄埔军校潮州分校2期，历任国民政府军委会办公厅任2、3处处长，3厅总务处长。1936年2月，任少将。1943年7月，任浙江保安处长兼保安副司令，同年9月，任32集团军副总司令。1946年升中将。1947年任浙江警保处长、衢州绥靖署副主任、浙江警备副司令。1949年去台湾。

徐式昌：我在忠义救国军的抗战经历

徐式昌，又名徐梦西，1919年出生。浙江淳安人。黄埔军校3分校18期步兵科毕业。2014年7月29日，笔者赴淳安县城千岛湖镇拜访了徐式昌老人。老人虽年事已高，但精神矍铄，能清晰讲述往事。以下内容除了老人的口述，部分内容参考了老人提供的资料——千岛湖新闻网记者方俊勇撰写的《徐梦西——历经坎坷的“黄埔生”》。

我出生于1919年12月13日，老家在浪川乡大塘村神门坑，家境小康。父母养育了5个孩子，我居当中。8岁开始上学，小学是在青来小学念的，老师很好。完小毕业后，因无处升学，老师就抄了中等师范的教程继续给大家授课。

抗战全面爆发后，有志青年纷纷参与抗日救国。1938年，19岁的我经青岭乡推荐，考入3战区军官团学习。记得考了“三民主义”和《总理遗训》。经过一年的军事理论学习，毕业后被分配到了浙江抗日自卫团。这支自卫团成立在淳安，主要由淳(安)遂(安)两县青年组成的，官兵共1000余人，驻扎在县城3km外的王坑村。团长叫王志华，淳安人；副团长叫徐锡恭，遂安人。在自卫团里我待了不到一年。

1939年7月，我与3战区军官团的一位姓洪的同学，前往金华报考黄埔军校。在金华参加考试的人数近3000名，录取1000名。我们两人都被黄埔军校3分校录取。

赴3分校所在地江西瑞金的费用是由政府出资的。金华到鹰潭的途中有时有车，鹰潭到瑞金则全部步行。其中一天一夜我走了170余里。我们这批是18期，有步兵、骑兵、炮兵、工兵、辎重五个系，我在步科。主要课程有步兵操练、野外野战、夜间攻坚、战略战术、地形学、政治、射击和孙子兵法。一般来说，上午学理论，下午是野外训练、实战对练。

军校的生活条件很艰苦。大冬天晚上睡觉也是铺点稻草打地铺，身上仅盖一层军毯。吃得也很简单，菜就是大锅混着一起炖青菜、萝卜、豆腐，偶尔有猪肉吃。

1941 年夏天，我从军校毕业，分配到了 10 师。在前往部队报到前，我先回家探亲，这次探亲改变了我的命运。我父母当时在新安乡的街上开杂货店，我探亲时便在店里帮忙。有一天，一个男的走进了店里，看我穿着军校的制服，就问我是不是黄埔毕业的。我说是。他又问，是已经分配了吗？我说已经分配到了 10 师。这个男的想了一想，对我说，10 师正在前线打仗呢，你别去了，我这里正缺人，你跟着我好了！我就答应了。

这位男的就是鲍步超[①]（黄埔 6 期），是当时忠义救国军[②]驻遂安办事处主任，老家就在大塘村附近的鲍家，后来担任忠义救国军 3 纵队少将司令。我跟在他身边，当了中尉副官。2 个月后，鲍步超带了 300 人来到安徽忠义救国军的总指挥部。很快，总指挥部挑选了 100 个有文化的知识分子，接受马志超[③]（黄埔 1 期）的特务训练。整个受训总队分为 4 个小组，分别是情报组、行动组、爆破组、纵火组。我担任爆破组的组长。忠义救国军活动范围主要集中在江浙沪地区。

1942 年 7 月左右，我担任了奋勇总队南京教导团驻上饶联络站站长。这个情报站一共就七八个人。由于当时上海已经被日本占领了，但是国共两党在上海有地下组织，情报站的作用就是将上海来的情报中转到重庆。

---

① 鲍步超（1908—?），浙江淳安人。1937 年参与了淞沪抗战，任 3 战区奋勇队上海总队队长，1938 年任忠义救国军驻淳安办事处主任，1942 年任忠义救国军 7 总队 2 支队指挥官，1944 年任忠义救国军 3 纵队少将司令。抗战胜利后，忠义救国军改编为军事委员会交通警察总队，任交通警察 14 总队司令。后到台湾。

② 1937 年 8 月 13 日淞沪抗战爆发后，“苏浙行动委员会”成立于上海，协调与组织抗日。当时许多爱国青年由于战火绵延而被迫辍学，许多人不愿离家便组织成一支军队，取名为忠义救国军。杜月笙、戴笠、刘志陆三人为常务委员，书记长戴笠。它的前身是苏浙行动委员会别动队，诞生于“八一三”战火中。忠义救国军成分较复杂，有农工大众、知识青年，也有土匪流氓，都集合在忠义救国军，负责太湖流域及上海周边之游击任务。它以黄埔、军统的人员为骨干，吸纳当地抗日热情高涨的工人和帮会的力量，配合正规军对日作战。

③ 马志超（1903—1973），甘肃省平凉市人。黄埔 1 期生。抗战期间任国民党新编 34 师师长。1942 年调任 8 战区政治部副主任。1943 年到皖南任“忠义救国军”总指挥。

1943年2月，我成为3战区奋勇总队南京战区教导团1营副营长。当时已是少校。我们的部队驻扎在距离南京80余里的高淳县，属于特工性质，主要工作是专门负责对日军的破坏，重点破坏对象是粮仓、交通、通信等。当时各方力量很复杂，有国民党方面、共产党方面的抗日力量，有汪精卫的伪军力量，还有大刀会、小刀会等帮派力量。为了保证安全，我们白天睡觉，晚上行动，每个晚上平均要换两三个地方。我们身穿便服，化装成商人、农民、工人的模样，便于潜伏南京城区搞暗杀破坏。

1944年4月20日晚，天空下着小雨，为了配合大部队4月份攻打南京，已经是营长的我带领了100多人，在南京中华门爆破电线杆。是夜12时，天下大雨，我以信号弹指挥我所带领的1营，炸毁公路桥梁1座，电线杆50余根。打了半天，城里打不进去，为了不空手而归，我就带领部队调头去了附近的江宁县。炸毁伪军县公安局、县自卫团军事设施。还成功策反了汪精卫的一个自卫团，并将其带到了上饶。至于如何策反，除了多私下接触外，无外乎靠三样东西：职位、金钱、大义。这个自卫团属于南京市江宁区警察局管辖，有200多人。

1944年6月，我任3战区奋勇总队3支队3大队7中队长。根据上级命令，我将队伍拉到了浙江金华、龙游、衢县等地，开展袭击、骚扰日军行动。就是打游击，平时以骚扰为主，不和敌人硬拼，目的是拖住敌人的机动力量。4月，日军进攻浙江金(华)衢(州)龙(游)线。该月下旬我队为前卫，驻龙游铁路南侧，这一带时常有日军出没，我常常采取先埋伏下来观察敌情，然后趁其不备出其不意袭击他们的方法。近3个多月交战20余次，敌败我胜，敌人伤亡不详，我方死亡3人。

一次，我们得到情报，日军约500余人从衢县窜至龙游。我的部队兵力只有300多人，差不多一个营，所以只能智取。当时我方在龙游的大洲镇驻扎。大洲镇地处衢县东南部，距衢县县城20km。日军在前面走，我部保持距离悄悄在后面跟。当晚日军夜宿龙游的官潭头，11点多天开始下毛毛雨。敌人也放松了警惕。12时左右，我们不动声色地将日军包围起来，然后开始用迫击炮放了十几炮，又往天上打了几枪信号弹，并集中火力痛袭。日军在睡梦中惊醒，被打蒙了，以为我们有很多人，只能惊慌逃跑。我也不追赶，随他们去。这一战，我们缴获了不少日军从中国百姓手中抢来的东西，有牛、猪、鸡、糖、布等，除留少部分慰劳官兵，大部分分给了当地群众。

这一战靠的是天时、地利、人和。所谓天时就是时机要选得好，敌军长途跋涉后容易疲劳，我方待他们进入梦乡，放松警惕后再袭击他们。地利就是我方熟悉环境，敌军毕竟是在陌生的环境作战。其实第二天天亮后日军也想报复，我指挥部队退避到山上，沿途又布置了三道防线。日军不知深浅，不敢硬摸上山，打了几枪，追赶了一阵后只好作罢。人和就是有当地百姓群众的支持，他们能提供情报帮助我方。

有一次，部队得到情报：有一群鬼子出来扫荡。部队立即在城北的路上设了埋伏，可是鬼子发现情况后，出动大部队追击。我立即下令撤退。敌人攻击力太猛，我留下几个断后。我的警卫员何生明是湖南常德人，个头不高，人胖胖的，但身体素质特别好，我给他配了两把20发子弹的快慢枪。由于战斗积极，他落在了最后，鬼子高喊要抓活的。我想糟糕了，这小子估计性命有危险。没想到的是这小子特会跑，带着大群鬼子翻过了十几个山头，把对方累趴了，居然安然返回了！

1945年春，我担任营级指导员。赴任前忠义救国军总指挥部参谋长曾专门找我谈话，交代工作任务。指导员一般选拔有政治头脑的人担任，其工作职责是对官兵进行政治教育，包括《总理遗训》、“三民主义”、抗战必胜思想教育，学习资料是忠义救国军总指挥部政治处发下来的。此外还负责教唱抗战歌曲、歌颂孙中山及“三民主义”的歌曲。指导员对待士兵的态度要像母亲，像母亲爱护孩子一样爱护自己的士兵。晚上要到营房查巡，帮士兵盖上踢掉的被子。士兵有病时则要慰问。忠义救国军是抗战的“外围部队”，一般不打正规战，而是伺机打游击战。其队伍构成人员复杂，由地方挺进队、游击队、杂牌部队收编过来，还有从汪伪部队倒戈过来的，思想比较混乱。特别是我所在的3团，很大一部分人员原来是汪伪部队的。为了调和关系，避免各派之间发生冲突，讲团结成为教育的主题。为了便于管理，班长、排长派可靠的自己人担任，一周开一次碰头会，为的是掌握情况，将上面的工作要求布置下去。

1945年，日本投降了。我们的奋斗没有白费，终于把侵略者赶出了国门。

（访谈者：朱　丹）

徐逸容：远征军中的通信班长

徐逸容，又名新容，1918年出生，浙江永康人。1937年7月，初试考取黄埔军校14期，“八一三”事变后在武汉转报通信兵团无线电教导学校入伍。1938年冬分配至陆军通信兵1团(配属徽州32集团军)任报务员，1939年春报考陆军通信兵学校(隶属黄埔军校17期)，毕业后分配至驻滇参谋团通信兵6团(配属西南行营)任少尉班附。1941年中印缅战区成立后，任6团无线电中尉班(台)长，奉命进驻缅甸腊戍，负责无线电报收发兼抄收日本战事新闻工作。1943年进入远征军长官部，任兵站总监部少校(业务)科员，系中国远征军抗战亲历者。本文根据徐逸容老人回忆录《记忆》编辑整理。

我于1918年11月出生在浙江永康东城塘村，父亲种地、祖父打铁。小时候，先在村办学堂就学，后进入梅城高等小学念书，又考取永康中学，在金华会试毕业。读书时就喜欢机械方面知识。

1937年毕业恰逢“七七”事变，为救亡图存，不做亡国奴，赴南京报考黄埔军校14期，初试录取。发榜时恰逢上海“八一三”事变开始。8月15日，日军轰炸南京，校方为学生安全出发，用轮船把我们送到武汉等待全国各地考生一起参加复试。某日在街上邂逅永康同乡李宝痒(黄埔军校8期生)，获悉其执教的通信兵团有无线电教导学校，也在武汉招生，其招生对象与军校相同。其招生简章载明必修课有：电机工程、内燃机、电池学、电学、无线报话工程操作、兵器战术等专业，因为我比较欢喜机械类的东西，于是转报该校。经过3天考试，和同批500多人一起赴湖南醴陵入伍，正式开始学业。我分入2队，队长许家贤，他是江苏人，黄埔6期的。第一阶段学习期满后，我被编入1队，队长李蓉，他是江苏盐城人，黄埔6期的。原计划3年的学制，因长沙等地失守，前线通信人才紧缺，所以我们加紧学习。报务课增加，要求以每分钟抄写英文字母或阿拉伯单字140个以上为基础。并联线路连接课堂、课桌，每人座位上加接插座与老师、同学相互随时收发电报，以代替通常实地架设电台实习。1938年冬，把我们300多人提前发派到各战场。

我被分派到陆军通信兵1团，在1营4连3班任报务员，军衔为准尉，见习少尉任用。通信兵1团隶属徽州32集团军。我们电台设在徽州棠越村，3班班长是蔡安浔上尉，班附是李振澍中尉，其他成员有杨琳中尉、石简行少尉及我。1939年春，我总部以攻打广德①为名，在外围住了一夜，虚晃一枪后不动声色从原路返回。从徽州出发，经祁门②，过江西的景德镇、鹰潭、南城，部队到达临川后开始反攻南昌。前线打得很激烈，我们电台电报往来非常忙碌，工作通宵达旦。南昌战役③结束后，我被调回上饶长官部电台工作，地址在皂头镇周家墩村。我的工作仍旧为日常电报收发工作，与陈诚侄子陈履忠是同事。不久考取陆军通信兵学校④（隶属黄埔军校17期）。从江西上饶出发，主要靠步行，偶尔有车船坐，40多天后到达贵州麻江。入伍生阶段，我被编入28总队1大队2队，总队长是任世江，队长是楼广文。半年后，我重新被编入3队，队长是俞腾琨。毕业后，分配至驻滇参谋团通信兵6团3营12连1班（隶属西南行营）任少尉班附报务员。我们同学中一共有15人分到云南。

1941年，成立了中缅印战区⑤。蒋介石为总司令，美国史迪威为参谋长。

---

① 广德位于安徽省东南部，苏浙皖3省8县（市）交界处。

② 祁门地处黄山西麓，与江西毗邻，是安徽的南大门。

③ 南昌战役，又称南昌会战。1939年武汉会战后，中国在长江南北分别以9、5战区重兵武汉形成包围态势。南昌地区的战略地位更显突出，既掩护联系3、9战区的战略运输线即浙赣铁路，又是中国方面集结重兵的战略基地，对日军构成重大威胁。中日两军围绕南昌发生了一系列争夺战，自3月17日日军进攻吴城开始，到5月9日蒋介石下令终止反攻南昌结束，整整54天。作战过程中，中国军队在付出巨大代价后，仍没有守住南昌，在战役的第二阶段反攻南昌时，也未能达到目标。但此会战给予日军有生力量相当大的杀伤，为抗战进入相持阶段以后的一次具有重要意义的战役。

④ 该校于1933年3月筹建，1936年9月1日正式成立办学。蒋介石兼任校长，徐庭瑶任教育长，将军事交通技术教练所6期学生改编为该校6期学生队，其教职员也同时归并该校，校址设于南京丁家桥，同时在南京城外百水桥建筑校舍。1938年7月，由广西兴安迁驻贵州麻江，有官兵2845人（1944年统计），校址设在县城北武庙。蒋介石兼任校长，俞飞鹏兼任副校长，中将童元亮任教育长（前任罗章）。通校的编制分教育、研究、总务3个处，另设政治部、特别党部组织。

⑤ 中缅印战区（CBI）是“二战”期间，美国陆军对其在中国、缅甸、印度的军队的称谓。在这一战区知名的部队包括飞虎队，驼峰航线上的运输和轰炸部队，建造中印公路的工程兵部队，以及麦瑞尔突击队。

为此特别组成了一个参谋团，代表中方行使权力。团长是林蔚①，林原系总统侍从室主任，参谋长是萧毅肃②，萧代表军政部何应钦。此时我是通信兵第6团无线电中尉班(台)长。1942年3月，我们作为参谋团附属部队随军远征。部队经保山，过惠通桥③至畹町④，到达缅甸的腊戍⑤。我们有两个工作任务，一是无线电报收发，二是抄收日本战事新闻。

刚到腊戍，就出了一件大事。我们驻地在英缅军营内，隔壁有线电排的灶余火被龙卷风卷起飞上屋顶，导致屋顶上的茅草迅速燃火，抢救无效蔓延成灾，烧毁英缅军营数幢，损失惨重，造成国际事端。上级为追查责任，把临近起火点的通信单位头头关押在5军的10轮卡车上，我们参谋团一个副营长、连长、班长等都被关了五六天。这时，恰逢前方战事吃紧，通信指挥官急于用人，认为起火责任应当由当地趁火打劫的浪人负责，要求我们立功赎罪，便以战后再查处为由，向上级保释我们归队，各按原岗投入工作。由于营房烧毁，我们的电台搬到了老百姓家里。英缅军电台曾经来访，看到我们的德国机器，伸出大拇指表示敬仰，说比他们先进，因为我们的发报机已经用电了、自动了，而他们还是用火花塞的。

缅甸人大多信奉佛教，日军早就看准信佛苗头，利用造庙当住持笼络人心，尤其在登陆仰光前三天，其海军大将化装在大街上跪拜念经、敲木鱼，以探当地军事设防虚实，使登陆行动不费吹灰之力，不损一兵一卒、竟如入无人之境。

---

① 林蔚(1889—1955)，字蔚文，浙江黄岩人。二级陆军上将。原系蒋介石"总统侍从室"主任，是同陈布雷一起分掌蒋介石军事、政治的两个大管家，系其心腹爱将。

② 萧毅肃(1899—1975)，四川蓬州人，陆军二级上将。日军投降时，主持中国战区受降典礼，史称"芷江受降"。1949年赴台湾。1975年7月31日在台湾去世。

③ 惠通桥，始建于明朝末年，初为铁链索桥。它位于滇缅公路(中国段)600km处，是连接怒江两岸的唯一通道。1937年，新加坡华侨梁金山捐资将旧桥改建为新式柔型钢索大吊桥。吊桥全长205m，跨径190m，由17根巨型德国钢缆飞架而成，最大负重7吨。1942年，日寇进犯滇西，该桥交通被切断，敌、我两军隔江对峙。1944年5月滇西反攻开始，该桥又被修复，成为中国军队反攻的起点和战时物资运输枢纽。

④ 畹町位于云南省西部，南与缅甸为邻。

⑤ 腊戍(Lashio)是缅甸北部掸邦的首府，位于缅甸东北部，是缅甸离中国边境最近的一个城市，当时是中国远征军参谋团驻地。

当日军行进到同古尤皮河上时，中了我机械化200师[①]先头工兵部队在桥头设下的埋伏，桥被炸上天，日军的战车人群如馄饨落锅般浮尸水面，损失惨重，侥幸存活的仓皇逃走。我方打扫战场时，从日寇大尉尸体上搜出敌作战地图，标明来犯之敌系日军55师团，其西路为33师团，另有两个师团从海上赶来仰光登陆。而我军限于战略意图，不想为英军做嫁妆，仅200师苦战同古。师长戴安澜预立遗嘱，率部与敌苦战12天，不分胜负。右侧英缅军不动声色离去，而敌56师团赶来增援，我方再战不利。次日晨我方由新22师接应渡过锡唐河主动撤出。不想，此时我们的报务反而更多，原因是指挥部集结部队拟在曼德勒[②]与敌决战。可惜英军怀有阴谋，只想让中国军队挡住日军让他们完成撤退。因此盟军内部已是同床异梦，日军33师团乘机穿插，通过英缅军三道防线，占领了仁安羌[③]油田的滨河桥头，堵住英缅军退路。其总督亚历山大下令突围，遗尸2000多具却毫无进展。幸当日午夜，我新38师孙立人[④]师长率一团兵力，在坦克掩护下打退日寇，收复桥头，英缅军死里逃生，矫正了西方人对中国军队的歧视与偏见。[⑤]

曼德勒决战计划失败后，盟军陷入敌包围圈，只有一条退到印度的出路。此时曼德勒外围有日军3个师团，另有56师团在棠吉。4月28日，日军主力出现在腊戍北20km南泡山谷，我参谋团被迫仓皇撤退，实行纵深防卫，边撤退边指挥。

---

① 200师，成立于1938年1月，首任师长杜聿明。后又以200师为基础改编为5军，5军下辖200师（师长戴安澜）、荣誉1师（师长郑洞国）和新编22师（师长邱清泉）。5军是抗战初期国民政府唯一的机械化军。曾开赴缅甸对日作战，参与过淞沪会战、昆仑关战役、同古会战等著名的战役。尤其昆仑关战役，该师主动请缨、誓死卫国、杀敌雪耻、百般血战、锻造钢军，立下赫赫战果，树立了中国军人的正面形象。

② 曼德勒（Mandalay），是缅甸第二大城市，位于缅甸中部偏北的内陆，是几个古代王朝曾经建都的地方，也是华侨大量聚集的城市。1942年4月，缅甸盟军统帅部决定，以曼德勒为依托，集中中国方面3个整军（5、6和66军）、英国方面5个整师，共计25万人的优势兵力与日军决战。结果因盟军内部意见不一，未能协力抗敌而失败。

③ 仁安羌，缅甸中西部城市。在伊洛瓦底江中游右岸。仁安羌，缅语意为“油河”，是亚洲最早开采石油的地区之一。位于缅甸中部干燥地区南部，伊洛瓦底江东岸。公路南通仰光，北至曼德勒等城镇。

④ 孙立人（1900—1990），安徽舒城三河镇人。先后毕业于清华大学、美国弗吉尼亚军事学院。陆军二级上将。第一次缅战时任38师师长，第二次入缅作战时任新1军军长，是抗日战争中军级单位将领中歼灭日军最多的将领。

⑤ 仁安羌之战或称仁安羌大捷，是第二次世界大战期间发生在缅甸战役中的一场战斗，是缅甸战役的一部分。由孙立人领导的新38师，在此役中击败日军，是中国远征军首次在境外取得的胜利。

我们一路经过畹町、芒市，第三天到龙陵，我把电台架设在教堂内，上午敌机来袭，我们就躲在小山上，见投下长筒形天蓝色炸弹，后被证实为带有霍乱病菌的细菌炸弹。此时逃难回国的侨胞死的很多，沿途弃尸惨不忍睹。敌机走后，我继续工作，午后约4时许，传来枪声，即以战备行动，机人上车，路上抛锚、堵车，耗时一夜。离惠通桥还有几公里的地段又遇堵车，车如长龙，水泄不通，数百辆货车、卡车都要过桥，撤退的中国入缅远征军和逃离缅甸的华侨，大家都挤在一起。因为通信班的卡车至关重要，所以组成临时纠察队疏导交通拥挤：所有车辆靠右停滞，不听指挥的车辆由纠察队推到路边深沟里，或者推到路侧。临近惠通桥时，堵塞十分严重，实在无法继续前行。我审时度势，当机立断，叮嘱守卫好通信设备，自己随身携带军事机密的译电密码本，率大部分人员轻装徒步走过惠通桥。

我在桥头等对岸的通信车时，守卫宪兵面对不法分子威胁鸣枪示警，日寇潜伏的便衣以为秘密暴露，从伪装的卡车上卸下枪炮向我射来，顿时我六神无主，不知所措。正在踌躇时，另一股鬼子向桥上冲来，与我只差数米。我方将大桥炸断，以阻止日军过桥。我随人群向后山疾行。不久我抗击部队赶到，与日军形成隔江对峙的局面。

第二天我去了保山，之前，敌机刚对保山一番狂轰滥炸。保山一派人间地狱的惨象。房屋倒塌，满目疮痍，死尸壅道，死难者尤以学生居多。我参谋团遭此浩劫的人数也不少。看此惨景，悲愤难忍，立誓报仇。我先去了收容部队，后奉命归建昆明通信团，另任西南行营，仍搞电台工作。

1943年，在云南楚雄成立远征军长官部，我被借到该部兵站总监部任少校（业务）科员，搞美式通信器材调配使用工作，一做就是两年。

1944年，远征军开始大反攻。滇西、缅甸战场上远征军迎来节节胜利，直至收复仰光。1945年夏，远征军司令部被取消，我们长官部也同样成为历史，直属各单位科室人员各奔前程。我归建驻印军通信兵独立3营1连任上尉副连长，住滇池边西山某公馆内，搞学生兵转业复员工作。

1945年8月15日，日本无条件投降。我营在胜利声中饯别美国联络官兵。席间别出心裁上了一大碗桂圆汤，大家共同用筷子起食，我们已经三五个下肚，美方人员好不容易夹到嘴边又掉下来，令人忍俊不禁。他们回国时带上了有中国特色的绣花肚兜、布伞、筷子。

国防部来了通知，要求我营做好准备，补充新兵和训练，作为通信部队配合其他部队组成雄狮。根据埃及开罗会议[①]精神，中国军队和美军、苏军共同进驻日本，官兵闻此讯莫不手舞足蹈、气宇轩昂。但后来因为“双十协定”[②]被撕毁，进驻日本之事也销声匿迹了。后来，我去了通信学校任军官训练班区队长兼教官。1949 年，解甲归田回到了家乡，躬耕田间自食其力。

（改写者：金国锋）

---

① 开罗会议是第二次世界大战期间，1943 年 11 月 22—26 日，美国、中国、英国三国政府首脑在埃及首都开罗举行的盟国会议。参加会议的有美国总统罗斯福、英国首相丘吉尔和当时的中华民国国民政府军事委员会委员长蒋介石，会议结束后发表的《开罗宣言》中明确宣告：在战争结束后，日本必须将东北三省、台湾和澎湖列岛归还给中国，使朝鲜独立。

② 《双十协定》即《政府与中共代表会谈纪要》。1945 年 8 月 29 日至 10 月 10 日，以毛泽东为首的中国共产党代表团与国民党政府代表在重庆举行谈判，经过 43 天的谈判，于 10 月 10 日签署《政府与中共代表会谈纪要》，即《双十协定》。该会谈纪列入关于和平建国的基本方针、政治民主化、国民大会、人民自由、党派合法化、特务机关、释放政治犯、地方自治、军队国家化、解放区地方政府、奸伪、受降等 12 个问题。这 12 个问题中仅少数几条达成协议，在军队、解放区政权两个根本问题上没有达成协议。《双十协定》公布不久，即被蒋介石公开撕毁。尽管如此，《双十协定》的签订仍是有其意义的，即教育了广大人民，特别是中间势力，使中国共产党的主张得到了国内外舆论的广泛同情和支持，使国民党当局陷入被动。

钱炳坤：辛亥烈士遗孤的抗战岁月

钱炳坤，又名钱青。1917 年出生，浙江嵊县人。黄埔军校 16 期炮兵科毕业。2012 年 10 月 28 日下午，笔者访问了现居杭州豆腐巷某公寓的钱炳坤老人。此后，笔者又数次到钱老先生的住处拜访，每次访谈两个小时左右。以下内容根据其口述整理。

我在 1917 年的冬天出生于杭州，祖籍嵊县。我的父亲是钱骏①，他是保定军校 3 期生，也是陆军大学 6 期生，在浙籍军人中有很好人脉，朋友很多，曾经担任保定军校和陆大浙江同学会会长。

1911 年 11 月，革命党攻打杭州抚台衙署。蒋介石从上海赶到杭州任敢死队队长，我的父亲是敢死队队员。② 他们的手榴弹是自制的，我父亲扔出去之后没有爆炸，等去捡时，正好炸了，他的右手食指就被炸飞了。因为他只有 4 个指头，吃饭时拿筷子的手势就像小孩一样是握拳头的。

1927 年，北伐战争时期，我父亲奉命率军守卫浙江杭州政府，不幸被军阀孙传芳逮捕。孙传芳用高官厚禄、荣华富贵劝降，我父亲不为所动，终于在当年的 8 月招致杀害。北伐胜利后，国民政府出资为我家添置房产，并供养

---

① 钱骏（1888—1927），浙江嵊县人，在北伐战争进攻杭州战役中，不幸被俘，后遭直系军阀孙传芳杀害，被害时年仅 39 岁。国民政府追晋钱骏为国民革命军陆军少将，革命烈士，忠骨埋于岳坟前。

② 《凤凰周刊》杂志社执行主编师永刚对于蒋介石这一段历史也曾经做过考证，在其出版的《蒋介石 1887—1975》中透露：武昌起义爆发后，革命党人陈其美给在日本留学的蒋介石发电，要他立即到上海参加革命。蒋介石在请假报告被拒绝的情况下，只好请了 48 个小时的短假，偷偷离开日本回国。到上海后，陈其美立即将杭州方面武装行动的任务交给他，并命令其立即赶往杭州。蒋介石到杭州后，与领导杭州起义的同志一起研究制订了起义计划，其中包括：组织起 100 人的“敢死团”，以他为指挥，作为起义的开路先锋。于是，蒋介石马上返回上海，很快就召集了 100 多人，同时向陈其美汇报，并请示行动计划。各地会党百余人在杭州会合，秘密组成敢死队。5 日凌晨，起义的浙江新军分别从已打开的艮山门、望江门入城。在敢死队的配合下占领军械所，焚毁抚署，分兵进攻吴山旗营的将军衙门，迫使旗兵投降。杭州光复一举成功。

我们。我作为革命功勋子弟，从小到大的生活费、教育费都是政府掏的钱。我小学是在杭州市立第一小学念的，初中是在浙江省立第一初级中学念的，就是现在的杭四中。在这个学校，我的思想开始“左”倾，年轻人么，认为左一点总是好的。漫画家华君武也在这个学校念初中，他比我大两岁，高我一届。华君武在学校里办了个名为《中国艺社》的学生刊物，我也加入其中，还有汪彩西，他不知何时改名为汪巩[①]，后来是当编剧的，另有张学林等一共五六个人。张学林是共产党员，在国民党时期曾做过《东南日报》的编辑，新中国成立后做过杭州丝绸业的领导，但在1951年被镇压，据说他是叛徒。新中国刚成立的时候，我在街头碰到过他。当时他坐着黄包车，很神气的样子，还对我说，有事去找他。后来政府抓他时，曾在我家躲过一星期。临走，还顺走了一个怀表。

《中国艺社》的社员都是一群不安分的学生，对时局看不惯，觉得社会不公平，富人太富，穷人太穷，当官的腐败。我们写写文章发发牢骚，华君武在封底插画。华君武那时的漫画风格是模仿《士林西报》(据钱老说是当时较为时尚的一份报纸)的，不像后来仿丰子恺的风格。他的插画讥讽时局，用杭州话讲，就是触政府的霉头。20世纪30年代初期正是国民党剿共最厉害的时候，所以我们这个小团体被定性为“左”倾团体，被取缔。学校碰到这种事情，当然是很紧张的，就开除了华君武，那是1932年，华君武已经是毕业班的学生了，但他没能拿到毕业证书。后来他到了上海，一直没敢回杭州，抗战爆发后到了延安。2009年，杭四中校庆时，他回来过，我们同学三四个人合了张影留念。华君武去世时，杭州报纸登了不少关于他的消息。本来我想把这事写出来寄给报社，但想想华自己不提这个事情，那我也不要提了吧。被学校开除的事情就像一个人在街头被流氓打了，错在流氓，但提此事有说不出的感觉。

我的高中是在杭州高级中学读的，1936年毕业后，考上复旦大学的新闻专业。1937年抗战全面爆发，作为一个青年，总想为国家、民族出点力。正

---

① 汪巩(1916—1982)，浙江杭州人。曾任中国剧社理事长，1949年后历任“中央电影局”创作员、编剧，《大众电影》副社长，文化部文艺研究院干部。50年代开始发表作品。1953年加入中国作家协会。著有话剧剧本《美国奇谭》(合作)等。

好我父亲的同乡，嵊县人周嵒[①]也要我去考军校。他与我父亲是保定3期的同学，曾经与我父亲同属浙江2师，也就是后来的国民革命军6师，与我父亲有换帖之谊。他说嵊县籍军官太少了，要接不上了，所以要我去读军校。

1937年，我赴武汉考取黄埔军校，进入16期炮科。1938年10月，武汉失守，军校搬迁到贵州的都匀。我弟弟也是黄埔16期的，他是通信兵科，与蒋仲苓[②]是同学。因为黄埔军校12期的萧厚德是我的队长，因此也认识了萧厚德的同学兼好友郝柏村[③]。

1940年，我从军校毕业，到26集团军75军6师报到。75军就是6师扩充的，而6师又是原来我父亲曾担任过团长的浙2师演变过来的。当时是周嵒将我要到部队的。国民党部队比较讲究乡邻关系，如果是广东部队补充兵员就到广东征兵，如果是广西部队就到广西征兵。周嵒的75军兵源一般来自浙江[④]，6师的兵源台州籍的很多。抗战期间，75军曾在浙江举办过干训班，后来干训班的不少人进入黄埔军校学习，以17期的居多。[⑤] 浙6师的师

---

① 周嵒(1895—1953)，浙江嵊县人，先后毕业于绍兴中学、浙江陆军小学、陆军第二预备学校。1914年进入保定军官学校3期炮兵科。1916年冬毕业，他到浙军第1师炮兵团任见习官，后任排长和浙军2师炮兵连连长。1924年，入陆军大学7期学习，1927年夏毕业，历任26军炮兵团团附，军部参谋处上校科长、团长、旅长、副师长、师长等职。抗日战争爆发后，升任陆军75军军长、31集团军副总司令。1940年任26集团军总司令。1949年赴台湾。

② 蒋仲苓(1922—2015)，浙江义乌人。黄埔军校16期通讯科、陆军大学西南参谋班特2期、陆军步校高级班6期、陆军参谋大学正规班6期，经历抗战，后赴台。

③ 郝柏村(1919—)，江苏盐城人。黄埔12期炮科。郝柏村坚持“一个中国”的原则，反对“台独”。在担任“行政院长”任内，批准成立了台湾陆委会和海基会，为台湾地区与祖国大陆“三通”开辟了互相联系与协调的通道。

④ 75军前身是北洋军阀孙传芳所属“五省联军”的浙军2师。北伐战争时，浙军2师投奔北伐军，后被改编为国民革命军6师，受蒋介石青睐。1937年抗战爆发，在淞沪战役中，6师扩编为75军，首任军长是周嵒，仍兼6师师长。75军几乎参加了抗日战争所有重大战役。

⑤ 周嵒于1938年冬，指派吴振华将军赴浙东地区分三处以75军“干训班”名义，招收志愿从军报国的中学生。嵊县招生分会由黄志陶副团长担任会长，报名人员在嵊县中学应试，录取嵊县、新昌等地爱国青年学生800人，仅华堂村就有10多人考取。学生赴金华集中，有1500多人，乘火车至长沙，步行千里到宜都。到宜都后，住进营房，接受训练，不久因日军空袭，“干训班”迁至曹家山，借住民房，设备简陋，装备贫乏，学员蹬草鞋雪中操练，疥癣疟疾，更是通病，“消治龙”是唯一消炎药，过着极其艰苦的生活。“干训班”要求极为严格，强调要克服困难，当好兵，打好仗，把日本鬼子赶出中国去，过民族独立、国家安定的生活。所有队职，教官均选自军校毕业，品学兼优，故训练成就很大。1939年底，原定“干训班”毕业。周嵒决定并报国民党中央同意，准许学习优秀人员200多人选转陆军军官学校17期学习，继续培养军事人才。虽各部队基层军官奇缺，仍定其余学员延训3个月，迄1940年2月始圆满结束。学员被分配到各战场上任排长等职，补充抗日有生力量。

长如果不是嵊县人几乎就没戏。嵊县人任 6 师师长的接替顺序是：赵观涛[①]，方志敏就是被他抓走的；赵之后是周嵒，周之后是张珙[②]，张珙也是保定军校毕业的；张之后是丁友松[③]，丁友松之后原定是周嵒的弟弟周琦[④]。周琦字奉瑞，是黄埔 6 期，陆大 13 期的，时任补充团团长，这样就不用直接上前线打战。本来是让他团长之后当参谋长，再之后升师长的。国民党规定参谋长一定要陆大毕业，参谋长当过才可以当副师长，再升师长，这样就提高了参谋长的地位。我们 6 师守宜昌时，周琦自己表现不好，所以没能接班。75 军是很传统、守旧、古板的部队，不像王耀武的 74 军，会发生士兵在打战之余还挑担做点小生意这种事情。周琦也做点小生意，还带了一个小姐进进出出，问题是当时他还未婚，大家看到不免有意见，舆论多了。结果沈澄年[⑤]当了 6 师的师长，他不是嵊县人，但也是个浙江人。

我到 26 集团军报到时，周嵒已经是集团军司令兼 75 军军长。我在周嵒手下，从一个炮兵少尉干到警卫营营长，担任过他的侍从参谋，他对我是抱了大希望的。我的编制是在参 1 科，属于作战参谋，但实际上的角色是周嵒的侍从参谋。参 2 科是情报参谋，主要负责情报收集，当时的参 2 科科长会说日语。参 3 科主要负责后勤，蒋仲苓就在参 3 科，是个通信参谋。那时的他很瘦，有一口龅牙，爱穿尖口布鞋。80 年代我弟弟从台湾回来时，曾给我看他和蒋仲苓的合影，我已经认不出来了。照片中的蒋变胖了，很有样子，风度很好，牙也不突出了。那时还有一个参谋叫罗扬鞭[⑥]，后来在台湾做过宪兵

---

① 赵观涛(1892—1977)，浙江嵊县人，陆军中将。湖北陆军第二预备学校、保定陆军军官学校 3 期步科、中央军校高等教育班 1 期毕业。后赴台。

② 张珙(1892—?)，浙江嵊县人，曾先后任 6 师师长，75 军副军长，陆军中将。

③ 丁友松(1892—?)，浙江嵊县人，保定官校 3 期步科、陆大将官乙 1 期，先后担任陆军 75 军 6 师副师长、17 旅旅长、6 师师长、80 军少将副军长。

④ 周琦(1909—?)，浙江嵊县人，1926 年 10 月毕业于南京中央军校 6 期。

⑤ 沈澄年(1903—1979)，浙江余姚人，黄埔军校 5 期步科毕业，陆军大学正则班 11 期毕业。历任浙江 2 师见习，国民革命军 26 军排、连长，浙江省保安 2 旅营长、团附，6 师教导团团长。抗日战争爆发后，任 75 军补充 1 旅副旅长、旅长，75 军 6 师副师长、师长。1943 年任 26 集团军 75 军副军长。先后参加淞沪会战、徐州会战、浙赣会战和常德会战。1946 年起任整编 75 师师长。1948 年 7 月在河南睢县被人民解放军俘虏。新中国成立后，先后担任华北军政大学战术主任教员，中国人民解放军南京军事学院战术组长等职。

⑥ 罗扬鞭(1915—1974)，湖南省邵阳人，黄埔 11 期、陆军大学 18 期毕业。1949 年去台湾。

钱炳坤

司令。75军出过不少人才的。如曹永湘[①]，当年他赴台前路过杭州，还要我一起走。还有张雅三，后来都当军长了。

周嵒有个脾气，就是升一级时仍兼原职位。原来由6师师长升75军军长时也兼师长。就因为这个，张珙与他闹翻过。张珙当时是6师副师长，周嵒自己当军长了还兼着师长，人家当然有意见的。

我记得我们当时驻扎在湖北的兴山，离神农架不远。有一些逃兵就躲到神农架，还骚扰老百姓，当地老百姓就向周嵒告状。周嵒命令我带兵进神农架抓逃兵。神农架区域有一条溪流叫香溪，溪流中都是大石块，石块的洞里藏着大鲶鱼。这种鱼嘴扁扁的，无鳞，能长1米多长，我们在溪里游泳时曾捡到被渔民刺伤的鲶鱼。[②]

75军参加的枣宜会战[③]打得很激烈。宜昌是武汉和重庆间最重要的内河港口，它的西面就是三峡，为战时陪都重庆的门户，而且是沟通各战区的后勤补给中心，枣阳则隔汉水与宜昌相望。时年24岁的我担任中尉炮兵连长，指挥重炮炮打日军。日军在宜昌的工事修得很坚固，知道缅甸密支那[④]的工事吗，宜昌的工事与它一样防御力量极强。日军的碉堡修得与地面一样平，先修一个大地堡，前面又延伸出小地堡，大小地堡间用铁门隔开，铁门一旦关

---

① 曹永湘(1911—2008)，湖南黔阳人，黄埔8期、陆军大学15期毕业。

② 笔者怀疑不是鲶鱼而是大鲵，即娃娃鱼。神农架出产大鲵，大鲵可长到1m多长，鲶鱼很少能长这么长的。

③ 枣宜会战指1940年5月至6月，在抗日战争相持阶段中，中国5战区部队在湖北省枣阳、宜昌地区对日军华中派遣军11军进行的防御战役，会战以日军占领宜昌而结束。

④ 密支那战役为中日战争中驻印远征军反攻缅甸战役中进行的一次城市进攻作战(1944年4月29日—1944年8月4日)。以奇袭开始，以消耗战结束。最终占绝对优势的中美混合支队历时近100天，以伤亡6000余人的代价歼灭日军3000余人，并迫使剩余的日军800人退出。密支那为缅甸北部重镇，驻缅日军所修的防御工事不但坚固隐蔽、交通联络方便(坑道相连、交通壕纵横互通)，而且火网编成严密，隐秘的侧防火力急袭点遍布各处。

闭，外人根本进不了地堡。

柳际明[①]是工兵出生，在宜昌，他要求挖对壕来对付日军的地堡，当挖得弯弯曲曲的对壕接近日军的地堡时再实施攻克。[②] 柳际明是由副参谋长直接升任军长的，实战经验少。其实他的作战方法行不通。前线的团长报告说没能攻下地堡，又不敢说是指挥官方法不行，于是将责任推到一个机枪连连长身上，说他把阵地丢了，要求把连长判个枪决处置。当时我就在柳际明的边上，看到他签署枪决指令的手一直发抖，笔签不下去，柳的外号是“柳善人”。最后，他还是签了枪决的命令。其实大家都清楚，连长是个替罪羊。我记得那个连长是黄埔16期的。

柳际明当年在江西剿共时，发明了碉堡战术对付红军。红军没大炮，所以他的碉堡战术行得通。但是日军有大炮，而且很厉害，士兵一接近地堡就被炸死，我们部队死了很多人就是这个原因。2010年有个新闻报道，说湖北宜昌市发现一个山坡上埋有大量人体遗骨，大约有3000多具，专家考察大多是抗战时期国民党75军的阵亡将士，其实那就是枣宜会战时牺牲的国军将士。

日军是很能打仗的，讲武士道。我们要抓一个俘虏很难。碉堡里的日军机枪手也很厉害，死守，毫不退缩，阵地前国军的遗体堆成一片。后来国军调来德国克虏伯战防炮[③]，德国炮打得准，总算出了气。战事稍平，我和军长摸

---

① 柳际明(1899—1976)，浙江临海人，保定军校8期工兵科毕业。1927年初任中央军校武汉分校学生总队工兵大队少校大队副。后率部参加平定夏斗寅叛变，任中央独立师(由武汉军校学员组成)工兵营营长。1928年任南京要塞司令部参谋长，后改任陈诚11师工兵营长。1930年赴日本考察军事工业。1931年起任陈诚系14师、52师、5军和追剿军6路军参谋长。1935年随薛岳入黔，任贵州绥靖公署参谋长、代主任。1936年1月授陆军少将。抗日战争爆发后，任陆军补充旅旅长，94军55师师长，94军副军长，9战区司令长官都副参谋长兼工兵指挥官。1939年任77师师长，1941年任75军副军长，次年10月升任军长。1945年8月为老河口地区日军受降主官。先后率部参加武汉会战、南昌会战、第一次长沙会战、鄂西会战、常德会战诸役。其中以武宁、通城之役战功显著，对日军作战9昼夜，重创敌精锐部队。

② 为减少攻击牺牲，更容易地接近敌堡垒，实施对壕作业是最有效的手段。构筑对壕数，应根据敌阵地据点正面的大小而定，大致每隔50m—100m构筑一道为适宜。对壕形状以电光形为佳，并应在每个曲折部，构置射击位置；在对壕端末处堆积土垒，以防敌手榴弹和掷弹筒的杀伤。如能将对壕延伸到敌堡垒最近位置，对攻击更为有利。

③ 德国军火商克虏伯生产的克虏伯大炮，口径280mm，炮管长11.2m，重44吨，仰角可达30°有效射程19760m，炮弹3000m内可穿透65.8cm的钢板，每分钟可发射1—2发炮弹。

上前看，日军机枪手、供弹手尸体脚踝上都有铁链拴着，铁链钉在地上，以防逃跑。日本人一条铁链、两个饭团、一个水盆、一堆弹壳，可以打5天！

26集团军所属的6战区主要担任保卫重庆的重任。1941年，宜昌战况再次不利，日军企图打通粤汉路，这样可以直接威胁西南。75军又调到宜昌。宜昌是重庆的门户，位置很重要。这时我担任周喦的炮兵参谋。其间周喦说带我去四川的万县，由于是军事行动，不知道干什么去也不能问，就几个人一条船从宜昌到重庆。由于要躲避日机轰炸，只能晚上行船，用了10天时间才到宜昌。到了重庆的第二天，周喦带我去重庆的黄山官邸，见到了蒋介石。

其时75军归江防军管，柳际明要视察江防情况，江防最重要的是炮和工事。他向周喦要个炮兵参谋，周喦推荐了我，这样我就跟着柳际明察看江防。当时长江上游的江防总司令是吴奇伟[①]。听听这个名字，又奇又伟，应该是很高大伟岸的人。那天，我看到一个戴着鸭舌帽、扛着猎枪，后面跟着两个士兵的小个子在打猎。结果柳际明跑过去，毕恭毕敬敬了个礼，柳际明是少将么，这下我才知道原来这个还没有我高的人就是吴奇伟中将。柳让吴派个团长与他一起视察江防，结果吴说自己亲自去，他自己又带了个海军出身的福建人当参谋一起跟着。最后，吴、柳、福建籍参谋、我，加上两个吴的卫士，两个伙夫，一共8个人就出发了，一路上一个一个要塞查过去。我们几个走路，吴司令一人骑马。晚上，我们借宿在老百姓家，与他们介绍吴司令是团长。吴很喜欢开玩笑，有一回，我们在百姓家里的厅堂打地铺，吴睡在靠墙的位置，我紧挨着他。正好，那家人有一对新婚夫妇，就住在厅堂的后面的屋子里，厅堂的柱子雕着麒麟和凤凰。吴对我说，那里面有禽兽，我还没听明白，他说女的是凤，那不就是禽么，男的是麒麟，那不就是兽么。他还与我闲聊说，当年在陈炯民部队与蒋介石打仗打败了，因为武器太差，一枪瞄过去很准，可是子弹达不到射程，途中就掉到地上了。

---

① 吴奇伟(1891—1953)，广东省大埔县人，保定军官学校6期毕业，国民革命军陆军中将。抗战8年吴奇伟驻守江防要塞5年，保卫重庆。1949年宣布起义。

那年的春节我们一行是在吴奇伟家里过的，吴家安放在宜昌的三游洞[①]，洞口贴有一副对联“福如东海大　寿比南山长”，柳际明和福建籍的副官都夸这副对联的字写得很好，我当时不以为然就没吭声。副官又问是不是龙先生写的，吴奇伟回答是的。我以为这个龙先生是个男的，结果进门后，出来一个女人，他们叫她“龙先生”，我才知道“龙先生”是吴夫人的称谓。[②]

大约1943年吧，我被送到陆军大学10期参谋班受训。参谋班办在广西桂林，就在这段时间我认识了李济深[③]。李济深原来当任国民政府军事委员会桂林办公厅主任，但在1943年，蒋介石撤销了桂林办公厅，并将他调往重庆任军事参议院院长，但李济深不肯去就职，还是待在桂林。他会抽空到参谋班来看看我们，谈到我父亲时，他说我父亲牺牲得太早了。现在回忆起来，记得那时他就跟我说抗战胜利后，共产党大概会到东北发展，还说希望国共两边不要有冲突，能和平共处。

从参谋班培训结束后，我还是回到周嵒身边工作。说起来我还是神枪手。那时集团军总部有十几个苏联军事顾问，我们很机密的情报是不告诉他们的，所以他们并不很忙，有些无聊，就提出想看看中国军官的枪法。我们就把总部直属营，像通信营、特务营等等的几十个上尉军官集中起来，比赛射击。一共是10个靶位，难度一个一个增加，从固定靶到移动靶，从近距离到远距离。最后一个靶位是500m远的重机枪靶。每个靶我都是一枪命中。苏联顾问很惊讶，问周嵒我是谁，周嵒得意地告诉他们是他的参谋。苏联顾问说我这种射击水平在他们国家称之为射手。周嵒是很正统的人，总怕提拔我会被人说，但是这次射击比赛的一个礼拜后，就让我到总部警卫连当连长了。

---

① 三游洞摩崖，简称三游洞，位于湖北省宜昌市西北7km的长江边的山崖上，位于西陵峡峡口处。2006年5月25日，宜昌市三游洞摩崖被列入第六批全国重点文物保护单位。三游洞生于绝壁之上，地势险峻。

② 吴奇伟夫人名为龙文娱，抗战期间随吴奇伟在战场上出生入死，并深入前线慰问将士。

③ 李济深（1885—1959），广西苍梧人，中国著名民主主义革命家。早年毕业于北京陆军大学，曾留学日本。1924年任黄埔军校教练部主任、副校长，1925年任国民革命军4军军长。北伐战争时期，任国民革命军参谋长。新中国成立后历任中央人民政府副主席，中国国民党革命委员会中央委员会主席、中央常务委员会主席，第一、二、三届全国政协副主席，第一、二届全国人大常委会副委员长。1959年逝世于北京。

周喦信任我，是因为我也确实能帮他做点事。周喦作为集团军总司令，经常要巡检部队，检阅后要讲兵，哪些好的，哪些不好的，哪些要改进的等等。周喦年龄大了，军事术语没我这种刚从军校出来的年轻人熟悉，所以我就帮他整理讲话的稿子，我写东西动作快而且从未出错过，因此周喦信任我。

此时，我所在的师调到重庆，归属重庆的卫戍部队，由陈诚节制。陈诚时任国民政府军政部部长。陈诚也看中我，想让我担任他的侍从参谋。陈诚保定军校8期毕业时，分到我父亲所在的营里干，我父亲是营长。陈诚是杜伟[①]的父亲保送到保定军校的，而杜伟与我父亲又是换帖的兄弟，陈诚称杜伟为“杜老师”。我时年27岁，有人告诉我，部长用人很有魄力。但周喦要我先不要去，他说你连团长都没当过，部队经历太少，不利于以后的提拔。周喦说这些话的时候我没吭声，他说你与我“劈硬板”不要紧，陈部长是个燥脾气，你如果与他“劈硬板”是要闯祸的。嵊县话“劈硬板”就是脾气硬。我们背后称他为“周喦木头”，就是说他呆板。他曾经当了8年的排长，是同辈中提得最慢的一位。我自己也没有多想，再说侍从参谋的身份是极不自由的，天天得跟着，所以最后我还是留在周的手下干。现在想来，如果当初给陈诚当参谋，那么肯定就到台湾了。

我们与日本人你来我往的争夺着宜昌这一进入重庆的门户，一直打到1944年的夏天，75军又被拉到重庆綦江县，我们所在的炮兵部队用上了美国援助的型号A1M1重型炮。1944年冬天，日军再次攻打宜昌，75军又被调回守宜昌。部队在宜昌与重庆之间调用的都是轮船，那时没有车。

日本人投降的消息是柳际明在半夜时打电话告诉我的，我的第一反应是“这么快”，有些吃惊。我们当时对外面的局势也不太了解，不知道日军败得这么快。说实话，不是美国人的原子弹，日本人也不会这么快投降。听到投降的消息大家都很高兴，没有鞭炮就往空中放枪庆祝。胜利了，不用牺牲了，

① 杜伟(1892—1967)，浙江青田人。父亲杜持，曾在闽任中将师长、厦门镇守使等职。陈诚亦为青田人，1918年陈诚在杭州体育专科学校毕业，正值杜伟父亲在杭州被任命为北京国会议员，陈诚前往拜谒，杜志远见他稳重有礼，认为是可造就之才，便带往北京。1919年陈诚投考保定军校，未被录取。经杜志远得力介绍方被录取。1922年陈诚在保定军校8期毕业后，杜伟父亲写信给杜伟(时杜伟在浙军2师任少校副官)，杜伟安排陈诚为见习官。1924年杜伟在宁波任警察局长，陈诚也在他下面工作。杜伟与陈诚有这些关系，因此陈诚在国民革命军中显达时表示，只要杜伟同意即予重用。1937年陈诚在4集团军成立时，即任命杜为该军总司令部中将主任。新中国成立后，杜伟为民革成员，为统战工作出力。

也可以回家了。大家对战争都厌倦了。

随后，6 战区通知驻宜日军接受投降事宜。在宜昌的日军 13 师团不肯缴械，大约是要面子，要求到武汉缴械，这让周嵒伤脑筋。我们要求日军外出行动不能大于一个分队，也就差不多一个排的样子。有些日本兵被愤怒的老百姓或游击队杀掉，枪也被抢走。32 军 139 师是最先进驻宜昌城的，周嵒也从太平溪抵达宜昌。9 月，侵宜日军正式签署投降书，中国军民在城内广场举行抗日胜利庆祝大会。

1945 年抗战结束了，我回到杭州，在体育场路的军械仓库军改科担任股长。临解放时，有很多同学劝我去台湾。当时李济深派了一个广西人邝瑜来杭州劝说我，邝瑜是我在陆大参谋班的同学。他说李先生叫你们不要走，留下来。周亚伟也极力挽留。我自己看过毛泽东写的《论联合政府》这本书，也向往新中国，所以就响应中共“中国人不打中国人，放下武器就是朋友”的口号，就此留在杭州，并认真负责地保管好军械仓库的军事物资，将里面从投降的日军手里接收的硫黄弹，一颗不少地安全地移交给解放军接收部队。

（访谈者：朱　丹）

陶尊岳：从浙江大学到黄埔军校

陶尊岳，1926年出生，浙江绍兴人。黄埔军校7分校19期炮兵科毕业。2012年10月5日，笔者访问了陶尊岳老人。老人独居杭州朝晖某小区，尽管生活很清贫，但老天给了他健康的身体，眼不花、耳不聋，记忆力相当好。老先生彬彬有礼、谦逊朴实、坦诚相待的老绅士范让访谈过程颇为顺畅。2015年3月20日，笔者又再次拜访了陶老先生，现在的他已无养老后顾之忧，省黄埔军校同学会帮他解决了实际问题。回忆往事，老人精神振奋，数次激昂地唱起抗战歌曲，笔者也为之动容。以下内容根据其口述整理。

我于1926年阳历7月11日出生于浙江绍兴。我的祖父在清朝时做过官员，是奉政大夫①。父亲名为陶恭，在绍兴府学堂念过书，曾经是鲁迅先生的学生。在鲁迅纪念馆有一幅先生带着学生远足的照片，其中就有我父亲的身影。他在民国时期是简任官②，曾在浙江省主席黄绍竑底下做过秘书③。我小学最初是在绍兴县立第三小学念的，因为父亲认为我过于顽皮，我被送

---

① “奉政大夫”一职，在清代为文官封赠之阶，按清朝典制，官员分为九品，其中奉政大夫对应的官阶是正五品。

② 民国初期，北洋政府根据公元1912年(民国元年)10月16日公布的《中央行政官官等法》规定，中央行政官除特任官外，共分九等：第一、二等为简任官。简任官员于国务院或直属于国务总理的，其任免和铨叙等均由国务总理呈请大总统执行；属于各部或直属各部总长的，其任免和铨叙等均由各部总长商承国务总理呈请大总统执行。北洋时期的各部次长、多数司长、各省厅长、高等审判厅厅长等，国民党时期的次长、司长、厅长、高等法院院长等，均系简任官。

③ 1937年11月，在杭州沦陷前夕，蒋介石任命黄绍竑为3战区副司令长官兼浙江省政府主席。之前，他曾于1934年12月到1936年11月出任过浙江省政府主席，在浙江有很大影响。

至敬敷小学念书[1]，与周恩来的干儿子王成[2]是同班同学。敬敷小学位于一座小岛，离我祖母家较远，后来祖母想我了，我又回到绍兴县立第三小学念书。

1937年“七七事变”那年，我进入浙江省立绍兴中学学习，就是现在的绍兴一中。其实，我们在整个小学阶段已经处于抗战的氛围下。因为“九一八事变”开始，我们就已经跟随老师摇着小旗上街宣传抗日。因为我尚能说，所以老师让我站在凳子上喊“打倒日本帝国主义！”

抗战全面爆发后，日本人开始侵犯浙江，过钱塘江后，进入萧山、诸暨，很快就会逼近绍兴。我们唱着《保卫大绍兴》的歌曲，“冲过钱江北岸的城堡，保卫大绍兴！”一路跟随学校从绍兴撤到诸暨、嵊县。沿途就地上课，一般在祠堂这种地方学习。高中时，学校已迁至丽水的壶镇。最后，我的高中是在位于衢州常山的浙江临时第三中学完成的，这是一所由几所学校临时拼凑起来的中学。我们经常唱抗日歌曲，有一首是这样唱的：

听听听/这是什么声音/咚咚的战鼓声/潇潇的阵马鸣/朋友你莫惊/拿起刀枪去拼命/为我民族争生存/谁说好男不当兵/杀杀杀/把敌人杀干净/杀杀杀/杀到日本东京。

还有一首是这么唱的：

前进/中国的青年/抗战/中国的青年/我们一以当十/百以当千/中国就像暴风雨中的破船/我们要认识今天的危险/用一切力量争取胜利的明天/建国的责任落在我们的两肩。

高中毕业那年，我17虚岁，考上了浙江大学土木专业，那时浙大已迁至丽水龙泉。读了不到一年，日本人已逐渐占领义乌、金华、兰溪。时局让人无

---

① 原为敬敷义塾，清光绪三十二年(1906)改设为公立敬敷两等小学堂。民国元年(1912)改县立。后多次更易校名，新中国成立后，亦随乡镇体制变更名称。1983年复名敬敷小学。

② 王成的祖母周桂珍是周恩来的嫡堂姑母，所以，他也就是周恩来的姑表侄儿。1939年周恩来回绍兴时，曾经办过过继的手续，但是新中国成立后没见过面。

法安心读书，年轻人谁也不想当亡国奴。我有了考军校打日本人的念头，父亲也鼓励我去考。以前是“好男不当兵”，那时是“父母叫儿打东洋，妻子送郎上战场”。我父亲有 4 个儿子，我是老二。进军校需要有保证人，我的保证人一个是时任浙江省主席的黄绍竑，一个是许宗武①。

1942 年春，我在金华参加了黄埔军校 7 分校的入学考试。我记得是先体检的，很简单，就是查查视力、听力，听听心脏、肺部。然后考了数学 、国文、英文。我们被编入 18 期入伍生 4 团，团长是沈策②。入伍生多半是浙江人，也有从上海、江苏等沦陷区逃出来的青年。行军途中又陆续招收了一些，他们中有从东南亚归来报国的华侨。这些华侨文化层次较高。我们队伍从浙江的龙泉出发，差不多走了近两年，1943 年冬到达西安。当时我们还穿着单衣，那边的人已经穿棉衣了。一路途径福建、江西、湖南、贵州、湖北、河南等地，最后到达西安。途中很艰苦，经历战火、疾病、饥饿等考验。进入福建境内时，正好遇到鼠疫，水吉③已经没什么老百姓了，死的死，逃的逃。我们队伍到邵武④后，很多同学病倒，最后死了 100 多人。他们就掩埋在当地，墓碑上刻上“追赠陆军少尉 18 期入伍生团 4 团××之墓”。因为军校毕业后就是少尉，所以是“追赠”。我清楚地记得与我同一连的也死了好几个，有一个叫符明信的，是上虞人。唉，都很年轻啊。

我们行军基本靠双脚走路，记得在湖南境内坐过一段的火车。烈日与暴雨下都是行军，也没什么遮阳或防雨的器物。团长沈策想了个办法，给我们每人编了一顶类似军帽的竹笠，到时可以挡挡烈日。也经常饿肚子，有一顿

---

① 许宗武(1892—?)，广西临桂人，毕业于保定军校 1 期。1936 年 6 月任浙江省 9 区行政督察专员兼保安司令，1938 年 8 月任浙江省 8 区行政督察专员兼保安司令。

② 沈策(1907—2005)，浙江仙居人。黄埔军校 6 期交通科、陆军大学 13 期毕业。历任军政部直属通信兵团无线电分队长、队长，军政部长(何应钦)办公厅中校部副，军事委员会总参谋长(何应钦)办公厅上校参谋，1938 年任 1 军 78 师参谋长，在豫南参加抗战，后曾任中央军校 7 分校学生总队少将总队长，19 期 13 学生总队少将总队长，1944 年任 1 军参谋长兼 1 师副师长，1946 年 8 月任整编 1 师 78 旅旅长，1948 年 3 月任整编 76 师副师长，12 月任 114 军中将军长，1949 年 8 月任西安绥靖公署副参谋长、西南军政长官公署(军政长官顾祝同)作战参谋长，1950 年 3 月 31 日在西昌彝区被俘。1975 年获特赦，任浙江省政协秘书处专员，同年底赴美国定居。2002 年回国定居，并任全国政协文史资料委员会专员。2005 年在北京病逝。

③ 水吉镇现隶属福建南平市建阳区，是闽北重镇。

④ 邵武地处闽北，位于武夷山南麓。

没一顿。有一次在湖北，要过长江，必须越过敌人的布防区，大家需要补充点体力。红军两万五千里长征，后面是国民党的追兵，我们后面追着的是日本鬼子。在经过75军6师的防线时，6师师长沈澄年与我们团长沈策是军校的同学，而且6师基本是浙江人，看到我们也比较亲切，所以沈给了我们一些补给。过了老河口就安全了，那里有5战区的部队。随后就进入了河南。

沿途为鼓舞士气，团长沈策叫我们唱我们团的团歌。我还记得第一段是"崛起东南成功西北/为了抗战自由前进/我们的身体好比钢铁/我们的意志更比钢铁坚定/无名无我/锻炼学习/向着大西北迈进!"第二段是"穿过敌人的前线/穿过敌人的城堡/下武当对秦岭/看前途多么平坦/目标多么鲜明/到了长安城下/学成武业/立功四方/快乐更无上!"

到西安王曲后，我们先进行了升学考试，接着又进行了分科考试。依考试成绩分成炮兵队、工兵队、辎重兵队、通信兵队、骑兵队、步兵队。因为错过了18期的入学时间，我们就变成了19期。我在12中队炮2队，在7分校也称19期特科中队炮2队。炮1队本来就是19期入伍生团，炮2队就是我们原18期入伍生团，队长是傅鸿钧。

炮兵队一共108人，据我所知，到2014年底，仅剩6个人了，祖国大陆、台湾地区、美国各2人。祖国大陆的一个是我，另外一个是彭运呈，他在湖南，是个搞房地产的老板，经济条件不错，还说今年春天来看我。台湾地区的一个叫甘棠，一个叫陈中岳。美国的一个叫张玉军，另一个想不起名字了。

军校的学习刚开始时学科内容都一样，称"三操六讲堂"。早操、上午操、晚上操，六讲堂是"战术""筑城""兵器""地形""通信""交通"。术科就不一样了，根据各队所需进行授课训练。学习很辛苦，反正没有空下来的时候，脑子里没有时间胡思乱想。吃饭前，队伍先排好，每人做引体向上三个，要拉到衣服胸部。后来要求一下子抓到杠子就上去。跳马也是，跳过去才有饭吃。起初累得上厕所都蹲不下来，太累了。

体力消耗大，每天规定吃两顿，上午9点半吃一顿，下午3点半吃一顿。每顿一个大馒头，一个就1斤4两重。没菜吃，只有汤。12人一桌，那个汤里面只有几片萝卜之类的东西。只有过节时才可能打打牙祭，吃上几片肉。苦中作乐，调皮的同学就将原来的歌词"轰轰轰，炮声隆隆春雷动，祖国分外荣"改编成"土弄弄，大块头馍馍下了蒸笼，中间开裂一斤四两重"。

1945年7月1日，我从军校毕业，分到76军135师405团3营8连3排当少尉见习排长，驻地在湖北宜昌。我是炮科毕业的，但把我分到了步兵。8月11日，我们与日本人打了一仗，地点是在宜昌的东面，我部守在山头的阵地上。天快亮时，日军发起了攻击，我们马上予以还击，我端起"司登"①冲锋枪向敌人扫射过去。他们没有几个人，所以退了回去。

我们是在8月17号知道日军投降消息的，大家都很高兴，朝天放枪庆贺。我们部队沿江而下，先到湖北沙市②接收投降的日军。头两天日军尚未缴械，第三天才正式缴械。未缴械时，日军军营由日本人自己站岗，我们再在营地外面站岗。正式缴械后，日军不能随便进出军营，行动受到限制。我们把投降的日军押到武汉汉口江海关码头集中，移交给当地的我方部队。其间，离沙市约50里路有个郝穴镇③，也有小股日军，我们也到那边去受降，那里有一个日军仓库，我们排就在那里布防。也有和平军④缴械，他们的头头都被关押起来。

我投身黄埔军校是为了民族、国家打日本，目的达到了。

（访谈者：朱　丹）

---

① 第二次世界大战开始时，英国两个枪械设计师谢波德和杜赛宾在恩菲尔德兵工厂着手研发冲锋枪。研发成功后命名时取设计者Shepperd和Turpin姓氏的首字母和工厂名称Enfield(恩菲尔德)前两个字母组成，即Sten，中文音译为"司登"。

② 沙市区位于湖北省中南部，沙市原为湖北省省辖市，现为荆州市中心城区。

③ 湖北江陵县郝穴镇位于江汉平原东部，长江中游，荆江北岸。

④ 和平军是指"和平建国军"的简称，即抗日战争时期汉奸汪精卫所统辖的伪军。

曹天戈：将军御倭记

曹天戈(1901—1995)，浙江镇海人，浙江省黄埔军校同学会首任会长。毕业于黄埔军校4期步兵科。参加过北伐、抗日战争，1950年1月24日在滇南战役中被解放军俘虏。1964年12月28日获特赦出狱。1965年3月回到浙江，在浙江省政协担任文史专员。“文革”结束后，作为特邀人士担任浙江省政协第四、五届委员。1984年，又被推选为省政协常委、文史资料委员会副主任、省民革副主委。以下内容主要根据沈建中《曹天戈，一个黄埔老兵的人生经历》和曹天戈本人的《龙游、衢州战役的沉痛回忆》编辑整理。

1901年10月，曹天戈出生于宁波一个与基督教渊源颇深的家庭，原名曹育圣，早年求学于宁波一家基督教浸礼会创办的学校。后举家迁居上海，考入了“文生氏英专”，这是一所以补习英语为主的学校。1925年，曹天戈南下广州报考黄埔军校，同行的还有宁波同乡柳元麟等人。

在广州，曹天戈考入黄埔军校4期步科。同期学生有不少人后来成为国共两党的著名将领，诸如林彪、谢晋元[1]、张灵甫[2]、李弥[3]、柳元麟[4]等人都曾是他当年的同窗学友。

---

① 谢晋元(1905—1941)，广东梅州县客家人。毕业于黄埔军校4期。著名抗日英雄，淞沪会战中率“八百壮士”死守上海四行仓库，鼓舞了人民的抗战热情。1941年4月被刺身亡。

② 张灵甫(1903—1947)，陕西省长安县人(现西安市长安区)。毕业于黄埔军校4期，陆军中将。抗战时期参加了淞沪会战、武汉保卫战、南昌会战、常德会战等战役。1947年5月死于孟良崮战役。

③ 李弥(1902—1973)，云南莲山人。黄埔4期毕业。抗战时期参加了昆仑关战役、枣宜会战、松山战役。后到台湾。

④ 柳元麟(1906—1997)，浙江慈溪人。黄埔军校4期毕业。抗日战争时期曾任侍从室少将组长。后到台湾。

1926年7月，国民革命军在广州誓师北伐，4期同学提前毕业投入到北伐战争中去。曹天戈被派到1军2师6团，先后担任少尉见习、中尉排长。北伐军中，1军以黄埔军校师生为骨干，军长何应钦，2师师长是刘峙[①]。国民革命军的北伐取得节节胜利，1928年12月，随着东北易帜，国民政府在名义上统一了全国。

曹天戈

1935年4月，曹天戈以陆军51师“上校参谋”军阶，考取了陆军大学正则班[②] 13期。陆军大学的前身是1906年（清光绪三十二年）清廷在保定创办的陆军行营军官学堂。民国成立后，学校由保定迁入北京，正式命名为“陆军大学”，简称“陆大”。国民革命军北伐统一后，陆大于1930年由北平再迁南京。根据国民政府颁布的《陆军大学校组织法》规定：“陆军大学为养成军事高等人才，选拔品学优越之青年军官，授以高等用兵学术”，“以养成健全之军事幕僚及指挥官为目的”。曹天戈入学时期的陆大校长为杨杰，在陆大同期的同学有冷欣、陈明仁[③]、蔡文治[④]、

① 刘峙（1892—1971），江西吉安人。毕业于保定陆军军官学校，国民革命军陆军二级上将，历任黄埔军校教官，河南省政府主席，参与北伐、中原大战等多场战事，甚得蒋介石赏识。抗战时曾任1战区2集团军司令，5战区司令。后到台湾。

② 陆军大学的招考主要指的是正则班，其次是特别班。将官班不考试，由部队机关保送，批准后召集入校。正则班和特别班考生的区别是：一、中尉至少校军官报考正则班，中校以上军官报考特别班；二、在养成教育两年以上的军官学校毕业或有同等学力的军事学校毕业的，报考正则班。特别班不如正则班严格。三、连任军职两年以上的中尉至少校的军官，品学兼优，堪资深造者，才可报考正则班。

③ 陈明仁（1903—1974），湖南醴陵人，黄埔1期学生，中国著名将领、军事家，参加了北伐东征、抗日战争。1949年8月4日，他与国民党长沙绥靖公署主任程潜发出起义通电，毅然和平起义，受到毛泽东和朱德称赞。1955年被授予中国人民解放军上将军衔。

④ 蔡文治（1911—1994），湖北黄冈人。陆军中将。黄埔军校9期、日本士官学校、陆军大学毕业。抗战时期，任国民党军令部第一厅第二处处长。1950年去香港。后去美国。

戴坚[①]、沈策、彭位仁[②]、杭鸿志[③]等，这些人后来都成为国民党的高级将领。在陆大，曹天戈结识了兵学教官温剑鸣，后来，两人一直保持着良好的关系。温是广东梅县人，毕业于黄埔军校潮州分校，后入陆大正则班9期暨研究院1期学习，其后成为陆大教官。抗战时期，温主要在3战区工作。

1937年7月，抗日战争全面爆发。同年9月，陆大西迁长沙。10月，冷欣被任命为陆军预备3师师长，主要职责是训练苏皖两省的新兵，为抗战补充兵员。曹天戈也提前毕业，在冷欣麾下担任预备3师的上校团长，随军队转战皖、鄂、湘、赣各地。此后，预备3师改为陆军52师，隶属25军，军长王敬久。曹天戈担任了52师的参谋长。江西庐山战役[④]和星子之战[⑤]是曹天戈参加的两次重要的对日作战。庐山战役在历史上有孤军奋战坚持9个月之久的记载，总指挥为杨遇春，也是曹天戈的黄埔学长。上述战役的发生地都属于3战区的管辖范围。不久，曹天戈奉命调任3战区（司令长官顾祝同）干部训练团，担任少将教育处长，当时的教育长温鸣剑为曹天戈在陆大的老师。

1942年4月18日，美军B-25型轰炸机从太平洋上的美军航空母舰起飞，轰炸了日本东京、横须贺、横滨、名古屋、神户等城市后，接着，飞往在浙江省界内的空军机场降落。日本本土第一次遭到美机轰炸，朝野震惊。为此，日军于4月21日决定进行以摧毁浙赣两省飞机场为目标的“浙赣作战”。

浙赣会战开始时，曹天戈再次走上战场，担任了3战区10集团军26师

---

① 戴坚（1913—1999），湖南长沙人。陆军中将。黄埔军校7期毕业。1937年抗战爆发后，在54军8师担任过少校参谋，中校参谋主任，上校参谋长等职。1941年起任远征军荣誉2师少将师长，率部远征缅甸，对日军作战。后赴国外定居。

② 彭位仁（1901—?），湖南湘乡人。毕业于保定军校6期。抗战率部参加了长沙会战、常衡会战。

③ 杭鸿志（1907—1988），江苏铜山人。陆军中将。陆军大学毕业后留校任中校研究员、上校兵学教官、少将教务处副处长、中将处长，兵学研究院中将主任兼代教育长。1949年12月，在中国共产党的影响和帮助下，毅然组织重庆陆大教职员工护校，并举行起义，为解放重庆起了积极作用。新中国成立后，在西南军政大学学习，后任中国人民解放军军事学院教员、研究员、教员组长，曾获一等奖，为解放军军事科学做出了贡献。

④ 庐山保卫战是武汉会战的一外围游击战，从1938年7月日军进攻庐山开始至1939年4月庐山守军撤出庐山，历时近9个月。彼时，武汉会战已于1938年10月结束。庐山守军创造了抗战时期孤军抗战的奇迹。

⑤ 1938年8月24日，日军101师团157联队1大队在星子牛屎墩（鄱阳湖西岸）登陆，遭中国军队冷欣部52师的痛击，日军伤亡惨重，以失败告终。

副师长(集团军司令为王敬久,军长王铁汉,师长王克俊),在王克俊升任49军副军长后,曹天戈继任26师师长。26师是川军的部队,师长王克俊(字杰夫,四川广安人)是一员骁将,时有“撼日军易,撼杰夫难”之说。而49军是东北军的部队,军长王铁汉,陆大特2期毕业。在浙赣会战中,曹天戈率部参加了反攻宁波及守备衢州等战役。

5月15日,浙赣铁路东翼日军13集团军分别由奉化、上虞等地出发,沿浙赣铁路及其两侧向西南实施进攻。3战区25集团军及28军在新昌、安华等地逐次抵抗后,以一部分部队转入敌人后方开展游击,主力向金华、兰溪撤退。25日,日军向金华、兰溪攻击,中国守军以79师固守金华,63师固守兰溪,依托既设阵地,顽强抵抗,与日军形成对峙。27日,日军攻陷龙游,金华、兰溪守军愈显孤立,遂于28日放弃该地转移。中国军队在金、兰地区的防守作战,使日军遭受严重损失。6月3日,日军集结兵力向衢州发起进攻,守军86军与优势日军浴血奋战4昼夜后,衢州失陷,守军向南突出重围。11日至14日,江山、玉山、广丰、上饶等地连续失守。7月1日,日军打通浙赣铁路,遂转取守势,大肆破坏机场,拆毁铁路,掠夺物资。

在日军从东面的奉化、绍兴、余杭向西发起进攻后,西面驻南昌的日军于5月31日出犯,并于崇仁、宜黄一带与中国守军发生激战。6月12日以后,该敌主力转向浙赣线,在攻占鹰潭、贵溪后,7月1日与东路日军会师。7月28日,日军大本营令其中国派遣军停止浙赣作战,确保金华附近日军各部队于8月中旬撤出,浙赣会战遂告结束。此次会战,日军集中9个师以上的兵力参战,虽达到了预定目的,但也损失严重,据日军战史记载共伤亡1.7万人。

第二次衢州战役中,曹天戈的26师打得艰苦卓绝。1944年6月初,师部译电室送来军部急电,要旨大意如下:连日来,兰溪、金华、汤溪方面日军调动频繁,金华敌军显著激增,有迫切西窜,再犯龙衢模样等因。为防止当面敌人全线突击,保卫龙衢,迟滞敌人西窜,26师前线各团就地配置警戒,监视敌人动态外悉趁本日(10日)晚向龙游县城南北两岸之线转进。我根据军部电报要旨,将各团布置如下:

一、着兼76团团长李佛态立饬中校团附龙霖带一个营,驰进龙游,加强城防工事,确保县城。

二、76团、77团(欠一个营)归李佛态统一指挥，并于即晚天黑后，除配置警戒、严密监视敌人行动外，应迅向龙游县城东郊转进并迤南北之线展开，保卫龙游外围。

三、77团何骏武营暂归师直接指挥，应于本晚夜暗向寺后师部南侧高地附近转进，集结待命。

四、守备兰溪的78团应酌量当前敌情，加意监视敌人水陆动态，相机趁即晚夜暗向龙游西岸转进待命。如情况许可，应尽可能在龙游西岸征封渡江船只(已明知是不可能做到的要求)。

五、师前进指挥所在寺后以西8km处，原寺后师部决定于即晚24点撤销，撤销前余仍在寺后。

同时通知龙游县长陈谟迅即疏散城厢居民，并请其大力设法在江北征封船只50艘，以备必要(据其答称，本晚已无可能，且看明天情况再说)。

当晚76团中校团附龙霖率同一个营首先进入龙游；副师长李佛态带同76、77团各两个营亦于午夜光景相继到达预定地区。唯兰溪78团与77团何骏武营尚无消息。为防万一，嘱咐参谋长黄惕斋带同师部官佐和部分直属连队先去指挥所，并向军部和龙游部队保持联络，同时派传令军士几人立即过江与78团取得联系。我为便于等待78团及何骏武营的消息，仍留在寺后。12日拂晓终于伴同着隐约疏落的枪声而来到，看来，今天的一场仓促应变的战斗是无法避免的了。

时间已经过了6点，城郊枪声越来越近，江北于丕富团和江南何骏武营仍无信息，决定结束寺后师部，先到指挥所再说。不料出门向西行，不到几分钟，便遭到师部南侧高地上一小撮敌人的猛烈射击，那正是我指定何骏武营集结待命的地区。我随身侍从散开反击，我循着一条北向的干沟前进，边走边想：这一堆敌人有可能是乘隙而入的敌左侧支队的搜索兵，万一有后续部队的话，那就糟透了，会立即威胁到我龙游部队的侧背退路，一个光棍师长简直如身临麦城。好在随即据报，一小撮敌人已经退走，没有出现想象中的最坏局面。再一想，当面日军22师团的一个旅团正开始用飞机、大炮联合轰击，对我发动攻势，我们仓促应战的5个营能苦战多久，是很难设想的。一旦我龙游守备部队支持不了而被迫撤退，则在我78团尚在西岸无法渡江、何骏武营又迄无消息的情况下，我这个“光棍”师长待在这里，等于待毙；而先回指挥所待着,也同样无济于我撤退官兵被动挨打的悲惨局面。由于军队派系矛盾,26师一到危急关头是断无救援的,因而我抱定决心立即过江,与其看着部队挨揍被吃,不如有所为而力争主动。说也凑巧,我走出干沟后,不知不觉已接近江边,望见了派去联络的几个军士已经过来,据悉,他俩尚未见到78团于团长,部队正在陆续来到;昨晚兰溪江面也出现一些敌情,可能因而耽搁了撤退时间,在此情况下,征封船只更是无法办到,现在对岸还留着两个联络军士正在等候于团长的到来云云。我听了立即将眼前情况和我个人的决心以及必要时后撤的意见,分头派人送信告知指挥所黄参谋长及前线李副师长后,立即带着随从过江。旋即见到了于团长,及等到部队到齐,时间已近晌午,立即命他们继续向衢州疾进。当时听龙游方面枪炮声已经相当激烈。

当天部队行进速度快不起来,走到天黑还没走到50里路,官兵饥饿疲乏不堪,猛一想,拖垮了上火线也不中用,干脆叫他们停下来,边造饭,边休息,一早带饭赶路。到达衢州北岸时,雨后水涨,直到部队过江进城已是黄昏光景。我与军部前进指挥所副军长王克俊取得联络,得悉敌人先头已越过衢州以东25km的安仁附近,我76、77团已到达衢州东郊沿乌溪江西岸的花园之线转进。我根据上述情况,立即率78团出城,接着76团的左翼展开,加强了衢州正面防务力量。上灯时分,从警戒线撤回的哨兵报告,敌军先头已逼近我防线正面,同时也听到了零落的枪声。

14日凌晨,敌军开始全线进攻。6时许,敌机也轮番出动,敌人步兵在炮、空协同轰击掩护下,疯狂猛扑,企图一举夺取我方阵地。我官兵沉着反击,在炽盛火力交织下,敌死伤累累,寸步难进。敌恼羞成怒,继续硬拼。这一整天,敌我双方反复较量,战况空前紧张。直到黄昏,我方军部前进指挥所发现右翼东南侧出现敌骑,似有敌后续部队增援模样,为增强衢州防御,命令26师趁即晚夜暗分头向衢州东郊乌溪桥及其向南延伸的黄家之线后撤。

15日凌晨,突然发觉敌人接踵而至,行进速度远出意外,似有蓄意报复昨天一战之恨的企图,乘我立足未稳,突破我中央,分割席卷我右翼师部。至此,师部迫不得已,只能同负伤营长杨继先及一些伤员撤过港山江,向后溪街军指挥所报告当前情况,并奉命如下:

一、左翼78于丕富团暂归军部直接指挥，保卫衢州。

二、26师师部及其76、77两团过江官兵，应即撤至江山地境，休整待命。

从那天起，除我78团守卫衢州外，全部战防任务才交由105师接替。

保卫衢州的战斗，相持至25日，敌又开始用飞机、大炮联合轰击，准备攻城，当晚炮轰衢州城墙尤为猛烈。第二天凌晨，衢州东城已被轰毁坍塌，敌军由此冲入，蜂拥登城，首先击溃了专守东城的105师的一个营，跟即分向西、北方向扫射疾进。我78团在团长于丕富指挥下，奋起反击，浴血苦战，但终于在上下敌人火力交叉下，官兵死伤过重，无法立足，被迫冲出西、北门，打算泅水强渡，过江再说。无奈仍在猛烈敌火有效射界之下，不死于城，便死于江，幸存生还者，寥落无几，真可说"血战江城赤，骨铮视死归"，壮哉烈也！衢州经过这场拼搏，再度失守。此番衢城保卫战中，除105师的一个营伤亡惨重外，我26师的78团牺牲团长于丕富一员，营长张雄虎、陈檄文两员，其下尉级官佐、士兵伤亡之数可以想见。

衢州陷后次日，北岸居民在江边捞起浮尸一具，见到衣袋中符号，知是26师团长于丕富，闻讯后衢州行政专员姜卿云特为之筑坟立碑焉。

日军于26日攻占衢城后，由于孤军深入，伤亡既大，补给亦难，更慑于我三面大军增援，不敢久恋，到29日就撤出衢州。

当衢州失守之日，我49军军部呈送3战区长官部的战报中，竟然将衢州陷落的责任归罪于26师于丕富团。幸经当时长官部参谋长温鸣剑仗义执言，严正指出说：此次负责衢州城东门防守者是105师315团的一个营，而敌军正是首先攻破东城而入的，诿罪于26师于丕富团是无理的。这才把49军军部说得哑口无言，洗除了于丕富团为保卫衢州而英勇牺牲的官兵不白之冤。

（改写者：朱　丹）

曹立德：军旗插上松山之巅

曹立德，1921年9月出生，浙江椒江人。黄埔军校18期工兵科毕业。1944年参加滇西松山战役，并立功。1956年返回原籍，1982年退休，曾任椒江区黄埔军校同学会会长。本文根据对曹立德的访谈整理。

我原名俊青，军校读书时名为曹政，出生于1921年9月30日（农历八月二十一日）。我的父亲为人忠厚老实，是商店职工，不幸54岁时病逝，那年我15岁。我的母亲勤俭贤德治家，辛勤培育孩子。我兄弟3人，无姊妹，我最小。我7岁时入台州中学附小读书，毕业后继续在台州中学读初中、高中。因家境贫寒，于18岁时辍学。适浙江省封锁缉私队在临海招考，应考录取。受训后，服役年余。时抗日军兴，中央军训部入伍生1团来临海招生。我立志报国日久，投考录取。1941年春，在金华复试后，到江西铅山陈坊受训，约9个月。当时黄埔军校18期委托陆军工兵学校代训，所以我们即是黄埔军校18期独立7大队工兵科学生，也是工校8期学生。工校在湖南永州（零陵），在那里，我们受到了严格的军事训练。1943年8月5日毕业，我留校半年。

1944年春，我和朱键、陈立成同学，奉命派往8军。当时，部队驻滇南文山的古木整训，我3人同去参谋处见习，历时半年。那时，盘踞滇西松山之敌，扼滇缅公路咽喉，腾冲、龙陵互为犄角，四面环山，形势十分险要，是兵家必争之地。日军占领后，重兵驻扎，凭借其坚固工事，企图在此断我外援交通，我军屡攻不克。8军奉命增援，所辖荣誉1师、103师、82师精锐部队前往杀敌。

我和朱键同学由军参谋处调军工兵营，陈立成同学调103师工兵营，各任排长。我们由陆良登飞机到保山，继向西进，横渡怒江天堑，在军长何绍周①(黄埔1期)指挥下，进入阵地，攻击敌阵。敌人在制高点设有重机枪火力封锁，我军屡攻屡挫，伤亡惨重。副军长李弥(黄埔4期)原在芒市前线指挥，闻松山久攻不克，特来战地侦察敌情、地形。后经指挥部研究发现：敌军居高临下，制高点设有重机枪火力封锁，我进攻部队一举一动，敌一目了然，大为不利。要克敌制胜，首先要消灭该机枪火力，继步炮配合，以疾风迅雷之势，一举歼敌。

司令部命令我用火焰发射器扑灭敌制高点重机枪火力(火焰发射器即喷火器，是当时最新式武器之一)。我接受任务后，做好一切战斗准备，率领班长郑家元，利用地形匍匐前进。到达敌机枪位置之死角，我们全神贯注地仰望上空，等候命令下达。当发现信号弹后，我俩抱着必胜信念，将火焰喷射到敌机枪射击孔内，逼使敌人无法容身，逃窜到战壕。此时副军长李弥见工兵已达目的，立即命令炮兵射击，顿时炮弹如同雨点，猛击敌人战壕，敌难以立足，又狼狈窜到碉堡掩蔽。这时，副军长再次命我喷射火焰，在炮弹与火焰夹击之下，冲锋号响了，我步兵乘炮兵延伸射程之际，奋勇攻击前进，最后，制高点的顽敌全部被歼灭，我们的军旗插上了松山之巅。

制高点敌人虽已消灭，但敌军高级军官及军属仍隐蔽在深山幽谷，倚仗粮械充足，继续挣扎图存。我军意不惜代价，彻底消灭敌人，随即采用坑道战术，命令朱键同学担任坑道构筑任务，限期完成。他受命后，废寝忘食，夜以继日地与士兵同操作、共艰苦，最后提前三天完成了任务。并将两大卡车炸药装进坑道爆炸位置，一切作业完成，等候命令下达。朱排长将电器点火机紧握在手，我俩寸步未离，待我军前沿部队全部安全退出危险界。翌日黎明前，命令下达了，朱排长按动了点火器，巨雷似的响声震动了整个松山，顿时山崩地裂，黑烟冲天，敌人葬入了火海之中，幸存残敌在我军追击下投降了，继而，我军俘虏了敌军官兵及家属，缴获其仓库里的武器弹药、粮秣及大量牛肉罐头和其他军用品，又一次取得辉煌的胜利。

由于山高林密，散布在角落和深谷中的敌人散兵一时间没有彻底肃清。一日我军部工兵营长常承燧率我和朱键2人，由敌阵地侦察地形归来，行至

---

① 何绍周(1902—1976)，贵州省兴义人。黄埔军校1期毕业，陆军中将。在8军军长任内，指挥松山战役获胜，获青天白日勋章。何绍周系何应钦二哥何应禄之子，人称“侄帅”。

半途山径,突闻上空“嗖”的一声,我感到此音不妙,立即从山径迅速滑至下坡隐蔽。此时,常营长衣服两袖已着火,他一面灭火,一面高声疾呼:“曹排长,朱排长。”我高声答复:“我在这里,我在下坡。”可朱排长没有回应,他不幸被万恶的敌人放冷枪击中身亡。我与常营长会合后,热泪盈眶,共同为朱键料理了后事。朱键同学,江苏徐州人,年仅26岁,他壮志未酬身先逝。不幸的事故相继而来,敌军炮击我103师阵地时,其中有一枚哑弹,该师命令工兵营陈立成同学前往排除,他接受命令后,率4名士兵同往,正接近该弹时,哑弹突然爆炸,瞬间5人血肉横飞,尸体四散。陈立成同学,浙江天台人,牺牲时年仅23岁。与我同出黄埔校门、同进8军的朱键和陈立成血洒疆场,以身殉国。

我和朱键在松山战役中创奇功,立伟绩,均获军政部“忠勇”勋章,晋升中尉排长。松山收复后,部队调后方路南补训,我任副连长。

1945年8月15日,日寇投降。8军奉命北上青岛接收,工兵营担任扫尾任务,我奉命率领加强排在黔桂交界八渡河操渡任务,通过全军辎重车辆。后接上级命令:扫尾结束归建,速来穗,随海珠轮北上。汽车到达广西桂平时,平地翻车,误时未到,海珠轮已起航离穗。当夜该轮在虎门洋面爆炸,官兵千余人皆葬鱼腹,工兵全营人员亦在其中。我因汽车事故则逃过这一劫。营长陈运昌,海南人,善水性,脱险来穗,收容在穗养伤、病康复人员即落队官兵再编成工兵营,我任连长,整训待机北上。

(省民革供稿)

黄廷鑫：参加诺曼底登陆战役[①]

黄廷鑫(1918—2009)，安徽安庆人。青岛海军学校毕业后又进黄埔军校学习。参加了诺曼底登陆战役。民革成员，新中国成立后，曾在浙江化工学院(现为浙江工业大学)任英语教师，后在浙江丝绸工学院(现为浙江理工大学)任教至离休。本文根据刊登于《黄埔军校浙江校友通讯·纪念抗日战争胜利60周年(特刊)》(2005年8月，总第68期)上的《61年前，他参加诺曼底战役》(作者：胡竹林)改写，并参考了《一个中国军官的诺曼底亲历》(《新民周刊》2014年6月11日，作者：姜浩峰、陈慈林)，《中国大陆唯一健在的诺曼底登陆战亲历者黄廷鑫》(新浪国际在线2005年6月6日)，《黄廷鑫：祖国大陆唯一健在的幸存者》(国际在线2004年6月5日)等资料。

黄廷鑫于1918年2月出生。1936年从安庆高级中学毕业，那时他19岁，之后考取了青岛海军学校[②]。当时的考试方式是由学生先到当地教育局报名，试卷由青岛海校寄到安庆，考完后教育局再将之寄到青岛海校批阅，再根据成绩录取。黄廷鑫接到录取通知书时，已经是1937年“七七事变”以后。他先到南京报到，开始为期半年的军训。随着1938年1月青岛沦陷，青岛海

① 2006年7月5日，法国驻上海总领事馆总领事薛翰代表法国政府向已经88岁高龄的浙江理工大学离休教师黄廷鑫颁发了一枚法国最高级别的荣誉勋章——“荣誉勋位骑士勋章”。薛翰说：“我们以这枚勋章来表示对所有参加过这场战役的中国人的感谢。这枚勋章代表了法国对您的感激和谢意，法国感谢您参加世界最重大的军事行动之一——诺曼底登陆。法国永远忘不了1944年6月6日，法国也忘不了帮助我们从纳粹的凶蛮中解救了祖国和疆土的人们。”

② 青岛海军学校(1923—1940)的前身是于1923年4月成立的葫芦岛海警学校。这个学校是由奉系军阀首脑东三省检阅使张作霖创立的。后属国民政府军事委员会东北和北平行营管辖。1933年8月学校搬至青岛，改名为青岛海军学校。自1923年开办自葫芦岛到1940年结束于四川万县止，18年先后毕业航海、轮机学生5届共计432名。

校开始内迁,一路西迁到四川。一段时间里,海校学生在四川万县狮子寨学习海军知识,在完全没有海洋的山沟里学习,但好歹还有水。狮子寨有一瀑布,高约15m,瀑底是一大水潭,叫白龙潭。这里是学生游泳的地方。1940年,黄廷鑫从海校毕业。这一批是青岛海军学校的最后一届毕业生。毕业的时候,中国的海军舰只已因抗日战争的爆发而损失殆尽。无奈之下,1940年秋,黄廷鑫又入成都黄埔军校,成为17期学生,学习炮兵。

1942年夏天,黄廷鑫从黄埔军校毕业等待分配部队。这时抗日战争正处在相持阶段。国民政府军事委员会经过精心筹备,召开了一次旨在加强海军建设的特别会议。会议最终达成共识:派遣一批精英出国留学,为以后的海军发展做好准备。随即,国民政府军事委员会筹备处通过严格筛选,在上千名海军军官中挑选了85人,其中60人去美国,25人去英国。先编入中央训练团25期受训。受训期间,蒋介石常来讲课,讲课内容大多是一些孔孟之道、修身齐家治国平天下之类。

1943年6月,黄廷鑫他们正式接到录取通知。他们先从重庆到昆明,在昆明乘坐陈纳德"飞虎队"运输机飞越喜马拉雅山到达印度的加尔各答,后搭火车到孟买。1943年10月登上了英国商船。这是黄廷鑫于抗战初期投考海校5年后,第一次看到真正的海洋。

当时德国潜艇对反法西斯同盟国实行海上封锁,商船必须有海军舰队护航才安全。为了防备德国潜艇,黄廷鑫上船后和所有登船者一样,获得救生袋一只。船队经印度洋、亚丁湾、红海,通过苏伊士运河,经地中海前往英国。这是"二战"以来,首个经过地中海前往英国的船队。为船队护航的是1艘巡洋舰和7艘驱逐舰。压阵的是一艘航母,从航母起飞的4架飞机,不时掠过船队上空。没想到,在地中海还真碰上了德国潜艇。黄廷鑫平生第一次经历了海战。当时,两艘驱逐舰脱离编队进攻潜艇,一艘负责用仪器跟踪潜艇,锁定目标、发出指示,另一艘发射深水炸弹攻击,结果德国潜艇被打跑了。经过直布罗陀海峡之后,船队于11月初抵达英国。

在赴英留学的25人中,有4人被分到朴次茅斯轮机学校学习轮机专业,而有着百年悠久历史的格林尼治海军学院则为卢东阁、郭成森、王显琼和黄廷鑫等21名中国留学生专设了一个"中国班",一切按英国皇家海军的传统要求,为中国留学生系统教授英语、航海、鱼雷、枪炮等课程。

黄廷鑫

在经过格林尼治皇家海军学院、洽塘(Chatham)兵营等实训后，英国皇家海军根据战时需要，将这些中国海军军官分配到英国海军各大型现役军舰上参战、实习。王显琼、葛敦华和黄廷鑫被分配到“搜索者”(H. M. S. Searcher)号轻型航空母舰。卢东阁和郭成森等则登上了“肯特”号重型巡洋舰。“搜索者”号是一艘由美国制造、一万吨级、能载 25 架飞机的轻型航空母舰，主要执行护航任务。初登航母，经过观察，黄廷鑫搞清楚了这个飞行甲板只有 100m 的家伙，是怎样起降飞机的。其一，航母是活动的，能以高速航行。飞机迎着风速起飞，在很短的距离内就可获得升力。其二，航母的飞行甲板上，有一套设备，使飞机停止。在飞行甲板上，每隔七八米，就有一根钢缆。钢缆平时是放下的，飞机降落时，钢缆由两个支架升高到 6—7 英寸。飞机尾部的钩子放下，拖在机尾下方。飞机飞向航母，在未达甲板时，就要关油门，让机尾的钩子在飞行甲板上拖过。

黄廷鑫在舰上的职务是航海值更副官，主要负责观测航母在海上的角度和在编队中的位置，这不是一个轻松的差事。因为航母必须根据风向、水流来决定航行的状态，从而保证飞机顺利起降。同时，航母在航行时，值更官要时刻监视飞机换班、在天空飞行是否有异常等情况。

1944 年 5 月底，“搜索者”号驶出苏格兰斯卡巴夫洛军港，一天后到达位于北爱尔兰的贝尔法斯特港。1944 年 6 月 2 日午夜，“搜索者”号悄悄离开爱尔兰贝尔法斯特港，驶向英吉利海峡南端。当时像黄廷鑫这样的普通军官并不知道“搜索者”号执行的反潜和警戒任务，正是后来举世闻名的诺曼底战役[①]的

① 诺曼底登陆是第二次世界大战中盟军在欧洲西线战场发起的一场大规模攻势，战役发生在 1944 年 6 月 6 日早 6 时 30 分。这次作战行动的代号“霸王行动”(英语：Operation Overlord)。这场战役在 8 月 19 日渡过塞纳—马恩省河后结束。诺曼底战役是目前为止世界上最大的一次海上登陆作战，牵涉接近 300 万士兵渡过英吉利海峡前往法国诺曼底。

组成部分。这一天，黄廷鑫唯一感觉到与往常不同之处是——原本航母都是白天离港，这次竟然是晚上。

黄廷鑫吃完早餐后，就来到驾驶台值更，他看见飞机都是一排一排地出发，对敌方进行地毯式的轰炸，每天都是头一天晚上去轰炸，早上4点钟左右回来，天空中的飞机都是黑压压的一片一掠而过，就像天空中的飞鸟，至少有1000多架飞机。这样的情况持续了两三天。这就是诺曼底登陆，盟军共出动1万多架次飞机、3000艘军舰。在英伦三岛以及所有的港口，到处都是军队，还有许多运输的船舰——运输油料、物资和器材的船舰。后来，黄廷鑫还听说，在那之前，潜水员已经破坏了海峡中的障碍物。所做的这一切，都是在为登陆做准备。

诺曼底登陆后，黄廷鑫又随着"搜索者"号参加了盟军在法国南部土伦港附近的登陆作战，时间是1944年的10月。主要任务是用舰载飞机攻击德军防线，并掩护登陆。此时的德国已是强弩之末，盟军的进攻势如破竹，登陆战役进行得很顺利。登陆时，海面上全都是同盟国的各类船只，原本非常空旷的大海，此时也显得拥挤不堪。尽管此役的规模远不如诺曼底登陆，但场面仍很壮观。

土伦登陆胜利后，"搜索者"号开到马耳他稍作补充，就又出发到埃及的亚历山大港，执行盟军进军希腊的任务。"搜索者"号的任务是空投希腊王族成员，让他们回国重建政府。1944年底，"搜索者"号回到英国，黄廷鑫也结束了在航空母舰上的实习经历。接下来的一年中，黄廷鑫和同学们全都在学习正式的海军课程。

近一年的学习结束后，黄廷鑫被派到英国太平洋舰队参加对日作战。还没赶到舰队司令部所在地，日本就宣布投降了。1945年底，黄廷鑫又被派到英国太平洋舰队实习。1946年初夏，黄廷鑫已完成全部学习课程，经英国方面同意后，从香港离英舰回国。

1946年秋，黄廷鑫又参加了"重庆号"的接收工作，再度赴英。"重庆号"原是英国地中海舰队的旗舰"亚历山大"号。作为英国征用在欧洲的中国商船的补偿，英国把"重庆号"赠送给中国。1948年，黄廷鑫回到中国，任职南京国民党海军司令部作战处少校参谋。在国民党撤退台湾时选择了留在内地，并参加中国人民海军。1958年转业到高校任教。

（改写者：朱　丹）

黄宝琳：滇西远征军中的运输官

黄宝琳，1921年出生，浙江乐清人。黄埔军校1分校16期步兵科毕业。2014年1月27日下午，笔者访问了现居温州乐清黄华镇南山前村的黄宝琳老人。93岁高龄的他身形瘦削，白发白眉，颇具侠气。夫人陈素文气质优雅，出生于乡绅家庭，是新中国成立前的高中生，虽偏居乡村多年，谈吐之中全无鄙陋之气，待人大方热情，让人肃然起敬。两老居住在优雅洁净的三层楼房，看得出家境不错。时值接近除夕，老人远在西安做生意的儿子、儿媳、孙辈也回家过年。小孩的玩闹声、大人的说话声让整栋房子充满了生活气息。以下内容根据老人口述及提供的材料整理。

我是乐清南山前村人，家里原来有200多亩地。兄弟姐妹4人，3个兄弟，1个姐妹。我排行老二，是大儿子，1921年出生的。我的小学是在柳市[①]念的，初中是在温州第一中学念的。在温中读书期间，南京、上海等地已经沦陷，同学们经常在学校宣传抗日，不少同龄青年奔赴前线抗战，我心里也想着有机会就赴前线参战，保家卫国。1939年，初中毕业班时，有一日在《瓯海日报》上看到陕西抗日军政大学及陕北公学的招生广告。当时除我以外，同班同学张炀及瓯海医院的3个护士也准备去报名。不幸的是，新四军驻温州办事处被当局查封，无法办理入学手续，我们只能赴异地想办法。

我想去抗战的事情家里并不知道，怕告诉他们后不同意，毕竟我是大儿子。但盘缠要想办法解决。临出发前半个月，我回了趟老家，在楼顶的书柜中的一本书里，找到了爷爷存的200元现钞。回温州后就办理了休学手续。

---

① 柳市为温州乐清的一个镇，现被誉为“中国低压电器之都”，拥有正泰集团、德力西集团等低压电器行业领军企业。

原以为可以顺利出发，不料温州的一个亲戚告知了爷爷我要出门的消息。爷爷知道后，很生气，赶到温州阻止我。我第一次斗胆违抗了长辈，爷爷生气地拿了我的皮箱就走。好在爷爷最后想通了，同意我出门当兵，但要与家人告别后才能走。我回家后，父亲要求我去宁波读水产学校，但我绝不改变主意，毅然启程。

我们从温州坐汽车到了金华，接着转乘火车，最后到了湖南长沙，找到了八路军驻湘办事处。我们几个笔试通过后，经体检合格后录取为抗大学生，并发给了通行证和入学证。办事处要求我们到陕西西安七贤庄1号八路军驻陕办事处报到。当时武汉已经沦陷，火车不通，只能坐小船沿湘江至藕池口，再乘轮船到湖北沙市。接着沿荆襄公路步行至陕西汉中，历时一个月零四天。我们一路风餐露宿，忍饥挨饿，人已筋疲力尽。由于我们拿的是八路军的通行证，不幸被陕鄂边区警备司令部宪兵队扣押，被关押、盘查了一个多月，最终查不出什么问题就释放了我们。得知我和张炀想去读抗大，就要求我们转而投考位于汉中的黄埔军校1分校。我想，到哪里读书都是为了打日本人。经考试和体检，我被录取为16期步科学生。张炀因体检不合格没有被录取。

1分校16期共有2个总队，即10、11总队，每个总队1000人。我被编入11总队1大队1中队。1分校的主任是钟彬[①]，教育长是夏衷寒。我所在的1大队大队长是石静铮，中队长是陈济光。16期是1939年10月入学的，1941年元月毕业。入学后有3个月的入伍生生活，享受二等兵待遇。之后才享受军校学生待遇。军校生活相当辛苦，早上4点半起床，晚上9点钟睡觉。我们中队住在石谷寺，大家都住在寺庙里，一个中队入住一个寺庙。每天三顿饭，每人供应量为一斤半(16两为一斤)。那时训练量大，吃不饱，我家里经常给我寄钱买吃的。同学中有受不了苦逃走的。我们教官基本毕业于4所军校，即东北讲武堂、浙江讲武堂、保定军校、黄埔军校。每星期有两

① 钟彬(1900—1950)，广东兴宁人，毕业于黄埔陆军军官学校1期，陆军中将。抗日名将，“一·二八”淞沪抗日战争爆发，他率部与19路军并肩对日作战，担任浏河一带阵地守备。全面抗战爆发后，历任88师师长，71军副军长、军长，青年军203师师长，青年军9军军长。1939年4月，钟彬奉召再返军校，担任中央陆军军官学校1分校中将主任，在汉中分校执掌校务两年。1941年，率部入缅甸作战并获得青天白日勋章。

节日语课。不过，军校服装质量不错，穿的是呢制制服，下面是翻毛皮鞋。我们的毕业典礼由夏衷寒主任主持。

1941 年元月毕业后，我被分配至军政部补充兵训练 9 处，在 4 团 6 连任少尉排长，到陕北白水县接新兵。有一次，轮到我做值星排长，夜晚时候，发现一个新兵逃跑了。第二天一早，我便查询原因，追究责任。从一位新兵口中得知，是排里的一位值班班长放跑的，我准备处理这位班长，可是班长却说是排长带走的。后来，我总算搞清了原委。很多新兵都是强征进部队的，他们不想打仗，有机会就想离开。所以，家里条件好一点的，就会买通值星官逃跑。我向上面报告了那位排长私自放走新兵之事，结果那位排长自己也逃走了。此事处理带来的另一个效应是他们认为我是做事认真的人，连长此后经常拉我下馆子，拉拢我。

1941 年 6 月，我团开赴四川的永川县整训。从西北到西南，路途遥远，基本上在翻山越岭，历时一个多月才抵达。此后，我升任中尉排长。

1942 年 5 月，我们团被编入永荣师管区补充兵 4 团，开赴峨眉山接新兵，历时 3 个月。任务完成后，我团移驻大足县。不久，我被升任 4 团 1 连上尉连长。

1943 年 3 月，我团接收新兵满员后奉命开往云南，编拨军政部中国远征军兵站总监部运输 4 团，驻镇南县，就是现在的南华县，在那里集训了一段时间，我任 4 团 1 大队 1 中队上尉中队长。总监部共有 12 个运输团。

1944 年，我军发起对怒江西岸日军的全面反攻。我团接到运输任务，一批重迫击炮弹，每颗重 50kg，口径为 15cm。这批炮弹是从美国空运到昆明的，然后用汽车运到镇南县，之后全部用人力背着从南华出发，经弥渡、鲁史，过澜沧江铁索桥，至昌宁、保山、辛街、惠通桥一线，路途均为原始森林，背着重物在崇山峻岭中的羊肠小道上行走非常消耗体力，辛苦得难以形容，其中滋味只有经历过才有体会。除此外，我们还要运送军粮到前线，有时从此处到彼处一天往返数趟。

防守怒江东岸远征军的右翼部队为 20 集团军，左翼为 11 集团军。为配合我驻印度远征军作战，需要打通中印公路，也就是雷多公路，中缅公路。入侵滇西之敌为日军 56 师团、2 师团及 53 师团之一部分。此役战斗非常激烈，最终以我方胜利告终，终于打通了国际运输线。但我们也付出了惨重的代价，我军伤亡数达22万人，包括不少人病死。黄埔同学亦有数千人牺牲。

此战役期间，瘟疫爆发，恶性疾病横行，疟疾、猩红热、伤寒、回归热均出现，部队医疗条件差，缺医少药，仅我们中队就病死30余人，其中包括一名少尉排长。

我也于1944年8月感染了回归热，病情危重，陆军野战医院少，加之当时没有特效药606，这种特效药只有重庆红十字医院有。所以，部队照顾我，让我搭了运输车回重庆治病。经过一个多月的治疗，终于治愈。

出院后，我到了位于重庆边上的永荣师管区任志愿兵团璧山营上尉副营长，后任4营6连上尉连长。抗战胜利后，师管区缩编为团管区，我被编余调白市驿军官训练团。此时接到家书说“祖父谢世”，即请假返回故里。此后再没有外出，在家靠从事田园劳动谋生。

（访谈者：朱　丹）

楼吉康：风雨黄埔路

楼吉康，1921年出生，浙江诸暨人，黄埔军校3分校18期毕业，毕业后分配至49军任少尉排长。1945年随军在丹阳接受日军投降。1995年开始，参与宁波黄埔军校同学会日常事务，后历任理事、会长，宁波市政协委员，浙江省黄埔军校同学会副会长等职。本文根据楼吉康老人口述整理。

日寇全面侵华的第二年，我16岁。从卢沟桥事变起，日本侵略军疯狂南侵，上海、南京、杭州先后沦陷，我再也无法安心现状，便向父亲提出去湘湖师范读书的要求，明理的父母欣然同意。湘湖师范原来办在萧山县湘湖，1937年卢沟桥事变后，日军突然进攻上海，进逼杭州。湘湖师范因此迁到义乌江湾，1938年1月迁到松阳古市复课。全校师生过着战时艰苦朴素生活，并开展抗日宣传活动。校风好，学风好，生活作风好，教师认真教学，学生勤奋学习，我每天都能扩大眼界增长新知识。另一方面，日军步步进逼，我们这些热血青年，无不为国家危亡痛心疾首，但是校园里僻静、枯燥几乎与世隔绝的求学生活，与我当时炽热的抗日热情反差甚大，我想有所改变。

父亲帮我联系了福建的二娘舅章宏相，他是84军①的参谋长。我便离开学校到了福建，二舅把我安排到绥靖公署的一个军队医务室里，但当时我实际上只是一个挂名，仍然叫我去读书。那时福州也危在旦夕，到处风声鹤唳，受战事影响，学校里生活艰苦，因在部队挂名，我每月有6块钱的饷金维持生计。

1940年日寇西侵，沿海时遭空袭，形势越来越紧张。天一晴，从早到晚，

① 国民政府军84军前身是桂系一部。1938年4月，国民党政府为加强武汉会战的力量，以桂系8军团新建的3个师合编为84军，隶属5战区。

警报不断,许多机关开始内迁,部队调动频繁,人心浮动,警报一响大批居民往苍前山方向逃去。记得有一次,警报长鸣,敌机来袭,我们躲藏在绥靖公署的后山防空洞里。那时的防空洞是用木材支撑的地窖,上面有密密麻麻的木条再盖上土、种上树木伪装。在防空洞里,我们仍听到飞机上机枪"咯咯"向地上扫射,炸弹连续不断。敌机3架一小队轮番来袭,狂轰滥炸,爆炸声此起彼伏,不仅仅轰炸的主要目标遭殃,我们防空洞也难幸免。敌机往公署内投下了不少炸弹,防空洞的支撑吱吱作响,泥土从顶上落下,撕心裂肺的叫喊声与炸弹轰隆声不绝于耳。一颗炸弹正落在防空洞的前端,我想这下完了,想往外跑,但通道被塌下的泥土堵死,无路可走。防空洞的难民都急于奔命,两端的人往外挤。当我好不容易爬出防空洞时,看到防空洞一半被炸塌,梦想的安全区已不复存在。许多到防空洞躲避轰炸的人被埋在了防空洞里,一具具的尸体很快被挖掘出来,他们永远地离开了这个世界,成了日本侵略者屠刀下的亡魂。飞机投下炸弹走了,机声也越来越远,年少气盛的我就发誓要到抗日前线去,宁可死在战场上也不愿苟生在后方。后来我到了84师某连去当了文书,虽然不能满足我打鬼子的理想,但我有学习的机会,我有抱负,我看到黄埔军校招生,便想去报考黄埔军校。

1940年冬,我在福建考取了黄埔军校3分校。因为我高中未毕业,到军校后,先是一年的预备期,把基本学科、数理化等成绩拉升到同一个水平上。我们从到福建南平报到,行军到江西经上饶、铅山,在铅山学习了半年之久。这期间我曾回过诸暨一趟,家里的生活因战乱而越来越困难,先是祖母逝世,随后父亲因伤寒不治于1940年逝世,我痛心疾首,却无能为力。

没过多久,日寇疯狂南进,诸暨、金华相继被日寇侵占,我们入伍生团亦随之南迁瑞金。在南迁过程,并没有集体行动,只是确定目的地瑞金后,分散限期到瑞金报到。这样路上我们三五一群,为避免敌机轰炸,早宿夜行,头上戴的是树叶编织的伪装帽,脚上穿着江西式的草鞋,背着一个背包,被褥、衣服及洗刷用具一股脑儿全背在身上,大约有二三十斤重。

记得我们行军到了二渡关[①]小镇,小镇原先有几十户人家,由于兵荒马乱,居民都跑了,留下空空的房子,一片凄凉。由于我们连夜走路,疲惫不堪,

① 二渡关,位于江西省广丰县桐畈镇东南部,距镇区6km,东毗浙江省江山市,南连福建省浦城县。

到了那里，便在一张空荡荡的床上睡着了。当时不仅仅有我们几个人，满屋子床上、地下都被后来的人陆续睡满了。二渡关两面都是高山，沿山脚还有一条小溪，山林茂密，但我们没有想到这里也会有日机来临。第二天上午9时左右，3架日机穿山而过，机关枪"咯咯"地向地面扫射，又"轰隆隆"投下几个炸弹。我们在朦胧中被惊醒，向后门逃窜，因门外是水田，我们被弄得一身都是泥水。敌机来得快去得也快，我们返回到睡过的房间，发现床沿上留有弹痕，床前有三四具尸体，他们被机枪子弹射中，永远也不会起来了。

经过长途跋涉、风餐露宿，我们到达了瑞金。瑞金是红军的革命根据地，黄埔军校3分校就设在这里，我被编入伍生团。当时住在西岗，经过严格的整训，甄别考试开始了，我正式成为军校学生，编入2大队6中队。军校制度非常严格，三操、二讲，一丝不苟。我们在这里学射击学，筑城学，步骑炮各科学理，都由名师传授。

3年的时间一晃过去，1944年秋我们毕业了。这时，抗日战争也到了最后阶段，日本侵略者不择手段，垂死挣扎，浙赣铁路沿线已被日寇控制，可是日寇南进，地盘扩大，兵力分散，在中国广大的战场上，牵制着庞大的军事力量。欧洲盟军胜利的消息不断传来，大大鼓舞了中国军队的士气。毕业分配时，我被分配到49军①搜索营任少尉排长，不久搜索营编入26师78团1营。部队番号接连改变，人员调动频繁，整个49军分布在浙赣沿线。自日寇占领江西南昌及浙江金华后，便企图打通浙赣通道，屡次集结兵力，以飞机大炮作掩护，向我军阵地狂轰滥炸，残垣断壁，纵横百余里。当时衢县有个飞机场，盟军飞机在此起飞，远征日本直接轰炸东京，让日寇大为惊恐。同时，我们也对福建长汀、江西赣州的飞机场进行扩建，以备美国空军必要时使用。日本当局为安定本国民心，防止美国空军继续对其本土轰炸，令侵华日军驻浙江杭州和江西南昌东西对进，妄图打通浙赣线，摧毁衢州飞机场等，以减除对日

① 国民政府军49军前身是东北军的警卫部队。1928年6月，张作霖在皇姑屯事件中被日军炸死后，张学良就任东北保安总司令。"九一八事变"以后，张学良把东北军3、4方面军的警卫部队和张作霖的卫队团等扩充改编为105师，张学良任师长，刘多荃任副师长。下辖3个旅9个团。1933年，张学良下野以后刘多荃升任师长。1936年，105师配合67军防守洛川，与红军达成了和平协定。在西安事变中，105师参加了临潼的捉蒋行动，以及在渭河阻击中央军的行动。1937年2月，国民政府以105师为基干扩编成49军，隶属豫皖绥靖公署，由陕西移驻河南南阳。

本本土的空中威胁。为了防止日军侵犯，我们部队常在金华外围及汤溪一带实行阻击，以牵制敌军。后来江西上饶、弋阳一带屡遭空袭，我们又奉命在上饶驻防。转战途中，我在江西弋阳和二渡关险些被日军炮弹炸死。

1945年5月德国法西斯无条件投降，欧战结束，盟军作战重心东移，远东战场形势大好。接着中美英发表《波茨坦公告》，美国在日本广岛、长崎接连投下了原子弹，苏联红军出兵中国东北。1945年8月15日，日本被迫宣布无条件投降。这一消息传来，当时我们部队正在上饶，万民欢腾，欣喜若狂，大家彻夜未眠。

接下来是受降，我们49军从江西出发，向东挺进，第一站进驻湖州，沿途老百姓夹道欢迎，胜利的喜悦，难以用语言来表达。在入城的前一天，部队亦整理仪容，穿着整齐，行动划一，显示出威武之师，在气势上压倒敌人。往日不可一世的侵略者，此时在我中国军民面前低下了头，我们作为胜利者，终于一吐受侵略、受残杀、受侮辱的那口恶气。49军在湖州住了几个月后，便向江苏丹阳开拔，接受日军投降。我们当时属于3方面军，汤恩伯为受降官。在丹阳受降的日军为日军独立步兵161旅。当时丹阳老百姓这个高兴呀！全程游行3天，万人空巷！老百姓还到我们部队来庆祝，好不热闹。记得日军受降上交武器时，有破坏武器的行为，我们部队马上给日军发文："凡是破坏上缴武器者，我们要逐级追查，就地正法！凡关联不举者，同罪，枪决！"后来，我们再去接受日军武器时，日本人不管枪炮、战车，一律擦拭一新，毕恭毕敬上缴。到丹阳后我便离开了连队，调升到营部去当中尉副官。

而后解放战争，国民党兵败如山倒，退居台湾，而我也对自己的前途忧心。因家中兄弟有一半是参加了共产党，尤其是三弟浩康抗战时期已经参加了金萧支队[①]，我不想再跟着国民党走了。在与同乡杨振玉周密策划后，我们一行6人，再次回到了家乡。

（访谈者：范晓娟、钱雅萍）

---

① 1942年5月，陈毅派谭启龙到浙东开展敌后抗日斗争，组建了抗日武装浙东游击纵队。1943年12月21日，浙东纵队把金（华）萧（山）地区的几个小块根据地的主要抗日武装，改编为新四军浙东游击纵队金萧线抗日自卫队，简称金萧支队。金萧支队为抗日战争和解放战争的胜利做出了很大的贡献。

鲍直才：松山战役的爆破手

鲍直才，1919年出生，浙江仙居人。黄埔军校18期工兵科毕业。2014年1月18日，笔者访问了从台湾地区回老家浙江仙居县定居的鲍直才老人。老人因思乡及身体原因，若干年前，他从台湾地区回来生活。大陆各界因记得他在抗战期间的贡献，所以老人得到尊重及礼遇。老先生在80余岁时才结婚，夫人比他小二十多岁，北京人，做事井井有条，老先生的饮食起居完全有赖其照顾，老先生算是老有所依。访谈过程中，笔者问得很仔细，老人非常有耐心。以下内容根据老先生口述整理。

我是仙居广度乡人，1919年农历十月十日出生，家里有五六十亩地。小时候常听祖父谈起倭寇。“九一八”事变后，日本的侵略激发了中国人的爱国情感。1937年抗战全面爆发时，我是仙居中学的学生，也积极地参加抵制日货等活动。1939年冬，黄埔军校在江西上饶，即3战区长官司令部所在地设立了苏、浙、皖、赣、闽招生办事处，招生主任是仙居人，叫应西[①]，他是保定军校毕业的。应西在仙居设了招生联络点，并找了县长刘凤，要求他动员一些学生去考军校。刘凤是湖南湘潭人，后来辞去县长职位回湖南。我们这些准军校生赴四川途中经过长沙时，几个仙居籍的学生特地联络了他，他很热情，请我们在怡园吃了一顿饭。

---

① 应西（1886—1943），浙江仙居人，保定军校3期毕业，曾任中央陆军军官学校办公厅少将副主任。

当时军校招生广告登载在《东南日报》[①]，这份报纸仙居能看到。考点设在金华，仙居有十几个人去考，需要步行3天才能到达金华。我记得考了物理、数学、国文、英语，还有“三民主义”。“三民主义”主要考国父遗教、“三民主义”内容、要求论述“三民主义”与国家的关系。我是高中生，对我来说考试不难。文化课通过的人还要体检，主要是测视力、听力、身高体重、胸围等，比较简单。最后仙居籍的有6人考上。

从金华考点考上的学员大约二十多人，晚上坐火车赶到江西上饶。白天日本飞机要来轰炸，所以火车只能晚上走。1940年4月，我们从上饶出发，穿着布鞋，在带队军官的引领下行军奔赴四川。每天要走五六十里路。一般走三天休息一天，也就是说一个礼拜有两天可以休息。晚上住在寺庙或老百姓家里，上下盖的都是稻草。饭是大家轮流做的，我在家时从未做过饭，因此做出来的饭上面生下面焦，经常挨骂。

行军途中，体能消耗很大，又吃不好睡不好，抵抗力自然下降。有些人患了“回归热”，被送到医院治疗，我们得以在湖南长沙休息了几天。到洞庭湖后，本来可以坐船直接到宜昌，但那时宜昌已沦陷，只能过长江后沿三峡行军，路非常难走，蜀道难哪。实在没路时，只能抓住藤向上爬。一座山连着一座山看看很近，可是翻一座山上下要一个礼拜。到巴东，出现情况，日本飞机来轰炸，城里人都跑光了，都躲到防空洞了。乱象中，我与一位叫王逸的同学落下了，也不知我们的队伍跑哪里去了。王逸说，就我们俩了，没人了。我哭了起来，我说怎么办呢，人生地不熟的，要流浪了。集中点名时，大队长发现少了3个人，于是派人转回来寻找。终于找到了我们，我们这才赶上队伍。接着坐船到重庆，再步行一周到成都。几经周折，最终于1940年12月抵达目的地，差不多走了近9个月。

我被编入18期2总队，学的是工兵科。18期有两个队是工兵科的，一个队100多人，共200多人。是先填志愿再考试的。工兵要求较多的计算知

---

① 中华民国时期中国国民党浙江省党部机关报。前身是《杭州民国日报》(1927年3月创刊)，1934年6月16日改名《东南日报》，行销浙江、苏南、闽北、皖南、赣东等地区，一度影响较大。1937年12月日本侵略军攻占杭州，报社迁至当时的浙江省金华县。1942年受战局影响，金华版停刊。同年5月，分别出浙江丽水版和福建南平版。1944年丽水版迁至浙江省云和县。抗日战争胜利后，南平版停刊。云和版迁杭州，1946年6月发刊上海版。1949年4月，杭州版和上海版均停刊。

识，因此考了几何、函数、三角等知识，难倒不难，但没学过是考不过去的。军校先对我们进行了3个月的预备教育，每天上课、出操。教官很凶，立正站好后，眼睛要盯着目标，不准东张西望。如果恰好眼前有人走过，你眼睛瞄了一下，长官马上就一拳打过来。吃饭时动作慢一点，也是马上一拳过来。我们这些学生出身的，没有当过兵，吃过苦，心里觉得委屈。等四川、陕西等各地的学员到齐后，正式开学。我记忆中是1941年8月开学的，毕业时间是1943年10月[①]。

开学后首先进行入伍生阶段教育。这阶段很苦，不把你当人看。经常被拳打脚踢。“三民主义”被我们戏称为“三个巴掌”，还有“五拳献花”，一个拳头打过来痛得你眼冒火花，反正来了也逃不走了。入伍生教育就是怎么当一个兵的教育，掌握当兵的基本军事动作，享受上等兵待遇。整个入伍生阶段教育持续了6个月，考核通过后，继续升学进入第二个阶段，进行军官教育。这时候把我们当人了，不打了。教官对我们开始客气了，我们和教官甚至是朋友关系。周末也可以出校门逛逛了。

预备阶段、入伍生阶段、军官教育阶段学的东西是不一样的。预备阶段没有文化课，只有军事课。入伍生阶段的文化课只有国文，还是以军事课为主。军官教育阶段文化课比较丰富，国文、物理、数学、外语、“三民主义”都上。有些课是华西大学、四川大学的老师来上的。比如物理课的毕老师，国文课的李老师都是大学老师。我认为华西大学老师的授课水平比四川大学高，讲得通俗易懂，学生有兴趣学。外文有英语、日语、俄语三种可以选择，我选了英语，也选了点日语，打日本人么。但最后两门都没学好，老师也说今天学这个，明天学那个，哪样都没学好。

军校伙食很差，经常吃不好，吃不饱。一天每人25两米(旧制16两为1斤)，米饭的质量很差，里面混着稗子、谷子、石子、草籽等杂物，我们称之为“八宝饭”。这种米饭吃起来一点没有粘性，而且闻上去有臭味，实际上是腐烂的米做的饭。四川的不良地主从仓库里拿出来交的军粮做的就是这种饭，一开始还能吃三顿，后来只能吃两顿。开饭时，6人一桌，中间一盆共用的

---

① 据陈宇：《走进黄埔军校的风云岁月：中国黄埔军校》(解放军出版社2008年版)，2总队于1941年11月25日入伍，驻南较场，毕业于1943年10月8日。

菜,带汤,经常是空心菜、白菜,没有肉。甚至连油都很少,一个队一百来号人,一天食油的供应量只有半斤。伙夫用油炒辣椒粉,菜汤煮好后,上面浇上一层炒好的辣椒粉,看起来油油乎乎的,其实辣椒粉下面是清汤,这种菜越吃越饿。因为缺乏营养,得夜盲症的人特别多,天黑了就看不见。夜间军事训练时,只能牵着别人的手行军。家里条件好一点的寄钱过来,然后请伙夫代买一块猪肝,在饭锅里烫一下吃。我的家里曾给我寄了20元钱,买四川的小吃锅魁填肚子。

穿的也不行,脚上连布鞋都穿不起,只发给我们草鞋。袜子就是纱布做的,共两层,外面一层黑,里面一层白,一个月发两双。天冷的时候只能多套几双御寒。冬天穿不暖和,上身有一件棉衣,下身是短棉裤,只到膝盖处,用扣子扣住,下面打绑腿。成都天气湿冷,冻得你全身发冷,只能通过运动加热。3年就这么熬过来的,要是家里近,我可能就溜回家了。真苦哇!

军校重视思想教育。礼拜天是纪念周,学员们集中在本校的中正堂聆听教诲。教育长万耀煌①主持活动。何应钦、朱家骅、冯玉祥、白崇禧都曾来讲话。白崇禧的口才很好,很会讲,可以讲一个多小时。朱家骅也能讲。我聆听训话时间最长的是蒋介石。17期毕业生离校时校方没有车辆派遣,于是一些调皮的人就将校本部一些设施砸掉打坏了。校方前两个星期忍了,但到第三个星期,蒋介石亲自来了,将没有离校的学生集中起来训话,我们18期的也陪着受训。蒋介石手捧《军人读训》在台上领读。《军人读训》是每逢纪念周必须要念的,主要强调军人应遵循的道德和服从的纪律。念着念着,蒋介石把书一丢就开始骂起来了,足足骂了3个钟头。那场训话规模很大,四川成都的部队、地方部队都来了,一些六十几岁的老教官也站在那里低着头、脱了帽挨训。我们这些学生吓得战战兢兢,大气不敢出。

军校要求很严,经过各阶段的考试,不合格的被淘汰,所以我们入学时有2000多人,到毕业时只剩下1008人。1943年10月,我被分到驻扎在云南的

---

① 万耀煌(1891—1977),湖北黄冈人,陆军二级上将。17岁肄业两湖师范附小,投笔从戎,先后考入湖北陆军小学堂、陆军第三中学、陆军兵官学堂、陆军大学,接受完整的新式军事教育。求学期间参加日知会、同盟会、国民党,参加了辛亥革命、反袁运动、荆襄自主之役。毕业后任驻湘鄂军参谋长。1926年之后参加北伐、讨逆、抗日战争,由副师长、师长、军长、军团长积功至上将。抗战期间转任陆军大学、中央军官学校教育长。

8 军荣誉 1 师工兵营 1 排当排长①。同去的同学有 4 位。荣誉 1 师主要由伤愈归队的军人组成，有着较强的战斗经验和作战能力，在远征军中是一把尖刀。1944 年 1 月，我在云南保山参与了机场、桥梁等修建工作。过了几个月，8 军接到接替 71 军进攻松山的命令。那时松山战役②已经打了一阵子，71 军伤亡惨重。

驻守松山的日军是 56 师团 113 联队主力。从 1942 至 1944 年，日军几乎挖空了松山，修筑了 40 多座坚固的暗堡和不计其数的地下坑道。这些堡垒群，表面有伪装，地面及上空均不容易发现。堡垒一般分三层构筑，隐藏在山体中。大小堡垒均设有良好的掩护工事，因此飞机炸弹及轻重炮弹都不易破坏。日军使用各种兵器，在阵地前编成浓密火网，要接近堡垒非常困难。

远征军数次进攻松山战役都受挫且伤亡惨重，因此决定对子高地实施坑道爆破。1944 年 7 月的一天，我接到连长的命令，要求我去营里开个会。营长常承隧说我是黄埔军校毕业的，让我负责挖坑道的技术工作。要爆破的是两个堡垒，一个是指挥所，一个是机枪掩体。我们先在 1/500000 的地图上找到堡垒位置，读出其标高，然后用估算法，推算日军工事底下 70cm 处为堡垒底层，考虑到堡垒可能还有地下室，又再追加 1.5m—2m 的深度，定在此处为爆破点。

在山里挖坑道，要讲究角度，经纬几度几分要弄清楚。先在地面测量，方向对了才能开挖。那时测量仪器缺乏，要动脑筋想。指北针是唯一的仪器。我在纸上先画了一个圆，一个圆是 360°，1°是 60′，1′是 60″。把一个圆分为 4 块，也就是 4 个象限。将这个原则记住，再用指北针将北边定为 0°，固定在板上保持夹角，由此算准和保持挖掘的方向。再利用三角函数的原理，用一个

① 荣誉 1 师由 92 师荣誉团、190 师荣誉团、湖南保安荣誉团及 50 师荣誉队于 1938 年 2 月在湖南浏阳成立改编而成，宋希濂为首任师长。伤愈归队的军人称为荣誉军人，荣誉师即由荣誉军人编成。林英、郑洞国、舒适存、李弥、汪波等先后任师长。1939 年 11 月参加桂南战役，血战昆仑关。1944 年进入缅北滇西作战，其间隶属 8 军。

② 松山战役是滇西缅北战役中的一部分。抗战后期，为了打通滇缅公路，中国远征军于 1944 年 6 月 4 日进攻位于云南龙陵县腊勐乡的松山，同年 9 月 7 日占领松山。整个松山战役，远征军历时近百天，动用约 10 个团，兵力总计 2 万多人，伤亡总数 7763 人。日军驻守兵力为步兵 113 联队，最终 1200 余人被歼。松山战役是中国抗日战场首次获得胜利的攻坚战，是中国战略反攻阶段“转折点”之战，该战打破滇西战役僵局，为最终打通公路奠定了基础，拉开了中国大反攻序幕。

很大的木制等腰直角三角板，长边放置在地面，直角顶点垂线，看是否与底边垂直，检查每段坑道挖得是否水平。等于自制了一个简易水平仪测斜仪，测斜仪有3个洞，通过洞来观察倾斜度。洞前面的校准丝是用马尾做的。

完成坑道施工方案后，工兵开始挖掘。工兵营和师属工兵连共6个连，四五百人参加坑道施工。每个班十几个人，以班为单位大家轮流作业。挖掘的工具就是十字镐、铁镐两样。挖掘的坑道高宽仅容一人弯腰进入。施工时士兵排成一队，最前面的工兵把刨出的土运到身后，以接力的方式，一个一个的传递，最后一个人用麻袋装土，外面的人将麻袋运到树林后面，防止被日本人看见。白天晚上都挖，大约挖了一个多月，挖了超过500m，挖了2个坑道。两条坑道在离子高地爆破点30m左右，同时向爆破点方向转向，到达子高地堡垒正下方时会合，并扩大成安放TNT炸药的药室。药室高1m多，横截面2m×2m。

炸药是美军从加拿大运过来的。运来两吨，我用了一吨。炸药有两种，一种是圆的，宽10cm；一种是四方形的，宽20cm。炸药长度比一次性纸杯略长些。几个炸药一捆捆起来，中间装雷管，大约20个炸药装3个雷管。雷管中间一个是信管，信管有两根线，通电用的，很细，有1m多长。用导通试验器接上电，针会动说明就通了。雷管里面有导火索，是用火点的。信管则是用电点的。用并联的方法将全部炸药串在一起，保证在点火时能同时起爆。所有的炸药统统连到一根线上，同时发电，同时爆炸。先后爆炸力量就不够了。药室里炸药装好后，坑道进行了回填，不能留有缝隙，必须填实，用土埋好，这样爆炸的威力才大。

8月20号是实施爆炸的时间。起爆时采用了美军发条式的起爆装置，只要按一下就行。同时，还准备了导火索，如果电动起爆器失效，可以点燃导火索进行引爆。按下起爆器后，听到沉闷的爆炸声，大约过了两分多钟，才看见山上冒出了白烟。第二天，我到爆炸点看情况。爆炸后形成的2个3米多的落坑让地堡陷得不见踪影，其中一个落坑由于全部陷落看不到什么情况，而另一个落坑则倒着几个尸体，其中有一具是指挥官的。四肢还是全的，内脏震坏了。应该是位大佐，眼睛还睁着。身上佩着指挥刀，1.70m以上的个子，留着仁丹胡，年龄约30多岁。边上还有三具妇女的尸体，穿着中式服装，30来岁左右，可能是慰安妇。你问我这些慰安妇长得怎么样？对我们这些当兵的人来说，女人都是漂亮的。

子高地日军堡垒成功被炸毁后，大大压制了日军的士气，撕开了日军松山防御体系的口子，为攻克全部阵地奠定了基础。我因此也被晋升一级，从少尉变成了中尉，没有记功。说实话，能用自己的本事为抗战做贡献很高兴，也没想过要立功，觉得是应该做的。

从松山下来后，我们部队到路南县①进行了整训。有一天，营里打来电话说抗战胜利了，重庆已经在庆祝胜利了。抗战胜利后，我们部队经过广西、广东、香港，坐军舰到青岛接收日俘。途中的一星期，大家都晕船，颠簸呕吐，搞得个个面黄肌瘦的。因此，当我们抵达山东胜阳时，当地老百姓说我们是抽大烟的，不了解情况么。在青岛，看到日俘在扫大街。当初日本人的炮、机枪比我们厉害，但心里想一定要把他们打败，再强也要把他们打败。终于打败他们了。

（访谈者：朱　丹）

① 路南县为现今云南省石林彝族自治县旧称。

蔡炽甫：南京突围记

蔡炽甫(1914—2013)，浙江平阳人。黄埔军校10期骑兵科毕业。2012年9月15日上午，笔者访问了蔡炽甫老人。老人居住在杭州市花园西村小区，是杭州市区现存年龄最大的黄埔军人，在小他十余岁的夫人丁於珍女士的照顾下，老人身体健康，耳朵听力几乎没有受年龄的影响，视力也尚可，戴上放大镜能看书。他说，自己活得太久了，原来每月都有同学发自海内外的来信，现在一封都没有了。访谈时，蔡老的夫人丁老师(曾为杭七中音乐教师)也在边上一起聊。她反应敏捷，出生军人家庭，性格开朗健谈。以下内容根据老人口述整理。

我是1914年12月出生的，老家是温州平阳，但6岁就离开了，因为父亲在杭州大陆测绘学校当校长。[①] 我的小学就读于时敏小学，在现在的劳动路位置。初中是在宗文中学就读的，就是现在的杭十中。3年前，还受邀参加了母校的校庆，让我举火炬呢。高中就读于之江中学。1932年考入之江大学，在化学系读了一年。它是个教会学校，老师都是外国人，用英文授课。之后就去报考军校，认为当军人很神气。初试是在杭州考的，又到南京参加了复试，最后考上了。我考军校这件事是自己决定的，也没和家里商量，考上了才告诉家里。因为我从初中就开始寄宿，独立性比较强。当时家里还有一个弟弟和妹妹。

我是1933年9月入学的。10期的生源素质都比较好，入学时的学历或

① 民国年间，为适应全省土地测量事业发展的需要，培养测绘人才，浙江陆军测量局蔡秉长、丁琮等人曾创办浙江测量讲习所，后奉令改组为杭州市私立大陆高级测量科职业学校(以下简称“大陆高测”)。这是旧中国唯一一所私立公助的测量职业学校。参见杨彬镛：《杭州市私立大陆高级测量科职业学校始末》，载《浙江测绘》1992年第4期。

高中毕业或大学肄业。10期生出了3个上将，“陆军”的王多年和马安澜，“空军”的陈衣凡。到台湾后10期生留在军界的，大多在中将军衔。可能因为这一缘故，去台的10期同学在举行毕业60周年庆典时，蒋纬国也参加了。

军校分科时，想想假如是步科走路太辛苦，自己报名选了骑科。我喜欢骑马。我们的教员中有德国来的教官，给我们上军事课。外语门类很多，可自由选择，我选的是英语。军校的条件不错，有体育馆和室内游泳池。军校里面有两栋小洋房，一栋是校长蒋介石的公馆，一栋是教育长张治中的公馆。每周一的纪念周活动，我们就在操场集合，聆听蒋介石的训话，蒋训完后，张治中也会讲几句。我在军校共学了3年，1936年毕业。毕业典礼上，我们毕业生的名字被蒋介石一个一个地点过去，以此来强调师生之谊。我一生被蒋介石点过两次名，一次是中央军校毕业时，还有一次是陆军大学毕业时。有意思的是，军校读书时，担任我们班长的是黄埔8期的蒋立先①。他后来成为我的连襟，我爱人的大姐丁於如是他的妻子。在1947年，他乘坐由南京飞往青岛的军用飞机失事，不幸遇难。民间认为寡妇出席婚礼不吉，所以大姐就未参加我们的婚礼。

毕业时，我们杭州籍的4个同学拍了张合影，里面有我后来的妹夫卢福宁。他是1915年出生的，属兔，比我小一岁。福宁是陆军大学17期的②，我是陆大19期的。他在抗战胜利后，到美国的参谋大学留学过一年。我也曾

① 蒋立先(1906—1947年)，江苏金壇人，黄埔军校8期工科毕业。国民革命军4方面军74军58师173团团长，抗日将领。8年抗战中，他所在的74军几乎参加了所有正面战场上的重大战役，是国民革命军100多个军中参战时间最长、歼敌最多的军。1944年他参战的芷江保卫战是1944年以来，中国正面战场上打得较好的唯一的一仗。蒋为王耀武部下，后死于飞机失事。

② 陆军大学从1906年创办至1949年新政权建立为止整个43年的历史，是中国近代唯一的一所最高级别的军事学府，主要培养团以上指挥军官和师以上司令部参谋军官，重点培养学员的联合与合同作战能力、运用军事政策的能力和战略能力。按校址所在地，依次分为7个时期，即保定时期(1906年5月—1912年3月)、北京时期(1912年4月—1932年1月)、南京时期(1932年1月—1937年8月)、长沙时期(1937年9月—1938年12月)、遵义时期(1939年1月—1940年4月)、重庆山洞时期(1939年夏—1947年秋)、迁回南京时期(1947年秋—1948年底)。陆大直属于参谋本部，负责培养军事高等人才，选拔品学优秀之青年军官授以高等用兵学术。陆大共毕业正则班(学员为青年军官)23期，共2438人。其中，在北京毕业的1至9期生，共871人；国民政府时期，从迁宁到抗战结束，毕业的10期至19期生，共10期1069人；解放战争到该校停办，4期共500人。特别班，共8期1018人。将官班甲乙两级，共毕业657人。在抗日战争中，陆大毕业生中的2100人参加了作战指挥，有的担任了各战区、各集团军、各军师的主要长官，特别是从军委会到各军师参谋长中，几乎都由陆大毕业学员担任。新中国成立以后，党和政府重视陆大毕业学员的作用，不少陆大生为新中国军事教育事业做出了贡献。

经想出去留学,但因沙眼体检不过关就没去成。福宁回国后跟我曾经是国防部的同事,后来乘坐从大陆起飞去台的最后一架飞机从成都到了台湾。蒋介石比较信任他,曾派他到美国大使馆做参赞,担任过驻守金门炮台的司令,后来又做过台湾三军大学的校长,军衔至中将。他退役后成为商人,一人在台湾做生意,我妹妹与子女生活在美国。1981 年,我们夫妻应邀去他们在美国的家住了半年。妹夫走后,妹妹几乎每年都回来在杭州小住,现在她也走了。福宁的骨灰安放在杭州的鸡笼山。我与他政见不同,我是左的,他比较右,但两人感情很好,亲兄弟一样。50 年代初期,他还给我们寄过钱,我是到香港去取的。他曾经叫我不要回来了,但我父母都在这边,再说对国民党感情也较复杂。80 年代我们到美国探亲,他又要我们不要回来了。我们一来不想长期寄居在异乡,二来想想我们自己有退休金,回来的日子不会差。

合影的同学中有陈垅[①],陈垅原名陈亦门,是位诗人,非常聪明,自学成才,像高尔基一样,我的革命思想就是受他的熏陶,受他的影响亲共的,思想上成为左派,新中国成立前为共产党提供过不少情报。阿垅因胡风受牵连,后来死于狱中。改革开放后平反了。我在 1955 年也因此事被审查,在小车桥那边的一个地方被关了一年。家里人不敢来看我,也不知道能不能看,但是可以通信。现在我们与阿垅唯一的儿子陈沛有书信来往。合影的还有一位同学叫周兆楷,他是杭高毕业去考军校的,他学的是炮科,曾任 98 军少将参谋长。他思想也是较左的,没有去台湾。新中国成立后随夫人到西北工作,后来被打成右派和历史反革命,最后死在狱中。夫人现在还活着,去年还曾给我们写信,现在在武汉养老。

军校毕业后,我被分到驻扎在南京的宪兵部队教导团 2 团[②],军衔是少尉,一个月有 30 元的薪水。我们团的团长是周竞人,他是湖南人。宪兵相当于军事警察,主要负责维持军队纪律。

---

① 杭州籍诗人陈垅,黄埔 10 期生。在 1937 年的淞沪抗战中受过伤。1939 年入延安抗大学习,后入国民党陆军大学学习。毕业后,留校任战术教官,多次将军事情报托胡风转已故国民党元老廖仲恺之女带到延安。新中国成立后,参加了全国文联第一次代表大会,曾在天津市文联工作。因胡风事件牵连,他成了"反动军官"兼"胡风分子",判刑 12 年,死于狱中。

② 宪兵也就是军事警察,主要负责维持军队纪律,保障军队命令的执行,组织军事法庭,是名副其实的军队中的警察。国民政府仿效国外,在 20 世纪 30 年代也建立了自己的宪兵,宪兵在军中的地位较高,团长的军衔就可以是少将。

“八一三”淞沪抗战开始后，日军的飞机开始空袭南京，我排担任挹江门外至下关邮局的地区防空警戒。11月中旬，上海战役结束，南京形势逐渐趋于紧张。宪兵部队派了两个团加入战斗序列，我隶属的团就是其中一个。我团担任中华门以西经水西门到清凉门一带城内的防守。我排阵地以清凉门为中心。

1937年初，宪兵教导团招考新兵，新兵在南京中华门外五贵桥开始训练。训练期间，分别编为13个队，13队的队长姓丁，是黄埔8期的。我在13队任排长，下辖3个班。南京保卫战时，宪兵2团、10团，以及宪兵教导2团一并编入南京卫戍军战斗序列，宪兵教导2团由周竟仁上校任团长。1937年冬，我团参加了南京保卫战，担任中华门以西经水西门到清凉门一带城内的防守。我排阵地以清凉门为中心，正面左右各200m，用泥土将麻袋填满并堵住城门，上面再加上长条木架，工事修得很坚固。

12月初，连部命令清除靠近城墙外面的一排贫民住的茅草房，以免敌人凭借茅屋的掩护接近城墙。茅草屋的居民在我们的劝说下，匆匆离开自己的家。当夜，茅屋被烧为灰烬。第二天上午，我们从城墙上望下去，城外一片焦黑，成了没遮拦的开阔地带。

这时，接到消息说敌人已靠近雨花台，攻打光华门、中华门，在这些地方争夺我方阵地。显然，南京的东南方都遭到了敌人的袭击，只有西边还未发现敌人，表明敌人攻击重点是东南方面。

1937年12月12日下午，敌人的包围圈慢慢缩小，接近西郊，开始炮击城内。炮弹落在离清凉门不远的清凉山上，弹着点冒起阵阵灰色烟雾。我曾拍下了日军轰炸南京城清凉门的照片，前两年北京的军事博物馆还来翻拍了。下午四点左右，我们正在吃晚饭的时候，连部下达命令让我们向浦口方向撤退，当时不曾料想撤退会这么快的。我马上集合全排士兵，传达了赶到下关搭桥过江的命令。我排全部从清凉门旁边一个只有1m多高的城墙涵洞口钻出城外。这时夕阳西下，城外一片荒凉。我们排士兵用的都是79式步枪，有一挺机枪，撤退时把这挺机枪也带出来了。

我排原先在城外护城河控制了1条小船，原来是准备装运行李的，这时我要3个班各派出1人押运机枪，由1个副班长率领，我的传令兵也随船行动。后来有人告诉我，他们乘船未到三汊河口，中途就被架设的浮桥所阻，只好弃舟上岸，也到了下关江边。

我们排沿着城墙下的小路向北默默地急行，天色渐暗，沿途的城墙上还有友军问我们口令，我们答应后，才顺利让我们通过。记得当时我们左臂上都挂着“卫戍”两字的黄布蓝字臂章，是南京卫戍部队的标识。那天晚上，军民都拥在挹江门。我排撤离时尚不拥挤，后面听从挹江门出来的人说，城内路上塞满了人，都想挤出城来，在城门里被挤倒踩死的人一层又一层地堆起来有一人多高，压在下面的人发出的哀嚎声惨不忍闻。

我们绕过挹江门，沿着大道一直向北走去。我率领自己的那个排很幸运地找到渡江的工具——1 条十来米长漏水的木船，可以挤下全排士兵。我们在下关乘船沿江抵达长江北岸的六合县。之后靠走路在 12 月 14 日到达乌衣火车站，乘火车于 15 日到徐州。徐州火车站也聚集着许多逃难的人群，日机又时常俯冲下来朝着人群多的地方扫射，死伤不少。后来，我们找到教导团负责收容人员，又随着收容队伍乘火车北上郑州，后退到后方汉口。我排侥幸安全撤离，但宪兵教导 2 团在南京保卫战及撤退途中伤亡惨重。

1938—1939 年，我在湖南芷江先后任宪兵骑兵队的中尉排长和宪兵补充团的上尉连长。1940—1942 年，在位于重庆的军令部 3 厅任少校参谋。抗战时期的防空部队用挂灯笼的方式来进行空袭报警的，根据日本轰炸机距离的远近，依次挂上不同的个数，陪都市民在远处看到后就能判断危险程度。这个挂灯笼的高地现在就叫“红灯坝”。其间报考陆军大学，于 1942 年入学。教育长是徐培根，他在德国留学过。1945 年 1 月，我从陆大毕业。之后到宪兵总务处 1 科任中校参谋。得知抗战胜利的消息时，我在重庆，一时难以平复内心的激动，一人独自在夜重庆沿着街道绕走了一夜。1948 年任国防部 4 厅上校科长。新中国成立前夕，自动离开国民党部队。

（访谈者：朱　丹）

蔡凌云：我在61师的抗战经历

蔡凌云，1919年出生，浙江临安人。黄埔军校7分校17期步兵科毕业。2013年11月24日下午，笔者访问了现居临安市於潜镇自由村的蔡凌云老人。老人虽已95岁高龄，但身形矫健，耳聪目明，可以独自一人到镇上逛街购物。当天下雨，因此老人未曾出门，倒给访谈带来了方便。以下内容根据老人口述整理。

我是1919年农历八月六日出生的，就是於潜本地人，父母是地主。我母亲曾与一个叫袁桂江的人认了干亲，所以我叫袁为舅舅。初中毕业后，我在杭州宗文中学又念了一年的高中。这时袁桂江在61师当副官署署长，他让我到部队做文书，就这样我到了部队，在61师师部做文书，主要任务就是抄抄写写。因为有文化功底，所以很短的时间内我就胜任了这份工作。文书的待遇不错，每月有16元法币，另外加24元津贴，待遇比一般的军官还要高。

61师原来隶属粤军，是蔡廷锴[①]19路军主力一部。福建事变[②]后，19路军的番号被取消，军队被蒋介石改编，但保留了60、61、78师3个主力师番号，军官大多调整为黄埔系。杨步飞[③]因此被任命为61师师长，下辖3个团。

---

① 蔡廷锴(1892—1968)，广东罗定人。著名民主人士，爱国将领，抗日民族英雄，一代名将。曾于1932年1月28日在上海率领19路军抗击侵华日军，以少胜多，战败日军，三易其帅，一战而名震中外。

② 福建事变简称闽变。1932年，"一·二八"抗战结束后，蒋介石调19路军在福建"剿共"。1933年11月20日，19路军将领联合国民党内李济琛等一部分势力，在福建福州南校场召开大会，决定成立中华共和国人民革命政府。1934年1月15日，蒋介石军队攻陷福州。人民革命政府和19路军总部分别迁往漳州和泉州。同年1月21日，泉州、漳州失守，"闽变"失败。

③ 杨步飞(1900—1962)，浙江省诸暨人，黄埔军校1期毕业生，曾任孙中山先生卫士，参加过"东征""北伐""一·二八"及淞沪战役。1934年2月被任命为61师中将师长。后任浙江保安1纵队中将司令、91军副军长。1939年调任钱江北岸军指挥官。抗战胜利后在上海任淞沪警备司令部副司令，1948年调任国民党国防部第一任军法执行部主任(驻上海)，1949年在叶剑英首长的关怀下，留在大陆，迁居杭州，1962年7月病故。

抗战前，驻扎在江西九江。1937 年 8 月 13 日，淞沪战役爆发，61 师奉命增援，保卫淞沪沿海阵地，阻止日军从海上登陆。8 月底，日军 8 师团 4 旅团为主力，在海军和空军的掩护下，大举登陆。日军的武器比我们先进，他们的大炮口径有 16cm，可以钻进一个小孩，一个炮弹有 30 多斤。他们的重机枪也很厉害，一旦被扫到，身上至少留下 3 颗子弹。激战至 9 月初，61 师伤亡 5000 余人。在无力继续战斗的情况下，吴淞失守。每次战役后都是要评估的，打得不好会被处理。当时兼任 3 战区司令长官的蒋介石对 61 师的战绩极为不满，下令将杨步飞撤职，并批永不录用。361 团团长陈参法办，独 20 旅和 61 师残部合编为 61 师，同时独 20 旅旅长钟松①成为 61 师师长。钟松是浙江松阳人。

61 师改组完毕后，受 8 军军长黄杰指挥，黄命令 61 师在唐家宅、陈家行②一线沿蕰藻浜③右岸阻击日军。10 月初，日军 9 师团一部突破友军 15 集团军防线，致 61 师左翼暴露。61 师在此地与日军往返争夺，损失极其惨重，361 团团长李忠、365 团团长季韦佩先后殉国。11 月初，61 师残部根据黄杰的命令开赴松江以南的翁家宅、孙家角、得胜港以西构筑阵地，以阻击日军渡过黄浦江。一天后，3 战区司令长官部下达撤离上海的命令，61 师又奉命率领残部担负芙蓉山至长安桥镇一线防务，以掩护战区主力撤退，至 12 月初才结束任务撤至句容④。在句容，我们的部队得到了 52 师残部以及新兵的补充，并改归 17 军团（军团长胡宗南）指挥。

1938 年 5 月，61 师参加兰封会战⑤，配合 71 军进攻困守三义寨的日军 14 师团。商丘失守后，正在围攻三义寨的国民政府军侧背受到了日军 10 师团的威胁。负责指挥兰封战役的 1 战区司令长官决定抽调 61 师等 5 个师紧

---

① 钟松（1900—1995），浙江松阳人，陆军中将。黄埔军校 2 期毕业。抗战期间，因云南反攻于 1945 年 5 月 11 日成为第 137 位青天白日勋章获得者。1950 年到台湾，1970 年去荷兰定居。

② 唐家宅、陈家行是上海吴淞一带地名。

③ 蕰藻浜是上海市北部的一条重要河流，它西起嘉定区安亭镇以东的吴淞江，向东经宝山区，于吴淞口处注入黄浦江，全长 38 公里。“蕰藻”是水草、水藻聚集的意思。

④ 江苏句容县今句容市，位于江苏镇江西南部，北通镇江市区，东连丹阳，南邻金坛和溧水。

⑤ 1938 年 5 月爆发的兰封会战，是抗日战争中徐州会战的一个组成部分，中国军队 12 个师的豫东兵团在薛岳指挥下在河南省兰封地区对孤军深入的日军土肥原贤二部（14 师团）的进攻作战。最后迫不得已掘开花园口黄河大堤，意图以此阻滞日军进攻，结果使当地百姓遭受了巨大伤害。

急开赴淮阳、杞县、龙曲集、杨固集[①]等要点布防以阻击前进之日军。61师指挥所部担负杨固集的防务，并与防守杞县的58师取得联络，对东北方向实施警戒。日军10师团一部逼近杞县，遭到58师和61师的顽强阻击，两个师坚持到5月底。后来战区长官部根据战局不利于豫东国民政府军的事实，下令在前线作战各部于6月初开始后撤，我们的61师此时已经与日军缠在一起，为保障部队安全撤出战斗，师长钟松决定在入夜后将部队分成两路分道突围，一路在友军78师的掩护下向巩县撤退，一路则跟随64军向禹县撤退。最后，钟松将突围成功的部队收拢后开赴湖北麻城休整。

武汉会战[②]期间，61师于8月下旬开赴固始[③]阻击日军几天几夜，击退了日军五六次进攻。此后奉命退守富金山[④]，配合71军作战。10月12日信阳[⑤]沦陷后，61师奉命向钟祥[⑥]撤退，但钟松根据实际情况决定放弃71军军长宋希濂制订的撤退计划，自带部队向孝感转移又经西荆公路，艰难地抵达了陕西兴平。钟松在向胡宗南汇报战况之后，所部被编入90军（军长李文[⑦]）序列。1939年初，61师移驻韩城[⑧]，担负禹门[⑨]至合阳[⑩]一线的黄河防务。6月，钟松晋升为陆军少将。10月，他奉命率部东渡黄河，在晋南乡宁东南地区集结待命。

---

① 淮阳、杞县、龙曲集、杨固集均为豫东地区的地名。

② 1938年6月至10月，中国军队在武汉地区与日本侵略军展开大规模会战。战场在武汉外围沿长江南北两岸展开，遍及安徽、河南、江西、湖北4省广大地区。大小战斗数百次，历时4个半月，是抗战以来战线最长、规模最大、持续时间最长并具有重要意义的一次会战。

③ 固始位于河南省东南隅，南依大别山，北临淮河，东接安徽省六安市，属华东与中原交融地带。

④ 富金山位于河南省固始县南部（距离固始县城约50km）。1938年9月1日—9月11日发生在富金山的一场山地阻击战，是抗战时期武汉会战的重要组成部分，亦是武汉外围极为惨烈的一场战役。参战一方是中华民国国民革命军宋希濂部所辖的71军、51军、77军；另一方是侵华日军13师团。此战中国军队以伤亡15000余人的代价阻击日军整整10天，击毙日寇4000余人，毙伤日寇约10000人。

⑤ 信阳位于河南省南部，东邻安徽，南接湖北，为三省通衢，是江淮河汉间的战略要地。

⑥ 钟祥位于湖北省中部，汉江中游。

⑦ 李文（1905—1977），湖南新化人，黄埔1期生，陆军中将。先后参加东征和北伐战争、淞沪会战、豫东兰封会战、武汉会战。1949年12月27日于四川邛崃向解放军投诚。1950年3月在重庆学习时乘隙摆脱监视。后往香港，次年4月转赴台湾。

⑧ 韩城位于陕西省东部，黄河西岸。

⑨ 禹门，今山西河津县西北龙门的别称，相传为夏禹所凿。境内著名的禹门口在山西河津县城西北12公里的黄河峡谷中。

⑩ 合阳地处陕西省关中平原东北部。

1940年以前，我一直在61师师部任文书，抄抄写写。61师驻防在黄河一带，战事不紧。当时7分校正在招收学员，经师部推荐，我得以报考军校。结果没有考及格，被编入练习营学习[①]。练习营有3个中队，我在1中队，每个中队约1500人，共4500人。练习营总负责人在德国留过学，副总队长后来战死。在练习营我们边打战，边读书，成绩合格的升学成为军校正式学员。其时7分校主任是胡宗南，胡宗南是个说到做到的人，答应学员的事都能兑现。军校的办公厅主任是罗历戎[②]，总队长是杨厚采。加上在练习营的时间，我在军校差不多学了3年，隶属17期步科，于1943年毕业。毕业时没过关的学员被拨到指导员班学习，只能做文官，不能做武官。有的学员因此自杀。我们这一期毕业时，蒋介石来过，小车一辆接一辆的，搞不清他坐在哪一辆车上。

军校毕业后我分至90军61师501团炮兵营机枪2连，任少尉排长，属于胡宗南的部队。一开始，我们在开封、洛阳一带打战，又到郑州，接着驻防西安潼关。在潼关的时间较长，有两年多。潼关对面就是中条山。潼关地处山西、河南、陕西三省交界，有“鸡叫听三省”的说法。它的地理位置很重要，一边可以通到西安，一边可以通到延安，所以国共两边都很重视。日军经常在此挑衅我方。1943年下半年，我被送到校尉官研究班学习，主要是学习重兵器，如迫击炮、重机枪、高射炮等。大概学了几个月后，回到原部队，我升职为中尉排长，后来是上尉连长，大大小小战役参加了几十次。我在机枪连当连长的时候，连里配有9挺重机枪，分别为马克沁重机枪3挺，汉阳造重机枪3挺、捷克式机枪3挺。我自己携有马克沁重机枪1挺，能连打250发子弹。连里有152个士兵，另外还有三五个预备兵。军需随部队报，所以待遇还不错。连长月薪有50元法币。

---

① 1939年元月，7分校以学兵及落选之学生编成练习营，同年11月扩大为练习团。

② 罗历戎(1901—1991)，四川渠县人，黄埔军校2期毕业，陆军中将。1928年7月任国民革命军1师2旅参谋主任。1930年11月任1师2旅5团团长。1931年一度调任1师参谋处长。1935年初任1师2旅副旅长。1936年10月任1军78师少将副师长，抗战爆发后参加淞沪会战。1938年5月任8军40师师长，参加兰封战役。1939年4月任1军副军长兼中央军校7分校15期学生2总队总队长。1940年任中央军校7分校办公厅主任。1941年任陇南师管区司令。1942年10月任36军军长。1945年1月任3军中将军长，抗战胜利后参加内战。1947年10月21日在河北清风店战役中被俘。1960年11月28日获特赦。后任全国政协文史资料委员会委员、全国政协委员。1991年7月6日在北京病逝。

日本人很坏的。我们在守潼关的时候，挖了地道，但日本人有坦克掩护，而且先派抓来的河南中国百姓冲在前面。这些百姓穿着日本人的军服，但没有武器。远远冲过来的时候，我们也分不清日本人还是中国人。近的时候，我们能看出不一样，主要是脸上不一样。日本人的头发比中国人偏黄些，脸上一般有胡子。我们看到是中国人就不打，结果就吃亏了。后来上司命令只要他们冲过来就要打，结果前面的中国人打死了，当然后面跟着的日本人也打死了。那时打仗能死里逃生活下来是运气，真的是九死一生。打得最惨的一次，我一个连只剩7个人。全连只剩下一个排长、文书、传令兵、司务长等几个。悲惨情况没法谈啊，遍地都是尸体。几天几夜没水喝，吃的只有随身背的炒米。洛阳战事吃紧的时候，我们师曾调到洛阳一带，我们就在开封—洛阳—潼关之间奔波，日军也很嚣张，时不时骚扰我们。

打仗时，军官中的排长、连长是最辛苦的，要冲在第一线。因为你自己不勇敢，怎么指挥士兵啊？连里配有指导员，帮助我做做士兵的工作，对士兵进行思想教育，教育他们打战要勇敢，也宣传孙中山和蒋介石的思想。还教大家唱歌、演戏、讲讲笑话，常唱的歌曲是《满江红》。偶尔也给大家写写家书，不过大家很少写信，因为部队经常换地方，一封信要走一年半载才到家。指导员与我的关系不错，听我的话。讲到连长与指导员的关系，那时部队里有句玩笑话，说“指导员是连长的老婆”。指导员相对于连长，换得比较频繁，经常一年就换一个。

我们师曾抓到80多个日本俘虏，我们连里也有。打仗时日本人很凶，不怕死的。刚和日本俘虏相处的时候，感觉总有些不舒服。我们派日本俘虏做勤务，怕他们逃走，晚上把他们放在挖好的沟里，那沟的四周与地面齐平，所以没人帮忙是爬不上来的。后来时间长了，大家就熟悉了。日本俘虏走的时候，还有哭的。一个日本大队长俘虏还送了我一只手表，手表的质量很好，放在地上用枪托砸都砸不烂，放在水里煮也不怕。后来那个表被一个士兵偷走了。

日本人投降的时候，我在西安。大家都很高兴，上面给我们发了好几个月的双工资。听说驻扎在洛阳的日本军官有自杀的，因为日本人认为在中国没有打败战，是原子弹让他们投降的。在西安，我们接收了投降的日军，我们一个营接收他们的一个连。日本人在中国待久了，所以部分日本军官会说中国话，接收时候沟通较方便。

抗战胜利后经整编我调到师部任少校参谋，那一年半的时间是我这辈子过得最舒服的时候，比起打仗，真是天上过的日子。1948 年，我和我们临安地区的 17 人一同跟着部队去了台湾。到了台北后，我舅舅袁桂江说这个地方生存下去太难，还是回老家好好过日子重要。我们就又逃回来了。1949 年回到原籍临安，娶妻生子务农。

（访谈者：朱　丹）

滕裕中：一个抗战老兵的尘封记忆

滕裕中，1923 年出生。江西婺源人。陆军机械化学校毕业。2015 年 1 月 11 日，笔者拜访了滕裕中老人。老人现居杭富公路（杭州至富阳）边的紫云山庄，平日喜欢看电视、听音乐、读书、种菜，还在自家院子里养了几只小鸡。我们的到访引起了老人对不平静往事的回顾。以下内容根据其口述整理。

我于 1923 年农历七月廿一日在杭州出生，父亲是江西婺源人，早年到杭州来做生意，在江干区开了一家铺子，叫作“爽记木行”。6 岁那年，我到江干海月桥小学读书，不过，那个小学只是一所初小，毕业后，又到天长小学去读完高小。

小学毕业以后，我报考了国立中学，当年杭州的“国立中学”只有两家，一所是省立中学（今杭州高级中学），另一所就是市立中学。我报考的是在岳庙附近的杭州市立中学，不过那时只有初中，没有高中部。学校的男生部设在金沙港（今曲院风荷公园内），女生部则在岳庙对面的房子里。中学只读了 2 年，1937 年抗战全面爆发，书是读不成了，大家要逃难了。幸好我的哥哥那时在保安处做事，雇了几条船，带着人员、文件等什物沿着钱塘江航线西行。大家在南星桥上船，坐着保安处的木船，由富春江、新安江到了安徽省的歙县。之后，我在婺源中学继续求学。直到今天，婺源中学还会寄来校庆的请柬。旧时婺源县属安徽省徽州府管辖。徽州盆地四面环山，中间一片沃土，一个易守难攻的地方。因此，日本人始终没有打进去。

开初，婺源中学只有初中部。由于战时大批外地知识分子纷纷逃难到了皖南，于是，学校又办了一个高中部，我就在婺源中学的高中部毕业的。至今，我仍清楚地记得，有一位化学老师，叫江芷[①]，浙江大学毕业生，听人说，当年还是浙大的校花，后来，她去美国定居了。到了1941年，在婺源高中毕业后，我准备报考大学。

当时的金华、衢州一带仍在中国政府的控制之下。各个学校有统一"会考"，成绩在80分以上，可以保送到英士大学[②]等大学去读书，当时，英士大学设在丽水。我这个人很有点"考运"，每次成绩总在80分以上，本来可以直接保送上大学的。但是在1940年前后，日本人打得特别凶，无恶不作，同学们群情激昂，热血沸腾，纷纷要求从军，上前线打日本人。于是，我跑到衢州去报考陆军机械化学校[③]。考取以后，校方派来接我们的人就将大家带到了学校所在地，湖南洪江县。原来是要学习3年的，到1944年才正式毕业。不过，那是战争非常时期，我们在1943年年底就提前毕业了。

在陆军机械化学校毕业后，同学们立即被授衔，成为少尉军官，随即，我们跟着部队派往缅甸战场，先到印度去学习。当年，我们是乘坐陈纳德将军飞虎队的运输机去的，先飞到缅甸，然后坐火车、行军，辗转来到印度的兰姆伽训练中心。那时美国援助了许多重型军事装备，我们需要学习掌握操纵这些现代化的武器装备。于是，我被编在"中国驻印度独立战车4营"，学习驾驶坦克技术。1营、2营已经训练完毕，被派到缅甸前线去了。我们3、4、5、6、7营则留在兰姆伽集训、待命。

那时，1个排是4辆战车，战车都是由美国支援的。1辆战车有4个战士，1个驾驶员，1个副驾驶员，1个机枪手，1个通信员。我没有被正式编入战车，而是成为少尉补给组长，在基地做后勤工作。不过，所有的人员都要学

---

① 江芷(1911—1987)，安徽婺源人，浙江大学化工系毕业，受聘于杭州省立女子中学。抗战时回乡，在婺源县立中学任教，倡导创办战时高中班。

② 抗战爆发后，为安置战地失学青年，1938年，经浙江省政府决议，省立战时大学开始筹备，1939年2月正式办公。1939年5月定名为浙江省立英士大学，以陈其美的字"英士"命名。学校分设工、农、医三院于松阳、丽水。1942年5月英士大学内迁云和、泰顺，12月经国民政府行政院决议改为"国立英士大学"，1945年11月迁至永嘉，1946年3月奉令移址金华。1949年8月为金华市军管会接管，并解散了英士大学，其院系并入浙江大学、复旦大学。

③ 陆军洪江机械化学校，该校的前身，为1936年成立的陆军南京交辎学校，创始人是抗日名将徐庭瑶。1937年，抗日战争全面爆发，宁、汉失守，陆军南京交辎学校先后迁长沙、柳州。1939年秋，日军进犯云南、广西，该校又奉命迁至洪江，易名陆军机械化学校。1944年春，日军侵湖南，逼近邵阳。陆军机械化学校奉命迁四川潼南，更名为"陆军装甲兵学校"。

习开坦克，参加严格的军事操练，由美国教官负责训练我们学习操作技术。我们同去的人的英语都相当不错，所以基本听得懂。

此时，我已经升任为中尉排附了。记得当年我们刚进军校时，就有规定贴在墙上，军校学生毕业以后，第 1 年授少尉；1 年半，成为中尉；2 年就是上尉；4 年为少校。

我们虽然在兰姆伽受训、待命，部队后来并没有按原计划开往缅甸战区，到了 1945 年，我们接到了上级的命令，调防贵州镇远县。当时，日军占领湖南后，挥兵进入贵州，镇远县吃紧，炮火已经逼近陪都重庆了。可以说，当时我所在的坦克部队，清一色现代化的美式武器装备，成为中国军队中最精锐部队之一。

在返国的路上，我是开着运输车经过滇缅公路回国的。车队进入中国境内，到了贵阳，大家才获悉，日本人已经投降了。虽然当年的道路极为艰险，盘旋崎岖呈“之”形的山地公路，两边不时有万丈深渊，开车一不小心，就有可能粉身碎骨。不过，官兵们终于盼来了多年以来梦寐以求的和平，不用打仗了，大家一路欢歌说唱，直到镇远。

（访谈者：龚玉和）

潘允恭：见证侵华日军细菌战的少校女军官

潘允恭，1920年出生，安徽屯溪人。黄埔军校3分校16期医务兵科毕业。2012年1月的一天，笔者访问了现居于诸暨安华镇杨宅的潘允恭老人。之后，笔者再次访问了老人。老人少校军衔乃蒋经国亲授。她的丈夫周文进曾任柏辉章的中校秘书，柏为贵州籍的抗战名将，亦为中共长征途中召开遵义会议的会址——那栋两层灰色砖楼的主人。笔者惊诧在如此偏僻的乡村竟然还幸存着一位抗战时期的女少校，更无法将曾经雅致的大家闺秀、英姿飒爽的巾帼英雄与眼前垂垂老矣的农村老妪联系在一起。但透过她那仍旧机智的眼神，依稀可以寻找过往的峥嵘痕迹。唏嘘造化弄人的同时，也对老太太的坚强陡升敬意。老太太虽已94岁高龄，却仍独自生活，记忆清晰，思维反应敏捷。笔者不禁产生这样的联想：是不是苦难会扩展一个人生命的容量？这也许是老天给予的补偿吧。以下内容根据其口述整理。

我是1920年阳历1月20日出生的，老家在安徽黄山屯溪的东亭村，父母是地主，他们自己不干农活的，家里约40余亩地，因此家境还好。我有2个母亲，亲生母亲生育了3个哥哥和我，后母生了9个孩子，有一年就生了3个，年头一对双胞胎，年尾又生了1个。

我的父亲比较开明，很疼我，主张男女平等，认为我的哥哥可以出去读书，我也同样可以出去读书。小学是就近入学的，初中教育则是在安徽省立徽州女中完成的。我的各科成绩都很好，身体素质也不错，体育老师让我以后考体育专科，英语老师希望我读大学，并介绍我到南京念高中。老师们对我都很好，有意培养我。高中是在南京的钟英中学念的[①]，因战乱，在那里只读到高二。

我的英文很好，本来打算读大学时专业选择学英文的。但是，1937 年 7 月，学校开始不能正常上课。3 战区司令顾祝同在南京招收军校生。我想国家兴亡、男女有责，如果做了亡国奴，那么书也是没得读的，做小姐也是做不成的，所以决定参军，以个人能力报效祖国。我将自己的想法写信告诉父亲，结果他不理解。一是认为我是个女的，二是家境也不错，不用担心生计。但我是铁了心要参军，所以父亲也没有办法。

3 战区司令顾祝同以战干团名义招生，要求考生有高中或初中以上学历，除了进行文化课考试，还有体育测试，跑步、打篮球等等。最后战干团在南京共招收了 3000 多人，组成了 22 个大队，其中有女生组成的一个大队[②]。行军路上女兵队的负责人是徐如清。我们先从南京乘汽车兵团的车子出发，目的地是江西的吉安，途中大约走了两三天。晚上战士们宿营在乡下，女生条件好些，宿营可以在城里或祠堂里。到吉安后，我们发了军服，换上军装。

到达军校后，女兵隶属 16 期 2 大队。大队长是男的，名字忘了，是江苏盐城人[③]，队长是孙执礼。我们先当了两个月的入伍生，之后根据个人志愿分至各个科，有政训科、军事科、特务科和医务科。入伍生阶段是一般的军事训练。学一些军事常识，以及体操、步兵基本动作。那时正好夏天，我们早上

---

① 钟英中学是旧日南京的名校之一，这是南京历史上第一所由南京人筹资开办的私立中学，创办于 1898。1933 年，私立钟英中学被南京市当局列为一类中学。“钟英”渐渐以其治学严谨、校风淳朴、教学质量高等特点，成为当时南京的名校之一。“要当兵，进钟英”是旧日南京城南百姓口中评价的有趣民谣，这里的“要当兵，进钟英”是指钟英中学建有童子军组织，平时严格抓军训，纪律性强。这个民谣虽然有失偏颇，但也从一个侧面反映了南京百姓对钟英中学的赞扬。“钟英”的学生，初中就要进行童子军操练，高中进行军训。为适应战备需要，学生一律不准留分头。“九一八”事件后，每年这一天，“钟英”必降半旗，校长登台演讲，教育学生不忘国耻，精忠报国。而且住宿学生每周要素食一天，节省的钱粮，支援东北前线父老兄弟。1936 年，全国童子军大检阅及次年南京各校军训时，“钟英”皆得第一。当年不少学生都考进了军校，走向抗战前线。1949 年后，私立钟英中学校焕发了新的光彩，1956 年改名为南京市第 23 中学，现为南京市第三初级中学。

② 16 期的女同学，是从军事委员会战时工作干训团 3 团 2 期合并于中央陆军军官学校 3 分校而来的。战干 3 团 2 期是 1939 年初在江西吉安入伍后迁往雩都正式开学的。同年夏奉命并入中央 3 分校，原有男女学生近 3000 人，其中女生 300 多人。战干 3 团女生中江苏、浙江、上海人甚多，有不少是从沦陷区潜入租界投考的。她们都是具有中等以上文化程度的 20 岁左右的青年，是怀着不愿做亡国奴的抗日爱国之心投考的。

③ 大队长为唐可铎，江苏盐城人，毕业于黄埔军校武汉分校 7 期步科。

5点起床,晚上7点半左右休息。白天一般在室内上课较多,但晚上会有演习,临时吹号。从床上爬起紧急集合后,到野外训练,把树当敌人,用枪对准树瞄准。子弹是很宝贵的,所以训练时并没有打过真子弹。

我们女生队睡的都是地铺,下面垫一块毯子,上面盖一床被子。冬天时,江西的气候比较湿冷,在地上再垫一些稻草防寒。伙食还可以,一般一星期有一次肉吃。平时吃些豆腐、萝卜和白菜。开饭时6个人一桌,围在地上蹲着吃饭。

入伍生阶段结束后,我们成为军校正式学生,享受上等兵待遇,一个月有9元6毛的津贴,一直到毕业。

我在军校读的是医务科,教官们都很有水平。比如教内科的教官是陈德超,他是医科大学毕业的,抗战爆发后他所在的地方国土沦陷了,所以选择了参军。药品标识都是外文的,因为我的英语基础好,所以学起来比较轻松。

军校学习期间,蒋介石、顾祝同都曾经来视察。蒋介石是晚上来的,时间较短,主要讲了军事形势和鼓舞士气的话,要我们努力学习,毕业后打击敌人。蒋介石给人印象很威严。顾祝同是白天来的,主要是检查工作,找了些干部座谈。我们是1938年8月毕业的①,22个中队,有3000多毕业生。毕业典礼由9战区司令薛岳主持,因为江西归属9战区管理。我们只发到毕业证书,没有发到中正剑。

毕业后,医务处处长陈家琪②看我成绩不错,因此愿意介绍我到西安助产医校继续读书。后来我没有去,因为一是西安路途遥远,另一方面自己胆子不够大,觉得如果医术不高,做助产士有风险。最后我还是留在了吉安,奉命到位于吉安的休养2院做行政见习生3个月。又由休养2院分配到位于马林的休养院分院做政训工作,院长是姚永安。为了更好地完成工作,我向院领导要求下到病房做政训工作。政治工作要做好,就必须认识工作的对象——士兵,因此下病房对做好政治工作有帮助。医院里伤兵流动性大,每

---

① 战干3团于1938年6月成立,武汉会战前夕驻节江西吉安,7月25日正式开课,9月25日补行开学典礼。1939年春,因日机轰炸吉安而迁雩都。由3战区司令长官顾祝同担任副团长,教育长唐冠英。一共开办两期,计毕业学生6000余人。从3期起即合并于中央军校3分校(江西瑞金)。因此,潘允恭老人记忆有误。3分校16期应为1939年毕业。

② 陈家琪(1900— ?),江苏盐城人,毕业于同济大学医学院,曾任中央军校3分校(瑞金)军医处处长,陆军总司令部军医署少将监员。

天给士兵换药时，会熟悉伤员的名字。另外，通过帮士兵代写书信，教授基本文化这些事情，士兵也会熟悉你，这样便于开展工作。另一方面我也可以学以致用，巩固自己的医务知识。

当时有些伤员在病房感到无聊，就会聚集一起搓麻将赌钱，抓赌很难。他们打日本人很勇敢，从前线回来，脾气有点大，有时比较野蛮。了解到有军官也参与赌博，我就想先治理军官。我曾经抓过一个排长，并严厉批评了他。我说：你是军官，应该起好作用，要以身作则。后来那军官碰到我都客客气气，其他伤员对我也很尊敬，见到我都会主动敬礼，如果我不回礼，他们手不敢放下的。为了丰富伤员的生活，我们还组织了俱乐部，组织大家演戏、学习。

一般伤员根据伤情安排在不同的医院治疗。前方急救的是兵站医院，伤情稍好后转到后方医院，再好一些后转到休养院。我在休养院呆了 6 个月，享受准尉待遇，相当于副排长，有 24 元的薪水。1939 年，转到后方医院工作，先后在位于吉安白鹭洲的 31 后方医院、位于南昌附近敦后村的 90 后方医院以及赣州沙地医院工作过。1942 年以前我都是在后方医院工作，其后调到赣东南城工作。

我在安徽上女中时，有个同学叫许素玉①。她也是黄埔 16 期 3 分校毕业的，读的是政训科。毕业后，她分配在蒋经国身边工作。当时有一个县的县长被暗杀，县里秩序很乱，局势很不平静。蒋经国讲起要物色一个人选去那边工作，结果许素玉自荐。蒋经国说男的都不行，女的有这个胆量？许素玉说让她试试看，如果牺牲了也是为了国家的利益，因此愿意去一试。许素玉到那边后主要做民训工作，她善于团结，结果 5 个月就将当地的局势平稳住了。蒋经国见她能干事就将其调到会昌工作，在三青团机构里任职。她写信给我，说南城②妇女工作缺人。我说我没有做过妇女工作，没有经验。她说工作只要有心学习就会做好。于是我担任了南城的女青年股股长。

1943 年的一天早晨，日军飞机来袭，我们躲进防空洞藏身。日机扔下来一些罐头、玻璃瓶。玻璃瓶里塞着破布、棉絮。老百姓对这些东西好奇，去翻

① 许素玉(1917—?)，女，安徽歙县人。历任三青团分团部筹备主任、干事长、支团部干事兼组长，《女青年》月刊社长，国民党中央党部干事，女青年工作委员会委员，国民党第 6 届中央执行委员会执行委员，妇女指导委员会主任干事，1948 年在江西省妇女团体当选为第一届国大代表。后到台湾。

② 南城县，位于赣东中部。

看，不知道里面含有细菌，会引发鼠疫。[①] 当天晚上就有人发病，发烧、头痛，与脑膜炎的症状差不多。染上这病的人死得很快，而且特别容易感染年轻人。上级下了命令，要求城内外断绝交通，以免疫情传出城外。为了控制疫情，蒋经国邀请了一位奥地利籍的医生来帮助我们处理疫情。因为我学过医，英文又好，因此奉命协助该外籍医生工作。奥地利医生到南城时，说东北也有鼠疫。当时奥地利医生还进行了化验，证实炸弹里含有鼠疫菌。他是国际红十字会的工作人员，年龄看着不到40岁。

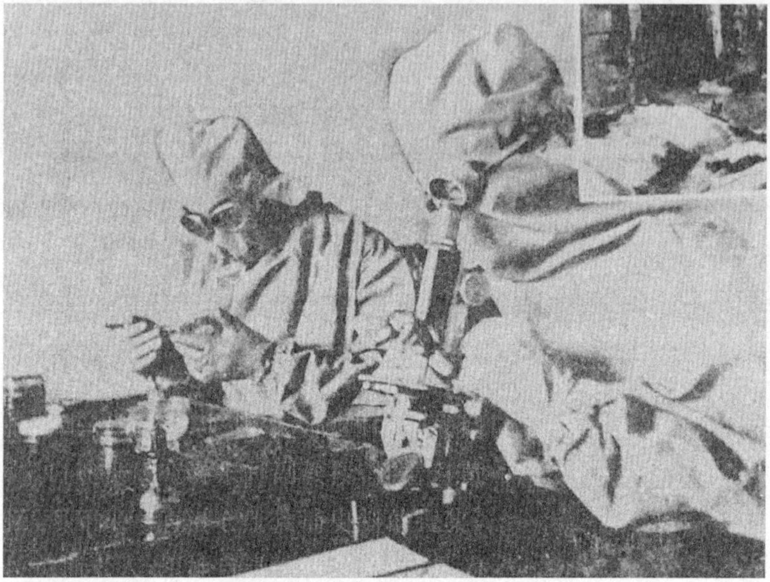

日军在衢州做病菌实验

为了尽快消灭鼠疫，我预先发动县机关开了会，大家行动起来，昼夜向老百姓宣传打防疫针的好处。开始老百姓怕打针，认为会被打死经过做思想工作，他们肯打针了。同时我们将已经感染鼠疫的人进行隔离，以防交叉感染。经过5个月的努力，南城县城终于恢复平静。奥地利医生面见蒋经国时，特地提到了我，说我做了很多工作，有成绩，应该给予奖励。蒋经国果真给予了

① 1991年出版的《南城县志》中也有记载："民国三十二年（1943年）6月，鼠疫由光泽县（现属福建境内）传入南城，蔓延32个村镇，患病724人，死亡223人……"而潘允恭的记忆是日军投细菌弹所致。侵华日军731部队细菌战诉讼原告团团长王选根据调查认为南城鼠疫不是外地传入，而是日军发动细菌战的结果。

奖励，加了三级，将我晋升为少校，相当于营长级别，工资由原来的50元加到80元。那年我24岁。我曾经两次见到蒋经国，一次是在赣州，到南城工作之前，是许素玉带我去的。第二次是到赣州工作前向他辞行，是在南昌见的面。

不久，上面来了命令，调我到三青团支部工作，工作地在会昌。但是当我赶到时，由于日军逼近，机关已经撤走了。我在那里人生地不熟，一个人不知道该怎么办才好。抗战期间，机关工作人员逃难时，有这种规定：已婚人员自己负责，单身的公家负责。可是公家早已不见踪影，到哪里找他们啊。

走投无路时，看到赣南师管区在招考排长，就冒出了去报考的念头。我是文职人员，头发是烫过的，穿着旗袍、皮鞋。赣南师管区的司令是柏辉章，他自己在招聘现场，看到我这个样子，说："你开玩笑吧，你一个文质彬彬的姑娘，怎么能做带兵打战的事情啊！你骑马会不会啊？部队没有轿的。"我说："让我考考看吧，我是小学的体育老师，家人已经走了，我无依无靠，你们走路行军我一定跟得上的。"我不敢暴露自己是军校毕业的。经过考试，我被录取了，考的基本上是军事常识。我跟着部队走了3天后到达瑞金。结果柏司令照顾我，让我到办公室工作。蒋经国知道我在瑞金，下了一份委任书，任命我为瑞金县女青年股股长。我只能向司令请假，我向司令保证我会两头兼顾的，这边三天，那边四天。那时年轻，工作热情高，没有休息日的。

没多长时间，抗战胜利了。我未婚夫也从湖南长沙调到了赣南师管区，在司令部当秘书。我们是在休养院工作时认识的，他在政训科做助理。我将要与未婚夫结婚的事情向父亲做了汇报，父亲不放心，特地写信到他家里了解情况。结果他父亲用柳体回了信。父亲因此认为他们家是传统的家庭，可以放心，并且让我不要介意他家的经济条件。

抗战胜利了，我也要结婚了，因此是双喜临门。我们的婚礼办了20桌酒席，柏辉章司令担任主持。柏司令写了家史，留给后人看。他把我们婚礼的事情也记录了下来，并且写上了我的名字。很多年后他的孙女柏梅女士看到了家史，一直想找到我，想知道为什么要在家史中记录我的名字。机缘让我们见面了，她知道我还活着，特地从广州飞过来见我。她说我是唯一活着的与她爷爷共事过的人，她让我讲她爷爷的故事，与我非常亲热。现在也时不时打电话来问候。

（访谈者：朱　丹）

附录一：

浙江省黄埔军校同学会简史

黄埔军校同学会是爱国统一战线的重要组织，是实现祖国统一大业的重要力量。1984年，为弘扬黄埔精神，团结广大黄埔同学共同促进祖国统一大业，在邓小平同志亲切关怀下，徐向前、聂荣臻等革命先辈亲自创建了黄埔军校同学会。随后，全国8大区黄埔军校同学会应运而生。1985年9月2日，组建上海黄埔军校同学会浙江组（后改为上海黄埔军校同学会浙江省分会），1988年11月30日在杭召开浙江省黄埔军校同学会第一次会员代表会议，选举理事29名，曹天戈当选首届会长。当时有会员3200余人，年龄大多在60岁左右，大多数会员散居在农村。为更广泛地联络服务和组织动员全省广大黄埔同学，全省有9个市（地）和63个县（市、区）相继成立黄埔军校同学会或联络组，并对未建组织的地方指定了联络员。

1994年10月27—29日，在杭召开浙江省黄埔军校同学会第二次会员代表会议，选举理事30名，胡亚力当选第二届会长。2004年6月22—23日，在杭召开浙江省黄埔军校同学会第三次会员代表会议，选举理事30名，刘渊当选第三届会长。2008年6月30日，浙江省黄埔军校同学会和各民主党派省委会、省工商联、浙江海外联谊会等11家单位共同发起成立浙江中国和平统一促进会，经省编委批复同意设立秘书处，与省黄埔军校同学会办公室一个机构两块牌子。自浙江省黄埔军校同学会第三次代表会议后，根据工作实际需要，会领导班子形成了新的会长办公会议制度，轮流在杭州、宁波、温州三地召开会长办公会议，至今已达32次。因会员、理事年事已高，从2012年起，以通讯方式召开理事会议。截至2014年6月，全省健在会员301人，平均年龄90岁。

30年来，浙江省黄埔军校同学会在中共浙江省委统战部的领导下，遵循“发扬黄埔精神，联络同学感情，促进祖国统一，致力振兴中华”的宗旨，贯彻中央和省委对台工作部署，充分发挥自身特色优势，广泛联系台港澳地区及海外黄埔同学和亲友，积极为浙江经济社会发展献计出力，大力促进两岸交流交往，为推动祖国统一、推进改革开放和现代化建设事业等方面做出了积极贡献。

一、以学习宣传活动为载体，弘扬传承好黄埔精神，积极引导黄埔同学为爱国统一战线凝心聚力。

黄埔精神是增进中华民族认同、中华文化认同的重要媒介和重要部分。多年来，省黄埔军校同学会采取多种形式加强学习宣传工作：每年一次的全省理事会与定期召开在杭理事学习会、每月一次的机关学习会、不定期的讲座报告、全省性的各地黄埔同学会（联络组）负责人培训班、重大的纪念活动等。其中，全省性的各地负责人培训班成为全国黄埔军校同学会中的首创。自1990年以来，先后举办了11期，培训人数达500人次。培训班邀请有关领导和知名学者，结合国内外的时事政治作专题报告或讲座，省委统战部领导每次都到会，结合浙江实际为学员们做对台形势报告或通报浙江省统战工作情况。这种培训形式不仅丰富了学员的知识，而且也为各地黄埔同学会组织提供了一个交流经验、沟通信息的平台，深受大家的欢迎。近年来，由于黄埔同学年事已高，省黄埔军校同学会代之以集中学习与自学相结合的在杭理事学习制度，或以通讯方式进行。1985年12月创办会刊“黄埔军校《浙江校友通讯》”（后改为《浙江黄埔》）每季度一期（后改不定期），截止到2009年9月，先后共刊出67期。自2009年9月起为部分困难黄埔老人订阅总会《黄埔》杂志，并积极组织投稿工作。充分利用每年节假日或其他重大纪念日举办活动，如国庆、校庆纪念会、中秋茶话会、春节联欢会等，向全社会宣传“爱国、革命”的黄埔精神，激发黄埔老人的工作热情和归属感。在一些重大活动中，省黄埔军校同学会通过邀请有关新闻单位参加或向新闻媒体投稿等方式，积极向社会宣传黄埔军校同学会，扩大同学会的影响力。各地同学会也充分利用各自的会刊，积极联络宣传，如台州同学会还把会刊寄往台湾地区，深入岛内开展宣传工作，在推进反“独”促统事业中发挥了积极作用。省黄埔军校同学会还在浙江中国和平统一促进会网站设立专门网页，内容包括省黄埔军校同学会简介、会内活动、黄埔军校同学录等，使之成为加大对外宣传和扩大影响力的有效载体。

为弘扬“爱国、革命”的黄埔精神，打响黄埔“金字招牌”，深化黄埔情缘，扩大黄埔组织知名度，省黄埔军校同学会一直致力于黄埔史料的挖掘和收集工作，抢救这段正在消逝的历史。1995 年和 2005 年分别编印纪念抗战胜利 50 周年、60 周年纪念特刊，征集、汇编全省黄埔同学撰写的抗战回忆文章。2004 年编印《浙江省黄埔军校同学会 20 周年纪念画册》。2014 年编印《黄埔缘 两岸情——黄埔军校建校 90 周年暨浙江省黄埔军校同学会成立 30 年纪念画册》，集中反映黄埔军校建校历史和浙江省黄埔军校同学会成立以来的机构沿革和工作业绩，宣传浙江黄埔同学弘扬黄埔精神。长期以来，省黄埔军校同学会以黄埔文化、黄埔精神、黄埔人物为重点，通过人物专访、口述历史等形式，回首黄埔军校历史脉络，追忆黄埔同学兄弟情谊，重现黄埔军人热血本色，展示黄埔精神伟大魅力。截至 2015 年，省黄埔军校同学会已对近百位黄埔同学进行面对面的采访，通过他们对军校生活、抗战经历、重大历史事件的亲口讲述，追寻百年来的历史记忆，将一个个鲜活的人物形象和革命事迹，以文字方式记录保存，并汇总 70 篇编辑出版《浙江黄埔人抗战记忆》，以纪念中国人民抗战胜利 70 周年。

二、以黄埔情缘为纽带，运用好黄埔“金字招牌”，深化对台特色交流。

浙江省去台人员多、台属多、上层人士多、黄埔师生多。省黄埔军校同学会绝大多数会员与港澳台地区及海外都有同学和亲友关系，而且大都保持通信联系。“天下黄埔是一家”，黄埔情缘是两岸军人的血脉基因和共同财富，黄埔同学间相互有着浓厚的感情，共同的同学情、草鞋情和故乡情把两岸黄埔同学紧紧联系在一起，成为省黄埔军校同学会开展对台工作的一大优势。省黄埔军校同学会积极发动全省黄埔同学与台湾地区、海外的同学亲友加强联络交往，鼓励他们通过信件、贺卡与电话等各种形式，扩大与他们交流的渠道，有条件的通过“请进来、走出去”方式进行面对面的联络沟通，使两岸同学和亲友相互加深了解，增进情感，不断形成反“台独”、促统一的共识。

2005 年 3 月，《反分裂国家法》出台，省黄埔军校同学会抓住这一时机，着手准备组团访问事宜，于 2006 年 5 月 16—24 日组团访问台湾地区，访问团以省黄埔军校同学会会长刘渊为团长，由省黄埔军校同学会和省委统战部、省台联等 13 名成员组成，其中有 6 位成员系省、市黄埔军校同学会的会长或副会长，他们最大的已有 88 岁高龄，平均年龄 85 岁。访问团在台期间与台北浙江同乡会、中华黄埔四海同心会、高雄市退伍军人协会和港澳台湾同乡会等近百人会面，并进行了交流座谈。省黄埔军校同学会会长刘渊等还分别拜访了台湾地区刘和谦上将等多年不见的旧友与同学及学生。见到了很多老朋友，也结交了许多新朋友，进一步加深了在台地区黄埔军校学生尤其是浙江籍黄埔毕业生的情谊。访问团积极宣传我反“独”促统主张，增进了对一个中国原则、反“台独”反分裂的共识，访问取得圆满成功。

2008年初，“台独”发动“入联公投”，陈水扁当局决定将“入联公投”与2008“大选”一并举行。省黄埔军校同学会在台湾地区“大选”前，召开理事学习会，组织理事通过书信电话等方式，问候在台地区或海外的黄埔同学及亲友，劝其拒领“公投票”。同时，充分发挥民间团体的优势，与台湾地区的群团组织取得联系，通过这些团体来动员台湾当地民众拒领“公投票”。此外，还对定居浙江的台商台胞做了大量工作，发动他们联合在台湾的亲朋好友一起为反对“入联公投”做贡献。

2012年5月底，第四届“黄埔情”海峡两岸退役将军高尔夫球邀请赛系列活动在浙江举办。此次活动由黄埔军校同学会与浙江海外联谊会联合主办，省黄埔军校同学会承办，参赛嘉宾包括以解放军原副总参谋长钱树根上将为团长的大陆退役将军18名，以台湾地区黄幸强上将、陈廷宠上将为团长的台湾退役将军28名。活动持续一周，先后在富阳富春山居球场、绍兴会稽山球场和西湖国际高尔夫球场举行了3场比赛。活动之余，还安排两岸退役将军参观考察了富春江和龙门古镇，举行两岸将军茶叙活动，被退役将军们认为是“最温馨周到的一届”。

2014年，在纪念黄埔军校建校90周年之际，省黄埔军校同学会特邀请了10位台湾地区退役将领同省黄埔军校同学会理事、黄埔同学、亲属后代一起纪念黄埔军校建校90周年。尽管两岸黄埔同学期别跨度逾数载，但袍泽情谊把彼此紧紧连在了一起。2015年5月，省黄埔军校同学会以纪念抗战胜利70周年为主题，邀请10位台湾地区浙江籍退役将领参加“浙籍台湾退役将领故乡行——重走抗战路”活动，以共同的抗战记忆联结两岸黄埔情缘。通过系列纪念活动，搭建了两岸黄埔同学直接交流的平台，进一步深化了“天下黄埔是一家”的袍泽情谊。

30年来，浙江省有1000多位黄埔同学与台湾方面有联系，通信、通话、互送贺卡累计近5万人次，共接待港澳台地区及海外黄埔同学和亲友6000多人次，其中将级以上的代表性人士500多人次(不包括同学个人接待)，如邓文仪、肖赞育、郝柏村、蒋仲苓、孔令晟、黄幸强、陈廷宠、季麟连、傅慰孤等；接待参访团近30批，如台湾“中华黄埔四海同心会”、台北市“各军事院校校友会”、台湾“陆军军官学校校友会”、台湾“中华黄埔协会”等黄埔社团组织的访问团，以及台湾高雄市退役军人参访团、台湾“陆军军官学校26期同学大陆参访团”、旅美黄埔军校同学会“和谐之旅”访问团、台湾退役将领抗战史迹参访团、中国国民党菲律宾马尼拉支部“溯源之旅”访问团、台湾黄埔文教联合参访团、台湾黄复兴黄国山党部参访团、“浙籍台湾退役将领故乡行——重走抗战路”参访团等。

三、以照顾好黄埔老人为重点，逐步形成“一进五必送”关爱工程，传递党和政府的温暖。

解决好黄埔同学的生活困难问题，在政治上有着重要的现实意义，在对台工作中也将产生积极影响。省黄埔军校同学会一直十分重视与关心黄埔同学生活困难问题的解决，积极争取尽早将黄埔同学列入党外人士范围。1989年深入基层展开调研工作，直接促成了“浙统〔1990〕4号，〔1990〕财行4号”《关于妥善安置部分生活困难的黄埔军校同学的通知》文件的下发，使全省约有700多位鳏寡孤独、丧失劳动能力又无固定经济来源的黄埔同学享受了政府的定期补助和临时性补助。浙统〔2002〕4号文件和浙统发〔2004〕85号文件《关于增加部分党外人士生活费的通知》中，先后两次明确把生活困难并享受补助的黄埔同学列入增加生活费的部分党外人士范围中，并结合贯彻中央统战部统发〔2003〕55号《关于进一步做好黄埔军校同学会工作的意见》文件精神，进一步落实政策，使他们享受到党外人士的生活待遇。在当地政府及党委统战部的关心下，各地都得到了很好的落实。

2005年5月，省黄埔军校同学会机关又对全省10个地区约1100位黄埔同学的生活情况展开了全面调查摸底。2006年2月，根据调查结果向省委统战部为生活困难的黄埔同学申请补助，经省委统战部上报省委后，得到了省委、省政府领导高度重视，即责成有关部门研究解决办法。2006年4月10日，由中共浙江省委统战部、省人事厅、省财政厅、省民政厅联合下发了浙统发〔2006〕19号《关于给部分黄埔军校同学生活困难补助的通知》，对没有固定经济来源或虽有一定收入但收入较低的同学给予每月一定的补助（不低于每月350元），对常年患病、生活陷入困境的同学，由各地酌情给予一次性生活补助，并规定以后如有提高党外人士（包括黄埔军校同学）生活待遇的政策规定，以上享受定期生活补助的黄埔同学也可同步提高，补助经费由同级财政解决。2007年4月，省黄埔同学会机关赴各地督查落实情况，全省大部分地市都较好地落实了文件规定的标准。2007年4月，中共浙江省委统战部、省人事厅、省财政厅、省民政厅联合下发浙统发〔2007〕19号《关于增加部分党外人士生活费的通知》，明确把黄埔同学列入文件中“不享受工资待遇而领取生活费”的党外人士范围。浙江省黄埔同学（会员）领取生活费的数额每人每月不低于525元，部分可达到800元左右。

2011年，以辛亥革命百年纪念为契机，省黄埔军校同学会根据省委统战部主要领导批示精神，商请各地统战部门及黄埔同学会组织对全省黄埔同学的基本情况进行了一次全面调研，并将结果报请省委统战部向省财政厅专题报告。经省委统战部积极与省财政厅沟通协调，为黄埔同学争取了一笔48万元的专项慰问金，于2012年春节前将这笔慰问费送到了全省每一位黄埔同学的手中。2014年4月，省黄埔军校同学会依托杭州市统战工作进社区的优势，率先与杭州市委统战部合作，实施黄埔同学工作进社区计划。按属地管理原则，将杭州市黄埔同学与所在社区结对，使黄埔同学得到更加贴心、周到的服务。2014年6月，为深入贯彻中共中央政治局常委、全国政协主席俞正声在纪念黄埔军校建校90周年座谈会上的讲话精神，进一步发挥联系、服务黄埔同学的功能和作用，省黄埔军校同学会机关走访各市统战部、看望健在的每位理事和困难黄埔同学，就浙江省黄埔同学尤其是无固定经济来源的黄埔同学生活现状再次进行了专题调研，并形成了《关于我省和部分其他省市开展黄埔同学慰问工作的情况汇报》专题报告，获省委王辉忠副书记的批示肯定。经与省财政协商，从2015年抗战胜利70周年开始，在省黄埔军校同学会的年度预算中，增设黄埔同学专项慰问经费60万元，主要用于开展贫困补助慰问、重要节日慰问、生病住院慰问和应急突发灾害慰问等，并在2015年春节前完成了一次全省性的新春“送温暖”专项慰问活动。

在省委领导的亲切关怀和省委统战部、省财政厅的大力支持下，持续用好黄埔专项慰问资金，加大对抗战黄埔同学和生活困难黄埔同学的补助力度，不断巩固“一进”（黄埔工作进社区）和“五必送”（新年送慰问、夏日送清凉、百岁送祝福、生病送关怀、困难送温暖）等工作已成为省黄埔军校同学会的日常性工作和照顾黄埔老人的系统性“关爱工程”，充分体现了党和政府对黄埔同学的关爱之情。

四、以招商引资、参政议政为抓手，不断为黄埔工作注入新活力。

浙江省黄埔同学积极利用与台湾地区及海外黄埔同学、亲友的关系，为引进投(捐)资金牵线搭桥。据初步统计，全省共引进各种投(捐赠)资金5亿多元人民币，大小投(捐)资项目20多个，项目中有房地产、制药厂、化肥厂、学校等。同时，黄埔同学利用个人一技之长，为浙江省文化和教育事业尽责出力，为公益事业、受灾群众和困难同学出资捐款(物)，努力为当地的经济建设与社会发展做贡献。其中，原金华市黄埔军校同学会会长、黄埔军校同学会优秀会员经纲兴动员自己在台湾地区的胞弟携子来乡考察，洽谈后于1993年投资50万美元回乡创办贝司特染料化工生产厂和经营公司，多年来被省农行评为“AA＋”“重合同守信用企业”。

同时，全省黄埔军校同学会会员中有部分是当地的政协委员，他们以参加政协会议或其他渠道积极反映社情民意，撰写提案，参政议政。尤其值得一提的是，绍兴市同学会会员马新康同学不顾81岁高龄，在乡村积极宣传“科技兴农”，以自身特长扶贫兴农，得到当地群众的好评。2005年金华市黄埔军校同学会在市政协四届五次全会上提出给病困、无力支付医药住院费用的黄埔同学解决适当医疗补助费的提案得到市政协、市委统战部的重视支持，在与有关承办单位市财政局商量后得到妥善解决。

五、积极谋划黄埔工作的可持续发展，发起成立浙江中国和平统一促进会增添新动力。

黄埔同学是一个高龄化并趋于不断减员的特殊群体，导致黄埔同学会组织面临缺乏活力、后继乏人的局面，影响对台工作的开展。省黄埔军校同学会从实际出发，创新工作思路和方法，学习参照中国和平统一促进会与黄埔军校同学会联署办公的模式，和各民主党派省委会、工商联、浙江海外联谊会等11家单位共同发起成立浙江中国和平统一促进会。经省委批准，于2008年6月30日在杭州召开浙江中国和平统一促进会成立大会暨第一届理事会，成为全国首家省级中国和平统一促进会组织，中共浙江省委副书记夏宝龙当选为浙江中国和平统一促进会第一届理事会会长，省政协副主席、省委统战部部长楼阳生当选为第一届理事会执行副会长，各民主党派省委会、省工商联主要负责人当选为副会长，共产生理事96人。中国和平统一促进会秘书长梁金泉到会祝贺并致辞。按照大会章程，统促会设秘书处负责日常工作，经省机构编制委员会浙编〔2008〕46号批复，设立浙江中国和平统一促进会秘书处，与省黄埔军校同学会办公室一个机构两块牌子。浙江中国和平统一促进会成立以来，在省委领导下，在省委统战部的直接指导下，充分发挥与省黄埔军校同学会一同作为对台统战工作平台优势，紧紧围绕浙江省中心工作，积极引导广大台胞和浙籍侨胞推动海内外反"独"促统运动健康发展，成为浙江省促进祖国和平统一事业的有效载体。2013年10月25日，浙江中国和平统一促进会第二届理事大会在杭州召开，共产生理事125人。省委副书记王辉忠当选为第二届理事会会长，省政协副主席、省委统战部部长汤黎路当选为执行副会长。中国和平统一促进会副秘书长郑琴到会祝贺并宣读贺信。

六、加强机关自身建设，不断提高机关干部的执行力。

黄埔组织是团结黄埔同学，拓展两岸交流的重要载体和依靠力量。30年来，省黄埔军校同学会在办公条件、机构设置、人员配备和党支部建设方面不断与时俱进，有力保障了省黄埔军校同学会各项工作的顺利开展。1985年9月成立上海黄埔军校同学会浙江分会之初，只有3位工作人员。1988年11月，浙江省黄埔军校同学会正式成立，核定工作人员8名。1996年省委组织部、统战部、人事厅印发"浙组〔1996〕39号"文件，明确省黄埔军校同学会机关参照《国家公务员暂行条例》管理。2003年机关机构编制调整时，经省编委核准，增设办公室1个职能部门，核定事业编制8名，处级领导职数3名。2006年省委组织部、人事厅印发"浙组〔2006〕53号"文件，明确省黄埔军校同学会和工青妇等17个团体机关参照《国家公务员法》管理。30年来，省黄埔军校同学会机关工作人员几经调整，通过公务员录用考试、基层选调等方式，于2008年底8位工作人员全部配齐。党支部建设不断加强。2006年前，由于机关党员人数少，只设党小组。曾与省委统战部联络处、省台联、侨联等单位成立联合党支部。随着本会机关党员队伍不断壮大，省黄埔军校同学会支部于2006年4月正式成立。2011年12月，省委统战部印发《省黄埔军校同学会和浙江中国和平统一促进会机关工作职能、干部管理权限的负责人分工》(浙统发〔2011〕53号)的通知，按照"两个统筹、两个不变"的原则，对省黄埔军校同学会和浙江和平统一促进会(简称“两会”)的工作职能进行必要的整合,更好地发挥“两会”在对台和海外反“独”促统工作中的作用。近年来,随着工作领域的拓展,省黄埔军校同学会机关进一步加强学习,严格要求,规范管理,建立完善机关月度工作例会、专题学习会、专项工作研讨会、日志考勤、AB 角、财务等制度,建立全省黄埔同学电子信息数据库,做到底数清,更新快,着力打造学习型、服务型、创新型机关,保持机关昂扬向上的精气神。

附录二：

浙江省黄埔军校同学会大事记

1985 年

9 月 2 日，上海黄埔军校同学会浙江组在杭州正式成立，省人大、省政府、省政协、省军区、省委统战部、杭州市委统战部等单位领导到会祝贺，来自全省各地(市)的黄埔同学代表及在杭州的部分同学近 200 人参加了成立大会。曹天戈担任浙江组负责人。

1986 年

按照上海黄埔军校同学会向浙江、福建、上海两省一市委统战部提出的关于地(市)一级设"联络组"、县一级设"联络站"的意见，结合浙江的实际情况，分别于杭州、嘉兴等 8 个市和丽水、台州 2 个地区成立联络组。

1987 年

1 月，为贯彻黄埔军校同学会宗旨，更好地开展海外联谊工作，按照上海黄埔军校同学会理事会研究决定，原上海黄埔军校同学会浙江组改为浙江省分会，曹天戈任浙江省分会负责人。

1988 年

根据中共浙江省委办公厅《关于成立浙江省黄埔军校同学会和人员编制问题的批复》(省委办发〔1988〕3 号)，同意将上海黄埔军校同学会浙江分会改为浙江省黄埔军校同学会，人员编制在原定 3 名的基础上再增加 5 名。

11 月 30 日，浙江省黄埔军校同学会第一次会员代表会议在杭州召开。曹天戈当选会长，朱召人、胡亚力、陈家懋当选副会长。会上通过了《浙江省黄埔军校同学会章程》。

1989 年

1 月，省委统战部出台《关于加强黄埔军校同学会工作的通知》(浙统〔1989〕4 号)，要求各市、地、县委统战部充分发挥黄埔军校同学会组织的作用，妥善安置黄埔同学的生活。

1990 年

1 月，省委统战部、省财政厅、省民政厅联合下发《关于妥善安置部分生活困难的黄埔军校同学的通知》(浙统〔90〕4 号、〔90〕财行 4 号)。

5 月，黄埔 1 期生邓文仪一行到京访问，受到邓小平同志和徐向前、聂荣臻两位元帅亲切会见。邓文仪一行来杭访问，受到浙江省委副书记葛洪升的亲切会见，省黄埔军校同学会会长曹天戈全程陪同。

7 月 10 日至 13 日，省黄埔军校同学会第一次举办浙江省各地(市)及部分县(市、区)黄埔军校同学会负责人学习班。来自全省各地的黄埔军校同学会负责人及省黄埔军校同学会领导和机关工作人员近 30 人参加学习。

11 月，省黄埔军校同学会会长曹天戈接待了台湾地区著名人士黄埔 1 期生肖赞育先生。

1991 年

4 月 15 日至 17 日，省黄埔军校同学会接待台湾地区“中华黄埔四海同心会”谒陵访问团来杭参观访问，省委统战部部长吴尧民会见了访问团一行。

1992 年

6 月 15 日至 18 日，省黄埔军校同学会召开一届四次理事会议，会议就《浙江省黄埔军校同学会章程》有关条款进行修改。

1993 年

5 月，黄埔军校同学会在安徽举办华东六省一市黄埔军校同学会秘书长座谈会。为加强横向联系，会议商定从 1994 年起，华东地区六省一市黄埔军校同学会每年轮流举办业务交流会。

1994 年

6 月 16 日，省黄埔军校同学会在杭举行黄埔军校建校 70 周年纪念会，在杭的近 200 名黄埔军校同学及部分黄埔同学的后代参加了会议。省委副书记刘枫到会讲话。

10 月 27 日至 29 日，浙江省黄埔军校同学会第二次会员代表会议在杭州召开。胡亚力当选为会长，陈家懋、杨健当选为副会长。会上修改了《浙江省黄埔军校同学会章程》的有关条款。

1995 年

在纪念抗战胜利 50 周年之际，浙江省黄埔军校同学以各自亲身经历和亲眼目睹的史实，采用回忆、论文、诗歌等形式，汇编成纪念抗战胜利50周年“专辑”，在《浙江校友通讯》上刊登。

1996年

7月，浙江省黄埔军校同学会根据省委组织部、省委统战部、省人事厅《关于印发浙江省黄埔军校同学会机关参照〈国家公务员暂行条例〉管理实施办法的通知》（浙组〔1996〕39号）的要求，参照实施管理工作。

1997年

4月3日，省黄埔军校同学会会长胡亚力、秘书长徐岩华接待台湾地区“黄埔军校大陆旅行团”一行15人。

6月17日，省黄埔军校同学会在纪念黄埔军校建校73周年活动之际，在杭举行迎香港回归报告会。

1998年

10月11日至12日，以黄埔1期刘番为团长、周乐军为副团长的台湾“中华黄埔四海同心会大陆观光团”一行来杭参观访问，受到省政协副主席、省民革主委汪希萱，省黄埔军校同学会会长胡亚力的接待。

1999年

4月22日至23日，以黄埔17期庞雄为团长的台北市“各军事院校校友会大陆访问团”来杭参观访问，省委统战部常务副部长徐长福、省黄埔军校同学会会长胡亚力接待了访问团一行。

9月13日至17日，省黄埔军校同学会主办华东六省一市黄埔军校同学会工作研讨会，黄埔军校同学会秘书长秦国生，联络部部长傅怀亮出席会议，省委统战部常务副部长徐长福到会并讲话。

12月15日，省黄埔军校同学会举办喜迎澳门回归座谈会，在杭理事、各区联络员和部分黄埔同学后代近30人出席。

2000年

10月20日，省委统战部常务副部长徐长福、省黄埔军校同学会会长胡亚力接见了以黄埔17期庞雄为团长的台北市“各军事院校校友会大陆访问团”一行35人。

2001年

10月10日至12日，省黄埔军校同学会秘书长徐岩华接待了以黄埔28

期罗吉源中将为团长的台湾“陆军军官学校校友会大陆旅游团”一行38人。

2002年

5月23日，省黄埔军校同学会会长胡亚力、秘书长徐岩华接待了以黄埔8期詹道良为团长的旅美“黄埔校友会大陆参访团”一行11人。

2003年

9月，中央统战部出台《关于进一步做好黄埔军校同学会工作的意见》（统发〔2003〕55号），就进一步做好各省区市黄埔军校同学会工作提出意见建议。省黄埔军校同学会在全省范围开展调研走访，确保文件精神贯彻执行到位。

9月20日，省黄埔军校同学会秘书长徐岩华会同省民革领导接待了以李厚业（企业总裁、高雄市各省同乡会会长）为团长的“台湾高雄市退伍军人协会参访团”一行30多人。

2004年

6月22日至23日，浙江省黄埔军校同学会第三次会员代表会议在杭州召开。刘渊当选为会长，陈家懋、楼吉康、符丕盛当选为副会长。

10月30日，省委统战部常务副部长徐长福、省黄埔军校同学会会长刘渊接见以台湾地区谢元熙中将为团长的台湾“中华黄埔四海同心会参访团”一行19人。

2005年

6月16日，省黄埔军校同学会举办纪念黄埔军校建校81周年暨抗日战争胜利60周年座谈会，近50位在杭理事、黄埔同学及亲友参加座谈。同时，征集全省黄埔同学撰写的抗战回忆文章，汇编成《纪念抗战胜利60周年专刊》。

9月21日上午，浙江省黄埔军校同学会成立20周年纪念大会在杭州隆重召开，全省约150位理事、黄埔同学及亲友参加会议，省委副书记乔传秀出席会议并讲话。省政协副主席、民建省委会主委吴国华代表省级各民主党派、工商联和统战系统有关团体致贺词，黄埔军校同学会联络部副部长范建民代表黄埔军校同学会致贺词。

2006年

4月，省委统战部、省人事厅、省财政厅、省民政厅联合出台《关于给部分黄埔军校同学生活困难补助的通知》(浙统发〔2006〕19号)，对没有固定经济来源，或虽有一定收入但不足350元/月的黄埔军校同学，一律补助到350元/月。同时规定，今后如有提高党外人士(包括黄埔军校同学)生活待遇的政策规定，以上享受定期生活补助的黄埔军校同学也可同步提高。

5月16日至24日，省黄埔军校同学会组团访问台湾地区，取得圆满成功。这是自省黄埔军校同学会成立后，首次公务组团访问台湾，在全国黄埔军校同学会中也是首开先河。此次赴台参访取得了圆满成功，也为黄埔军校同学会主动入岛与台湾地区黄埔同学及民众交流交往提供了成功的经验。

10月10日至14日，华东地区黄埔军校同学会工作研讨会在杭州召开。中共浙江省委统战部常务副部长陈金彪出席开幕式并讲话，他肯定了省黄埔军校同学会的工作成绩，并要求浙江省黄埔军校同学会在对台工作中继续发挥自身优势，开拓创新，利用黄埔同学的人脉优势和黄埔军校的品牌优势，扩大对台交流交往，把对台工作引向深入。

12月6日，省委统战部常务副部长陈金彪、省黄埔军校同学会领导接见全非洲中国和平统一促进会访问团一行15人。

2007年

4月，省委统战部、省人事厅、省财政厅、省民政厅联合出台《关于增加部分党外人士生活费的通知》(浙统发〔2007〕19号)文，浙江省黄埔同学(会员)领取生活费的数额每人每月不低于525元，部分可达到800元左右。

12月4日上午，黄埔军校同学会副会长林上元、副秘书长刘耀江一行4人抵达杭州，林上元副会长专程到黄埔军校同学会理事、省黄埔军校同学会名誉会长胡亚力家中慰问并征求意见。

2008年

6月30日，浙江中国和平统一促进会成立。浙江省黄埔军校同学会参照中国和平统一促进会与黄埔军校同学会联署办公的模式，经省委批准，与各民主党派省委会、省工商联、浙江海外联谊会等11家单位共同发起成立全国首家省级中国和平统一促进会，产生理事96人。经省机构编制委员会浙编〔2008〕46号批复，设立秘书处，与省黄埔军校同学会办公室一个机构两块牌子。

11月26日，省黄埔军校同学会会长刘渊、秘书长徐岩华接待以台湾地区黄复兴党部退役中将康景文、钟家声和退役少将陈松生为首的参访团一行31人。

2009年

省黄埔军校同学会开展了"庆祝新中国成立60周年暨黄埔军校成立85周年征文"活动，征集文章、诗歌汇编成《黄埔军校建校85周年暨中华人民共和国成立60周年纪念专刊》。

4月11日至12日，浙江省黄埔军校同学会接待了以陈耀华为团长的旅美黄埔军校同学会2009年"和谐之旅"访问团一行。

11月23日至26日，黄埔军校同学会全国宣传工作会议在浙江杭州召开。来自全国各地26个省(市、自治区)的黄埔同学会机关人员近60人出席了会议。黄埔军校同学会副秘书长王安南、省委统战部副部长徐建华到会并讲话，《黄埔》杂志社编辑部部长李忠诚主持会议。

2010年

6月8日，浙江海外联谊会副会长徐建华、秘书长吴喻华，民革省委会秘书长俞建民，省黄埔军校同学会会长刘渊、秘书长徐岩华接待了中国国民党菲律宾马尼拉支部"溯源之旅"访问团一行。

9月23日，全国黄埔军校同学会秘书长工作座谈会在杭州召开，来自27个省(市、自治区)黄埔军校同学会的秘书长及机关有关负责同志出席会议。

2011年

11月至12月，为确保在2012年春节前将辛亥革命百年专项慰问费发放到每一位黄埔同学手中，省委统战部副部长徐建华，省委统战部副巡视员、省黄埔军校同学会秘书长吴喻华亲自赴嘉兴、温州、金华等地上门慰问，省黄埔军校同学会机关工作人员也专程赴各地慰问。

2012年

5月27日至6月2日，第四届"黄埔情"海峡两岸退役将军高尔夫球邀请赛系列活动在浙江举办。活动由黄埔军校同学会和浙江海联会联合主办，浙江省黄埔军校同学会承办，参赛嘉宾包括以解放军原副总参谋长钱树根上将为团长的大陆退役将军18名，以台湾地区黄幸强上将、陈廷宠上将为团长的台湾退役将军28名，共计46名。

2013 年

9 月 17 日，省委统战部副巡视员、省黄埔军校同学会秘书长吴喻华接待以台湾地区李贵发中将率领的台北市“黄埔四海同心会参访团”一行 11 人。

2014 年

4 月，省委统战部印发《关于做好黄埔同学工作进社区的通知》（浙统发〔2014〕10 号），在杭州五大主城区开展黄埔同学工作进社区工作，依托统战工作进社区的优势，按属地管理原则，将黄埔同学与所在社区结对，使黄埔同学得到更加及时、贴心、周到的照顾，让他们安享幸福晚年生活。

6 月 5 日上午，为纪念黄埔军校建校 90 周年暨省黄埔军校同学会成立 30 年，省黄埔军校同学会特邀以傅慰孤中将为团长的台湾地区退役将领一行 10 人与部分理事、同学及亲属后代 50 余人聚会杭州，隆重纪念黄埔军校建校 90 周年。座谈会由省委统战部副部长汤为平主持，省政协副主席、省委统战部部长孙文友出席会议并讲话。

9 月 5 日，省黄埔军校同学会秘书长张兵应全国政协委员、香港大中华会主席、黄埔 2 期胡靖安将军之女胡葆琳女士邀请，率团一行 3 人赴香港出席第五届“中山 · 黄埔 · 两岸情”论坛，国学大师、黄埔教官南怀瑾之孙、温州统促会青委会主任南品仁和省黄埔机关工作人员随行。

9 月 16 日，浙江省黄埔军校同学会召集部分黄埔同学、后代亲属召开浙江省黄埔军校同学会可持续发展座谈会，黄埔军校同学会秘书长杭元祥，副会长楼吉康、秘书长张兵参加座谈。

2015 年

1 月至 2 月，为纪念抗日战争胜利 70 周年，体现党和政府对黄埔同学的关爱，在省委领导的亲切关怀和省委统战部、省财政厅的大力支持下，省黄埔军校同学会自 2015 年起增加专项慰问经费，加大对全省困难黄埔同学的慰问力度，并在春节前对全省黄埔理事和困难的黄埔同学开展新春“送温暖”慰问活动。共计慰问黄埔同学 152 人次，发放慰问金、困难补助款 30 万元。

4 月 21 日，2015 年华东地区黄埔军校同学会可持续发展问题研讨会在杭州召开。黄埔军校同学会秘书长杭元祥莅临指导，省委统战部常务副部长金长征出席会议并致辞，她结合《中共中央关于加强和改进党的群团工作的意见》精神，对黄埔军校同学会可持续发展提出了殷切期望。华东六省一市黄埔军校同学会代表20余人出席会议。

5月25日至29日，以季麟连上将为团长的10位浙籍台湾地区退役将领应邀回乡参加“浙籍台湾退役将领故乡行——重走抗战路”主题活动，以共同的抗战记忆联结两岸黄埔情缘。通过参观笕桥航校旧址、台湾义勇队纪念馆、侵华日军细菌战衢州展览馆、江山仙霞关等浙江抗战旧址和历史文化古迹，回顾抗战历史，缅怀抗战英烈，弘扬伟大抗战精神，推进两岸关系和平发展，携手共筑民族复兴之中国梦。

附录三：

浙江省黄埔军校同学会理事名录

第一届理事会名单

（1988. 11—1994. 10）

会　长

曹天戈

顾　问

陈志力　何聘儒　钟　强　刘钊铭　方　耀　杨维泉

副会长

朱召人　胡亚力　陈家懋

理　事（按姓氏笔划为序）

王　飞　方　耀　朱　文　朱召人　刘钊铭　刘靖和

孙焕民　李贵田　杨　健　杨维泉　何聘儒　沈树生

张则友　陈介光　陈志力　陈体豹　陈家懋　卓力文

金柏源　经纲兴　胡亚力　钟　强　倪仲文　黄松安

曹天戈　楼季牧　詹　望　蔡子轩　蔡炽甫

副秘书长

徐岩华

第二届理事会名单

（1994. 10—2004. 6）

名誉会长

曹天戈

会　长

胡亚力

顾　问

陈志力　何聘儒　钟　强　方　耀

副会长

陈家懋　杨　健

理　事(按姓氏笔画为序)

方　耀　方丽英(女)　田怀德　朱恕人　刘靖和
严作华　李贵田　杨　健　何聘儒　沈树生　张则友
陈介光　陈志力　陈体豹　陈家懋　陈菊南　卓力文
金柏源　经纲兴　项德颐　胡亚力　钟　强　夏竞人
陶文焕　黄康永　曹天戈　楼季牧　詹　望　蔡子轩
蔡炽甫

秘书长

韩　力(1994.10—1996.9)　徐岩华(1996.9—2004.6)

副秘书长

徐岩华(1994.10—1996.8)　万学阳(1996.8—2004.6)

第三届理事会名单
(2004.6—)

名誉会长

胡亚力

会　长

刘　渊

顾　问

陈志力　杨　健

副会长

陈家懋　楼吉康　符丕盛

理　事(按姓氏笔画为序)

王庆良　方丽英(女)　石　港　叶更生　朱秀谷
朱恕人　刘　渊　江渭清　严作华　吴兆宁　沈国丞

张鹤洲　陈介光　陈家懋　陈菊南　庞茂豪　郑以淼
郑昌言　孟丙南　经纲兴　项德颐　柯春发　夏竞人
陶尊岳　符丕盛　葛君毅　傅延增　楼吉康　蔡国辉
蔡炽甫

秘书长

徐岩华（2004.6—2011.8）　吴喻华（2011.9—2014.5）
张　兵（2014.6—）

副秘书长

万学阳（2004.6—2014.1）

浙江省黄埔军校同学会
第一届理事会理事名录

姓名	出生年月	籍　贯	期　别	单位和职务	省黄埔军校同学会职务
曹天戈	1901.10	浙江镇海	4期步兵科	原省政协常委、文史资料委员会副主任	会　长
陈志力	1907.12	浙江浦江	6期工兵科	原省政协委员、政协副厅级文史专员	顾　问
何聘儒	1909.09	四川彭州	10期工兵科	原省政协委员、省人民政府参事室副主任	顾　问
钟　强	1916.01	浙江杭州	17期通信科	原省军区司令部副参谋长	顾　问
刘钊铭	1906.02	浙江诸暨	5期步兵科	原诸暨县政协副主席、常委	顾　问
方　耀	1909.04	浙江浦江	6期步兵科	原杭州市政协委员	顾　问
杨维泉	1906.07	浙江诸暨	3期步兵科	原诸暨县政协委员	顾　问
朱召人	1916.11	浙江诸暨	12期步兵科	原民革省委会常委、副秘书长	副会长
胡亚力	1918.02	浙江永康	14期步兵科	原民革省委会副秘书长、民革中央祖统委员	副会长
陈家懋	1919.03	湖北鄂城	15期步兵科	原杭州外国语学校第一副校长	副会长
王　飞	1913.09	浙江上虞	11期步兵科	原杭州市政协委员	理　事
刘靖和	1917.04	辽宁锦州	14期炮兵科	原湖州市和孚镇医院医生	理　事
孙焕民	1919.09	浙江杭州	15期步兵科	原杭州侨丰静电设备厂厂长	理　事
朱　文	1921.07	浙江义乌	16期步兵科	原南湖林场职工	理　事
张则友	1916.11	山东诸城	14期步兵科	原省森工局副局长	理　事
李贵田	1919.09	江苏徐州	15期步兵科	原宁波市机械工业学校副校长	理　事
杨　健	1916.11	湖南湘阴	12期步兵科	原省政协委员、省人民政府参事	理　事
沈树生	1913.10	浙江临海	12期通信科	原临海市政协常委	理　事
陈介光	1918.11	浙江永康	16期步兵科	原湖州市卫生局医生	理　事
陈体豹	1921.07	浙江杭州	17期通信科	原杭州市电器厂技术员	理　事
卓力文	1918.11	浙江永嘉	15期骑兵科	原温州市政协委员、政协文史委副主任	理　事

续 表

姓名	出生年月	籍 贯	期 别	单位和职务	省黄埔军校同学会职务
经刚兴	1925.07	浙江金华	21期步兵科	原金华市政协委员、金华市供销社总公司财务科长	理 事
金柏源	1911.09	浙江诸暨	10期炮兵科	原嘉兴市政协委员、嘉兴市一中英语代课老师	理 事
倪仲文	1926.10	浙江余杭	13期步兵科	原余杭县二建公司海峡工程队负责人	理 事
黄松安	1919.10	浙江绍兴	16期步兵科	原绍兴市政协常委	理 事
楼季牧	1914.03	浙江绍兴	10期炮兵科	原绍兴市政协委员、绍兴师范教师	理 事
詹 望	1922.03	浙江杭州	17期通训科	原衢州市政协常委、衢州化学工业公司工程师	理 事
蔡子轩	1921.06	浙江湖州	11期军训班	原湖州市建筑设计院工程师	理 事
蔡炽甫	1914.12	浙江平阳	10期骑兵科	原省文史馆馆员、杭州市汽车机械厂职工	理 事

浙江省黄埔军校同学会第二届理事会理事名录

姓名	出生年月	籍　贯	期　别	单位和职务	省黄埔军校同学会职务
曹天戈	1901.10	浙江镇海	4期步兵科	原省政协常委、文史资料委员会副主任	名誉会长
胡亚力	1918.02	浙江永康	14期步兵科	原民革省委会副秘书长、民革中央祖统委员	会　长
陈志力	1907.12	浙江浦江	6期工兵科	原省政协委员、省政协副厅级文史专员	顾　问
何聘儒	1909.09	四川彭州	10期工兵科	原省政协委员、省人民政府参事室副主任	顾　问
钟　强	1916.01	浙江杭州	17期通信科	原浙江省军区司令部副参谋长	顾　问
方　耀	1909.04	浙江浦江	6期步兵科	原杭州市政协委员	顾　问
陈家懋	1919.03	湖北鄂城	15期步兵科	原杭州外国语学校第一副校长	副会长
杨　健	1916.11	湖南湘阴	12期步兵科	原省政协委员、省人民政府参事	副会长
方丽英（女）	1920.01	浙江临安	16期政训科	原杭州市紫阳纸袋厂工作人员	理　事
田怀德	1921.08	浙江缙云	17期通信科	原缙云县七二六厂工人	理　事
朱恕人	1919.08	安徽合肥	15期炮兵科	原衢州市开化五一机械厂工人	理　事
刘靖和	1917.04	辽宁锦州	14期炮兵科	原湖州市和孚镇医院医生	理　事
李贵田	1919.09	江苏徐州	15期步兵科	原宁波机械工业学校副校长	理　事
严作华	1922.08	浙江常山	18期工兵科	原衢州市政协委员、常山县劳动局干部	理　事
陈介光	1918.11	浙江永康	16期步兵科	原湖州市卫生局医生	理　事
陈体豹	1921.07	浙江杭州	17期通信科	原杭州市电器厂技术员	理　事
陈菊南	1924.03	浙江嵊县	军训班13期	原杭州市下城区人大代表、杭州市五丰食品公司干部	理　事

续　表

姓名	出生年月	籍　贯	期　别	单位和职务	省黄埔军校同学会职务
张则友	1916.11	山东诸城	14期步兵科	原省森工局副局长	理　事
沈树生	1913.10	浙江临海	12期通信科	原临海市政协常委	理　事
卓力文	1918.11	浙江永嘉	15期骑兵科	原温州市政协委员、政协文史委副主任	理　事
经刚兴	1925.07	浙江金华	21期步兵科	原金华市政协委员、金华市供销社总公司财务科长	理　事
金柏源	1911.09	浙江诸暨	10期炮兵科	原嘉兴市政协委员、嘉兴市一中英语代课老师	理　事
项德颐	1921.10	浙江浦江	陆大参训班1期	原省文史馆馆员	理　事
陶文焕	1920.01	浙江绍兴	13期炮兵科	原南京军区学院研究员、上虞县人武部副部长	理　事
夏竟人	1922.12	浙江杭州	16期政训科	原省政协祖统委特邀委员、杭州市西湖电讯厂厂长	理　事
黄康永	1910.03	湖南宁乡	政治研究班1期	原省人民政府参事研究员、省政协委员	理　事
詹　望	1922.03	浙江杭州	17期通信科	原衢州市政协常委、衢州化学工业公司工程师	理　事
楼季牧	1914.03	浙江绍兴	10期炮兵科	原绍兴市政协委员、绍兴师范教师	理　事
蔡子轩	1921.06	浙江湖州	军训班11期	原湖州市建筑设计院工程师	理　事
蔡炽甫	1914.12	浙江平阳	10期骑兵科	原省文史馆馆员、杭州市汽车机械厂职工	理　事

浙江省黄埔军校同学会
第三届理事会理事名录

姓名	出生年月	籍贯	期别	单位和职务	省黄埔军校同学会职务
胡亚力	1918.02	浙江永康	14期步兵科	原民革省委会副秘书长、民革中央祖统委员	名誉会长
刘　渊	1920.05	安徽桐城	马尾海校8期	原全国人大代表、省交通学校校长	会　长
陈志力	1907.12	浙江浦江	6期工兵科	原省政协委员、省政协副厅级文史专员	顾　问
杨　健	1916.11	湖南湘阴	12期步兵科	原省政协委员、省人民政府参事	顾　问
陈家懋	1919.03	湖北鄂城	15期步兵科	原杭州外国语学校第一副校长	副会长
楼吉康	1921.10	浙江诸暨	18期步兵科	宁波市政协委员、原宁波市机械工业局干部	副会长
符丕盛	1925.08	辽宁盖州	22期辎重科	温州市政协常委、原温州师范学院教授兼图书馆馆长	副会长
方丽英（女）	1920.01	浙江临安	16期政训科	原杭州市紫阳纸袋厂工作人员	理　事
王庆良	1923.08	浙江富阳	19期炮兵科	原杭州市西湖区转塘小学教师	理　事
石　港	1923.01	湖北武汉	政训班1期	原省话剧团干部	理　事
叶更生	1922.12	江西上饶	17期步兵科	原杭州市市政工程第二工地主任、财务组长	理　事
朱恕人	1919.08	安徽合肥	15期炮兵科	原开化县五一机械厂工人	理　事
朱秀谷	1920.08	浙江宁波	19期炮兵科	原省交通学校工程师	理　事
江渭清	1923.08	浙江安吉	21期步兵科	原湖州市道场中学教师	理　事
严作华	1922.08	浙江常山	18期工兵科	原衢州市政协委员、常山县劳动局干部	理　事
陈介光	1918.11	浙江永康	16期步兵科	原湖州市卫生局医生	理　事
陈菊南	1924.03	浙江嵊州	军训班13期	原杭州市下城区人大代表、杭州市五丰食品公司干部	理　事

续 表

姓名	出生年月	籍 贯	期 别	单位和职务	省黄埔军校同学会职务
吴兆宁	1929.05	浙江东阳	23期炮兵科	原东阳县政协副主席、东阳市侨联副主席	理 事
张鹤洲	1920.05	浙江杭州	19期炮兵科	原杭州市江干区农业局高级畜牧师	理 事
孟丙南	1922.01	浙江余杭	军训班10期	省人民政府参事、原民革省委会宣传处长	理 事
沈国丞	1919.03	浙江绍兴	16期炮兵科	原嘉兴市政协委员、省汽车运输公司嘉兴分公司员工	理 事
经刚兴	1925.07	浙江金华	21期步兵科	原金华市政协委员、金华市供销社总公司财务科长	理 事
郑以森	1918.12	浙江绍兴	17期通信科	原绍兴市人大代表、萧山钱江农场工人	理 事
郑昌言	1919.12	浙江临安	16期步兵科	原省参事室参事、临安县政协副主席	理 事
庞茂豪	1932.11	浙江天台	23期步兵科	天台县政协常委、原天台教师进修学校讲师	理 事
柯春发	1921.10	浙江缙云	16期政训科	原缙云县政协委员、缙云县教育局干部	理 事
项德颐	1921.10	浙江浦江	陆大参训班1期	原省文史馆馆员	理 事
夏竞人	1922.12	浙江杭州	16期政训科	原省政协祖统委特邀委员、杭州市西湖电讯厂副厂长	理 事
陶尊岳	1926.07	浙江绍兴	19期炮兵科	原绍兴县建筑公司101工区工程师	理 事
傅延增	1921.11	浙江金华	17期通信科	原杭州市钱江建筑工程公司工程师	理 事
葛君毅	1921.05	浙江杭州	14期步兵科	原安徽省南湖劳教管理所干部	理 事
蔡炽甫	1914.12	浙江平阳	10期骑兵科	原省文史馆馆员、杭州市汽车机械厂职工	理 事
蔡国辉	1921.03	浙江黄岩	16期工兵科	原台州市政协委员	理 事

后记
POSTSCRIPT

经过一年多的努力，浙江省黄埔军校同学会的同志们对多年来搜集、抢救的黄埔史料进行全面整合，主动拜访相关单位争取支持，马不停蹄地陪同口述史专家奔波于全省各地，走村入户访谈黄埔老人，进一步积累了大量口述史资料。通过对健在的黄埔同学面对面的采访，以“亲历、亲见、亲闻”的“三亲”史料来反映浙江黄埔同学的军校生活、抗战经历和重大历史事件，通过小人物见证大历史，将一个个鲜活的人物和口述抗战事迹，呈现给读者，终于编纂完成《浙江黄埔人抗战记忆》一书。这本书，是对黄埔精神的最好阐述，是黄埔品牌的承载体，是黄埔情缘的具象物，是黄埔组织两岸交流的最佳伴手礼。

本书以黄埔人物为线索，重点聚焦“浙江、黄埔人、抗战、记忆”四个关键词，集中反映浙江黄埔军校同学投笔从戎请缨杀敌、舍生忘死保家卫国的英勇事迹。记录的70位黄埔同学，分布于全省11个市，其中女性有3位。可能是得益于以往战争年代艰难困苦的锤炼，他们虽已90岁以上高龄，但身体大多依然健康硬朗，其中最高寿的已是百岁老人。同时也收录了部分已过世的代表人物，如浙江省黄埔军校同学会首任会长曹天戈、第二任会长胡亚力及顾问何聘儒等；他们绝大部分是浙江人，个别非浙江籍的，也是后期在浙江工作或居住的，有的还在浙江参加过抗战；在军校履历方面，相对较多集中于黄埔16期到19期学员，黄埔本校和1、2、3、4、6、7等各分校，以及战干团、游干班、特训班、海军、空军学校等均有代表，涵盖面较广；虽然只有70人，但他们参与了正面战场大部分的战役，包括著名的淞沪会战、南京保卫战、武汉会战、长沙会战、浙赣会战、常德会战、衡阳保卫战、湘西会战等，特别是浙江有较多黄埔同学还参加了中国远征军或中国驻印军，本书就有 9 位黄埔同学记述了他们赴印缅滇参加抗战的经历。同时也涉及部分游击战，比如杭嘉湖地区的敌后游击队。另外浙江省黄埔军校同学会现任会长刘渊还曾远赴英国皇家海军学院求学深造，成为“雷达”一词的创译者，把英国先进的军事技术带回国内。过世的黄廷鑫、张明还分别参与了诺曼底登陆战和越南受降式。史料形式方面，以口述访谈整理稿为主，忠实于个人回忆陈述，他们在书中的每一句话，都是亲眼目睹的记忆，都是宝贵的历史资料。这也体现了本书抢救历史的初衷与本意。个别也有采用本人回忆录等史料整理稿的。这一个个黄埔军人的回忆实录，是数十万英勇抗战黄埔师生的缩影。他们的讲述，将引领读者全方位领略发生在浙江黄埔同学身上的传奇故事，透视黄埔人生和抗战历史，解析黄埔情缘、黄埔军魂、黄埔精神，展示伟大的抗战精神，再现战争年代的艰难残酷，述说一个真实的黄埔军校，有利于后人更多地了解中国抗战历史。

在采访过程中，得到了省政协文史委、省档案局(馆)、省民革、各市委统战部和全省黄埔同学、黄埔亲属及各地黄埔同学会的大力支持；在编辑出版过程中，得到了浙江省历史学会副会长、杭州师范大学教授、民国浙江史专家袁成毅教授的指导，他还在百忙之中抽身书写综述。尤其令人敬佩的是我们的特约撰稿人、黄埔后代、浙江财经大学口述史研究者朱丹副教授，怀着对黄埔军校的敬仰，怀着对黄埔先人的追忆，多年来一直潜心于黄埔史料的搜集，不厌其烦、不辞辛劳地深入访谈一位位黄埔老人，用她自己的话来说，就是为了圆一个黄埔的梦！在她身上，我们看到了黄埔精神的传承与弘扬，令人欣慰。省黄埔军校同学会机关的每位同志也都对本书的出版倾注了极大的热情，大家出谋划策，认真审读，献计出力。在此，我们一并对本书编撰出版给予帮助和付出辛劳的所有领导和同志们表示衷心的感谢和崇高的敬意！

藉以此书纪念中国人民抗日战争暨世界反法西斯战争胜利 70 周年。让我们继承优良传统，弘扬黄埔精神，为深化两岸关系和平发展、促进祖国和平统一、实现中华民族伟大复兴的中国梦而奋勇前行！

浙江省黄埔军校同学会

2015 年 7 月 2 日